基督教历史与思想译丛
章雪富 / 主编　孙毅　游冠辉 / 副主编

# 二十世纪神学评介

20th-Century Theology
God and the World in a Transitional Age

葛伦斯（Stanley Grenz）
奥尔森（Roger Olson）
著

刘良淑　任孝琦
译

上海三联书店

**20th-Century Theology**
**God and the World in a Transitional Age**
by Stanley J. Grenz and Roger E. Olson,
originally published by InterVarsity Press
©1992 Stanley J. Grenz and Roger E. Olson
中文©1998 校园书房出版社
大陆中文简体字版由台湾校园书房出版社授权

# 基督教历史与思想译丛 总序

在诸世界性宗教中，基督教因其信仰的历史性而具有特殊性。基督教所信奉的是一位历史的上帝，他道成肉身，经验人的软弱，与人类命运休戚相关，以无罪之身成为罪的赎价。在基督教而言，历史既是人记忆上帝的肉身，也是上帝救赎的经世。故而历代以降，基督教特别关注信仰群体对其所属时代的生活和思想的呈现，关注先贤们救赎经验的表达。历代基督徒的生平传记和著作本身是上帝在历史中的作为的彰显，对过往事件、人物和神学思想的研究本身则是基督教思想意识、信仰经验及情感内涵谱系的组成部分。基于当下的生存世界品读神学家、教会史以及其他事件的复杂形态，能够对历史的救赎特质有所诠释，显示基督信仰的历史品质，丰富基督教所谓的"为我们的上帝"观念的内涵。

本译丛所选译的诠释历代基督教思想及事件的著作也就不再是单纯的"述往"，如同所有基督教经典作家们的初衷，本译丛的思想解读也着力于基督教共同体记忆的延伸，既努力地还原历代基督教的生存处境、思想情怀和喜乐忧戚，复原历代基督教及其神学的历史真貌，也呈现当代作者透过诠释和把握历史中的上帝及其共同体所要指向的精神之旅，成为塑造和传承的有力泉源，使得历史的诠释成为造成思想共识

i

的桥梁，催生当代读者与历代基督教思想探索的某种共同视界，并借着对于历史意识的当代回归，使得蕴含在基督教文献中的思想内涵成为面向未来的真切记忆。

  基督教是深深扎根于历史的宗教。历史地呈现基督教文献内涵，既可以清晰地观察其教义规范的形成进程，也可以了解历代教会及其信徒的生活处境，更能够从中理解千年以降的使徒统绪是如何被表达为普世万民的不同文化形式；历史地再现基督教的探索历程，有益于今天的读者更深层地了解一位历史中的上帝形象，以及他透过各种方式至今依然与生活所发生的种种关联。

  是为序！

主编 章雪富<br>2013 年 12 月 8 日

# 目录

中文版序
作者序

## 导论：超越性、临在性和现代神学历史　001

## 第1章　启蒙运动：击碎传统的平衡　005

## 第2章　重建超越性：19世纪神学的临在性　017

康德：道德经验中神的临在性　018
黑格尔：理性思辨中神的临在性　026
施莱尔马赫：宗教感觉中神的临在性　036
利奇尔与古典自由派神学：伦理文化中神的临在性　051

## 第3章　对临在性的反叛：新正统派的超越性　073

巴特：超越性为神的自由　075
布龙纳：神人相遇中的超越性　090
布尔特曼：福音信息的超越性　100
尼布尔：透过神话启示的超越性　116

- **第4章 向神的临在性进深：重建自由主义传统　145**
  - 蒂里希："神上之神"的临在性　146
  - 进程神学：进程中的临在性　166

- **第5章 世俗中的临在性：激进神学运动　197**
  - 朋霍费尔：融于生活中的超越性　198
  - 入世神学：沉浸于现代社会中的神　210

- **第6章 "未来"带来的超越性：希望神学　237**
  - 莫尔特曼：未来的超越性与临在性　239
  - 潘能伯格：在理性与希望里的超越性　257

- **第7章 在受压迫经历中复苏的临在性：解放神学　281**
  - 黑人解放神学：黑人经历中的临在性　282
  - 拉丁美洲解放神学：解放中的临在性　293
  - 女性主义神学：女性经验中的临在性　310

- **第8章 心灵的超越性：新天主教神学　333**
  - 拉纳：人类主观的超越性　334
  - 汉斯·昆：力图平衡临在性与超越性　353

- 第9章　在故事中的超越性：叙事神学　379

- 第10章　重新肯定平衡：成熟时代的福音派神学　401
  - 卡尔·亨利：以福音派取代现代主义　404
  - 兰姆：福音派与现代思潮的对话　414

- 结论　寻找超越性与临在性的神学　437
  ——过去的贡献与未来的展望

参考书目　443
作者及人名索引　468
主题索引　474

# 中文版序

非常荣幸,我们第一本合著的书出了中文版。难以想象,八年前我们合著的这本《二十世纪神学评介》今日能有这样的机会受邀写本书的介绍与概要。我们期待本书能帮助华人学生以及其他读者,了解当代西方基督教神学主要讨论的各样运动最终是如何对普世教会产生重大冲击的。

当初开始写作计划时,市面上少有像这样神学评论的书,我们想提供一本阐明现代及近代,以福音派为主题的基督教神学概论。同时我们也希望其中的论点尽量达到精确而又能避免太过专业的术语。我们希望这本书不但成为大学及神学院的教科书,也能对牧师或平信徒自修有所帮助。最终我们更希望它能符合 20 世纪人们生活中感兴趣且相关的主题。

而《二十世纪神学评介》似乎已成功地达到这目标。现在它已广泛成为超宗派与超文化背景的大学及神学院所用的教科书。我们也很高兴有许多书评里的响应,指出它的正确性与可读性。许多读者、书评家与神学教师均一致推荐此书一贯的中心主题:神的超越性与临在性。我们这本书"并非难以捉摸"的主题,从开始到现在都是针对上帝的"超越性"与"临在性",在神对这两个层面的启示中,鼓励读者达成一种神学上健康的平衡。因为现代的神学,经常很偏激地倾向某一方面,而造成对重要的圣经真理与历代基督教信仰的损害。

　　当代基督教神学仍保有多元化的特性。近十年来,原书所探讨的领域已有些微的改变,虽然如此,我们依然深信这本书对所陈述的各个近代神学领域有相当的准确性;对那些站在新世纪与千年的顶尖读者而言,他们想知道在刚过去的世纪中有哪些人、问题及事件能指出基督教思想在未来的新趋向,本书也有相当精确的勾画。我们希望《二十世纪神学评介》能够刺激那些欧美文化环境以外的基督徒思想家,以一种更新的活力与信心来参与这场对话,使我们能够指出未来可行之道,并且克服在本书中所提到的两难冲突。

葛伦斯、奥尔森<br>1998 年 7 月

# 作者序

　　神学，从广义来看，可以被视为是对基督教信仰的实践、内涵和寓意所作的智性思考，并且是在特定的历史和文化情境中诠释信仰，因此说它是一种与情境融合的学问并不为过。也正因这种特性，神学应该是与时并进的。当然，基督教最基要的信仰——信耶稣为主，及三位一体真神借基督启示——是永不改变的，但是这个信仰所面对的世界，却是不断地在改变。神学的目的，就是在不同的世代和不同的文化中服事教会，帮助神的子民探索这个信仰，并且将之应用在他们所生活、事奉的世界里。

　　因此，神学的发展必须以圣经的福音、教会的传统和当代思潮为三大柱石；它必须同时运用三者，方能将对耶稣永世不变的信仰，与时刻改变的外在环境结合，进而探讨当前的问题。

　　20世纪的神学家跟历代前辈一样，必须接受这门学问所面对的一切挑战。在这本书中，我们希望将本世纪内各种主要的神学思潮尽可能涵盖在内，因此研究范围广及近数十年来的知名神学家和神学运动。可是，这些人、这些运动都不是遗世独立的，因此我们必须将本书内容从单纯的介述，提升到诠释的层次；换言之，我们不以提供读者一份关于重要思想家与其思想的介述为满足，而是想述说神学度过变动时代

的一段历程。

在我们看来，20世纪是一个过渡的时代，从以启蒙运动为始的现代文化，嬗递到后现代文化。虽然学者对于后现代这个名词在文化纪元上的意义，看法还存在相当分歧，但至少没有多少人会认为当前或未来的时代，只是在延续启蒙运动所带动的那些文化思潮。我们在20世纪未曾看到现代风潮的盛放或丰收，反倒窥见它的衰残和凋萎；现代风潮所孕育的果实，如存在主义、近代物理学、女性主义和解构主义等运动，却让现代风潮饱尝苦涩。在这个世纪中，人类史无前例地激生出对于本身在宇宙中之地位的焦虑；从一波波对超越性、对意义和希望的起源的探索中，无不透露出这种焦虑；而探索的范畴也早已超越了启蒙时代的科学和哲学所描绘的那个自我封闭的世界。因此，我们视20世纪神学为神学与文化纠结，迈过现代变迁到后现代的奋斗历程。

在观察这变迁世代中的神学时，有一个关键性的主题可以提供给我们诠释的角度；也就是透过神的超越性和临在性之二元真理所激发的张力，或可一窥神学分分合合之谜。当然，这个主题绝不是诠释20世纪神学唯一的角度；不过，我们认为以神的超越性和临在性的交互作用为主轴的神学研究，确实在相当程度上决定了百年来神学发展的方向。

促成这本书的人是美国校园（InterVarsity）出版社的参考书编辑丹·瑞德（Dan Reid），是他构思将讨论本世纪重要神学家的论文集结成书，而他的原始构想很快就扩充为由两位作者诠释此一主题。由于我们二人在完全不同的学术机构服务，因此在写作中相当着力于使这本书对神学研究所和一般人文大学的学生都有帮助。

除了丹·瑞德和美国校园出版社的同仁外，我们也要感谢其他人的协助。我们执教的学校所提供的支持真是难以数算。葛伦斯的文章是在他从南达科他州苏福尔斯的北美浸信会神学院调到加拿大温哥华的凯瑞神学书院和维真学院的期间完成的；奥尔森能够完成他那一部分，也多亏他所执教的明尼苏达州圣保罗市的伯特利学院让他休了六个月的长假。当然我们两人都亏欠家人许多；他们耐心伴我们熬过了孕育这本书的两年时间。

# 导论
## ——超越性、临在性和现代神学历史

基督教神学,总是尽力在神的超越性和临在性这圣经的二元真理之间寻求平衡点。从一方面来说,神相对世界而言是超乎万有的那一位;也就是说,他在世界之外仍享自足。神在万有之上,又从万有之上降临世界,正如希伯来文圣经所强调的,神住在天上;"神在天上,你在地下"(传5:2),传道者如此说;而见到异象的先知也报告说,他见主"坐在高高的宝座上"(赛6:1)。

从另一方面来说,神相对世界而言又是内住的那一位;也就是说,神与受造物同在。那位圣者在宇宙万有中积极工作,介入世界的运行和人类的历史。保罗在亚略巴古的集会中向雅典人发表的著名演说,曾特别强调这个真理。神"离我们各人不远",他说:"我们生活、动作、存留,都在乎他"(徒17:27-28)。旧约圣经中,神的灵以受造物的护持者出现的记载不可胜数,在智慧书中尤其显著(如伯27:3,33:4,34:14-15;诗104:29-30)。耶稣自己也将自然界的现象,如日照和降雨、养活飞鸟和花朵娇艳,都归功于天父的护理(太5:45,6:25-30,10:29-30)。

由于圣经中的神既是超乎万有之上,又是临在世界之中,因此将基督教对神本性的认识讲清楚,使神的超越性和临在性这两个相对的真理以一种平衡、稳定、富创造性张力的方式呈现,就成为历世历代神学家

的一大挑战。更进一步说，这二元真理如果能获得平衡的确证，对神学与理性或文化之间的关系也大有裨益。反之，如果二者失去平衡，神学就随时可能发生严重问题；过度强调超越性的后果，使神学与它面对的文化环境失去交集；而过度强调临在性，也会使神学受制于某些特定的文化。

从19世纪发展而来的20世纪神学，正是最佳实例，可由此看出平衡神与受造物之间这种二元关系的努力。事实上，只要将焦点集中于超越性和临在性，就等于已经掌握住观察本世纪神学中心思潮分分合合的关键。说得更确切一点，20世纪的各种主要神学思想显示出，每当超越性和临在性的认知失衡，就必出现不安现象。这两个相对的真理就如同与时渐进的神学历史一样，不断在寻求彼此间最适切的平衡状态；本世纪的神学正足以显示，每当过于强调其中一方时，一定会引发一个相反的运动，而这个运动又总是朝相反方向矫枉过正。这些一再矫正的努力，正好提供给我们一个绝佳的切入点，来述说本世纪神学的发展过程。

虽然20世纪始于本世纪第一天凌晨钟响的那一刻，但是20世纪神学当然并不真的始于那个清晨，而是当日历从1900年12月31日变成1901年1月1日那之前或之后的一段时间；因此，应该说这个新世纪的神学始于上个世纪的神学，承袭了原来那个强调神的临在性——也就是神在世界、在人世间不断工作——的乐观的、世俗的心态。

从历史事件的角度来看，20世纪在其20年代之前根本就还算不上开始呢！1914年的"八月枪声"，不仅是为第一次世界大战揭开序幕的先发弹，也是为19世纪送葬的礼炮。从这桩灾难事件开始发展的整个20世纪的知识思潮，不免都带着那么一点灾难的色彩，因为从1914年起，第一次世界大战就将前一世纪培养出的乐观全然摧毁，却在知性和文化上酝酿出一股晦暗的气团，一直徘徊至今。

本世纪的神学，基本上也深受这惊天动地大事的余波影响，因为这场战争摧毁了欧洲，也摧毁了欧洲的宗教文化；从它的余烬中，本世纪神学奋力做全新的开始。因此，似乎理所当然地，这个世纪的新神学首先就要对抗19世纪前辈们的中心思想，而自从文艺复兴时代以来，神临在性的观点就在西方思想中扮演要角，它当然也包括在对抗的范围内。很自然地,本世纪的神学历程以重建神的超越性为始;像巴特(Karl Barth)和其他人都不免要再问:在此战争的余烬中,人们究竟可不可能听见从高高在天的神传出的话语。

第一次世界大战绝不只是一次小小的出轨,也不是一直往前推进的历史所遭遇的小小挫折;它其实是一个先兆。战争在中欧发动之后的数十年,冲突可以说是不断重复上演,而且每况愈下。本世纪的军事冲突不但夺去了无数人命,还牺牲掉文化生活。绝望的思想席卷整个智识领域,浸透西方文明,也在神学思想中留下痕迹。在本世纪中,战争的角色是如此强势,以致回顾整个20世纪的神学,似乎都笼罩在同一个问题的阴影中,也就是我们究竟能否克服纷至沓来、不断冲击这个世界的冲突——无论它们是军事的、政治的或社会的。如此发展的事态,最后是摧毁了一切希望,人们不仅对于在世界上找到神不抱希望,甚至连神的声音从天上传下来的希望也幻灭了。

虽然后现代世界弥漫着绝望的文化气氛,过去数十年来神学家仍努力不懈,或重新寻回现代时期神临在世界的特质,或寻索超越万有的那一位。然而不论他们如何努力,百年前以巴特"幸福的科学"为始的神学,到了世纪末的今天,还是近乎失控地闯入了解构主义不幸的死胡同。

20世纪的事件究竟会不会成为神学的终结者,恐怕要到21世纪才会揭晓,不过神学在这个世纪所得到的教训已经相当清楚。建立在先天就不稳定的基础上——无论这个基础是偏向强调超越性的一面还是临在性的一面——的一个不平衡的神学架构,绝不可能靠着头痛医头、脚痛医脚的革新来"修补"好。从事神学建构的工程师必须重新打造基础,因为如果基础没有打好,任何修补性的改变都不可能建造出长久的架构。

20世纪的神学始于1914年,然而追根溯源,我们必须回溯到上一个世纪,因为这个世纪的神学思想虽然发自上一世纪,但它数十年殚精竭虑的淬炼,却是对上一世纪神学思想的激烈反弹。因此,唯有在19世纪神学思想的对照下,我们才能完全了解20世纪的神学思想。而19世纪神学的历史背景,则又要回溯到被称为西方思想史上的大革命——启蒙运动,因此,本书就从理性时代开始讲起。

# 第 1 章

# 启蒙运动

## ——击碎传统的平衡

史称启蒙运动的那个时代,不但完成了从古代迈入现代的转型,更是永远地、不可逆转地改变了基督徒对神、对人和对世界的看法。宗教改革运动对权威的挑战和对个人信仰的注重,是将启蒙运动领出中古世纪的一大助力。只不过,在 16 世纪时犹处于胚胎状态的思想,一进入启蒙时期,就呈现出成熟的状态。

启蒙时期的思想家再也不认为,既是教会所教导的教义,就应当乖乖接受;教会的层层阶级就代表了权威的说法,也被每个人都拥有理性启示的观念完全打破;单单套用传统的神学教条,再也不足以解决思想上的争议,如今具有理性思考的个人,期望肯定自己所信的是合乎理性的。文化思潮的领航者也没有兴趣再去钻研那些听来不符合理性、需要靠圣经或教会决议支持才能成立的教义——例如三位一体、基督代赎等,他们企图将宗教主张合理化,使之成为世人普遍能认知、且具有道德意涵的思想。这个时代可以说是彻底颠覆了基督教神学的基础和方向,从此,基督教的信仰就再也不可能回复旧观了。这个时代是如此重要,可资纪念,而理性时代的背景又是如此复杂,基督徒若是忽视启蒙运动,势将危及神学;忽视启蒙运动所带来的巨变,则会导致基督教信仰与世界隔离,在现代社会中消声匿迹。

启蒙运动所带来最主要的改变,是它对超越性/临在性神学的古典探索方式所产生的影响,就在这段时期,平衡神的超越性和临在性之双面真理的老话题,发生了影响深远的变革。

当希坡主教奥古斯丁(Augustine)提出他那套影响历世历代基督教神学的伟大教义主张时,教父时期可说是已臻巅峰。从那时起到中世纪,直至宗教改革时期,奥古斯丁的神学始终是所有基督教神学的标准和典范。尽管神学家对于若干细节争执不下,但基本上他们都承袭了奥古斯丁的思想,因而有着类似的世界观。

在西方历史上,启蒙运动之前的各个世代虽在各方面差异颇大,却有一个共同的特点,就是强调以神为至高,天使居次的秩序为真实状况;至于人类,则是"比天使微小一点"(诗8:5),却略高于世界上其他生物或无生物。

神学家还强调,神从他所在的万有之上,崇高、卓越之处,密切地介入历史。他早已预先拣选了得救恩的人;他也一再地、时时地介入世人之事,更借着耶稣基督达到介入的极致。神也借着主导历史,不断在世人中间工作,特别是在教会中运行,并透过他所赐的恩典,与教会的工作连结。

奥古斯丁的平衡说历经了中世纪的淬炼,而宗教改革将它重组,新教派又对它仔细推敲。然而经过这番修补,它依然倾向于神的超越性,不过同时也努力想避免轻忽神的临在性。中世纪著名的哥特式天主教堂的建筑,默默见证了这种神学整合的特性,即在神的至高与同在之间维持平衡,却又显然强调他的超越性。

## 启蒙时期

17和18世纪时,由中世纪神学家发展出来,又被宗教改革时期神学家琢磨过的平衡观点,遭到了激烈而永久性的打击。新的宇宙学取代了过去金字塔式的真实次序观;而如此一来,超越性高过临在性的平衡观就被倒转过来了。

这两个世纪在西方文明史上是爆炸性的时代,一般通称为启蒙时期。它始于17世纪初;从政治社会方面说,可能始于三十年战争结束后的威斯特伐利亚和约签署时(1648);从智识方面说,则是从培根(Francis Bacon)的著作开始(1561–1626)。

培根闻名于理性时代初期,是文艺复兴时代转型进入启蒙时期的标竿,也可说是第一代的现代科学家。虽然他并不像后继者那样强调数学的重要性,视之为自然常识的核心[1],不过也相当重视实验方法。他将正要展翅起飞的科学体系,当作了解宇宙的途径,也用来作为驾驭自然界的工具。正因如此,他为现代的科技化社会立下了基础。

历史学家通常以18世纪末期为启蒙运动的终结。康德(Immanuel Kant)在1791年出版《纯粹理性批判》(*The Critique of Pure Reason*)一书时,理性时代事实上已走入了尾声。这本书一方面对过去许多论点作了登峰造极的阐论,另一方面也对这些论点提出了强有力的挑战。康德认为,前人对理性主义和经验主义的推崇——高举人类的理性和强调感官经验——是启蒙时期的特色,但是他本人却认为,这些犹嫌不足。

## 启蒙时期的人类

历史学家虽然难以指出启蒙时期开始和结束的确切时间,却无不认为这个时期对现代西方文化有着极其深远的重要性。它以文艺复兴时期的成就为基础,彻底挥别了中古世纪的想法[2],在观念上作了根本的变革,为新的现代时期(modern era)铺出一条康庄大道。

在观念上,启蒙时期呈现出的最根本、最核心的改变,就是对人类产生了一种吊诡的、甚至有点自相矛盾的认知。人的地位被高举,人的能力也被高估;这时期将人,而不是将神,放在历史舞台的中央。中古时代和宗教改革时期认为,人只有放在神的历史作为中来看,才有重要性,而启蒙时期的看法却截然相反,当时的思想家是以神在人类生命中的价值,来决定他的重要性。[3]如此一来,神就从天上至高之处——也正是哥特式教堂尖顶所指之处——移驾到人世间了。

人类的地位既被提升，由此更发展出一种对人的乐观看法。启蒙时期的神学对人类智识和道德能力的认知，要比天主教或新教等传统神学都高，这一点由当时人们认为人类的理性在认知过程中所扮演的角色，就足以证明。

在此之前，神的启示就是真理的最终裁决，要了解真理唯有透过启示，人类的理性只不过是用来了解透过启示所赐下的真理。安瑟伦（Anselm）对知识的追求有一句名言："先相信，才能了解。"根据这个原则，人类理性的功能是用来印证启示之真理的正确性，以及调和基督教信仰中有关宇宙的故事和实际经验的差异。[4]

到了启蒙时期，人类的理性却取代了外来的启示，成为真理最后的判断，因为现在是由理性来决定启示的内容。安瑟伦的说法完全被颠倒过来；新的想法应该是："先理解，才能相信。"用理性将经验条理化，然后顺着理性去思考，不再盲目地接受外界权威所传讲的迷信思想，遂成为人们获得知识的启发性方式。[5]

当时的人对人类的道德能力也有类似的乐观看法。启蒙时期极为重视的是道德，而不是教义；他们宣称人类的理智足以发现、并且遵行刻在每个人心里的自然道德律。

启蒙运动不但以乐观的人类观来抬高人的地位，对人的看法和中古时代的神学教导也大不相同。关于这一点，理性时代也是从文艺复兴时期的基础更进一步发展。中古时代认为，人类是冥想的灵魂、静态的物体，如今则不再如此认定，人，是对环境不满的感应物。套一句桑提拉纳（Giorgio de Santillana）的话，人是"徘徊于无止境的冒险行动中的流浪者"；对人来说，时间"不再是诸天的环绕，而是奔腾的急湍"[6]。

不过人类地位虽然提升了，却也付出了沉重的代价。说来矛盾，跟传统神学比较起来，启蒙时期观念的特点是，它提升了人，同时也贬低了人。世界，不再像中古时代或宗教改革时期，是个人类享有特殊地位的宇宙；启蒙时期的新科学将宇宙刻画成一具巨大的机器，人类只是其中一个小零件，现实巨轮中的一个小齿轮。人既从创造的中心、那崇高地位上被拉下来，自然就丧失了作为神独特的受造物所拥有高于其他一切受造物的位置。

## 启蒙运动的基础

在启蒙运动中发生、进而升华的思想大变革,当然绝不可能是从石头里蹦出来的,事实上,它生成于人类历史上一个严重创伤的年代,而促成这个年代的各种社会、政治和思想因素,同时也孕育产生了这些思想上的变革。一般称为三十年战争的一连串军事冲突,摧毁了17世纪初期的欧洲;而这些战争又多半与信仰不一、彼此为敌的各基督教派有些瓜葛,许多人因而质疑教义的争论是否值得。除了教派间彼此反目外,当时智识界还有哲学和科学这两个彼此相关联的革命,一同点燃了一代批判的精神。

首先,启蒙运动是哲学思想革命的产物。这场哲学思想的革命,虽然在中古世纪神学家的讨论中已可看出端倪,但直到有"现代哲学之父"美誉的法国思想家笛卡儿(Rene Descartes,1596-1650)时,才算正式启发。[7]他试着针对那些原本已被认定是无可置疑的真理,设定一套研究方法,以便真正了解它们。他这套方法的背景可以追溯到17世纪独尊数学的风气。早在文艺复兴时期,由于开普勒(Kepler)和伽利略(Galileo)的学说中强调真实领域中的量,而不注重质,就已促使数学模型的重要性大增。(译注:此处的"数学模型"指的是用数学的形式结构和严格的方法,作为哲学思考的模式;换言之,它是理论和分析的模式。从本质上说,物质世界中的任何现象,只要是能够以定量的术语来描述,就能够透过建立模型,照着解析的规律来了解它。)

笛卡儿将数学推演的严谨引进所有的知识领域[8],形成理性时代的一大特色,这也是当时大多数伟大哲学家一致的作风。不过在笛卡儿看来,他对方法论知识的重视不但不是武断的作为,反倒因为数学是由理性的本质中淬炼出来的,因此要比透过经验观察所获得的知识来得可靠,因为后者很可能会犯错。

他以"质疑"为理性推论的首要原则。不过与下一世纪某些经验学者有所不同的是,他的质疑过程不但不会导入怀疑论的结果,而且恰恰相反,在人的思想质疑一切的过程中,那提出质疑的主体——也就是进行质疑的这个人——其"存在的确证"自会显现出来。于是就有了笛卡儿学派著名的格言：我思故我在。

笛卡儿的学说对日后的哲学思想影响极为深远。[9] 就是从他开始，主题式的推论取代了神的启示，成为哲学的起点。他将哲学带往思考推论的方向，使神学面临了难以解决的困境。神学家觉得，若不是必须接受理性思想的优越性，将神学建立在理性哲学的基础上（这是启蒙时期思想家的立场），就是必须否定单单靠理性思考能够获得有关永恒的真理。[10] 结果，强调理性思考的声音胜过聆听神从上面传达的声音，使得自笛卡儿以来的现代神学展现出充满临在性的特色。

在哲学革命之外，启蒙时期同时也是科学革命的果子。此一时期的科学彻底脱离中世纪的世界观，而新思想中最重要的改变，就是因为哥白尼（Copernicus）发现地球并不是宇宙的中心，而产生了对宇宙观的觉悟。这个转变使得过去所设想的三度空间——天堂在地球之上，地狱在地球之下——的架构，被人们弃绝。

不过启蒙运动所开创的科学革命中，还有一项更基本的改变，就是对整个物质世界的了解，和讨论物质世界的方式，都从质的用语转变成量的用语。自亚里士多德（Aristotle）以来，整个中古时代都专注于"自然法则"，也就是认为每个物体都有"自然"的性向，想要满足本身的内在需求。启蒙运动却将这种"内在目的"的说法，斥之为形而上的推论。

在理性时代，过去对终极目标（或物体目的）的注重，都被伽利略（1564-1642）所倡导的科学架构中数学的、计量的观念所取代，也就是说，人们接受以精确的计量方式和以数学为表达推理的最纯粹方式，为研究自然过程的恰当方式和工具。他们以自然法则所能产生的可计量的结果，来形容现象。启蒙时期是如此固守这种方式，显示当时的人认为，宇宙中只有那些可计量的现象才是真实的。[11]

更有甚者，启蒙时期的思想家将笛卡儿、伽利略等人所提倡的新方法，运用到一切知识的研究中；不但自然科学，政治、伦理、形而上学和神学也都在科学方法的规范中，甚至连哲学都受到影响；说得更确切一点，人类所有的活动都被视为自然科学的一部分。

这一波科学革命，在牛顿（Isaac Newton, 1642-1727）那里达到了最高潮。他形容宇宙是一个巨大而有秩序的机器，它的动静都有特定的规律，是可以观察到的，因此也是可知的。由此他指出，每一个质子的特性和行为，都是由少数几个基本规律所决定，至少原则上是如此。19世纪的历史学家蒲柏（Alexander Pope）以一首戏谑的小诗形容牛顿的理论：

> 自然和自然律都在黑夜中隐藏，
> 神说："要有牛顿！"一切就明亮了。[12]

然而，牛顿自己的目标是在神学，而不是只限于科学。他相信科学能帮助人了解神的伟大，他也确知诸天述说神的荣耀，而他的工作就是去发现其中的奥秘。

## 启蒙运动的原则

从本质上说，催生启蒙运动的科学和哲学革命，都着重于将理性置于"迷信"之上，因此这个新时代赢得理性时代之名也是理所当然，再恰当不过了。不过，尽管理性毫无疑问是当时的思想核心，但启蒙运动还是由几个原则和"理性"相联，合成一个完整的特色。这些原则中，较重要的有"自治"、"自然"、"和谐"和"进步"。[13]

当然，启蒙运动最重要的原则还是"理性"。当时人极为强调人类的理性能力，不过他们可不只是单纯地把理性当作人类的天赋来看，而是上溯至古代希腊、罗马的斯多亚学派（Stoicism），认为理性的原则就是存在于一切真实之中最基本的秩序和架构，而此一原则从人类运用理智之中已经显示出来。当时的思想家从真实状况的结构和人类心思的结构之间的互动，得出一个结论，就是理智可以辨识并且了解外在世界中的结构。

换言之，理性原则就是人类认识宇宙间基本秩序的能力。宇宙的这种客观合理性，使自然法则可以被人了解，而世界也因此得以被人类的作为改变和开发。如此一来，为了达到理性的世界与人类理智之间的和谐，精密的推理就极为重要了。

与此一理性原则密切相关的，就是下一个原则——"自然"——强调一

切植根于或出自"万物的本质"。启蒙运动的思想认为,宇宙是一个内含自然法则、有秩序的范畴;自然和自然法则因而成为当时知性探索的口号。

启蒙运动的思想家主张,存在"万物的本质"中的秩序,是出于大自然伟大的设计者之手,因此他们要向那对所有人显明的"大自然之书",去寻索神的法则。这些向普世启示的"自然法则",将自然界转化为一个公众的上诉法庭,如同一切争端的仲裁者;而人类智性探索的目的,就是为了使生命能够纳入理性所发现的自然法则。

"理性"和"自然"引出了启蒙思想的第三个原则——"自治"。前文提过,在那个时代,自治的人类不再以外来的权威为真理和行动的仲裁者,单单靠着教会、圣经或基督教教义,再也不足以使人在信仰或行为上顺服,人们开始向这些外来的所谓权威挑战。康德就自治原则和它在启蒙运动中的角色有如下的扼要说明:

> 启蒙运动就是人类从自找的监护中解放出来。这监护显明了人没有能力在无人引导下运用自己的理解力;说这监护是自找的,是由于它并非出于欠缺推理力,而是欠缺在无人引导下运用推理能力的决断和勇气……"勇于运用你自己的理智"——这就是启蒙运动的箴言。[14]

自治并非无法无天。启蒙时代也不是一个主张废弃道德的时代。恰恰相反,自治意味着假设人人都能借着理智,知道宇宙的自然法则,因此自治不但不是放纵以至于无法无纪,反而是要求每个人都去发现并遵行宇宙的自然法则。至于发现自然法则之道,则要靠运用个人理性和良知的天赋,而不是靠什么外来的权威。因此,个人对理性的运用就成了启蒙运动中强调自治的重心。

启蒙运动的第四个原则——"和谐",建立在理性时代所主张宇宙的合理性和秩序性之观念上。当时的思想家认为,宇宙以圆满的秩序为特色,尽管其中的每个人或每件事物都有自私而独立的行为,它仍然能运转得完美无瑕。

正如世界是永恒和谐的,真理也是单一而和谐的整体。由这些观念出发，启蒙运动的思想鼓吹"适切的方法论"，也就是说，人们相信，透过将适当的方法运用在当时各种支离破碎、彼此矛盾的人类知识领域中，可以除去其中不合理性的部分，进而合成一套真正的哲学。

再一次，启蒙运动避开了这类观念可能引起废弃道德的试探。和谐不只是自然界的一个特质，也成为掌管人类行为的一种道德原则。人类必须遵从整体真实状况中那圆满的和谐。

启蒙运动的人类学，一方面加增了对人类天赋潜力的重视，一方面则淡化了基督教对人类败坏的极端强调，因此可说是促进了人类生命与宇宙和谐的互动。道德论者认为，如果人类的知性一开始真是像洛克（John Locke）所说，有如一张白纸，则好好发挥理性应该能够使人类的生命和谐地融入宇宙的自然律中。[15]

最后，启蒙运动是个相信人类正在进步的乐观时代。理性时代的思想家基于对笛卡儿派学说的信念，相信既然宇宙是有秩序的、可了解的，则只要运用适当的方法，就必能得到真知识。因此，当时的哲学家、神学家和科学家无不竞相建构一套自认为最能接近真理的方法。说得确切一些，套句伯林（Isaiah Berlin）的话，这个时代是"西欧历史上最后一次人类以为能够达到全知境界的时期"[16]。

然而获得知识并不是他们的最终目的。照当时的想法，有关自然法则的知识有其实用的意义，发现并应用这些自然法则，是使人类幸福、理智、自由的途径。若是能知道自然法则，其中所含的真理就可拿来运用到个人和社会的生活上，科学方法能改变这个世界。启蒙运动的思想家真的相信，这样的改变不难达到。

这种对进步抱持乐观的信念，甚至影响到他们对人类历史的看法。尽管理性时代的历史学家把他们所承续的中世纪描绘成迷信、原始的时代，当时的思想家却深信，他们既能为这个时代带来如此的进步，未来自然也是乐观的；历史固然如潮起潮落，整个大方向却是向上、向前的。他们因而对未来满怀希望，视之如"应许之地"[17]。他们认为，只要人类能够学会照着自然法则生活，乌托邦真的就能出现。伯林说得不错，这个时代"是人类生活中最有希望的一段插曲"[18]。

## 启蒙时代的宗教

启蒙时代向传统观念挑战,重建了西方社会中所有领域的观念,不过受影响最深的,莫过于宗教信仰。理性时代是文化从基督教和教会的支配下释放出来的里程碑。

在这个新科学思潮当道的时代里,人们对宗教的本质开始有了不同的认知,文化因而逐渐趋向自主,乃是顺理成章的结果。随着运动的发展,科学家或神学家对"自然宗教"和"启示宗教"就有了不同的立场。所谓"自然宗教"是指神的存在和道德律是所有人都可以知道,并且可以用理性论证的;而"启示宗教"则是指圣经和教会所教导的道理。后者越来越遭受攻击,而前者却日渐被提升到真正宗教的地位。到了启蒙运动的末期,"自然宗教"(或称理性宗教)终于取代了着重信条和教义的中世纪和宗教改革时期的宗教。

以知性来阐释自然宗教超越了启示宗教的人,首推英国经验学家洛克。褪去了教条包袱的基督教是最合乎理性的宗教,就是他开创的说法。启蒙运动的思想家以此为基础,建构了一套取代正统教导的神学理论,是为自然神学。自然主义的神学家试图将宗教简化成一些最基本的要素,他们确信这些要素具有普遍性与合理性。[19]

这些自然神学家又强调,既然自然宗教是合乎理性的,当然所有宗教,包括基督教,都必须符合这个条件。[20]因此教会透过启示获得的那些信条都不应再被视为准则,而是应该跟理性宗教放在一起评比一番,所得的结果是只剩下一些最基本信念的宗教[21],用因果律能够证明的神的存在、灵魂的不朽、人死后为罪受罚和行善必蒙福。[22]

其实自然神论者根本没把宗教当成一种信仰来看待,他们认为道德才是宗教更重要的意义,换言之,宗教的主要功用,在于提供道德上神圣的约束力。[23]另一方面,启蒙运动大大提高了人类获得宗教真理的能力,而贬低甚至消灭了人类对启示宗教的需要。他们认为,造物者写给所有人看的伟大的自然之书,才是真正重要的。

当时一些人因此对基督教的批评颇为严厉。他们说,至少传统的基督教是理性宗教的一种腐败现象。[24]许多思想家抨击当时基督教的护教学、预言应验说[25]和神迹说[26]等信仰的核心。他们同时也批判教会为无知和迷信的瞎诓者。

其他人则较为温和,仅是将这两种信仰放在天平上比较,认为即使是最纯净的基督教,也不过是把理性所认知的宗教述说出来罢了。至于那些想维系基督教地位的人,则为它找到一条出路,宣称启示宗教是理性宗教的必要辅助[27],或说它是历史发展过程中的一个阶段,将在未来那整全的、普世的宗教来临时,达到完全的境界。

姑且不论当时人对基督教的看法如何,启蒙运动对理性宗教地位的提高,和对自然以及自然之神的强调,在在构成了一种新的临在性,胜过了中世纪对超越性的强调。在自然神论者眼中,神是一位遥远的、极端超越的神;然而相当矛盾的是,启蒙运动又将神与自然和人类的理性紧紧结合,以致当神介入创造的秩序和理性的范畴时,他的超越性几乎隐没在他的临在性中;因此人们不是向万有之上去寻找神,而是向内在去寻索。这种注重临在性的思想始于文艺复兴时期,至此终告完备,进而延伸到20世纪。

**注释:**

1. 为这理由,Hampshire 称培根"毋宁说是文艺复兴的最后一位哲学家,而非17世纪的第一位哲学家"。Stuart Hampshire, *The Age of Reason 17th Century Philosophers*(New York: The New American Library of World Literature, 1956), 17, 亦见 19 - 20。
2. 参,如前书, 11。
3. William C. Placher, *A History of Christian Theology*(Philadelphia: Westminster, 1983), 237 - 238.
4. Carl L. Becker, *The Heavenly City of the Eighteenth-century Philosophers*(New Haven: Yale University Press, 1932), 7.
5. 这个改变的根源也始于文艺复兴。De Santillana 推崇 Erasmus 为将理性主义的意义,从中世纪的改变成现代人的。Giorgio de Santillana, *The Age of Adventure*(New York: New American Library of World Literature, 1956), 27。
6. 前书, 46。
7. 这个看法的提倡者,有笛卡儿的译者 Laurence J. Lafleur。见 Translator's Introduction, in René Descartes, *Discourse on Method and Meditations*,

trans. Laurence J. Lafleur（Indianapolis：Bobbs-Merrill，1960），vii，xvii. 亦见 Hampshire，*Age of Reason*，12。

8. Hampshire，*Age of Reason*，17.
9. 笛卡儿影响力的简介，见 Lafleur，Translator's Introduction，viii－xiv。
10. Justo L. Gonzáles，*A History of Christian Thought*（Nashville：Abingdon，1975），3：297.
11. Hampshire，*Age of Reason*，12－13. Isaiah Berlin，*The Age of Enlightenment*（New York：Mentor，1956），16－17.
12. John Herman Randall，Jr．，Introduction，in Isaac Newton，*Newton's Philosophy of Nature*，ed. H. S. Thayer（New York：Hafner，1953），xiv.
13. 蒂里希对神学历史的研究极有帮助,他用这四个原则,作为启蒙运动思想范式的特色,见 *A History of Christian Thought*（New York：Simon and Schuster，1968），320－341。
14. Immanuel Kant，*Foundations of the Metaphysics of Morals and What Is Enlightenment?*（New York：Liberal Arts Press，1959），85.
15. Becker，*Heavenly City*，65.
16. Berlin，*Age of Enlightenment*，14.
17. Becker，*Heavenly City*，118.
18. Berlin，*Age of Enlightenment*，29.
19. 如,在 Matthew Tindal(1655－1733)所著 *Christianity as Old as Creation* 一书中,他主张,福音的要义是说明,所有宗教的基础都是普世性的自然律。
20. 如,John Toland（1670－1722），*Christianity Not Mysterious*。
21. 最早倡言自然宗教信念者之一,为 Cherbury 的 Lord Herbert,他写了 *De Religione Gentilium*（1663）。有关这方面的说明,请参 Arthur Cushman McGiffert，*Protestant Thought Before Kant*（London：Duckworth，1911），212；Placher，*History of Christian Theology*，242。
22. Gonzáles，*History of Christian Thought*，3：307.
23. 早在 17 世纪,圣公会的大主教 John Tillotson 就曾提出这个观点（参 McGiffert，Protestant Thought，195），但 Tindal 将其更进一步发挥（McGiffert，214）。
24. 如，Tindal，*Christianity as Old as Creation*，和 Thomas Chubb，*The True Gospel of Jesus Christ Asserted*（1738）。
25. 如，Anthony Collins，*A Discourse on the Grounds and Reasons of the Christian Religion*（1724）。
26. 如，Thomas Woolston（1727）所写的单张,尤其是 David Hume 的 *Essay on Miracles*（1748）。
27. John Tillotson，John Locke 和 Samuel Clarke 都为这立场辩护。参 McGiffert，*Protestant Thought*，195－210。

# 第 2 章
## 重建超越性
——19 世纪神学的临在性

18世纪接近尾声时,启蒙运动也已到了强弩之末,在英国尤其明显。这时已有许多思想家因为怀疑论[1]或宗教相对主义[2],而放弃了理性宗教。这些学者终于认识到,理性终究还是无法回答有关神、道德和生命的意义等基本问题。

不过纵然启蒙运动即将告终,神学却再也不复旧观,此后没有哪一个神学潮流能够不受那个时代思想演变的影响,继起的神学家也必须循着历经此番大变革的洗礼后所塑成的思维方式来表达。

理性时代的终结,显然让宗教陷入了两难之境。18世纪的神学好像只有两条路可走:一是诉诸圣经和教会,坚持基督教的传统说法,而强调人类的罪和神的救赎;二是被迫附从于启蒙运动强调个人理性的最后产物——现代的怀疑理性主义。正如麦基福(McGiffert)在研究前康德时代的巨著中所言:"到了那个世纪末,宗教所面临的危机是相当严峻的。"[3]

然而到了19世纪,有些神学家并不想被局限于这两个选择中。虽然他们都晓得,圣经和教会已永远失去传统上的权威,神学不可能再单纯地回到启蒙运动之前教条式的正统信仰,却也不愿以启蒙运动之后的怀疑理性主义为唯一的选择。对这些知识界的新血液而言，在启蒙运动的余威中前进的唯一途径，是将这个运动的基本动力运用到研究基督教信仰的新方法中。19世纪的神学家勇敢地坚持，尽管一面要对抗启蒙运动的挑战，一面又要对付此一运动所存留下来怀疑论的牛角尖，神学仍要继续前进。因此，他们决定利用启蒙运动的成就，来超越它，更向前行。说得具体些，中世纪的超越性和临在性平衡说此时已经动摇，他们想要建立一套新的平衡关系。

19世纪神学家在后启蒙运动的神学重建过程中，有三位知识界的巨人为他们提供了强大的火力。当时，西方思想的重心已转移到德国。虽然德国接受理性时代的洗礼较迟，但是德国神学界受到的影响却较英国为深，因此塑造19世纪神学的三位大师——康德、黑格尔（G. W. F. Hegel）和施莱尔马赫（Friedrich Schleiermacher）——均是德国人。

这三位大师有一个共同点，就是各人都努力想为人类生活中宗教的这个成分刻画出一个特定的领域；但是由于他们倡言的宗教本质完全不同——道德的（康德）、知性的（黑格尔）和直觉的（施莱尔马赫）——因此彼此间仍有极大的差异。这三位大师的思想影响了整个19世纪的思想界，先则彼此抗衡，继则融合成为史称19世纪新教自由派的神学，最终由第四位德国思想大师利奇尔（Albert Ritschl）集其大成。

然而尽管这些大师们殚精竭虑，到了19世纪末，神学的成就还是未能超越启蒙运动。这段时期强调新的临在性，在所谓经过重建的神学架构中也是以此为基石，但其实并未跳脱自文艺复兴时代以来就强调的以人为主的观点。

## 康德：道德经验中神的临在性

19世纪的大思想家无不竭尽心力，想从宗教在人类生命中的独特地位着手，以求突破启蒙运动的瓶颈。第一位做此尝试的是18世纪的德国哲学家康德（1724－1804）。康德主张，将生命中实践或道德的领域归属为宗教的范畴。他将神学架构在实践的理性上,进而为超越性和临在性提出一种新的平衡观。

从年代和学术的角度来说,康德与启蒙运动的关系比黑格尔和施莱尔马赫要来得密切。他将生活中的道德层面提升为宗教关怀的焦点,这相当接近理性时代思潮的重心,由此可见他在思想上与启蒙运动的关系密切。不过,他在建立以道德为取向的宗教上,采取了与启蒙运动截然不同的方法。

康德的一生看起来平淡无奇。他生长、就学、执教,甚至死于同一个地方——东普鲁士的柯尼斯堡。1755 至 1770 年,他在柯尼斯堡大学做不支薪的讲师,后来才被聘为该校逻辑学和形而上学的教授。他一生未娶,也从未到外地旅游,生活古板严谨,据说他每天下午三点半必定出门散步,当地的妇女都以此对钟。他直到 57 岁时,才首次发表重要著作——《纯粹理性批判》(1781)。然而此书一出,即震撼了哲学界,在思想界掀起涛然巨波,其余波至今未息。

## 康德的哲学

康德在哲学界发动了一场他视为"哥白尼式的革命"。哥白尼是伟大的天文学家,他以太阳取代了地球的位置,同样地,康德将理性提升为人类认知的核心(认识论);他的理论是,人类之所以能经验到真实,是由于有理性。

康德在这场革命的背后,所挑战的是理性时代在英国蔚为风潮的哲学运动——经验主义——在认识论上遗留下来的一个严重问题。根据经验主义,人类认知的过程可以称作"被动的理智"。洛克在《人类理解论》一书中否定了笛卡儿的学说;他主张人类的理智有如一张白纸、一个空无一物的器皿,全无任何先天的概念,因此它在认知的过程中是被动的,只是透过感官,接受来自外在世界的"印象",然后根据所获得的印象形成概念。

乍看之下,经验主义的理论言之成理,是合乎日常经验的说法,但是这种认知理论发展到最后,却出现了休谟(David Hume)的怀疑论;他

证明，经验主义论不能合理解释人类的认知。他认为，经验的方法并不能让我们了解某些我们习以为常的现象的真相，其中最显著的就是因果关系和事物的本质。他坚称，我们所知道的不过是我们感觉到的，其中包括了同时发生的一连串事件；我们是根据这些感觉而不是根据真正的经验，归纳出事件的因果关系。同样，我们所经验到的是一连串的印象（大小、色彩等等），而不是事物真正的本质；是我们的想象把这些印象当成了事物本身。按照休谟的说法，我们对于现存世界中的事物本质并无任何真正的知识。事实上，我们对那些外在事物的认定，就像对因果关系的认识一样，并非得之于外，不过是理智的一种惯性活动罢了。

休谟在认识论上的怀疑论，引发了对以经验主义为基础的自然神论的质疑，因而对宗教信仰产生相当重要的影响。他指出，自然宗教的合理性其实并不像某些支持者所相信的那么确切。举例来说，如果因果律不是实际可以经验的现象，则宇宙论的论证就无法证明神的存在。同样，如果事物本质的观念消失，则灵魂不灭的教义就不能存在；而现今的不义和邪恶，也削弱了以造物者的良善为基础的、必有公义报应之说。[4]

康德觉得，休谟的激进怀疑论极具挑战性；他甚至透露，就是休谟将他从"教条昏睡症"中唤醒过来。经过一番研究，他终于对休谟所发现人类在认知过程中的极限找到了解释；不过与那位英国前辈不同的是，他认为不需要因为这个极限，而否定所有形而上学的观念。

在《纯粹理性批判》一书中，他设法为形而上学建立一个稳固的基础，因此提出一个大胆的假设：理智在理解过程中是"主动的"。他分析说，人类对外在世界的知识不可能单单从感官经验中得出，感官不过是提供一些原始数据，好让理智在实际认识的过程中能够将这些数据组织分类。而且，人类之所以能将感官知识条理化，是由于某些存在于理智中的形式观念，这些观念就像栅子或筛子，是促成认识的媒介。[5]

在各种形式概念中，时间和空间是最基本的两项。照康德的说法，时间和空间并非存于事物中的性质，而是像其他形式结构一样，都是理智接触到感官所传达进来的世界后，将之条理化的一个过程。虽然事物可能并不存在于时间和空间内,但除了时间和空间,我们无法以任何其他方法来认识感官经验中的外在世界。

要使"理智在认识过程中是主动的"这种假设成立,需要在"认识的人所经验到的事物"(现象),和"超越人类认知经验的事物"(实体)之间作一区别。按照康德的理论,一个"实体"可能是与认知对象(该物本身)全然无关的事物,或者是我们根本缺乏工具来查验的事物。下文中会谈到,实体的范畴为康德开启了一个超越因果的领域,在这个领域中,他得以将自由划归于执行人类道德者。

康德的知识论跟休谟一样,认为思想者用感官经验讨论超越的实体,如神、灵魂不朽和人类自由等问题的能力极为有限。他在《纯粹理性批判》中的观点为:科学是建立在感官经验上的,因此任何超越时间和空间的实体都不可能透过科学方法来理解。"纯粹的"或思辨的理性(科学),顶多只能显示这些形而上的观念看来像是真实的,因为就我们所知,在经验的世界里没有与之抵触者。

在《纯粹理性批判》一书中,他借着证明经验知识的极限,而将超越时空的实存(realities,例如神),放在超越科学和感官经验的范畴里。乍看之下,这样一来使得这一类的实存似乎都变得不可知了;但是康德的目的并非要印证休谟对宗教的怀疑论,而是希望从一个较稳当的角度来研究形而上主张。他稍后在《判断力批判》(*Critique of Judgment*)一书中指出,如果神的存在必须用以感官为基础的经验来证明,就很难在道德范畴中观察神[6],但康德自己却正是这么做。在再版的《纯粹理性批判》中,他解释道:"因此我认为必须否定*知识*,才能为信仰留下空间。"[7] 在这位德国哲学家眼中,"信仰"是属于人类理性的另一个范畴——理性的"实践"层面——与人类的道德层面相联。

## 实践理性

为了凸显所有与形而上学主张有关的论证都是谬误的,康德在第一本著作中就宣告"纯粹的"或思辨性的理性是无用的。他自己则在有关道德的著作中,尤其是在《道德形而上学原理》(*Fundamental Principles* of the Metaphysics of Morals，1785)、《实践理性批判》(Critique of Practical Reason，1788)和《道德形而上学》(Metaphysic of Morals，1797)这几本书中，树立了关于神、灵魂不朽和自由的观念。他的目的是探讨理性在实践层面的必要观念，正如他在《纯粹理性批判》中，探讨了理性在理论层面的必要观念。

康德的理论基础建立在人不仅是感官经验的存在，也是道德的存在；我们跟世界的关系不仅限于科学的知识，更进一步说，世界是人类生活的舞台，是具有道德价值的。他以人人皆有道德经验——一种对道德制约或"行所当行"的感受——确立人的道德本质。他宣称，人类对于必须有所抉择的"压力"是知道的，而这种加诸人类身上的压力，只能用道德一词来形容。

他又主张，人的这种实践的或道德的层面跟理论层面一样，基本上都是理性的；因此他相信，所有有效的道德判断都是由某些理性原则在控制，正如所有理论的或感官的知识也都是以理性原则为基础。依此推演，人类生活中道德层面的目标，就是要尽可能地趋于理性。康德将这种理性的道德生活方式称作"责任"。

在康德看来，责任在道德的至高原则下达到极致，这就是他著名的"绝对命令"(Categorical Imperative)。基本上，这个原则是要求每个人的行为都要和驱动力一致，这驱动力是身为理性存在者都希望放诸四海皆准。如他所说："要行动，就好像你这个行为的准则能成为放诸四海皆准的自然律。"[8] 依照这个定义，则道德命令的重心就不在特定的行为，而在所有行为背后的动机考虑。[9]

## 实践的预设

透过人类普遍经验到的道德制约所显示出的人的道德本质，是康德重建形而上学的基础。从这个基础出发，他主张，有三项超越性的预设必定成立，这是纯粹理性所无法建立的。他坚称，这些"实践的预设"就世界的道德本质而言是必要的，因此必须成立。

前两个预设——神和灵魂不朽——出自康德对至善的了解。他认为人类的至善之境，就是生活在一个美德和幸福相连结的境界中。但是我们也都知道，美德在今生不一定会有报酬，因此他相信，一定有个未来的生命，那时善行必有善报。而神也必然存在，他保证完全的公义在那个境界中全然实现。

康德以自由为预设尤其影响深远。他认为人类的自由，在证明人身为道德执行者的普遍经验上，是必要的。在现象层面，人类身为物质的存在，受制于自然律，看起来似乎并不自由；但是在更基本的物理层面，所有人都必然是自由的，因为道德义务是以自由为前提的。这种说法将人同时置于两个层面之中，因而必须从道德（自由的行为者）和科学（物质的因果律）的层面来了解每一个人。

## 理性的宗教

在《纯粹理性限度内的宗教》(*Religion within the Limits of Reason Alone*, 1793)一书中，康德更进一步，将他的学说从道德推演到宗教，也就是基督教。对他来说，这一步是必然的，因为宗教所谈论的是"一个有力的道德立法者"——他的旨意"应该是人类的终极目标"[10]——因而给道德提供了终极目标。

这本书就跟康德的其他著作一样，既是启蒙运动的延续，又是与启蒙运动的决裂。他首先谈到"根本的恶"，也就是在我们里面普遍皆有，我们无法用本身力量赶出去的邪恶倾向。从理性时代的观点来看，康德在这方面的讨论犯了不可原谅的错误。[11]他再度提出原罪的教义，而这是基督教在启蒙运动中遭受最严厉抨击的一点。

不过康德毕竟没有完全悖离启蒙运动的思想，他还是保留了那个时代的乐观。他申明，由于这根本的罪是存在于"有行为自由"的人类中，因此人"绝对有可能胜过它"。[12]

为了同时坚持这两种说法，康德将他认为存在于我们行为意愿中的邪恶本质，和他声称符合我们根本意愿的道德命令区隔开来，就如麦克森(G. E. Michaelson, Jr.)所说，成为一种"融合'宗教改革所强调的堕落'和'启蒙运动所强调的自由'之不稳定状态"。[13]

康德视宗教为以道德为本质，并由此塑成他的基督论。他将创造的目的说成是，为了生成一个道德完美的人类，而这个目标在神永恒的旨意中就是神的独生子，也是我们信仰的对象。[14]他指出，由于我们的理性中也有这个想法，因此我们并不需要"经验的范例"来作为"一个道德上全然讨神喜悦的人"的典型；他的这种说法正是启蒙运动典型的想法。但是他为了尊重基督教传统，又补充说明，历史上确实有这样一个典范，就是耶稣。更确切地说，这典范就是耶稣受苦，实现了他"达到世界至善"的意愿。[15]

这种宗教的道德本质观念，也构成了康德对基督教重要性的了解。照着启蒙运动的说法，他将基督教归属于普世的理性宗教。在他看来，基督教不过是建立道德社会的一个工具，或是往"纯粹的宗教信仰"渐进的一个阶段而已。

启蒙运动所带来的变革也影响到康德对宗教权威的认知。他一方面承认圣经是教会唯一的规范，一方面又宣称，"理性的纯粹宗教"——它本身才是真正的宗教，而且普遍适用——才是解释圣经的原则。[16]他总结说，道德层面（意即：努力追求圣洁的美德）才是圣经故事背后的真正用意。[17]他并且指望在基督教故事的"背后"找到信仰的永恒真理，换言之：

> 人如果不以最真诚的态度将道德原则纳入自己的本性，就不会有救赎，因为阻碍人接纳道德原则的，并非人的感官本性，而是人自我的顽梗不化……虽然人经常把责任推给感官。[18]

最后，康德又重新诠释恩典。虽然他也承认圣经的叙述很重要，但是他强调，"真正的宗教不在于知道或思想神为我们的救赎要做些什么，或做了些什么，而是在于我们要做些什么，才配得这个恩典"[19]。而我们所能做的，就是按道德过日子。[20]如此一来，康德就把宗教改革最重视的恩典和善功的次序完全颠倒过来了。他的结论是："正确的途径不是从恩典到美德，而是从美德进展到赦免的恩典。"[21]

## 植基于道德的神学

康德的理论为神学奠下一个颇富创意的基础。他确实对某些重要的教义,特别是神的存在、人的灵魂不朽和自由有所推论。然而古典神学家是从启示推断出神的属性,康德却与他们相反,与笛卡儿则没什么不同,他的理论完全建立在人是理性的存在的基础上,因此,他不是从启示推演到理性,而是从理性推进到启示。可以说,他是将启蒙运动中纯粹理性的信仰又往前推了一步。

不过康德有一样重大创见,使他不同于理性时代。他的理论中并没有充满抽象的理性,这是他与那个时代的思想家最大的不同。他主张,宗教的基础是建立在人类存在的某项独特范畴中,也就是道德制约的经验中,而这是属于理性实践层面的事。[22]因此对于形而上学的预设,康德只肯定那些在他看来与人类存在有必然关系者,例如神、灵魂不朽和自由。他进而推论,只有那些作为道德保证者所必须具备的属性,才能算作是神的本质。简言之,他没有采纳古典的基督教思想,将道德放在神学中讨论,反而是将神学的基础整个建立在道德上。

从神学发展史的脉络来看,康德的学说象征着启蒙运动自然神论的终结。理性时代认为,跟启示宗教那些不可靠的教条比较起来,自然宗教的教义是稳固的,因为这些教义都是建构在牢不可破的理性架构上,而这架构已经通过经验检测法的测试(康德称之为纯粹理性)。但是康德指出,自然神论最重要的形而上原则——神的存在、灵魂不朽和人的自由——都无法以思辨的理性建立起来。在这一点上,他肯定了怀疑论的推论,而这条通往宗教的途径,也就从此不通了。康德为受造者的有限性提供了影响深远的观察,以致后世神学都必须严肃以对。

启蒙运动虽使宗教走入死胡同,并不表示神学也完了。它还是可能把宗教的基础建立在理性的其他机能上,或是人类实存的其他层面中。为了达到此一目的,康德采纳了启蒙运动所强调的道德,不过他给道德建立了一个比较坚强的基础。他主张,宗教可以建立在实践理性的基础上,也就是人类存在的道德层面和相应的理性的道德能力。在

他的眼中，道德领域就是宗教最适切的范畴，宗教在那儿掌权，而且免于一切科学发现的挑战。

## 结论

　　从许多方面来看，康德的学说既是对启蒙运动的明确响应，同时也纳入了那个时代的重要成就，可说是为日后神学和哲学的讨论建立了一个基础。可是，康德终究没有能克服理性时代某些具有破坏性的趋势。他企图将宗教塑造成对一位超越的道德立法者的信仰，而他的旨意应该是人类终极的目标。

　　然而使用这方法研究神学，仍是以人为中心，而且无可避免地会倾向强调神的临在性，即使这是康德自己极力想避免的。到头来，自治的人类理性——不管是启蒙运动所说的纯粹理性或是康德所说的实践理性——所普遍听到的"圣言"，不过是人内在发出的声音，其中并没有从那超越的"至高处"传来的话。如果照康德的理论，在人类"实践理性"深处所发出的道德命令中，那位超越的神很容易地就会消失于无形了。

## 黑格尔：理性思辨中神的临在性

　　康德努力想突破启蒙运动，并借着将宗教的重心从"纯粹理性"层面（以感觉为基础的知识层面），转移到"实践理性"层面（以"人乃是受道德制约的存在物"的经验为基础的知识层面），企图建立一个超越性和临在性之间的新关系。另一位伟大的德国哲学家黑格尔，则提供了突破启蒙运动的另一个途径。康德在人类生活的道德层面中找到了超越性的线索；黑格尔却是从知性层面去寻求超越的意识。他将终极的真理，与人类历史的发展过程，和人类理智了解此一过程之意义的能力连结起来，进而大胆地主张，人如何了解历史，神也同样逐渐认识自己。

## 黑格尔的事业

黑格尔(1770-1831)的一生经历了欧洲历史的动荡时期——在政治上是拿破仑(Napoleon)时代,在文化上是浪漫主义时代。他出生于德国的斯图加特(Stuttgart),那地方照弗里德里希(Carl J. Friedrich)的形容,是"德国孕育最多思想家和诗人的摇篮"[23]。这也就难怪黑格尔的思想跨越了政治和美学的领域。

黑格尔不像康德终其一生待在东普鲁士的出生地,他周游中欧数个城市求学、就业。[24] 自图宾根大学(他的哲学后来在这里对神学研究产生莫大的影响)毕业后,他先后在瑞士的伯尔尼(1791-1796)和德国的法兰克福(1796-1800)当家庭教师。这段时期中,他的注意力集中于一些神学前辈和康德的思想。[25] 他在耶拿大学担任教授(1801-1806)时,完成了在其哲学中至为关键的精神(Geist)的观念的探究,那时他的思想才进入了成形阶段。他在事业如日中天时搬到海德堡,1818年再到柏林,就在那里工作,直到离世。

## 黑格尔的哲学

黑格尔主张,要结合神学与哲学,以突破启蒙运动在神学体系中所制造出的障碍。因此,若要了解他为18世纪的困境所提供的解答,和他对19世纪神学的贡献,我们必须先一探他对哲学的创新见解。

黑格尔哲学是与理性时代道别的里程碑。他虽然同意启蒙时代的观念,认为哲学与获致真理有关,但他对哲学的焦点作了另一番诠释。理性时代将哲学重塑成自然科学的形象,并且指望在自然的领域中找到真理和神;"自然"被视为一个静止的实体(reality),一件已完成的产物,因此它是人类知识的对象,而那配搭精密的结构显示它有一位设计者。

他同意理性时代所主张的,强调客观、科学的知识,却不认为感官经验是知识的唯一基础,或是以感官经验形成概念就是获得知识的最

重要方法；他也不同意他们所主张的，实体是静止的、已完成的，是理性能够理解的一个客观、外在的事实。黑格尔的教导是，实体是活动的、仍在发展的，它是一个正在进行的过程，包含了理性原则的展现。因此他主张，不仅实体是有逻辑的（正如启蒙运动所认定的），从某个角度而言，逻辑就是实体，因为凡是合乎理性的就是真正的实现（actual）。[26]

黑格尔在这个基础上，对实体和人类的知识提出一种更繁复的理解方式——焦点放在理性思考的结构中。在他看来，思考的结构和实体的结构到头来是同一件事，两者都是一种动态的过程。[27]

黑格尔与启蒙运动的理论家截然不同的是，他把哲学置于科学之上，不仅视之为发现终极真理的工具，且是进入终极真理的途径。

为了达到这个目标，他将哲学和历史密切结合在一起，就如艾金（Henry D. Aiken）所描述，他的学说是首次"从历史的角度来观察哲学所有的问题和观念——包括理性这个观念——的一次彻底的努力"[28]。为了解开人类的命运和存在的意义之谜[29]，他试着从"绝对真理"、从整个人类历史发展背后的意义，而不是从自然界那位遥远的设计者的角色去寻找上帝。

黑格尔构思实体的新方法，简单地说，是三个彼此关联的观念：精神、真理和辩证法。

## 精神

位居黑格尔思想重心的第一个概念，就是精神（Geist），英文译作spirit，不过这个词在英文中并没有恰当的译词；它结合了"心智"（mind）一词所表示的理性，和与"精神"（spirit）这个词关系密切的超物质层面。

在黑格尔的定义中，精神（spirit）不仅仅是一个本质（一个存在物），而且是一个活动中的主体，一个活动，一个过程。它虽然在人的里面，但并不等于人的灵魂，因为它是世界的内在本体，是那位绝对者，甚至是唯一的实体（the sole Reality）。[30] 所以，世界的发展过程就是精神的活动。借着这种过程，精神有了客观的形式，并且彻底知道自己。因此，黑格尔将自然界和历史的一切发展过程，视为在形成一个合一的整体，以及展现这些过程背后的精神原则。

## 将真理视为过程

黑格尔哲学第二个重要的概念,就是将真理当作过程来了解。他不认为真理是运用合适的推理方式所取得的理性结论,虽然这是哲学界自笛卡儿以来就采纳的看法。他视真理为过程的本身,是最终引到解答的整个推理过程中的曲折起伏。

他还指出,推理的过程并不将被理解的对象视为外来的,而是将它视为包含在过程内的。他称这种理性抓住被理解对象的活动为"概念成形作用(conception,简译:概念作用)";而最终的概念作用,也就是将所有概念汇集成一个连结的整体之活动,黑格尔称之为"理念"(the Idea),或是绝对(the Absolute)的概念作用。因此,"概念作用"是思想和实体的结合[31],而由于实体反映出理性的结构,因此这种结合是可能的。

黑格尔将实体的真理与历史过程连结为一体,视之为精神的自觉的形成。事实上,这个"一体"不只是实体的一个特质而已,在黑格尔眼中,它就是实体。[32] 人类历史的各个时代,就是精神在自我发现的过程中的各个阶段。[33] 因此真理就是历史,不过不是从片段事实的角度来看,而是从历史发展进程所显现的,和其背后所隐藏的整体来看。换个角度说,知识就是以哲学来掌握历史过程所产生的模式,亦即了解整体的意义。

他既是如此看待历史的起伏,因而对过去自有一种深刻的认知。他坚持,我们必须了解历史的遗产,才能获得真正的知识。但是比这更重要的是,他对表达人类灵魂的领域,如社会、宗教、道德、艺术、文学和音乐,都格外有兴趣。他的理论是,在透过上述活动表现出来的人类文化历史中,人的灵魂遇见了自己的知觉。[34] 而这并不只是人的活动,也是精神的活动。就在历史的推移中,绝对的知识显现出来;但是这个知识是精神在认识自己。

## 辩证法

　　黑格尔哲学最广为人知的，就是他的辩证法，而这又跟他哲学"具有动的本质"的立论有关。在他看来，哲学所探讨的就是实体，它透过生命不断进行的过程来展现自己或认识自己。就像精神本身的活动一样，哲学在它本身的历史中制造出许多不同的阶段，也经历过这些阶段，这个活动就是它的真理。在每一个阶段中，前一个阶段就被承继为这个阶段的基础，但前一个阶段本身则已消失；换言之，在前一个阶段被保留的同时，它也被终结了。从这个角度来理解，真理包含了它在进入历史下一阶段时所消失的事物。

　　如此一来，黑格尔以过程的动态观念，取代了静态存在的传统说法。这个真理的过程包括了它本身的形成与消失；而且由于它是不断在变动的，因此探索真理就是研究这个真理显现的过程。

　　这其中有着黑格尔对逻辑理解的重要含义。传统上，逻辑建立在不矛盾的法则上，也就是"A 不是非 A"；这样，就默认了实体是静止的。黑格尔否定这种静态的表象，主张一种动态的领悟，让人回想到古希腊哲学家赫拉克利特（Heraclitus）的思想。照黑格尔的说法，实体是不断变动的，而从潜在性到实现性的发展历程是分阶段的，其结果是，思想也必须随着在辩证法则主导下的过程而动。对黑格尔而言，辩证法不是人所构想的概念，而是照着实体的本相来描绘实体。说得更具体些，它是精神本身历史的叙述，或是永恒的理性在人的思想中了解自己。由此可以再度证明，黑格尔将思想和实体之间的联系拉得多么紧密。他主张，知道哪些道理是必须思考的，就是知道什么是必须存在的。[35]

　　黑格尔的辩证法在逻辑上通常被形容为三段论法——正-反-合。或许他实际上并没有运用这个三段论法[36]，但这种说法确实有助于让我们了解他的主张。首先，有一正论出现，它会立即激起它的反论，然后互相融合成为二者的合论。这个合论又会形成一个新的正论，然后整个过程继续进行。

正论与反论的矛盾成为黑格尔辩证法的一部分,但这其实并不是他的独创。康德在《纯粹理性批判》中就曾指出,纯粹理性引导思想,其结果是发现,对超越性实体相反的看法有可能是正确的,例如:神的存在、灵魂不朽和人的自由。同样,浪漫派思想家也曾提到,大自然和人类历史中"相反的事会趋向一致"。

从这个现象,康德得到"纯粹"理性有其极限的结论。黑格尔却大胆地宣称,将正论和反论放在一个包容性较大的命题内来理解,把两者的重点涵括在一起,则正论和反论都可以成立;也就是让正论和反论在它们的合论中解决,二者相互抵消,却又都保存在第三论中,这就是前述三段论法的第三个层面。

不过黑格尔并没有将辩证法局限在人的思想活动中,反倒将它视为思想和形而上学的一种法则。将辩证法与实体本身的过程结合起来,就可显现出绝对者的逐渐自觉。

辩证法透过某些较为复杂的用法,可以用来形容绝对者的三段式活动。方法是:从探索一个不确定的存在物(Sein),经过不存在(Nichts),而至成形(Werden)的活动[37];然后,成形又在成为某个实际存在物(Dasein)时,终结自己。

有一套类似的三段论法具体描述出"绝对者"概念作用的成形。[38]第一个要素,"在它自己里"(an sich),是从这种概念作用的普世性来看它本身,就是用绝对者使万物合一的本质来描述它。它所形成的合一包含了一切实体的本质,因此成为实体的基础。从这个角度来看,它只是隐性的或是潜在的,还没有找到外在的表现。[39]第二个层面是"为它自己"(fuer sich),是从概念作用的纯粹广布性或分化性来看它,就是用绝对者在时空世界里巨细靡遗的展示来描述它。综合这两个层面的是第三个层面,就是"在它里面且为它自己"(das Anundfuersichsein);其特色是在此整体中的个别差异有意识地合一。

## 哲学、神学和历史

精神、视真理为过程及辩证法等观念,构成了黑格尔对哲学、神学和历史三者之间关系的看法。他指出，精神在历史的领域中是积极的，因此历史，就是真理的逐渐展示。人类精神的活动，特别是与文化和智识的表达有关者，对精神在历史中的作为是最重要的。哲学中最要紧的，就是精神的逐渐自觉，因此在这个领域中，精神的活动最清晰可见。

黑格尔对宗教的角色和神学的重要性所作的评价中，最基本的一点就是他在神与精神之间建构的关联。他认为，从宗教的角度看，那绝对的精神就是神，就是在历史进程中显现自己的那位。

神与精神之间的这种关联很自然地意味着，哲学的悟性就是认识神的途径。哲学是思想的历史，而历史又是真理的逐渐展示，因此到头来，宗教和神学还是要与哲学连结，因为只有从神在历史中显现的角度来观察，神的存在才可能被表现出来。

因此对黑格尔来说，宗教就是终极的思想[40]，其关注焦点就是有关神的知识。宗教和神学，以不同的方式，追求呈现同样的真理。宗教在意象和表征中领悟真理；哲学却在"理性的必然性"中，领悟同样的真理。神学若是超越宗教所发现的意象，进而了解这些意象的普遍性和哲学性意义，则神学最终也就是哲学知识了。

## 基督教

黑格尔关切的是他在历史发展中，尤其是人在精神层面的努力中，所发现的"神的自我实现"。因此，哲学上的真理在他的思想中心就意味着神和人性的合一。从神学的术语来说，黑格尔的整个思想体系可以解释为一种道成肉身之比喻的伟大宣言。[41]

而道成肉身的关注，构成了黑格尔评估基督教的基础。他宣称，基督教作为一个启示性或属灵的宗教，是自然宗教（以古代东方为典型）和艺术宗教（可见于古代希腊）的综合体。[42]黑格尔之所以会得到一个如此伟大的结论，是由于他在基督教里面找到了"以宗教方式呈现道成肉身的伟大哲学"的真理。这个以基督道成肉身为焦点的历史性宗教崛起之后，人与神原本隐藏的合一即显现出来[43]；在这个宗教中，神与人终于得以实现了真正的、有史可证的合一。因此，基督教标明那绝对的精神已经存在,也就是神透过人的精神的宗教活动,完成了他的自觉。

照黑格尔的说法,在神与人实现合一的过程中,神的实体经过三个阶段——与基督教三位一体神的观念中三个神圣的位格有些相似。[44]这三个阶段是:本质的存在、外显的自存、自我的认知。第一个阶段,是纯粹的、抽象的存在。第二个阶段,则标示着抽象的精神借着世界的创造进入存在。这个"客观存在的灵"(世界)同时具有成为"人子"(这精神"知道自己是实实在在的神")以及疏离和弃绝(罪恶)的特征。第三个阶段,则是精神进入自觉中。

这三段论法的推展,加上神与人的关系,是黑格尔思想最核心的部分(换句话说,神在人里面形成对自己的觉悟);二者构成了宗教故事和哲学真理之间的界面。第一个阶段是,神在他本质的存在中。在宇宙的创造中,第二个阶段出现了;神运行到他自己之外,与在他之外的物发生关系。在人里面,神又归回他自己,因为人在宗教生活中认识神,神则在这个过程中认识自己。[45]这也就是第三个阶段——人与神在实体中和好。

依照黑格尔的诠释,基督教就是从创造和救赎的角度,将这个过程图画般地描绘出来。他主张,创造既是个体进入实际存在的动作,就必然包含了疏离。因此,他将圣经上人类堕落的故事当作从无知进入自觉的一个发展,而他认为这种发展对建立人性独立的、有史可证的存在是必要的。至于说到堕落伴随着失和、隔绝和疏离,黑格尔同意传统神学所说,堕落是罪恶的,但从它是与神和好的(也就是彰显神与人的合一)、必要的第一步的角度来看,也有其正面的意义。

在黑格尔看来,基督教主张神与人合一的观念在耶稣里获得历史上的明证,而基督事件的重要性就涵盖在这个主张里了。借着道成肉身,神人合一的普遍性哲学真理在一个独特的历史人物身上实现。并且因为历史是实体的实际展现,因此这个事件即使对神自己都非常重要。借着基督,神从抽象的概念真正地成为历史人物,并在此过程中成为完全的实体。套句黑格尔自己的话:"原本仅仅是纯粹的或未实现的精神的概念,变成了实现的。"[46]

黑格尔认为，这个真理借着十字架受死表达得再明确不过了。这个事件讲到神彻底承受了人的有限性——最极端的形式就是死——也讲到抽象之神的死亡：

> 中保之死不仅是自然层面的死，或他这个人的自我存在的死；死去的不仅是外在的躯壳，虽然被剥去本质存在（essential Being）的确是死，但死去的还包括神存在的抽象面。[47]

然而基督之死并不是结局，而是为复活作准备。这件事使得普世的临到或绝对者之精神的临到以及灵之国度的临到，成为历史的目标，也成为神在历史上的完全实现。

可以说，哲学和基督教，在"与神和好"的共同焦点中融合了。照贝利（John B. Baillie）所述，黑格尔对这两种真理的诠释是这样的：

> 绝对者的精神独自承担了塑成世界历史的巨大工作，他为构成历史的各部分注入属灵的意义，自己以人的形象出现，并且，在这过程中，就是既属永恒又属时间的过程中，使世界与自己和好，又使自己与世界和好。[48]

## 38 黑格尔的身后

黑格尔于1831年去世时，可能是当时德国最有影响力的基督教哲学家。然而随着时光流逝，许多追随者却在他的哲学中察觉到可对基督教作严厉批判的根源，和可能逾越基督教传统之处。

例如施特劳斯（David Friedrich Strauss，1808－1874），就将黑格尔的观念运用到新约基督论的研究中，并以此为工具，突破超自然主义者和理性主义者在了解耶稣生平时所遭遇的瓶颈；他发展出一套"福音神话"的观念，主张耶稣生平的故事不是事实的表达，而是神学真理。费尔巴哈（Ludwig Feuerbach，1804－1872）更将黑格尔的神学整个颠倒过来，宣称神只是自我疏离状态下的人。于是，他把神学变成了人类学,认为"谈论神"事实上就是"谈论人的状态"。马克思(Karl Marx,1818－1883)虽然赞同黑格尔的观念,将历史视为一个自动自发的整体,却不同意他将经验事实当作逻辑过程的展现,认为这是唯心主义。[49]为了取代黑格尔的说法,他从社会政治和经济的角度,来阐释人类自我疏离的现象。

## 结论

黑格尔所主张的基督教和哲学间的关系,为启蒙运动所造成的传统信仰与激进的怀疑论彼此对立的僵局提供了一条出路。他将基督教提升到唯一的启示性宗教的地位,因为基督教在表征的形式中,陈述出关于神人合一的哲学终极真理。

然而黑格尔为基督教所做的重建工作也有其重大代价。他认为,基督教教义唯有使它的真理内容超越历史,转变为哲学,才有可能免受启蒙运动理性主义的攻击。虽然他否认这样的转变必然伴随宗教内容的破灭,却认定这是唯一能合理辩解基督教的方式。

随着基督教信仰转变为哲学,先知、使徒和教会中那位超越的神也变成了临在的精神,也就是绝对者的精神进入人类历史,显现自己。这位德国哲学家固然认为这样做是解救了基督教信仰,可是他的这套思想,结果是不是该为基督教信仰的崩溃负责,却不无疑问。黑格尔独创出一条突破启蒙运动的途径,但是到头来,他还是没办法克服启蒙运动最基本的神学见解,因此黑格尔派思想也仍旧不过是"一种彻底的临在主义学说"[50]。

就某种意义来说,临在主义是黑格尔遗留给现代神学最重要而深远的贡献。纵使后来他的思辨唯心论(speculative idealism)渐渐衰微,或是被重新诠释成思辨唯物论(speculative materialism),但是他的神人合一的见解却始终是神学里面极有力的一个选择。黑格尔主张:"没有了世界,神就不是神了。"他这句话的意思是,神并不是一个自有自足的本体,倒不如说,神需要世界来完成他的自我实现。因此世界历史就是神的历史。

黑格尔对神与世界之关系的看法，给后世一派神学思想——通称为"万有在神论"——的各种说法建立了模板。凡是主张神和世界为不可分割却又是不同实体的看法，都包括在这个神学思想中。可以说他的研究方法，是介于"相信在神与世界的关系中，神是全然自足的万有在神论"，和"将神与世界密切连结的泛神论"之间的一条中庸之道。后世各种万有在神论的说法虽然都师法黑格尔，在这个关键处却是各行其道。

迈入19世纪后半期，黑格尔的思辨唯心论在德国智识界日渐式微，而康德强调以实践理性或道德判断来跳脱人的有限性的说法，又渐渐复苏；但是在我们将注意力转移到后半世纪最具影响力的神学家利奇尔之前，19世纪众多神学家中，还有一位必须先定位的——就是与黑格尔齐名的现代最伟大神学家施莱尔马赫。

## 施莱尔马赫：宗教感觉中神的临在性

19世纪的神学家一心想在人的生命中为宗教找到一个特别的定位，进而为神的超越性和临在性建立一个新的关系，以突破启蒙运动所造成困境。为了达到这个目的，康德以伦理或道德，作为宗教这个独特层面的焦点；黑格尔则将焦点转移到智识或思辨的领域；但是比这两种思考更具创意的想法，却是由第三位伟大的哲学家，19世纪初的施莱尔马赫所提出的。他的选择是将直觉的生命，也就是他所谓的"感觉"，提升到宗教的核心，因此可以说，他指望以"感觉"作为神学的基础。

这位19世纪的德国神学家对现代神学的影响，实在大得难以衡量。虽然绝大多数基督徒从未听过施莱尔马赫，但是他对宗教——特别是基督教——的思想，却透过牧师、教派领袖、作家或大学老师们所受的神学教育，点点滴滴流传给他们。他的影响力在无形中沁透整个西方基督教界；他在基督教神学上的地位，就如牛顿在物理学、弗洛伊德在心理学和达尔文（Darwin）在生物学上的地位。这么说吧，他或许不是绝对的权威，却是一位拓荒和策定方向的人，后世没有一位神学家能够漠视他。

现代基督教思想的学者几乎一致推崇施莱尔马赫为现代神学之父。他被尊称为"教会之王子"，是基督教思想史上极少见的一位巨人[51]，也是自加尔文（John Calvin）以来最有影响力的神学家[52]，以及现代宗教和神学思想的奠基者。[53]

施莱尔马赫被赋予如此卓越的地位，既非由于他创立了某个神学派别，也非由于日后继起的神学家都是他的门生；施莱尔马赫配得如此尊崇，乃是由于他为神学开创了一个新纪元——已延续将近两百年——一个由自由派基督教神学和各种反对它的意见主导的时代。

克莱蒙（Keith Clements）说得不错："论到这一大堆问题，施莱尔马赫所用的研究方法正是我们看为'现代'，或某些人所谓的'自由派'方式。"[54]在他之前，基督教思想家从未如此直接去面对启蒙运动中科学与哲学革命给传统基督教带来的难题；也未曾如此扎实地重建基督教信仰，使其融入时代精神。

施莱尔马赫的独特之处倒不在于他对基督教某些特定教义有所见地，而在于他处理基督教与现代思想的矛盾冲突时所采用的方式。而他也因着这套探究神学知识的新方式，被支持者和反对者一致推崇为自由派神学之源。因此，我们对施莱尔马赫的讨论必须较着重于他的神学方法；至于他对某些教义的看法，也会稍加讨论，以说明他如何运用这套方法。

## 施莱尔马赫的生平与事业

若是你把施莱尔马赫当作只是一位神学先进，就太小看他了。他的贡献远远跨越神学的领域。他在世时就已被视为基督教界最伟大的讲道家，且是19世纪初德国宗教界和文化界的领袖之一。他曾参与成立柏林大学，及翻译柏拉图（Plato）作品的德文权威译本。在拿破仑占领普鲁士期间，他是公认的爱国者，又是战后政治改革的鼓吹者。因此，1834年2月施莱尔马赫的葬礼是众所瞩目的大事，成千上万的柏林人在街边目送他的灵柩通过。

施莱尔马赫的神学与他的生平有着密不可分的关系，甚至可以说，是他一生的经历促成了他对基督教思想的新见解。

施莱尔马赫于1768年11月21日出生于普鲁士的布烈斯罗，即现今波兰的华克劳；父亲是改革宗教会的传道人，在普鲁士军队当随军牧师。施莱尔马赫十岁时，他的父亲在极敬虔的莫拉维亚派〔或称"赫仁护特派"（Herrnhuttern）〕中，经历到基督教信仰的深刻复兴。莫拉维亚派是17世纪来自波希米亚，定居在德国东部的一群极虔诚的基督徒，曾有助于敬虔派福音复兴运动。

施莱尔马赫一家始终是普鲁士改革宗教会的会友，却过着非常火热的福音派宗教生活。他在14岁时被送到一所敬虔派寄宿学校就读，后来又进入敬虔派神学院接受传道人的训练。就在这段早期教育过程中，施莱尔马赫开始对正统新教的某些关键性教义产生了怀疑。他在写给父亲的一封信中，对赎罪教义中有关代赎的说法——也就是为了对人类的罪的公义惩罚，基督在神手中受苦——表示怀疑；他的父亲反应极其激烈，几乎与他断绝父子关系。虽然后来父子重修旧好，施莱尔马赫却再也不曾像早年那样完全接纳基督教的正统教义，这一点令他的父亲相当失望。不过，他从未丧失敬虔派所强调的"基督徒的热情"或虔诚的情感。他在许多年后写给姐姐的一封信中肯定地表示，自己仍是一个敬虔主义者，只不过是进入了"更高的境界"。

施莱尔马赫进入哈雷（Halle）大学后，仍不愿回归新教的正统神学，而宁愿深入地汲取康德的怀疑论，同时广泛涉猎启蒙运动中的哲学思想。

1790年，施莱尔马赫被按立为改革宗教会的牧师，随后还在教会和皇室担任过各种职务。1796至1802年间，他任柏林慈惠医院的院牧，这是他第一次出任重要职务。就在这期间，一股新风潮——浪漫主义——横扫柏林的上流社会，施莱尔马赫也赶上了这股风潮。浪漫主义是对启蒙运动中冷漠的理性主义的一种反弹，因此特别强调人的情感、想象和直觉，而诗歌和音乐也就当然被视为自我认知和自我表达的工具。浪漫主义运动中与施莱尔马赫同时的最杰出领袖,当数诗人歌德(Johann Wolfgang von Goethe)。

施莱尔马赫是个富有魅力、开朗、健谈且擅长交际的人。他在柏林交了一群朋友,个个都深受浪漫主义的影响;这些朋友大部分都不是虔诚的基督徒,甚至对宗教持保留的态度,但施莱尔马赫却与他们相交甚深。甚至他第一本伟大的著作《论宗教:致那些有教养又蔑视宗教的人》(On Religion: Speeches to Its Cultured Despisers,1799),主要就是为了想说服他的朋友,宗教并非如他们所想的那样。他在书中试着厘清一般人对宗教的误解,以为宗教至多不过是一些僵死的教义和专断的道德主义,只会窒碍个人自由,使人们悖离真正的本性。

他努力想说服那些"有教养的蔑视宗教者"(也就是附从浪漫主义的德国青年),真正的宗教是一种人类普遍的"感觉",跟教条没什么关系。就这一点来说,这本书将"启蒙的敬虔主义"和浪漫主义糅合在一起,以证明真正的宗教是"一种与神的密切关系,跟顺从关于神的教义或信条大不相同"[55]。施莱尔马赫的《论宗教》一书,可说是第一本真正对神学作现代研究的著作,且在一夜之间就为作者赢得了青年才子的美誉。

1804年,施莱尔马赫受聘担任哈雷大学的教授和大学校牧。在这段短短的执教期间,他逐渐成为成熟老练的神学家,无论讲课、讲道和著作都深受尊重。1806年普鲁士被拿破仑攻占,哈雷大学休业,施莱尔马赫遂回到柏林,担任极负众望的三一堂牧师职务。此后他一直待在柏林,协助筹建柏林大学,并担任该校神学院院长。1809年,他娶了一位至友的遗孀,终于得享他所至盼的天伦之乐。

施莱尔马赫在柏林的生活多采多姿,还参与不少政治活动,因而遭到政治保守分子的敌视。他几乎每个星期天都在三一堂向着爆满的会众讲道,并为柏林无数显贵的子女施坚信礼;其中一位就是日后将德国统一为大帝国的铁血首相,当时尚年幼的俾斯麦(Bismarck)。

施莱尔马赫晚年完成了许多重要著作,其中包括柏拉图作品的译本,以及有关伦理、哲学、释经学和耶稣生平的书。他的巨著则是一套名为《基督教信仰》(*The Christian Faith*)的系统神学。这套书于1821至1822年首度问世，并于1830年重新修订。多数学者都同意克莱蒙所言："自加尔文的《基督教要义》(*Institutes of the Christian Religion*)之后近三百年来，新教中没有出现任何一部如此广泛而有系统的作品。"[56] 施莱尔马赫在此巨著中，将基督教教义有系统地呈现给现代人。

在传统派眼中，《基督教信仰》一书是对启蒙时期反超自然精神的妥协，表面上谈的是神，骨子里其实谈的是人。改革派则认为此书是将基督教信仰从过时的权威性教条中解放出来，建立起一套不违背科学的现代新形式信仰。这本书一出版，即掀起一阵激烈的批判狂潮，指其有泛神论等嫌疑；同时却也推动了一条神学修正路线，效法施莱尔马赫，试图重塑基督教信仰，以迎合现代世俗的人。

世人对《基督教信仰》一书的兴趣历久弥新，至今仍然每年都有新的研究报告出版。虽然极少有神学家自认是施莱尔马赫的追随者，但多数人都承认，几乎所有可被称为"自由派"的神学思想，无不跟随施莱尔马赫在这本书中所启发的轨迹而行。

1834年2月12日，施莱尔马赫在与家人共领圣餐时溘然长逝，死于肺炎。前文曾提及，柏林民众对他的逝世至感悲痛。为他写墓志铭的史提芬(H. Steffens)如此描述当时的情景：

> 这是一场空前的葬礼。事先没有任何安排，但全城的人都围集到他的墓前，他们内心悲痛的情感全然不自觉地涌流出来；这样的内在合一，在现代大都市里是前所未见的。[57]

## 施莱尔马赫对启蒙运动的回应

施莱尔马赫的神学主要是针对当时的文化和智识气氛所作的响应。基督教在启蒙运动期间的处境是相当为难的。那个时代所鼓吹的是一种对宗教无所谓的态度[58]，有时甚至演变成公然的敌对。法国作家伏尔泰(Voltaire)就是一个例子；他由于对教会攻击过于激烈，而被逐出巴黎，在外流亡了一段时间。德国有一群哲学家则对神学在大学里与其他课程并列的正当性,提出严正的质疑。法国大革命更导致教会解体,并以"理性女神"取而代之,奉为圭臬。

在18世纪的智识领域中,人高举人的理性,仗着它,几乎是漫无拘束地批判传统信仰,并建构新的真理以取代之。如前文所述,康德借用理性来自相攻克,指出理性能力的极致。照康德的说法,纯粹理性仅限于物体感官经验的范畴,因此凡是超乎感官经验的事物,人的理性都无法知道。康德既将理性限制在感官经验的世界中,则凡是将信仰系于理性的宗教思想——无论是传统的正统信仰或是自然神论——就都遇上了大麻烦。施莱尔马赫的神学一方面接受康德为理性所设定的极限,一方面则试着就康德对宗教的批判提出解释。

启蒙时期,由于历史批判的新科学兴起,人们开始对基督教圣经和其他权威著作的根据起了疑问。人们相信是自然律在运行,因而贬低了神迹和超自然能力在历史发展中的角色;人们对世界各种宗教有了了解,也就对基督教的独特性生出怀疑:基督教会不会像所有其他宗教一样,也不过是时代情境下某种徒具形式的宗教?

好在一个新的文化背景造就了施莱尔马赫的神学,那就是浪漫主义运动。其实,浪漫主义派在某个程度上可以说是启蒙运动的产儿,同样视权威和教条式的信仰学说为畏途;不同的是,他们盼望找回前辈们在理性主义中失落的一些思想,诸如对大自然生命力的感受,以及对人类情感的感受和想像力。浪漫主义强调感觉,而施莱尔马赫就在这一点上找出重塑基督教信仰的方向,使其不致抵触时代文化的基本精神。

## 神学方法

启蒙运动中的英国诗人蒲柏对现代文化曾有一针见血的观察:"去了解你自己,不要靠神来审查,最适合研究人类的就是人自己。"可是,人是不是能够借着对人的观察来研究神呢?或者,人是不是只要能认识神就能真正认识自己,并且反之亦然呢?又或者,一般宗教,特别是基督教,是不是不但不抵触人性,且是人性真正获得满足的关键呢?

施莱尔马赫独创的研究方法虽充满争议,目的却正是要解决上述

的疑问。他尝试以人的经验作为神学的基础,以证明宗教不但是深植于人性,是真正的人性所必有的经验,甚至认为两者完全相同。[59] 他并且尝试重新建构一套基督教教义,这套教义没有为了提升神的地位而牺牲人性,而是将人与神在本质上融合在一起。

在康德以实践理性为认识神的基础,和黑格尔以新的思辨理性主义为基础,在历史进程中搜寻"绝对的灵"的踪迹,进而认识神的努力之外,他的尝试为启蒙运动之后的神学研究又找出了第三个方向。他所提出的新方法乃是透过直觉,也就是人最基本、普遍的感觉,一种依赖整个实体的感觉。

施莱尔马赫在神学上的见解,一如康德在哲学上的"求助于自我"的见解,同样可以被视为一场"哥白尼式的革命"。哥白尼主张,只要将太阳而非地球视为宇宙的中心,则许多天文学上的问题就可迎刃而解;施莱尔马赫认为,如果以人的经验,尤其是绝对依存的感觉,而非以神权威式的命题作为神学的根据,则必能化解理性主义和正统教义之间的僵局。

在施莱尔马赫之前,神学思想主要有两个方向。正统派认为,神学就是探讨超自然所启示的真理,因而奉行"自天而来"的神学。启蒙运动的神学(指自然神论),则将神学视为探讨与神有关的理性思想,因而所从事的是一种"自地而来"的神学。在施莱尔马赫(和日后的自由派神学家)看来,正统派的方法制造出权威性的神学,扼杀了人类的创造性,并且害得教会错把关于神的教义当成了神自己;就这一点来说,启蒙运动是造反有理。然而自然神论的研究却又制造出贫乏无味的自然宗教,跟宗教哲学简直没什么两样。康德已经把它置于死地。

施莱尔马赫尝试在这两者之外另辟蹊径。他把神学完全视为人在探讨自己所经验到的神,从而把神学带往一个新方向。从此,神学思考不再以千年不变的权威式见解为根据,而是以宗教经验为真正的来源。

施莱尔马赫的神学革命之所以能够成功,是由于他将宗教塑造为对人性至关重要的一个成分。在《论宗教》一书中,他同时引用本身敬虔派的传承和浪漫主义的新文化思潮,来说明宗教的真正本质,并且证明宗教的本质并不在于证明神存在的理性根据,也不是超自然启示的教义,或教会的礼仪和规范,而是"人类生活和文化中一种根本、独特,而又完整的成分"[60],是人类对于自己最终依存于某个无限者的感觉;这个无限者乃是借着有限物,也是在有限物中,显现自己。

施莱尔马赫将宗教等同于"感觉",要了解他的思想,必须先对这一点有正确的了解。在德文中,Gefühl这个词与英文的译义不太一样,它本身并没有知觉的含义,而是指着一种深刻的感受或是觉醒;因此"感觉"可以说是在知觉之前、尚未思索的层面,换言之,它比明确的思想或观感更在先、更深刻。施莱尔马赫由此主张,宗教的真正本质就是"在无限里面、借着无限所造的一切有限之物,在永恒里面、借着永恒所造的一切暂时之物,所引起的普遍觉醒"[61];也可以说,"从一切有生命之物、一切成长和变动、一切行动和感觉中,去寻找那无限的、永恒的成分,并且照着直接的感觉去理解生命的本身——这就是宗教"[62]。

施莱尔马赫相信,这样的宗教感觉(他通常称之为"敬虔")在人类经验中是根本而普遍的,不能轻易降低其地位,视同人性本质中的其他成分,如理性或良知。[63]不过宗教感觉虽然与那些成分不同,却同样有助于充分了解人性。如果说理性和良知造就了科学和道德,那么敬虔就产生了宗教。

因此,施莱尔马赫希望宗教割舍"一切属于科学和道德领域的主张"[64];但是同时他也希望,藐视宗教者能够认知宗教是独特的(*sui generis*),是人类生而独具的成分——绝不可贬低它的地位,使其隶属于科学或伦理的范畴。他主张宗教有其自成一格的本质:"敬虔向人显现出,它本身乃是科学和道德之外不可或缺的第三成分,是它们自然的配对,配得与后二者同样的尊崇地位。"[65]

不过,敬虔和宗教当然不可能从科学和道德范畴完全区分出来。施莱尔马赫认为,所有文化多少都靠赖敬虔,因为文化总以某种超越性的一体或完整的实体为前提,而人内在对这种一体的知觉和敬虔几乎是相同的。[66]

施莱尔马赫不但要把敬虔和宗教从科学和道德中区分出来,还要把这两者从神学的教义和学说中区别出来。后两者本身与真正的宗教其实并不相同,顶多只能算是人们想用语文把敬虔表达出来而已。[67]没

有教义和观念，对宗教丝毫无损，但是人却需要借这两样东西来响应宗教情感，因而创造了它们。[68]

施莱尔马赫在确立了宗教的独立性，并且将它置于一种普遍而不容忽视的人性经验地位后，就将注意力转移到神学上。他认为，即使将神学作最扩大的解释，也不过是人对宗教（也可说是敬虔）的回应。但是他并不相信有所谓一般的宗教（generic religion），因为敬虔必须借着某些宗教团体，并在这些团体中以宗教生活的某种具体形式来表达。事实上，施莱尔马赫在《论宗教》一书中的主张，跟亚里士多德对形式和物质的观点有些类似——敬虔是宗教（形式）的本质，却总是以某些特定的宗教传统（物质）出现。总之，他断然反对启蒙运动所寻求的那种脱离一切具体宗教团体、神学或敬拜形式〔实证宗教〕（Positive Religion）的"自然宗教"[69]。因此照他的说法，对宗教的响应必然就是对某种特定形式的宗教生活的回应。

施莱尔马赫在他那套系统神学巨著《基督教信仰》中，将神学定义为：以语文表达基督徒宗教情感的一种尝试。[70]从本质上来说，基督教信仰是对人类普遍敬虔的修正，是人对自己绝对依存、连结于神的知觉。他认定"敬虔"有一独特的形式，他称之为基督徒对神的知觉（God-consciousness），或是基督徒的自觉；这就是他所说的"基督徒的宗教情感"，也就是基督徒对于"自己必须完全依靠耶稣基督救赎之功方能连结于神"的感觉。基督徒对神的知觉和自觉，是在耶稣基督里，且是借着他而生成、造就的，这就是基督教的本质："基督教的独特本质包含在一个事实中，就是在基督教来说，一切宗教情感都跟拿撒勒人耶稣的救赎之功有关。"[71]他认为基督教神学并非将一套超自然启示的说法予以系统化，而是将众基督徒的宗教经验有系统地叙述出来。由于这些经验主要就是基督徒在耶稣基督里，且是借着他而产生对神的经验，因此所有教义都必须以他和他的救赎之功为中心，与此相关。[72]

施莱尔马赫在神学方法上的创见，在于他转向"相信的主体"；换言之，神学的主题和论断的准据在于信徒的经验，而非某个神所启示的人物。因此对他而言，神学必须不断检验基督教的信仰教条，看它们能否充分表达基督徒对神的知觉。没有任何一项教义是神圣不可动摇的，样样都可以检讨修正;神学评鉴的任务就是:要让教会的讲道和信仰教条能够密切吻合当代基督徒对神的知觉,作出最佳分析,以决定哪些要保留,哪些要完全废弃或作某种程度的修正。[73]他在《基督教信仰》一书中就以坚持和犀利的态度,进行这种批判的任务。

不过,施莱尔马赫并不以摧毁在他眼中不合时宜的基督教信条为满足;他主张,神学在批判之外还有建造的任务,因此他也致力于以他认为更好、更能表达基督徒敬虔的现代方式,来取代不适用的教条。

他对现代神学的贡献之一,就是强调信条在文化和历史上的特色。施莱尔马赫坚信宗教经验最重要,相较之下,神学是次要的,应当时刻随着基督徒所处环境的变迁而有所修正。在他眼中,"一切教义的形式都必须连结于特定的时代,没有任何一项主张可以声称永远有效。神学的任务就是,在每一个时代中,以批判性的思考,重新表达出现代宗教知觉的意涵。"[74]

施莱尔马赫的神学方法,一方面撷取了启蒙运动的成就,另一方面则企图超越它。从他思想围绕着人的经验,规避权威,并且尝试由"自地而来"的体验建立知识这几方面来看,他与理性时代是相契合的。他追随康德,将关于神的知识局限于人所能经验者,却避而不谈"神的属性"或是宇宙终极的本质;不同的是,启蒙运动希望将宗教严格限定在理性的范畴,施莱尔马赫却将它严格限定在敬虔的范畴中。他的神学方法因强调感觉和直觉的知识,而与浪漫主义运动产生共鸣,却又能避免陷入浪漫主义的主观主义和非理性主义。最要紧的是,施莱尔马赫坚持,宗教是人类经验中不可轻忽的一个成分,耶稣基督则是人对神的知觉的最高表现,因此二者皆有其独特地位;他也因着这两点的坚持,而与启蒙运动断然划清界线。

## 教义上的创见

虽然施莱尔马赫在基督教教义上的新见解,对现代神学的重要性不如他在神学方法上的见解,但是其中某些观点还是显出,他的出发点对基督徒信仰有所影响,而他的新见解日后在自由派神学的许多发展上也成为典范。

圣经在施莱尔马赫的神学中,即使不算是最重要,也占了相当重要的地位。不过他认为,基督教教义并不是单单出自圣经;他曾写道,所有的教义"都必须从基督徒的宗教自觉,也就是他们的内在经验中,淬炼出来"[75]。圣经记录了早期基督徒团体的宗教经验,因而有其特殊性;此外,新约为后人保存了耶稣对神完美的知觉,以及这种经验对早期基督徒的影响。然而,圣经的权威不是绝对的;它是基督徒在不同的历史情境中,尝试为耶稣基督的重要性作各种诠释的一个典范[76]。

显然,施莱尔马赫并不认为圣经是超自然的启示,或是绝对无误的。他在圣经中发现有整段甚至整卷书,与基督徒真正的敬虔有所冲突[77]。在他看来,旧约就欠缺新约那种规范性的风格[78]。更有甚者,他并不相信圣经应该或有资格被视为绝对独特的;圣灵在圣经写作中的影响,与其他时候所发挥的影响,只是在程度上有所差异,而非在本质上有所不同。

对他而言,圣经只有在展示出基督自己对神的知觉成为完美典范这一点上,可以说在基督教神学中拥有相当的权威性;但重要的是,使基督徒的自觉不断更新的,不是圣经,而是基督自己对神的知觉这一点,而这也正是神学真理的最高准则。

## 神论

在施莱尔马赫的贡献中,有关神的教义的新观点是最引人争议的一项。这个新观点是由基督徒对神的敬畏之心,也就是他们那种绝对依存于神的感觉而定。照他的说法,神的属性不应被当作是对神的具体描述。所谓"描述",就会设限和分类,以致削弱神的无限,进而暗示神对世界有所倚赖。因此他在传统的解释之外,提出了一个后来成为典范的新看法:"我们归诸于神的一切属性,都只能有象征的意义;它们并非神的特性,而只是我们的绝对依存感与他连结时的一些特色。"[79]换言之,谈论神其实就是谈论人对神的经验。这类陈述所描述的,只是经历神的某些形式,而非神的属性。

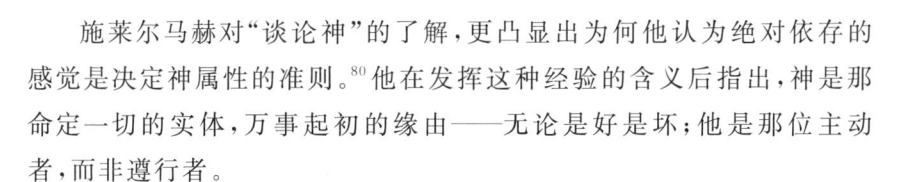

施莱尔马赫对"谈论神"的了解,更凸显出为何他认为绝对依存的感觉是决定神属性的准则。[80]他在发挥这种经验的含义后指出,神是那命定一切的实体,万事起初的缘由——无论是好是坏;他是那位主动者,而非遵行者。

施莱尔马赫对认识神的新构想,给传统基督教思想带来了极大的困扰。例如,他断然将恶归诸神的因果律,认为神是罪与恶的创造者这个事实,在创造的依存关系中是必然的。如果罪与恶能够被归诸神以外的任何其他能力,则他的全能就是有限的。因此,施莱尔马赫主张罪是神所命定的,以使救赎成为必要。[81]

此外,施莱尔马赫激烈反对神迹的真实性。他认为相信神迹就等于否定万事都是按着神的旨意成就的说法。绝对依存感成立的前提为:自然界万事万物,无论大小,都是出于神的旨意命定并成就的。而神迹,既是废弃自然律而成就的特别作为,就与前述说法有所冲突。[82]

同样的,他也否定代祷的功效。他认为求神改变事情的发展,意味着人在神面前多多少少有些独立性,也意味着神多多少少需要依赖人的祷告。当然,即使祷告并不改变任何事,人们仍然祷告,而且他们的祷告似乎也能得到响应,这"只不过是神当初计划的一部分,因此若寄望会发生神计划之外的事,这种想法是完全没有意义的"[83]。

由上所述我们可以了解,施莱尔马赫认为,超自然的说法是危险的。在他看来,这种说法跟基督徒对神恰当的知觉是矛盾的;超自然的事意味着神与世界相抗衡,并且神与受造物之间是透过某种程度的独立关系彼此相联。相对于这种说法,基督徒的敬虔所感觉到的神,乃是一切有限之物最终所依存的那绝对无限的能力,而那能力本身是绝对独立、不需依靠的。

施莱尔马赫一笔抹杀了超自然之说,倒是为基督教在科学时代所面临的一个棘手问题提供了解决之道:

> 因此大体上,神迹之说,科学(尤其是自然科学)的一般主张和宗教的主张似乎有一个共同的结论,就是我们应当放弃有绝对超自然之事的说法,因为我们无法知道任何一件那种事,而我们也不

需要去承认那种事。[84]

因此,科学和基督教原则上不会发生冲突;前者管的是眼前的问题,而后者探讨的是终极的事。

最后,施莱尔马赫认为三位一体的教义很有问题。他在《基督教信仰》一书的末尾才对此作了简单的结论,并且淡然指出,这是"与宗教感觉无关的言论"[85]。他并没有直接否定这个教义,却认为历来的说法充满矛盾,因此对基督教神学一无用处。

施莱尔马赫对神的位格和超越性的描述,也是争议的焦点。有些人误指他思想为泛神论;但是这种指控在《基督教信仰》一书的言论中找不到根据。不过,虽称不上是泛神论,一般人却公认他的教义确实带有万有在神论的色彩,以致成为后世许多基督教自由派思想的滥觞。施莱尔马赫不愿将神从世界抽离出来,或将世界从神抽离出来;他认为神有位格,却又不是神人同形同性。换言之,他并不把神看作是一个从遥远处统管世界的、伟大的、与人相似的个体。更重要的是,他不将神当作任何个体,认为这等于是限制神,把神有限化了。施莱尔马赫看神是那绝对的、命定一切的、超自然的能力;他在万有之中,却又超乎一切受造物在存在中所显现的差异。

## 基督论

施莱尔马赫怎么看耶稣基督呢?他不接受道成肉身的传统教义,却建立了一套以对神的知觉经验为基础的基督论取而代之。他批判传统的耶稣二性说(人性和神性)为不合逻辑,认为两种属性不可能同时出现在一个个体[86];而以耶稣的理想气质(Urbildlichkeit)和他能将此一性质复制到其他人身上的能力(Vorbildlichkeit),来取代神人二性说。[87]耶稣基督与其他人完全一样,只不过"他从起初就有绝对强有力的对神的知觉"[88];他的这种知觉不单是人性的产物,且是神在他生命里面运行的产物;但这仍然是一种完完全全的人对神的知觉,只是他从一出生,就全然知道自己依存于神。施莱尔马赫如此描述:"因此,照着人的

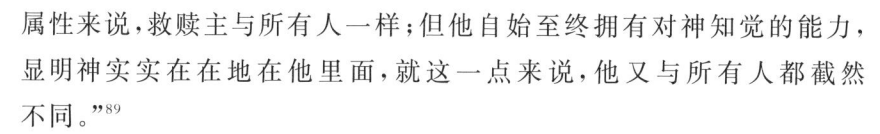

属性来说，救赎主与所有人一样；但他自始至终拥有对神知觉的能力，显明神实实在在地在他里面，就这一点来说，他又与所有人都截然不同。"[89]

施莱尔马赫认为，耶稣所拥有的这种对神完美的知觉，已足以表达基督徒所谓的"神性"。这就是他的理想性质——人对神的知觉的典范，一种完美敬虔的最高境界。耶稣的救赎之功，则在于他将这种对神的知觉传输给其他人，这就是他的复制力："救赎主将他对神知觉的能力注入到信徒里面，这就是他救赎的作为。"[90]

施莱尔马赫认为，新约的陈述始终不变地将耶稣的属性归之于升华的人性，而他完全赞成这样的说法；因此对耶稣是神的传统教导，他所抱持的态度为何，就不言可喻了。[91]

## 评价

即使是施莱尔马赫尚在世时，他在神学上的新观点已引起许多争议。当时就有人指控他是泛神论，甚至是无神论者！有位批评者用他的名字（德文的字面意思是"面具制造者"）开了个刻薄的玩笑：

> 为赤裸裸的真理做个面具，这是灵巧的神学家的绝活。所有教义论者的名字都叫做"施莱尔马赫"。[92]

到了 20 世纪，争议主要集中在施莱尔马赫的神学方法上。批判他的学者中最著名的是巴特。他指责，施莱尔马赫想借着对人的探讨来探讨神而大放厥词。换言之，他认为这位神学前辈把神学猛地转了一百八十度，指向以人为中心的方向，导致 20 世纪中期某些神学家宣告神已死亡的结果。[93]

巴特的许多批评都不无道理。纯粹以人为中心的学说，有可能成为神学真理的泉源或标准吗？即使可能，该如何避免让以人为中心的观点主导信息的内容？又怎样才能让神的话来启示文化？施莱尔马赫不愿承认神有可能在超乎人类经验的预期之外说话或行事，因而在现代神学思想中引出一股渐渐丧失神的超越性的潮流。

施莱尔马赫在神学方法上的缺点，严重影响到他所建构的关于神的教义。他所主张的"终极的依存感"，变成一张普洛克汝斯忒铁床（procrustean bed），凡是基督徒对神的概念都必须以此为准，不符合标准的观点，无论对圣经的见证或对基督教思想的历史有多么重要，都必去之而后快。说他是泛神论，固然没什么根据，但是他关于神的这套教义，却失之于过度强调临在性，神的作为几乎就跟大自然一样，甚至连罪恶和苦难也跟救赎同样被视为神的作为。

更有甚者，我们对于施莱尔马赫的学说中，万有之上、万有以外究竟有没有神的存在都不清楚。[94] 施莱尔马赫关于神的教义，是认为神与世界连结，不可分割，因此应该称之为万有在神论。然而施莱尔马赫这种对神与世界关系的见解，也跟所有万有在神论思想一样，在恩典的教义上难以自圆其说。如果神给世界的救赎不是全然自由的，又怎能算是恩典呢？与他对神临在性的强调密切相关的，是他对神绝对性的强调，而最后的结果则是人与神不可避免地丧失了个别的关系；因为人与神要建立真诚的关系，就必须彼此有作为和响应的互动，然而在施莱尔马赫的思想中，神出奇地冷漠、被动："譬如说，如果有人要将人受苦的事传达给那圣者，但是在这样的沟通中却没有任何属于神的事。"[95]

或许就是在这一点上，施莱尔马赫的神学对现代基督徒来说，出现了唯一的弱点。20世纪的灾难使人们开始对"神在他自己的'创痛'中受苦"的圣经记载产生共鸣。今天的基督徒怎么可能忍受一位既没有响应的热情，对人所受的苦也没有内在感动的神？

施莱尔马赫拼命想在他的学说里，为耶稣基督的独特性寻找定位，但是最后他仅仅做到了宣告这种独特性。他对耶稣的"神性"的评价，是将他放在人的地位，在程度上虽与众人不同，在本质上却无不同。他认为耶稣的神性并不是他的主要性情，只是神在他里面的作为，而他以此与神和人连结；这套说法可以说是今天被称为"功能性基督论"的原型。很明显的，这种理论的缺点是无法解释耶稣为何是神自我表白的终结。如果从本体论（也就是在本性上）来看，耶稣并不比人类高明，那么为何不能有其他人跟他一样，或甚至比他更伟大？其实基督徒的自我知觉最特别之处，就在于认知到耶稣是主，而这点在单单强调功能的基督论中，却只是轻描淡写提到而已。

## 结论

施莱尔马赫毫无疑问是位伟大的神学家。他的影响深深沁入现代神学，在那些主导着新教思想直到19世纪末的所谓"自由派"神学中尤其明显，而其影响可说是利弊互见。下面我们就要谈到施莱尔马赫在19世纪自由派神学中最坚强的拥护者。

# 利奇尔与古典自由派神学：伦理文化中神的临在性

众所周知，自由神学极难定义。按一般人和媒体的用法，自由神学通常是指，否定诸如圣经的灵感或童贞女生子等传统信仰的神学。这种通俗的看法其实并不精确，还要看发言者本身的神学立场而定，似乎只要立场"偏左"的人就是"自由派"。

然而在历史上，"自由主义"是指新教里面一个特定的运动。它最初发轫于德国施莱尔马赫和黑格尔的学生和追随者，之后则以利奇尔学派最具影响力，并在19、20世纪交替时主导了神学界。

"利奇尔派"和"古典新教自由派"几乎是同义词。不过古典自由主义也有多元的现象，本书当然不可能详尽地描述出那个时代每一位自由派神学家的特色；因此最好的办法，就是透过几位最具代表性的思想家，来研究这个学派，并说明它的定义。最明显能够代表19世纪末到20世纪初自由神学的三位思想家是：利奇尔、哈纳克（Adolf Harnack）和饶申布什（Walter Rauschenbusch）。本文的重点将放在利奇尔身上，并不是我们有意忽略哈纳克和饶申布什，只是因为他们两位虽然各有创见，却被公认是利奇尔的学生，只是将他的自由思想再带往新的方向而已。

## 古典自由神学

在探讨上述三位思想家以前,我们最好先简述被通称为古典自由神学的一些共同特征。究竟是哪些共同特色使这些神学家结合成一个有凝聚力的运动?

自由派神学家就跟施莱尔马赫一样,一心想照着现代知识来重建基督教信仰;他们认为,基督教神学不应忽视启蒙运动之后文化上的一些发展,而且应该将之积极地消化融合,它必须适应新的科学和哲学思潮,但也不可迷失了自己。因此,自由神学呈现出如韦尔奇(Claude Welch)所言,"对现代思想的主张极端认同"的特色。[96]

第二个特色,就是强调每一位神学家都有批判和重建传统信仰的自由,不幸的是,这个特色所伴随的,是拒绝由传统或教会体制的权威来控制神学。当然,并非每位自由神学家都是造反派或叛逆分子;事实上,许多人还蛮欣赏基督教真理中公有的本质,只不过他们坚持认为,在合适或必要的时候有与传统信仰决裂的权利。

第三,自由神学的重点在于基督教信仰的实际和伦理层面。利奇尔和他的追随者试着规避空洞的推理,让所有的神学言论都围绕着神国度的观念,使教义道德化。

第四,大多数自由神学家认为,不但教会传统是虚有其表,就连圣经本身,也有许多部分有如包藏着梗米的稻壳,永恒真理的精髓掩藏其中;圣经是超自然启示的传统教导,在历史批判学的研究下早已名誉扫地,因此他们无不在圣经的绝对权威之外,为神学寻求其他的基础。不过他们并非将圣经贬得一文不值,而是要在其中找出"福音",就是那不容现代科学和哲学知识腐蚀的真理,永恒不变的核心和源头。他们认为,神学的任务就是要找出梗米——"基督教信仰的精髓",并且将它从外面包裹着它的文化概念和表达方式,如神迹、天使和魔鬼等超自然人物和启示等稻壳中,彻底剥离出来。

最后,其实或许最重要的是,自由神学承继了由启蒙运动开端、19世纪初几位伟大的德国思想家所传承的神学方向,偏重神的临在性而轻忽神的超越性。当然，利奇尔和其他的自由神学家并非有意为了追求神的临在性，而抹杀神的超越性——对临在性的重视，既非利奇尔的目标，也不是他所遗留的教导。然而他强调神的国度乃是一个充满爱、有历史实据的、伦理性的社会，当然是比较符合启蒙运动所说，神与人是连结而非断绝的关系。在启蒙运动之前，神学家所强调的是，在绝对圣洁、超越的神和罪恶、有限的人之间的决裂，只有神自己用道成肉身这件戏剧化的事件，来填补这条鸿沟。从启蒙运动开始到自由主义的高峰期，神学家采取了截然相反的方向，用人类所表现出的推理、直觉或道德的能力，来连结神与人，因此很自然地，他们看耶稣只是人类的典范，而不是外来的救主。

一位著名的自由主义者曾说，自由主义运动的精神，就是所有的支持者"都同意，复原派基督教需要满足现代人的精神渴求，借此注入新的活力，即使这意味着要抛弃许多过去无异议接受的教导"[97]。此言可谓一语中的。

## 利奇尔的生平与事业

19世纪晚期，自由神学的关键人物是利奇尔。虽然他在原创性、创造性或长远的影响力上，都无法与施莱尔马赫匹敌，但是他在1875至1925年间有着极大的影响力，以至于利奇尔学派几乎跟自由派新教成为同义词。可以这么说，施莱尔马赫开启的是一个新时代，而非一个学派；而利奇尔则是创立了一个学派，而非一个新时代。

1822年，利奇尔出生于普鲁士新教的一位主教家中，年幼时喜好音乐，而且很早就展露出学习的智慧。少年时的他就在波昂开始研究神学，稍后又到图宾根和哈雷大学学习，最后回到波昂，结束这段学术预备期。他在大学时代深受施莱尔马赫、康德和黑格尔学派新约学者鲍尔（F. C. Baur）等人的影响。

1846年，利奇尔在波昂获得第一份教职；1864年，他搬到哥廷根（Götlingen），在那里一直住到1889年离世。他在哥廷根的25年教学生涯中，建立起德国神学界领袖人物的名声。整整一个世代的新教牧

师和教师，都深受他讲学和著作的影响。

利奇尔的论文和著作极多，最重要者当推 1870 至 1874 年间出版的一套三册系列论著《基督教称义论及复和论》(*Christian Doctrine of Justification and Reconciliation*)。此书的英译者，苏格兰神学家麦金托什(R. H. Mackintosh)曾评价这本书说："自施莱尔马赫的《基督教信仰》于 1821 年问世以来，再也没有哪一本有关教义的论著，曾在德国和全世界留下如此深刻的印记。"[98]

## 利奇尔的神学方法

在现代神学上，利奇尔研究神学的方法比他对教义的主张更为重要，这一点与施莱尔马赫的情况一样。19 世纪晚期，基督教信仰在世俗科学进逼下不断失守，传统基督教神学也被唯物论和实证论等势力团团包围。

利奇尔认为，神学和科学的冲突，是起因于未能将"科学"和"宗教"两种类型的知识妥善区分开来。他指出，科学知识致力于追求纯粹理论的客观性，却对认知物的本身没有兴趣。科学是努力想从中立的角度去获知实体的内在本质。宗教知识则包含了对实体的价值判断；它是从事物对求知者的终极满足所产生的价值来诠释实体，因此宗教知识必然跟让一个人获得至善的价值有关。用另一种方式来描述两者间的差别，就是在利奇尔眼中，科学知识探讨的只是事物的实际状况，而宗教知识却总是探讨事物应该有的状况，这种判断既不可能是无动于衷的，也不可能是中立的，而事实上也不必如此。[99]

照利奇尔的说法，只有当一般人分不清理论知识和宗教知识时，世俗科学才会跟宗教发生冲突。在他看来，"对每一种宗教事物的认知，都是一种对价值的直接判断"，因此，要了解神的本质或是神圣的精髓，唯有透过"判断它们在救赎上的价值"[100]。

传统基督教神学还有一点与利奇尔的观点相反，就是神学家通常在神学里面搀杂一些带有形而上学性质的讨论，例如，将证明神存在的理论性证据，用来作为基督教信仰的理性基础；他们也经常想描述出神属性的本质。

利奇尔却激烈地反对神学依赖形而上学,认为这是将科学和宗教的知识勉强调和在一起。[101] 他坚持神存在的哲学证据属于科学知识的领域,因为在这样的研究中,神被视为理论思考的一个客体,但是真正关于神的宗教知识不可能把神当作一个客体,好像只是这个世界的一部分配备;神学唯一对神感兴趣的事,就是神在道德上影响人的生命,帮助人达到至善之境。

那么究竟什么是人类至善之境呢?利奇尔认为,基督教是共同作出价值判断的一群人,相信人类的至善之境就在神的国度里,借着耶稣基督表明出来。这个价值判断不可能也不需要有理论上的证明,然而它也不是一个主观的"信心的跳跃",而是植根于历世历代基督徒集体经验的一个判断,其中的真理,有针对拿撒勒人耶稣的生平和其独特呼召所做的历史考查为证,而在耶稣身上,人们发现他们的最高理想完美无瑕地活化出来。

利奇尔认为,神学就是针对人们在教会中对神的国度所共同感受到的宗教和道德经验所做的研究。神学的基础,建立并围绕在基督徒团体对神国的评价上,而这国度已由人类至善的典范耶稣基督彰显出来;神学所追求的,乃是建立一套价值判断体系,以神对基督徒生命的影响以及这种影响对他们达到至善的分量为基础。为了达到这个目的,神学使用历史研究的方法,来考察耶稣的自我知觉,和他所宣讲的天国对最早期基督徒的原始影响。利奇尔相信,采用历史研究法可以使神学的价值判断不至于陷入主观的狂想,并为神学注入一股科学的特色。

简言之,利奇尔的神学是想找出基督教信仰的真正本质,并将它和表面的形式和表达的方式区别出来,进而将此一真正本质与所有教义有系统地链接,使之成为教义的主导力量。[102]

神学的来源和规范又是什么呢?照利奇尔的说法,圣经不是唯一的来源和规范,而经过合理的历史批判研究后决定的"使徒概念"(apostolic circle)才是。[103] 利奇尔确信,透过历史批判的研究,可以证明天国就是基督教信仰的真义,也就是稻壳中的米粒——使徒概念的

核心。

利奇尔的神学方法与康德的哲学极其相似。利奇尔是透过哥廷根的一位哲学家洛策（Hermann Lotze）而接触到康德的思想。洛策一方面企图修正康德的怀疑论，一方面则采纳了他的认识论。虽然世人对康德和洛策对利奇尔究竟有多大影响始终颇有争议，但至少可以这么说：利奇尔追随康德的思想，努力想将形而上学从神学中除去，并且在宗教与伦理间建立了极为密切的关联。他极力避免陷入那些跟神对人类的影响无关的、神本身属性的臆测〔在这一点上，他更多援用路德（Martin Luther）而非康德〕。然而，他和康德还是有所差异，因为他主张，人从神彰显的影响能够真正认识神。此外，他也不喜欢康德对"现象"和"实体"的分野。他大量引用洛策的观念来响应康德，他主张一件物体（此处指的是神）是由其产生的影响（此处指的是启示和救赎），来呈现和表达。[104]

## 神与神国

利奇尔的神论深受他的神学方法所影响。首先最值得注意的，就是他极少谈到神的属性。他坚决主张，基督教神学只对神在人身上的影响和对这些影响所作的价值判断有兴趣。

举例来说，他几乎没有提过三位一体的事，因为他认为这是关于神内在性情的教义，远远脱离了神与世界的关系，因此无法用价值判断来说明。同样的，他认为传统有关神形而上的属性，如全能、全知和全在，也没有多大意义。虽然他并没有否定这些教义，但似乎只把这些属性归于理论层次，而非宗教知识。对利奇尔而言，基督教神学主张中最重要的一点，就是"神是爱"。[105] 他同时强调，基督教信仰中的神必须是有位格的、超越的，或"远离俗世的"。[106]

利奇尔对神国的兴趣远大于对神本身的兴趣。在他看来，耶稣所宣告的神国，就是以爱为基础结合起来的全人类[107]，而基督徒的信仰，就是紧抓住这个借着身为人类至善的基督所显明的神国。因此信仰借着耶稣的宣告，认识神就是爱。除此之外，信仰对任何有关"神的本体"

的事都没有兴趣。

在利奇尔眼中，神国不仅是人性的最高目标和至善之境，也是神自己的最高目标和至善至美。[108]这或许是利奇尔神论中最凸显的一点。神的自我目标，也就是他存在的理由，其实和我们完全一样——在于神的国。

虽然他确认神的超越性，但是把神的存在与他的国度在世界中的进展联为一体的说法，却使他的神学较偏向临在性的方向。因此很自然地，后来的自由神学家就据此作出结论，以致自由主义的神论，在整体上所强调的是神在历史中的临在性，而非他在世界之上的超越性。

## 罪和救赎

在利奇尔看来，神国也是关于罪与救赎这方面教义的内在意义。由于基督教信仰是从至善的角度来判断神国，因此神学必须从跟这个国度对立的角度，来了解罪。[109]罪，基本上并不是有意犯错的行为，这种说法未免小看了罪的观念；罪，也不是遗传的本性，这种观点丧失了责任的性质。利奇尔假定有一个"罪的国度"存在，在其中"恶行反反复复，交织成一片网，在每个人内心预定了自私的倾向，因而激起更多的自私"[110]。罪，基本上就是自私，其主要的特色在于它与人类借着爱团结为一体的理想，就是神的国度，完全矛盾。不过，罪虽是普遍性的，却并不是遗传来的，它的普遍性只能用所有的人都在犯罪来解释，没有其他更好的理由。

纵观利奇尔的神学著作，神国显然有两个中心——一个是宗教的，一个是伦理的。宗教的中心就是称义，也就是神宣称罪人蒙赦免得救赎的那一刻；至于伦理的中心，则是指神呼召与他和好的男男女女，去完成爱邻舍的理想。利奇尔认为，"救赎"必须将这两者都包含在内。

在他关于罪与救赎的教义中，利奇尔神学中充满革命性的今世观最是表露无遗。虽然他从未否定来世，却认为救赎主要并不是为了获得来世的祝福，他反倒相信，救赎主要是为了在地上实现神的国度。因

此，基督教不是一个出世的宗教，而是借着爱所启发的道德行动，来转变世界的宗教。

## 基督论

利奇尔神学中最受争议的，应当算是他的基督论。神的国度再度成为主导基督论教义的中心，利奇尔还以此取代传统教义中他认为属于臆测和形而上的部分。

传统基督论是遵照卡尔西顿信条（公元451年通过），主张耶稣基督曾经是，而今仍然是一个拥有两种不同本性——人性和神性——的一位；他的"神格"，就存在于他神圣的本性中。利奇尔却坚决反对耶稣有神性的传统说法，理由是：这是科学的事，不是宗教的事。[111] 他宣称，耶稣的本性是他早在对人产生影响之前就拥有的东西，和他对人的影响无关，因此这不是对耶稣的价值判断，而是与宗教无关的主张。真正对耶稣作宗教的评估，就当专注于他在历史上的作为、宗教主张和道德动机，而不是去研究他生而具有的本质或能力，"因为他对我们的影响是在前几方面，而不是在后几方面"[112]。利奇尔因此坚决主张，由于耶稣以一位神国使者的独特身份来到世上，对基督徒而言，他就有神的分量；因此对耶稣神性的肯定，乃是基督徒根据耶稣的生命对他们的救赎所产生的价值而作的价值判断。

利奇尔对于别人批评他把耶稣贬为"仅仅是个人"颇为懊恼，花了许多篇幅为自己辩护。他将耶稣的神性诠释为一种独特的"使命"，是他的父神赐给他，要他在人类中间成为天国完美的化身，而他也不负使命。由于他将这个一生的职责视为自己独特的使命，并且完美无瑕地实现了这个使命，因此就是他这个人，影响了历史，使神和人类最高的目标得以实现；基督徒因此而认耶稣为"神"，这是根据他的生命对神、对人的价值所作的价值判断。[113]

利奇尔拒绝讨论耶稣独特的"像君王一般的先知身份"的起源，认为这类的探讨只会导致空洞的形而上学臆测，偏离了价值判断的层面，可是他自己又忍不住去探究基督先存的观念。在这一点上，他的思想不同于其他部分,而允许形而上学的影响出现。显然他对于"耶稣的成就完全是出于他自己的主动和努力"的结论并不满意,而认为,他内心一定有来自永恒的源头和神的旨意:

> ……身为神国的主和奠基者,基督是神永恒知识和旨意的目标,这目标乃是借着他才得以成就;他也是人类道德的合一;他正是人类的原型;也可以说,基督不仅是在当时,也是在神知识和旨意的永恒里,领先他的信徒(团体)而行。[114]

换言之,对利奇尔来说,基督的"先存",只不过意味着他或他的工作在永恒里被神所知道、所定意。不过这种对基督先存的肯定,已经超出了利奇尔自己对神学所作的限制,因为其中所掺杂的形而上和本体论的性质,不是单单靠着研究基督对人类救赎的价值就能解释的。这种说法远超出价值判断的层面,并且指出有一个超越的境界和基督的起源存在,这是利奇尔在批判基督神性的古典教义时,斥之为臆测的一个层面。

利奇尔神学的核心是基督为人类所成就的救赎,但这件事是如何发生的?针对这一点,利奇尔提出了耶稣对父神"天职的顺服":耶稣完美地实现了符合神国的生活方式,他无罪的生命和自愿的受死,不仅在历史上彰显出神的国度,也呈现出这就是改变世界的力量。

由上述可知,利奇尔的注意力主要是放在基督作为影响历史之道德典范的一生。他虽然断然否定各种关于代赎——就是说基督背负了神对世界之罪的刑罚——的教义,却未否定基督之死的特殊重要性。[115] 耶稣的死,仅仅是他使命的一部分,而这使命就是绝对顺服于神国的目标。

利奇尔很少提到耶稣的复活或被提。他只是为了极为实际的目的,将耶稣对世界持续的影响力,也就是他作为有力的道德形象,不断为属于神国的团体注入活力的影响力,再一次地呈现出来。[116]

## 评估

利奇尔身为现代神学家所享有的长久影响力,一直到20世纪中叶,才在新正统神学思想家如巴特和布龙纳(Emil Brunner)等人的批判下,逐渐淡去。回顾之下,那些批判是否公允,还颇值得商榷,而且20世纪60至70年代还曾出现所谓的"利奇尔复兴期"[117]。晚近以来批评家大致同意,利奇尔的贡献在于:他将基督教信仰从后启蒙时代科学、哲学跟宗教间的无谓冲突中解放出来,以及他在"教义道德化"方面的努力。在基督教神学日益被人批评为只专注于另一个世界,而与眼前的伦理发展形同无关的那个时代里,利奇尔却以他所有的精神和思想能力,从基督教真理的中心发掘出那股道德化的力量,也就是在神的国度里有着神对全人类的救赎。在他的影响下,那一代的牧师和基督徒教师发展出"社会福音"。

我们在评估利奇尔的神学时难免会问,有没有可能在理论或科学的判断和宗教或价值的判断之间作明确的划分?利奇尔的神学主要就是建立在这样的划分可能成立的基础上,但是许多批评家曾一再指出,即使他自己都没有办法严守分际。

利奇尔并不是唯一想把基督教神学从哲学思想体系和自以为客观的自然神学控制下解放出来的人。他的神学方法中最主要的问题,在于他坚决不愿探讨神的属性,而自己却又无法完全规避这类讨论。里士蒙德(James Richmond)对利奇尔过度限制神学探讨的范围曾有相当正确的批判:"神学家当然应该小心,不要激起科学和宗教的冲突,因为宗教会一败涂地,一无所获;但是也要小心,不要因为防范过度,而形成一种智识麻痹。"[118]

利奇尔把神学探究局限于价值判断的范围,造成了几方面的问题。举例而言,他的神学无法接受对神超越性的完全认知。然而,如果神学不能探讨神的内在本质,那么理所当然地,神好像就只是为了人类而存在;而除非神发挥出在人看来极重要的影响,否则神就好像消失了。有些评论者指出,从利奇尔几乎把神的国度视同神,就可以看出这个危险的倾向了。[119]

除了超越性的认知问题外,利奇尔的神学还造成神学在通俗性上的问题。他的神学很容易被指控为主观主义,虽然这或许并非利奇尔的本意。里士蒙德曾说:"有时候,利奇尔的神学的确像是使宗教退缩到一个孤立的角落,而将较宽阔的'人类知识'让给'无关宗教的(或称世俗的)'科学或哲学。"[120]固然,利奇尔若是看到现代基督徒如此习于把"信仰"和"事实"分开,一定会感到骇然,但是也不能否认,他对于这种错误的形成要负一部分责任。

利奇尔神学中,或许没有任何部分像他的基督论引起那么多的争议。他为什么要如此勇敢地抛弃耶稣基督既有神性也有人性的古老教义呢?一部分的原因当然就是刚才提到的,他那既不合理也不一贯地拒绝本体论的态度,他不愿意探讨事物在其表象和影响背后的本质或本体。

另一个原因就比较隐晦不明了。里士蒙德一针见血地指出:"利奇尔和他同时代的人根本没有从本体或(三位)一体的概念去了解基督的神性。原因很简单,在后启蒙时代的德国,这些名词简直就是无知识的代名词,更不用说是毫无意义了。"[121]换言之,利奇尔和其他自由派思想家一样,倾向于采纳后启蒙时代现代化、高教育社会的共识,以此作为神学的规范。这也就难怪20世纪批判自由神学者,如巴特等人,要给利奇尔冠上一个有些刺耳却不失公允的帽子——"文化的新教"(culture Protestantism)。

事实上,不单是利奇尔排斥传统基督论的理由显得暧昧勉强,就是他用来取代基督论的那套对耶稣的认知,也只能说是过于简化。虽然他拒不承认,但事实是他将基督降级为人类在宗教和伦理上的典范。[122]无论他如何强调耶稣在神的救赎之功上有特殊地位,实际上,他填平了基督和所有其他人之间那条不可跨越的鸿沟[123],结果,人再也不可能相信耶稣就是神最高的自我启示。

针对这个缺点,利奇尔所提供的唯一解决之道是,如果历史上真的出现了堪与基督匹敌的人,那么他必然是倚赖基督的,因此也必然臣服于基督。[124]不过,我们很自然会想到,凭什么?利奇尔和大多数自由派一样,对基

督这个人的评价，远不如教会传承自新约时代崇高的道成肉身的基督论，因此，他的基督不可能是"与我们同在的神"。即使是相当支持他的评论家里士蒙德，都不得不把他的基督批判为"软弱无力，缚手缚脚"[125]。

## 哈纳克

前文曾提过，利奇尔神学兴起了自由神学的一个学派，其影响力在19和20世纪交替之际，深入新教在欧美的各主要教会；其中有两位杰出的成员，在利奇尔的基础上另辟蹊径，他们就是德国学者哈纳克和德裔美国教授饶申布什。

哈纳克或许可算是迈入本世纪时最敏锐且最受欢迎的新教自由神学的拥护者。他从1888年起始终在柏林大学教授教会历史，直到1921年退休。他的讲道往往能吸引数百位学生；他的著作约有1600篇，为他在学术界赢得盛誉。他也是德国魏玛共和政府（德意志第三帝国）皇帝的心腹，后者曾指派他负责几个重要的文化机构，其中包括柏林皇家图书馆，并在1914年授予他骑士衔。哈纳克强烈支持皇帝的好战政策，魏玛政权向德国人民宣告发起第一次世界大战的文告即由他撰稿。[126]这是后来他的知名学生、瑞士神学家巴特反对他的理由之一。战后，德国新政府任命他为驻美大使，却为他所婉拒。他逝世于1930年。今天柏林市仍有一座政府建筑以他的名字命名，以纪念这位现代神学界的巨人。

哈纳克的影响力透过他的作品造成广大影响；这些作品都是1899至1900年间他在柏林大学的讲学，经一位学生逐字记录下来，并于1901年在美国出版，书名为《何谓基督教》（*What Is Christianity?*）。这套书经过多次修订，在其后的35年中，被自由派讲道家和作家广泛地阅读、引用。

在这十六篇讲稿中，哈纳克企图辨识出真正基督信仰的精髓，他称之为"福音"；他认为这精髓被藏在文化的表象下，而以新约和基督教界的历史传统表达出来。[127]他的立论是：耶稣宣告的信息是关于父神，而不是关于他自己的。他说："福音，照着耶稣所宣告的，就只是关系着父,而与子无关。"[128]哈纳克所说的福音,简单而崇高,一共只包含三个相互关联的真理——神的国度及其降临、父神和人类灵魂的无限价值,以及更高的公义和爱的诫命。[129]

哈纳克认为,旧约中没有包含多少福音;即使新约,也披上了神迹、天使、魔鬼、启示的灾难等神奇故事的外衣。他认为,自有教会历史以来,教会就背负了过多外来哲学思想的杂碎,例如将三位一体的希腊思想与基督连在一起。[130]不过尽管有这些干扰,无论在何处,只要人们相信耶稣所传关于天国的单纯信息,就是人类所知最荣耀的理想,福音就得以坚立。这个理想是"人类合一的希望,非因任何法令,乃因爱的诫命而结合,因为有一人以温柔击败了仇敌"[131]。

## 饶申布什

哈纳克并未将天国的理想实际运用在特定的政治问题上,他甚至严厉批评那些利用这理想来鼓动革命性改革运动的人。饶申布什却与他相反,将自己的神学创见尽其所能地运用在这些方面。

饶申布什原本是德国信义会牧师之子,却在移民美国后不久,即成为浸信会会友。他九岁时曾有深刻的信主经历,感觉到神呼召他传道,因此进入纽约的罗彻斯特神学院,而他的父亲也成为该校德语系的教授。

饶申布什成为牧师后的第一份职务,是在纽约市贫民区的海尔厨济站(Hell's Kitchen),从此他开始参与日渐兴旺的社会运动,并且协助创办了一份社会主义的宗教性报纸。

1891年,饶申布什在德国待了几个月,研读新约圣经。他在此期间受到利奇尔学派强调"道德的天国是福音的中心和精神"之思想所影响,回到美国即全心投入萌芽中的"社会福音"运动,成为该运动中最有力的神学阐释者和主要发言人。[132] 1897年,他开始在罗彻斯特神学院教授教会历史,从此直到1918年过世,他不断透过讲学和写作,鼓吹美国的政经改革。

饶申布什的著作主要都是写给一般人看的,是将天国道德的目标

和理想具体实践在社会生活中的实用书，因此算不上有分量的神学巨著。他最著名作品为 1907 年出版的《基督教与社会危机》(*Christianity and the Social Crisis*)。

这本书以强硬的语气指出美国贫富之间的鸿沟，并且主张，基督徒身在这样的社会危机中，就应当致力于救赎此一使贫者愈贫的经济制度。他在书中写道，基督徒最主要的使命，是"按着神的旨意，重建人际关系，使人与人和好，进而使人类社会变成神的国"[133]，比较起来，扫除酗酒和淫乱倒不是那么重要。他特别指明，自由放任的资本主义是罪恶之国美国社会的一部分，因此呼吁美国基督徒带动一次新的复兴，不仅针对个人的灵魂，也包括整个企业体系和社会结构在内，一切都要悔改并获得救赎。

1912 年，饶申布什出版了他的第二本重要著作《使社会制度基督化》(*Christianizing the Social Order*)。在这本书中，他就自己所构想的复兴，提出具体的建议，呼吁核心工业社会主义化、支持工会以及废除贪婪、竞争和利润导向的经济制度。他将这一切改革与社会制度逐渐基督化——即人类社会渐渐近似于天国——画上等号。

饶申布什在 1917 年出版的一套书《社会福音神学》(*A Theology for the Social Gospel*)，后来成为社会福音的系统神学。他在书中照着爱的国度——即按神的旨意组合的人类[134]——里的社会和历史现实，重新厘定基督教的每一项教义。虽然他并未明显否定基督教信仰的传统教义，却另从天国中心思想的角度，重新诠释这些教义。举例而言，在他的诠释下，耶稣的最主要意义隐藏在他所提出有关神的新观念中，耶稣既帮助了神，又称他为"父"[135]，就将"神的观念民主化"了。因此，他将救赎定义为"灵魂的主动社会化"[136]。

美国的社会福音运动，可说是古典自由神学最实际而具体的表现，其基本神学方法和中心思想都是以利奇尔为本，只不过这个运动将福音的热忱和社会改革结合起来，这是欧洲自由神学所欠缺的。

虽然自由主义始终有其影响力，第一次世界大战却将古典自由神学和社会福音一并扫除殆尽，因此到了本世纪，就由新教神学的一个新学派——新正统学派独领风骚。这个新运动对自由神学的思想家，如利奇尔、哈纳克、饶申布什等人,都有严厉批评。其中一位代表人物理查德·尼布尔(H. Richard Niebuhr)曾写道:"一位没有义愤的神,在一位没有十字架的基督的协助下,将没有罪的人带入了一个没有审判的国度。"[137]这段话如今已成为对自由主义最典型的指控。

暂且不论新正统学派对自由神学的其他各种不满,他们最担心的,还是后者如此强调在人类历史上实现的天国,会使神从世界消失;人类的努力会取代神的主权;人类的自我神化可能取代对圣洁神的敬拜也就不难想象了。新正统派对自由主义这种临在论冲刺的反击,是20世纪神学开跑的鸣枪号,而这也正是我们以下要探讨的。

**注释:**

康德:道德经验中神的临在性

1. 休谟是启蒙时期怀疑论的代表。有关这个理论的研讨,参 Arthur Cushman McGiffert, *Protestant Thought Before Kant* (London: Duckworth, 1911), 230-251。
2. 宗教相对主义是 Gotthold Lessing 的主张。他观点的摘要,可参 William C. Placher, *A History of Christian Theology* (Philadelphia: Westminster, 1983), 249-250。
3. McGiffert, *Protestant Thought*, 253。
4. 这些论点都出现在休谟的短论中: *Providence and a Future State* (1748), *Dialogues Concerning Natural Religion* (1779), 和 *Natural History of Religion* (1757)。
5. 休谟同意,这类概念对人类的认知是必要的,但却声称,这些乃是经由经验推论而来。康德的看法正相反,他认为这些概念"是从纯粹了解内跃出的"。
6. Immanuel Kant, *Critique of Judgement*, trans. J. H. Bernard (New York: Hafner, 1968), 322.
7. Immanuel Kant, *Critique of Pure Reason*, trans. Norman Kemp Smith (New York: St. Martin's, 1929), 29.
8. Immanuel Kant, *Fundamental Principles of the Metaphysic of Morals*, trans. Thomas K. Abbott (Indianapolis: Bobbs-Merrill, 1949), 38.
9. 另外一则众所熟知的道德命令,强调要按目的来对待人,不可视之为工具:"无论待任何人,或是自己,或是别人,在任何事上,都要按目的来对待该人,而不可只视之为工具。"前书,46。
10. Immanuel Kant, *Religion within the Limits of Reason Alone* (New York:

Harper and Row, 1960), 5-6.

11. 这是蒂里希的结论,*A History of Christian Thought*, ed. Carl Braaten (New York: Simon and Schuster, 1968), 363。

12. Kant, *Religion within the Limits*, 32.

13. G. E. Michaelson, Jr., "Moral Regeneration and Divine Aid in Kant," *Religious Studies* 25/3(1989):265.

14. Kant, *Religion within the Limits*, 54.

15. 前书,56,59。

16. 前书,105。

17. 前书,123。

18. 前书,78。

19. 前书,123。

20. 前书,158。

21. 前书,190。

22. 如,前书,130。

黑格尔:理性思辨中神的临在性

23. Carl J. Friedrich, Introduction, in G. W. F. Hegel, *The Philosophy of Hegel*, ed. Carl J. Friedrich (New York: Random House, 1954), xiv.

24. 黑格尔的生平简述,参 Franz Wiedmann, *Hegel: An Illustrated Biography*, trans. Joachim Neugroschel (New York: Pegasus, 1968)。黑格尔的理论发展,在 Hans Küng 的名著 *The Incarnation of God* (New York: Crossroad, 1987)中有很详尽的说明。

25. Friedrich, Introduction, xx.

26. G. W. F. Hegel, Preface to *The Philosophy of Right and Law*, in *Philosophy of Hegel*, ed. Friedrich, 224.

27. Quentin Lauer, *Hegel's Concept of God* (Albany: SUNY, 1982), 79. 黑格尔在他所著 *The Science of Logic* 一书中提出这个理论。

28. Henry D. Aiken, *The Age of Ideology* (New York: Mentor, 1956), 72.

29. Friedrich, Introduction, xvii.

30. G. W. F. Hegel, *The Phenomenology of Mind*, trans. J. B. Baillie (New York: Harper and Row, 1967), 86.

31. G. W. F. Hegel, *The Science of Logic* (*The First Part of the Encyclopedia of the Philosophical Sciences*), trans. William Wallace (Oxford: Clarendon, 1892), ♯160, 288. Wallace 将此译本取名 *The Logic of Hegel*。

32. 用黑格尔的话,整全是"一物的本质经过它自身的发展过程达到本身之完全地步"。前书,81。因此,对黑格尔而言,在过程中,真理与本体是融合的。参前书,97。

33. Hegel, *Phenomenology of Mind*, 807-808. 亦参他用诗的表达, 前书, 91。
34. George Lichtheim, Introduction, in Hegel, *Phenomenology of Mind*, xxvi.
35. Lauer, *Hegel's Concept of God*, 190.
36. Lichtheim, Introduction, xxiv.
37. Friedrich, Introduction, xliii.
38. J. B. Baillie, Translators Introduction, in *Phenomenology of Mind*, 37-39. 说明这一点。
39. Hegel, *Phenomenology of Mind*, 88.
40. Friedrich, Introduction, xxxiv.
41. 前书, xxxvi。
42. Hegel, *Phenomenology of Mind*, 683-785.
43. 黑格尔在 *Phenomenology of Mind* 一书中发挥这一点, 767-785。若要扼要了解黑格尔对基督教教义的观点, 可参 James C. Livingston, *Modern Christian Thought—From the Enlightenment to Vatican II* (New York: Macmillan, 1971), 150-156.
44. 黑格尔对三位一体的看法, 记在他所著 *Philosophy of Mind* 一书中, 另外提及的书为 *the Zusätze in Boumann's Text*, trans. A. V. Miller (London: Oxford, 1971), ♯381 Zusätze, 12; ♯567, 299。
45. 根据黑格尔的说法, 人类认识神, 因为神在人类中认识了自己。参, 如 G. W. F. Hegel, *Lectures on the Philosophy of Religion: Together with a Work on the Proofs of the Existence of God*, trans. Rev. E. B. Speirs and J. Burdon Sanderson (London: Routledge and Kegan Paul, 1962), 3:303。
46. Hegel, *Phenomenology of Mind*, 781.
47. 前书。
48. Baillie, Translator's Introduction, 64.
49. Lichtheim, Introduction, xxx.
50. 这是许多批判黑格尔之人的结论, 包括 Lichtheim, Introduction, xxiii。

**施莱尔马赫: 宗教感觉中神的临在性**

51. Brian Gerrish, *A Prince of the Church: Schleiermacher and the Beginnings of Modern Theology* (Philadelphia: Fortress, 1984), 20.
52. Richard R. Niebuhr, *Schleiermacher on Christ and Religion* (New York: Scribner, n. d.), 6.
53. Robert R. Williams, *Schleiermacher the Theologian: The Construction of the Doctrine of God* (Philadelphia: Fortress, 1978), 1.
54. Keith W. Clements, *Friedrich Schleiermacher, Pioneer of Modern Theology* (London and San Francisco: Collins, 1987), 7.
55. 前书, 24。

56. 前书,33。
57. Martin Redeker, *Schleiermacher: Life and Thought*, trans. John Wallhausser (Philadelphia: Fortress, 1973), 213.
58. Clements, *Friedrich Schleiermacher*, 11.
59. 前书,15。
60. Terrence N. Tice, Introduction, in Friedrich Schleiermacher, *On Religion: Addresses in Response to its Cultured Critics*, trans. Terrence N. Tice (Richmond: John Knox, 1969), 12.
61. Friedrich Schleiermacher, *On Religion: Addresses in Response to its Cultured Critics*, trans. Terrence N. Tice (Richmond: John Knox, 1969), 79.
62. 同上。
63. 施莱尔马赫对"宗教的本质"之言谈,记在 *On Religion*, 67-176。
64. 前书,77。
65. 前书,80。
66. 前书,81-82。
67. "基督教的教义是用言语所记下的基督徒宗教感情。" Friedrich Schleiermacher, *The Christian Faith*, 2d ed., ed. H. R. Mackintosh and J. S. Stewart (Philadelphia: Fortress, 1928), 76。
68. Schleiermacher, *On Religion*, 140.
69. 前书,300。
70. Schleiermacher, *Christian Faith*, 76. 准确的引用语,见注 67。
71. 前书,98。
72. 前书,125。
73. 前书,390。
74. Claude Welch, *Protestant Theology in the Nineteenth Century*, Volume 1, 1799-1870 (New Haven and London: Yale University Press, 1974), 72.
75. Schleiermacher, *Christian Faith*, 265.
76. 前书,594。
77. 前书,609。
78. 前书,608。
79. 前书,194。
80. 前书,200。
81. 前书,335。施莱尔马赫拒绝相信撒但或邪灵的存在。他认为这些都不过是将抗拒善的恶念人格化而已。见前书,156-170。
82. 前书,178-179。
83. 前书,180。
84. 前书,183。
85. 前书,739。

86. 前书,393。
87. 前书,379。对这方面的详尽讨论,见 Niebuhr, *Schleiermacher on Christ and Religion*, 219-228。
88. Schleiermacher, *Christian Faith*, 367.
89. 前书,385。
90. 前书,425。
91. 前书,424。
92. 引自 Karl Barth, *The Theology of Schleiermacher* (Grand Rapids, Mich.: Eerdmans, 1982), 186。
93. 巴特对施莱尔马赫的评论,分散在他所写的书中。不过,有一卷记载巴特论施莱尔马赫的演讲,所作的批评是最尖刻的,见前书。
94. Schleiermacher, *Christian Faith*, 156. 施莱尔马赫说,神超越了自由与命定之间的矛盾。因此,不可以说神可能没有创造世界。
95. 前书,412。

利奇尔与古典自由派神学:伦理文化中神的临在性

96. Claude Welch, *Protestant Thought in the Nineteenth Century*, Volume 1, 1799-1870 (New Haven and London: Yale University Press, 1972), 142.
97. Bernard M. G. Reardon, *Liberal Protestantism* (Stanford: Stanford University Press, 1968), 10.
98. Albrecht Ritschl, *The Christian Doctrine of Justification and Reconciliation*, trans. H. R. Mackintosh and A. B. Macaulay (Edinburgh: T. & T. Clark, 1900), v.
99. 利奇尔对这两个知识范畴的解释,可见前书 203-213。利奇尔承认,甚至科学也不可能避免作价值判断,因为科学家或哲学家都不可能完全客观。然而,他将价值判断区分为"附随的"和"独立的"两种。他断言,宗教只在后一个范畴中运作,即有关道德目的或道德障碍的领悟。
100. 前书,398。
101. Albrecht Ritschl, "Theology and Metaphysics: Towards Rapproachement and Defense," in *Three Essays*, trans. Philip Hefner (Philadelphia: Fortress, 1972), 164.
102. David L. Mueller, *An Introduction to the Theology of Albrecht Ritschl* (Philadelphia: Westminster, 1969), 45-47.
103. 前书,33。
104. 洛策对利奇尔的影响,详见 Philip Hefner, "Albrecht Ritschl: An Introduction" in *Three Essays*, 27-28。
105. Ritschl, *Christian Doctrine*, 282.
106. 前书,236,281。

107. 利奇尔对神的国正式的定义，相当冗长而复杂："出于爱的动机、从不被打断的互惠行动——在这国度中，一切都紧密结合起来，每个人都具好邻舍的特性；进一步而言，在这些人的结合中，所有财货的使用，都符合对至善的服从。"前书，334－335。
108. 前书，282。此处利奇尔以神的国指神自己的荣耀与旨意。
109. 前书，329。
110. 前书，350。
111. 前书，398。
112. 前书，413。
113. 这是利奇尔对耶稣神性的说法，而在"The Doctrine of Christ's Person and Life-Work", chap. VI of *Christian Doctrine*, 385－484，对这一点有冗长而复杂的说明。
114. 前书，469。
115. 前书，477－478。
116. James Richmond, *Ritschl：A Reappraisal. A Study in Systematic Theology* (London：Collins, 1978), 203.
117. 对利奇尔的兴趣再度出现在 Mueller 与 Richmond 等人的书中，如前所引。另一位造成这现象的为路德宗神学家 Philip Hefner，他不仅翻译并编辑利奇尔的一些书，也写了一本对利奇尔相当赞同的重要论述，书名为 *Faith and the Vitalities of History* (New York：Harper and Row, 1966)。
118. Richmond, *Ritschl：A Reappraisal*, 105.
119. 前书，114。
120. 前书，120。
121. 前书，172。
122. Mueller, *Introduction to Albrecht Ritschl*, 170.
123. Hugh Ross Mackintosh, *Types of Modern Theology, Schleiermacher to Barth* (New York：Charles Scribner's Sons, 1937), 165.
124. Ritschl, *Christian Doctrine*, 465.
125. Richmond, *Ritschl：A Reappraisal*, 205.
126. Martin Rumscheidt, "Introduction：Harnack's Liberalism in Theology：A Struggle for the Freedom of Theology," in *Adolf von Harnack, Liberal Theology at Its Height*, ed. Martin Rumscheidt (London：Collins, 1989), 24.
127. Adolf Harnack, *What Is Christianity?*, trans. Thomas Bailey Saunders (New York：G. P. Putnam's Sons, 1901), 13.
128. 前书，154。
129. 前书，55。

130. 前书,216-220。
131. 前书,122。
132. Claude Welch, *Protestant Theology in the Nineteenth Century*, Volume 2, 1870-1914 (New Haven and London: Yale University Press, 1985), 261.
133. Walter Rauschenbusch, *Christianity and the Social Crisis* (New York: Macmillan, 1907), xi.
134. Walter Rauschenbusch, *A Theology for the Social Gospel* (Nashville: Abingdon, 1978), 142.
135. 前书,174-175。
136. 前书,99。
137. H. Richard Niebuhr, *The Kingdom of God in America* (New York: Harper and Row, 1959), 193.

# 第3章
# 对临在性的反叛
## ——新正统派的超越性

1914年8月的枪声,为19世纪的思想风潮敲起丧钟。第一次世界大战结束了乐观的进步主义,为随后的年日搭起背景,悲观的暗潮继之涌入。同样,一位默默无闻,在瑞士一个小镇牧会的牧师巴特,出版了一本《〈罗马书〉注释》,也为19世纪的乐观神学画下句点。

巴特对盛行的自由派采取反动,而逐渐成为神学舞台上的新宠,直到过了20世纪中期。虽然继他开创之路而来的神学家,也各自有所发展,但这位瑞士的神学家的确是此神学新运动的鼻祖。这个新方向通常被称为"新正统主义"。

新正统派的特色,乃是这些神学家想要重新发掘古老基督教正统教义中,哪些部分对现代世界仍然很重要。因此,倡导此派的人与早先的自由主义关系十分复杂。一方面,新正统派的神学家和从前的自由派一样,视启蒙运动为理所当然,所以也和这些自由主义前辈一样,接受对圣经的批判。另一方面,这些年轻的思想家拒绝因强调自然神学而来的自由派基督教文化。令他们非常关心的是,新教内的自由派因太急于使信仰合乎现代思想,以致把福音都丢弃了。神的道——那位超越者的声音——不再向迷失在罪中的人雷鸣般地宣告和好的信息。

新正统主义尝试重申这些被人遗忘的题目,因这个世界再度需要聆听神从上面所传来的话语。

在寻求重申人的罪、神的恩典、个人的抉择等教义的过程中,20世纪的新正统派从一位19世纪籍籍无名的声音得到灵感,这个声音便是那位"忧郁的丹麦人"克尔凯郭尔(Søren Kierkegaard)。他向当时的思潮大弹反调。

克尔凯郭尔于1813年生于哥本哈根,是位富裕的路德会商人之子,死于1855年。幼年时他就不快乐,为背脊弯曲、身体羸弱所苦。他读书是以从事教会工作为目标,1840年完成学业;但他真正的兴趣是哲学与文学。年轻的克尔凯郭尔因爱情受阻挠而更加忧郁。他与奥尔森小姐于1841年订婚,但后来不得不解除婚约。不过他短短一生中,始终眷恋这段失去的爱情。

克尔凯郭尔是位多产的作家。他的写作生涯可分三个阶段。第一阶段主要是写他与奥尔森小姐的关系。第二阶段始于他1848年的重生经历,重点在写身为基督徒的困难。1854年1月,在一个葬礼中,一位丹麦的主教盛赞过世的同僚,其实那人的生活十分世俗化。克尔凯郭尔参加葬礼之后,激发他进入第三阶段的写作。他大力抨击国家教会,披露早期基督教与当时丹麦的教会何等不同。

克尔凯郭尔的冗长议论背后,是他根本反对家乡知识界所接受的黑格尔哲学。这位丹麦哲学家拒绝当时的主流观点,即理性足以回答关乎生命的宗教性问题。黑格尔将人类灵性的进步与历史性的"绝对精神"发展相联,因此产生集体主义;而克尔凯郭尔则强调个人。

克尔凯郭尔以新的观点来看真理的本质,与时人的智慧大异其趣。至少20世纪对他的解释为:真理不是非人格的,不是借着不动感情的思考可以获得的。[1] 毋宁说,真理是主观的,当一个人主观上满心愿意进入真理中,真理便会产生。因此,追求真理的起点不在抽身思考宇宙,而应从具体的个人、具体的生活情境中开始。[2] 所以克尔凯郭尔对真理的著名定义如下:"真理乃是一个客观的不确定性,人透过内心最深的感情去攫取,终将它紧抱不放。"[3]

在《哲学片断》(Philosophical Fragments)一书中,克尔凯郭尔列出其著名的基督教与苏格拉底宗教的比较。后者,"宗教 A",是临在性的宗教,因为它假设真理是在个人之内。要让真理浮现,就需要有人作助产士,帮助那位主体将它生出来。但在耶稣的宗教——"宗教 B",或称"他性"的宗教——里,学生毫无真理,更有甚者,自己还活在错误中。因此这个人需要一位老师带来真理,甚至要预备让它能被接受的条件。这样一位老师乃是拯救者、救赎者,而他的来到,则是"在日期满足的时候"[4]。

对克尔凯郭尔而言,这位老师当然是耶稣基督。但是承认耶稣为基督,却包括了双重吊诡性。它肯定了神成为人,即永恒成为时间,且宣称,我们永远的幸福端系于一历史事件,而其历史性只具可能性,无法完全证实。因为基督教的真理具此吊诡性,所以唯有凭信心而不凭理性,才能得着它。所以,作基督徒便意味着,在理性不能往前时,我们愿意用信心来冒险。其要旨在于真挚的关切、圣洁的敬畏与战栗,而不在满足的确信。这是克尔凯郭尔的结论。

这位 19 世纪丹麦哲学家所宣布的主题——超越的神在与个人相遇时,向他说出无法言喻的真理——成为 20 世纪新正统派神学家的基础,他们在其上建造,发挥各样神学思考。

## 巴特:超越性为神的自由

未来的神学历史学家回顾 20 世纪时,他们所举最有影响力的基督教思想家,必是巴特无疑。他在生前即已广受推崇,被视为现代教会之父;他的名字也常与奥古斯丁、阿奎那(Thomas Aquinas)、路德、加尔文、施莱尔马赫等人并列,因为他著作众多、见解独到,对神学贡献卓著。所有 20 世纪的神学家,都不得不对他作出回应。他过世后数十年,欧洲与美洲还不断有新文章、新书,研究他的神学。常有学术研讨会讨论巴特持续的影响力,1986 年神学家有一次特别的集会,纪念他的百年诞辰。

虽然巴特的神学没有正式成为一"派"，但欧美有一些神学家表明认同巴特的基本构想，并各按其路线发挥。他最著名的学生云格尔（Eberhard Jüngel）在1982年发表了一段论及巴特地位的话，所言并不夸张：

> 巴特是继施莱尔马赫之后最重要的新教神学家。他尝试要超越施莱尔马赫，当然，施莱尔马赫对他也有许多启迪。巴特本人与其著作的影响力，改变了基督教界不同宗派的神学；新教教会的方向有了重大的调整；连20世纪的政治与文化，其印痕都清晰可辨。[5]

## 巴特的生平与事业

1886年，巴特生于瑞士的巴塞尔（Basel）。他的父亲是传道人训练学院（类似神学院）的讲师，属瑞士的改革宗教会，与一群保守派人士过从甚密。巴特两岁的时候，他父亲接受了一个较高的职位，在伯尔尼（Bern）大学担任助理讲师。巴特的家庭生活很严谨，但相当快乐。回忆起来，他对父亲非常尊敬，而与母亲则非常亲密。[6]

1902年，在巴特接受坚信礼的前夕，他立志要作神学家，但不是以讲道、牧会为主。后来他写到，他希望能对信条有正确的了解，以取代当时他感到模糊不清的观念。[7] 他在伯尔尼、柏林、图宾根和马尔堡（Marburg）等地的大学研读神学，最后终于采取了利奇尔学派的自由思想。在柏林时，他受到哈纳克的影响，在马尔堡他成为利奇尔派大师赫尔曼（Wilhelm Herrmann）的门生。当然，后来他完全拒绝这派神学，令他的老师们大失所望。

巴特从未完成博士学位，不过后半生中，许多著名的大学纷纷给他荣誉博士头衔。1908年，他接受按牧，成为改革宗教会的牧师，并在日内瓦担任助理牧师。在那段时期，他偶尔在三个半世纪前加尔文演讲过的大教堂中讲道。正如许多助理牧师一样，他对这份工作不满意，而于1911年迁到沙芳韦（Safenwil）的一个小教区，这是位于瑞士与德国

## 第3章 对临在性的反叛——新正统派的超越性

边界的一个小镇。就在沙芳韦，神学历史开始改写，巴特在神学界带动了革命。

巴特与自由神学决裂的肇因很多，但其中有两点特别值得注意。第一，巴特发现，在每星期向沙芳韦人传讲福音的工作上，自由神学毫无帮助。结果，他不得不发奋研读圣经，于是发现"在圣经中奇特的新世界"——这是他最早所写的一篇文章之标题。在圣经中，他发现的不是属人的宗教，甚至不是敬虔人士最高、最好的思想，而是神的话语："圣经的内容不是人对神正确的思想，而是神对人正确的思想。"[8] 巴特从圣经中超越的话，找到对教区之人当传的信息，而他在新新教（neo-protestantism）自由派学校所受的哲学式神学训练，却没有用处。

促使巴特远离自由神学的第二个因素，是一次事件。1914年8月，他读到93位德国学者联名发表的宣言，支持魏玛的战争政策，其中几乎包括他所有的神学老师。到那时为止，他在宗教上还是很尊敬他们。然而他们对德国帝国主义的支持，让巴特感到他们的神学中必定有严重的错误，否则他们不会这么快向战争的理念妥协。既然对老师的行径大生反感，巴特便决定不再"接受他们的伦理与教条、对圣经的讲解和对历史的诠释"[9]。对他而言，19世纪的整个自由神学完全没有前途，而他运用当时还不甚明显的神学天分，要来推翻它。

在战争时期，巴特开始写《罗马书》的注释。1919年该书出版，竟掀起了一场风暴，因为其中对自由派神学提出尖锐的批判。当时有位神学家说，《〈罗马书〉注释》（*Der Romerbrief*）像是一枚炸弹，落在神学游戏场中。在书中，巴特既肯定以历史批判法来研读圣经，也肯定字句默示的教义，并且说，如果被迫二选一，他会选择后者。[10] 巴特批评自由神学将福音变成宗教信息，告诉人他们自己有神性，而不是以圣经为神的话，其中的信息是人无法预测也无法了解的，因为它是来自一位与他们完全不同的神。[11] 巴特的宗旨，是呼吁神学方法必须改革，用"从上而来"的神学来取代"来自下方"、以人为中心的陈旧神学。在整本注释书中，他强调神、福音、永恒与救恩，都是全然不同的（otherness）。他辩道，这些伟大的真理不可能是由普世人类的经验或理性建立的，一定要在顺服中接受这是神的启示。

因为该书强调神与人类的对比，它为巴特的神学带来"正反式（或译辩证式，dialectical）神学"、"危机神学"的标签。此"正反式"是将巴特归于克尔凯郭尔的哲学方法，而非黑格尔的。对克尔凯郭尔而言，因为人的罪性和神的全然不同性（wholly otherness of God），神的真理与人类的思想永远不可能磨成理性的综合。其实，神自我启示的吊诡性真理，必须由人类有限的心思作信心的跳跃，来拥抱住它。巴特在该书第二版的序言中，承认他受克尔凯郭尔的启迪：

> ……若我有一个系统，那便是承认克尔凯郭尔所谓的"质的无限区分"存在于时间与永恒间，以及我认为既是消极又是积极的一句话："神在天上，你在地上。"我认为，这样一位神与这样一个人的关系，和这样的人与这样的神之间的关系，便是圣经的主题和哲学的本质。[12]

《〈罗马书〉注释》发表了几个月之后，便成为辩论的焦点。有些自由派圣经学者和神学家不屑一顾，认为是一名宗教狂的胡诌，但另一些人则备加推崇，认为它恢复了改教的精神。巴特自己的老师，包括哈纳克与赫尔曼在内，对其中非历史与非批判式的研经十分困惑。风波虽大，无数的牧师、教师和神学家却认为，在神学进入20世纪时，它提出了切合时需的矫正。这本注释书的影响力非同小可，因此许多学者都以它的出版年代，1919年，作为19世纪神学的结束，以及20世纪神学的开始。

主要因为《〈罗马书〉注释》的成功，巴特于1921年受邀至德国的哥廷根大学担任改革宗神学的教授。到任后不久，他与利奇尔的门生产生很大的冲突。这位自由派思想大师利奇尔，19世纪末曾在该校执教，当时仍备受尊崇。巴特继续写书撰文，高举神的话过于人的理性，并指控自由派的新复原主义向启蒙运动的理性主义文化屈服。他辩道，对福音最大的危险，不是它被拒绝，而是它被平和地接受，成为另一种不会伤人的属人的理性与文化。在他看来，德国自由派神学已经颠倒福音达一世纪之久，让福音为人尊重却无作用。当然，这种辩论让巴特在自由神学掌权的学府中,交不到几个朋友。

1925年,巴特应邀至明斯特(Münster)大学担任教授。他在那里只待了五年。1930年他转到波恩(Bonn)大学。在这段时期中,他的作品出现决定性的新转折。一方面他没有放弃抨击自由神学,另一方面他开始强调,神对在耶稣基督内的人性说"是",多于前十年他宣告神说的"不"。

巴特抛弃了他原先开始尝试的《基督教教义学绪论》(*Prolegomena to Christian Dogmatics*, 1928)。他认为它被存在主义哲学腐化了。而他所盼望的,是写出绝对的神学,也就是完全圣经化的神学,不受任何人间思想体系的影响。此外,他要强调神启示的客观性,超过人信心的主观性。

1931年,巴特写出他的神学方法:《信心寻求理解》(*Fides Quarens Intellectum*),许多学者认为,这是他已成熟的神学方法最重要的论述。该书是研究中世纪经院派神学家坎特伯雷的安瑟伦。巴特对安瑟伦的解释与许多人不同,他辩称,这位伟大的圣职人员并不是理性主义者,而是一位敬虔的学者,想要让理性来服事信心。安瑟伦说明神存在的本体论,不是要在信心之外证明神,而是要为已经相信的心提供理性的了解。

巴特辩称,对安瑟伦而言,所有的神学都必须在祷告与顺服中进行研究。这就意味着,基督徒神学不可能是客观、不动感情的科学,必须在恩典与信心之下,才可能了解神在耶稣基督里的客观自我启示。若要寻到神学答案,就需要"单纯的心、被开启的眼、像孩童的心、在圣灵里的生活和圣经丰富的营养"[13]。换言之,巴特声称,正确神学的先决条件是信心的生活,而其特色乃是不愿意让自己与圣经冲突,因圣经是"信仰对象之启示的经文基础"[14]。

在写关于安瑟伦的论文之前,巴特的神学强调神与人类相遇时负面的情形。从本书开始,他的神学注重对神在耶稣基督里启示的正面知识。负面的成分依然存在,因巴特一直反对任何自然神学的形式——即从自然、文化和哲学来获取对神的认识。不过,他的重心转向:人可能透过信心,对神在耶稣基督里的知识有真正的认识。

在完成论安瑟伦的书之后不久，巴特开始写系统神学《教会教义学》(Church Dogmatics)一书，而直到1968年他过世时，这套书尚未完成，只写到十三卷。其中最值得注意的特色（除了数量大得惊人外），是没有传统的绪论或哲学序言。巴特故意作此省略，因为他确信，真正的神学必须只是解明神的话，不含其他事物在内。若要将神话语的真理立基于人的理性，无论动机多敬虔、真诚，却必然使神学臣服于属人的历史性思想，因此便成为"人本神学"，而这是巴特竭力反对的。

巴特写《教会教义学》的工程浩大，而其前提则为：神在耶稣基督里为自己与人类立下一个类比。巴特称之为"信心的类比"，与从前的旧观念"存在的类比"相反。对神的知识不是人本性或经验内的天赋能力，惟靠神在耶稣基督——神而人者——里的惠赐，人才能认识神。人要不是"看见"耶稣为道路、真理、生命，就是一无所见。这个真理无从证明。事实上，任何证明基督的尝试都在拜偶像边缘，因为这等于是在人类理性的障碍前呼叫神和他的启示。

1930年的前半年，巴特深深卷入德国反纳粹的认信教会运动。1934年，他协助起草巴门(Barmen)宣言，其中宣告，耶稣基督是基督徒唯一的主，因此公开批判德国基督徒高举希特勒(Adolf Hitler)至弥赛亚的地位。巴特视德国基督徒对纳粹理念的接受，为一种文化基督教，是自然神学导致的正常结局，而他大大鼓励国家教会中持异议、反对纳粹者。他在讲课时拒绝先向希特勒致敬，也不签名向希特勒效忠，因此1935年6月，德国政府立时解除他在波恩大学的教职。巴塞尔大学邀请他去担任神学教授，他便回到他的出生地，以后余生都在那里生活、教学。

在巴塞尔教书的27年中，巴特撰写《教会教义学》以及许多书籍、文章，又经常在都市监狱讲道，被人誉称为莫扎特(Mozart)学者。全世界都有学生来听他讲课，参加他的讲习会。因为有许多学生来自英、美，巴特开始每周举行英语的讲习会。1962年，75岁的他退休，不再全时间教书。不过却立刻开始第一次到欧洲之外旅行，在美国七个星期，演讲、观光、会见客人。《时代》杂志以他为封面人物来推崇他，芝加哥大学授与他荣誉博士学位。

巴特一生的最后几年十分艰难。他的健康退化，并发现从左翼到右翼，都有人对他严厉批判。他对入世神学、神死神学，以及其他不那么极端的神学运动竟能盛行，感到非常惊心。但他从罗马天主教在第二次梵蒂冈会议（1962-1965）的转变，却得到很大的鼓励；他受邀在会议中担任观察员。1968年12月9日晚上，巴特在巴塞尔的家中过世。他的辞世实为一代神学巨人的陨落。

## 神学方法

前文曾提及，巴特的神学方法有反面与正面两极。从反面来说，他远避任何自然神学，并且努力不懈地分析、宣讲，指出自然神学如何微妙而不可避免地导致福音在文化上的翻覆：

> 基督教自然神学用很恭敬、谦卑的姿态，将启示重新铸造成它自己设计的样式。虽然它的举止很恭敬、谨慎，并且刻意不断地表现出顺服的样子，但从一开始它就是征服者，使启示变成非启示。它对启示的处理就是明证。它将启示吸收消化，完全驯服。[15]

巴特尝试说明，福音的翻覆如何发生于罗马天主教神学、新教古典自由派神学，以及德国基督徒对纳粹理念的拥护。从神学历史和他本人对神在福音信息中所具主权的观察，巴特总结道：

> 按照逻辑推论，只要我们让小拇指沾上一点自然神学，接下来必定是否认神在耶稣基督里的启示。不积极争取唯一主宰权的，就不是真正的自然神学。而如果让它有一席之地，即使是不经意的，也会导致它独自称霸。[16]

巴特对自己的立场作出这样的结论："能够认识神的话，就在于神的话，而不在别处。"[17]这句话同时表达出他神学方法的正面与反面。尽管人类没有预备好迎见神，而透过理性、自然和文化也无法真知道神，但在神全权的自由与恩典中，他在人类历史里启示了自己，并行了让人能认识他的神迹。根据巴特的说法，历史上神启示自己的唯一事件，乃是耶稣基督其人其事。在耶稣基督里神启示出他自己，而不单告诉人当怎样生活。对巴特而言，这乃是说，"永恒的神只在耶稣基督里才能为人认识，而不在其他地方"[18]。

但我们怎能知道这是真的？巴特回答："信仰的证明乃在于信仰的传扬。认识〔神〕话语的证明，乃在于承认神的话。"[19] 换言之，相信耶稣基督为神自我启示的真理，乃是不证自明的。对基督徒而言，这是最根本的事实，其他都倚赖它而立，它却不倚赖任何事。信心是神的礼物。

## 神的话与圣经

对巴特而言，基督教神学的唯一资源是神的话。然而，这个话语却有三种形式或模式。最首要的形式是耶稣基督，以及神在他身上所作之事的历史，并围绕他生、死与复活的种种事件。第二个形式是圣经，即对神之启示最特殊的见证。最后，教会对福音的宣扬，成为第三种形式。后二者作为神的话，只是从工具的意义来看，因为当神用它们来启示耶稣基督时，它们才是神的话语。

因此，圣经并不是静态的神的话。神的话总有事件的特性；也可以说，是神自己重复在做事。圣经在某个事件中成为神的话："圣经是神的话，惟在神使它成为他的话，或透过它说话时。"[20]

巴特对圣经的观点，带来许多争议与批判。自由派控告他将圣经高举到特殊地位，几乎与传统的字句默示论相当，如此则使它不能受历史批判法的质询。另一方面，保守派则攻击巴特，指他将圣经臣服于非命题式的启示事件，以及他对圣经无误论的否定；有些人甚至称他的神学为"新现代主义"。

事实上，这两种批判都有失偏颇。一方面巴特的确否认古典正统主义赋与圣经的地位。他区分圣经与神的话，主张"我们在圣经中所有的，最多不过是人试图重复、重制神的话，所使用的是人的言语、思想和人的情境"[21]。换言之，他严厉警告，不可以为圣经的神圣启示——它具

有为耶稣基督作见证的特殊地位——只是人的价值判断。巴特说,它的默示不是我们自己的评估、情绪或感觉:

> 圣经之所以是神的话,并不是我们的信心使然。但是要维护它是神的话这客观的真理,最好的办法就是坚持它需要我们有信心,这是我们信心的基础,也是我们信心的实质与生命。因为这样一来,我们便可坚持它是永生神的真理——在他之外再无其他真理,而即使有出于人的主观压力,我们也不能怀疑他的能力;我们所认识、所承认的,便是这样的一位神。而如果真是如此,我们就必须视圣经的默示为神的抉择,不断在教会和其肢体生活中发生作用。[22]

由此观之,圣经之所以是神的话,并不倚赖个人的主观经历,或学者根据内证与外证所下的结论。对巴特而言,圣经是神的话,因为神再三使用它,行相信耶稣基督的神迹,不论人的决定为何,或是否采取主动。教会对圣经的态度只能是谦恭顺服,因为唯一在它以上的权威是耶稣基督本身。圣经将基督的权威传达到教会。进一步说,圣经的权威在教会之上,因为"它是教会起源的记录,在历史上最早期的记录,因此是教会的基础与本质。……所以圣经在教会总是保有独特的权威,也是唯一的权威"[23]。

显然,巴特视圣经地位极高,在一切人的权威之上,只臣服在耶稣基督本身以下。在《教会教义学》中,他视圣经有如字句默示、教义无误。在圣经之外他再不吁求其他的权威。然而,他大胆主张,它在耶稣基督之下,且与他完全一致,是基督徒信仰的准则:

> 评定教义的最后准则,是与圣经是否相符。若是不符,便绝对无用。因为将来提到它,我们必会说,教会因它而走入歧途,亦即,她在为别的事忙,没有尽心为所宣扬的真理之疑而未决的部分做好整顿的工作。[24]

## 基督中心与三一论

巴特的神学架构完全以基督为中心。每一个教义的开始、中心与结束，都是指向耶稣基督——他的生、死、复活、高升、与父神的永远结合。在神学的每一个关键问题上，巴特都会问，从神在耶稣基督里的作为来看，这有什么意义？这个以基督为中心的架构，使巴特的神学巨著具一致性、合一性，而成为一个系统。

对于这位瑞士的神学家而言，耶稣基督是独特且唯一的神的自我启示，神的道成为人。从这个基本信心的肯定，巴特推演出耶稣基督的神性："启示是这位神的自我解释。若我们探究他的启示，就等于在探究神自己，而不是……离开神的某项实体"[25]。在实存（actuality）的背后必定有相关的实现性（possibility）[26]，这是巴特的名言之一。因此，如果耶稣基督正如我们所信，是无可超越之神的自我启示，那么，他一定在某方面与神完全合为一体，而不只是神的代表或代理人。因此，在启示事件的实存中间及其背后，必定有其实现性——三位一体的神。

按巴特的了解，对"自我启示的神是谁？"这一问题，基督徒唯一可能的答案，便是三一论。他主张："按照圣经对启示的了解，神自己，即合一未受任何破坏的这位神，是启示的神，是启示的事件，也是让启示在人身上发挥作用的。"[27] 巴特与施莱尔马赫的处理正相反，他将三一论放在神学的起头。他主张：

> 三一论基本上是使基督教的神论凸显出来、符合基督信仰的教义，因此它也将基督教的启示观凸显出来、符合基督信仰，与所有其他可能的神论或启示论截然不同。[28]

因此，按巴特的说法，神的启示就是神本身。神就是他启示的那一位。所以，耶稣基督——神独特无上的自我启示——便与神合为一，因此他是真人也是真神："耶稣基督不是半神半人，不是天使，也不是理想人。"[29] 相反地，"耶稣基督的实体便是神自己亲身主动活在肉体中。神自己成为人,是真人真事的主体。"[30]

巴特明言,他谈到耶稣基督,就是讲到神第二种"存在模式"(seinsweise)的道成肉身。他喜欢"模式"(mode)一词,超过"位格"(person),因为在现代人的耳中,位格一词隐含"性格"(personality)之意,而神只有一个性格。[31]如果耶稣基督有另一个性格,与圣父不同,就不能成为圣父的自我启示。照巴特的看法,圣父、圣子、圣灵是神存在的方式,在神里面永恒存在、绝对合一。然而其区别构成了先决条件,让神可以在耶稣基督里启示,也让神的灵可以与教会同在。因此,当巴特说:"神是耶稣基督,耶稣基督是神"[32],他要人在三位一体的情况内来了解:耶稣基督是神存在的第二种模式,是圣父自己性格的重复。

## "自由而爱"的神

虽然三一论是巴特神论的中心,但他几乎用一整卷来写神的属性(《教会教义学》2/1)。他将神的本质定义为"自由而爱的那一位",并将神的属性分为神的爱与神的自由两大类。这个标题取代了传统所分的神的超越性与临在性。

巴特宣称,神的爱与自由必须同样强调、互相平衡,才能符合耶稣基督的神。神的爱意指他自由选择人类,并使他们在耶稣基督里与自己相交。[33]神乐意属于我们,也要我们属于他。[34]对这点最高的启示,是神在耶稣基督的十字架里谦和地与有罪的人类认同:"神的儿子进入异乡(Far Country)之路"。[35]表达神这样伟大之爱的属性,为恩典与圣洁、怜悯与公义、忍耐与智慧。[36]

巴特并没有对神的爱的本质再作修饰,就接着强调这种爱的自由性。神对世人的爱是真实的、永恒的,但这份爱却不是出于必要。即使神不选择爱世人,他本身仍然是爱。[37]巴特写以下这段警告,显然是想到自由神学,特别是受黑格尔影响的人:"如果我们在这一点上不小心,便一定会使神失去神性。"[38]神在他自己里面有完全的爱与交谊——在他三而一的生命中——这是在他爱世人、与世人相交之前,也在其之外。[39]唯有如此,才能避免泛神论,而神对世人的爱也真是恩典。这是

巴特的论点。如果神需要世界成为他爱的对象，这种爱就不是恩典之爱，而世界对神的存在也成为必要。那么，神的神性便失去了。

巴特与自施莱尔马赫、黑格尔以来的自由派思想导向完全相反，他肯定神绝对超越于世界之上。他用神的自由来思索这一点："崇高、至尊、圣洁、荣耀——所谓神的超越性——究竟是什么？岂不是这种自我决定——即神本身在生活与爱上有自由？"[40]事实上，神之为神，正因为他对世界来说是绝对者："神与一切相对，他全然崇高、完全独立；亦即，即使一切都不存在，或以不同的方式存在，他也不会减损或改变。"[41]神自由的属性包括合一与无所不在、恒常与无所不能、永恒与荣耀——对这些属性，巴特都以富有创意的话语重新解释。[42]

尽管巴特强调神的自由，但至于神对人类的爱，他却没有解释为只是神一时兴起，对于神的生命一无影响，或神并不很在意。相反的，神在自己里面的丰满生命"趋向"与受造物生命的结合。[43]进一步说，神并不自囿于他的自由，而是自由选择踏出自己，与世人真正相交，并在耶稣基督里达到最深的合一。对巴特而言，这种想在耶稣基督里与受造物结合的心和其决定，乃是神创造世界的理由与基础。神造世界的理由无他，只是要与它在耶稣的道成肉身、受死、复活之中，进入立约的交情。[44]

因此，巴特认为在启示于耶稣里的那位爱之神背后，不再有一位隐藏的神。虽然神可以只为自己保留生命与爱，不施与世界，"他却不愿意没有我们而自己为神。……他造我们，便是要与我们分享，就是将他自己无比的存在、生命与作为，和我们的存在、生命来分享。"[45]

## 拣选的教义

根据巴特的说法，神进入人类历史的至大事件，是耶稣基督的十字架，在此事件中，神的儿子进入"异乡"，亲自承担了神的忿怒与拒绝，这原是有罪的人类应得的报应。因此，耶稣基督是那位被拣选，并被弃绝的人，所有其他人都被包括在他里面，由他作代表："所有人自找的被拒绝、所有人当受的神的忿怒、所有人应经过的死亡，神在他对人的爱中，将这一切在永恒里都转移到他身上,在他里面神爱他们,拣选他们,又以他为他们的元首,代替他们。"[46]

巴特的拣选教义也和其他教义一样,是"惟基督式的"。对他而言,耶稣基督是神拣选与咒诅的唯一对象。可怕的双重预定论,就是将人类区分为得救和灭亡两类的旨意,并不存在。相反的,一切都包括在耶稣基督里,他是拣选的神,也是被拣选的人,而他拯救之工的益处,也临及一切人。惟独他承受了神的拒绝,当然,这也是神拒绝了自己:"神永恒的旨意,是拣选耶稣基督;在此拣选中,神将……拣选、拯救与生命赐给人,而将……责备、沉沦与死亡留给自己。"[47]因此,对巴特而言,预定意指,从永恒中神决定自己付出重价来赦免人。[48]

但是神的赦免临及什么人呢?巴特明确指出,耶稣基督是唯一真正被弃绝的人,而所有的人都在他里面被拣选。[49]人或许会拒绝神,想过不敬虔的生活,但"他们的期望与行动,早在创世之前就被神废弃了。……为人积存的,只有与神相交的永生"[50]。

这是不是等于普救论呢?巴特拒绝直接回答这个问题,他写道:"我没有这样教导,但我也没有不这样教导!"[51]无论如何,我们可以猜到答案必定是什么。天主教学者巴尔塔萨(Hans Urs von Balthasar)指出:"从巴特所陈述的拣选教义看来,普世得救不仅是可能的,更是不可避免的。唯一明确的实存是恩典,而任何定罪都只是暂时的。"[52]

## 评估

巴特的神学大业从争辩开始,因此他的神学方法不断引起争辩,也不希奇。被他断然拒绝的自由派神学,其继承人常轻蔑地指他的方法为唯信式,要现代信徒牺牲理性,回到宗教权威的监护之下。[53]然而,这些批判者无法回答巴特的指控,说他们的神学导致德国的文化逆转。

有些新教保守派神学家也赞同巴特的神学是唯信式。他们评估说,它贬抑任何护教的可能性,因此危及基督徒的见证和传福音的事工。[54]然而,另有一些保守派学者接受巴特的基本神学方法,认为是对启蒙运动所造成自律理性的膨胀,以及对传统基督教的挑战最佳的回应。[55]

巴特神学方法的力量,在于完全倚赖启示。因为这一点,他的神学是真正的"神学",不倚靠哲学体系或文化、知识的潮流。因此,巴特的神学能够以先知的立场面向世界。从他早期斥责纳粹主义为出于自然神学的一种偶像,便可看出这种力量。他处理神学的方式,也使他的神学富宣讲性,即可以用来讲道的神学。因为完全根据启示,福音的伟大主题便不会被降低为一种哲学式的告白。

因此,整体而言,巴特的神学方法保存了神学的自律性,不受其他学问的辖制。神学成为研究神话语不打折扣的科学。

巴特神学方法最大的力量,也是最大的软弱来源,这个软弱来自他把神学的自律性推到了极致。他拒绝用任何一种理性来判断启示的真理,使神学不单是自律,更到了孤立的地步。如果没有可理解的桥梁,将神学与其他学问或人类经验相连起来,对外人而言,基督徒信仰岂不是成了神秘的宗教?巴特拒绝自由神学将基督教贬抑为人类经验可预期的宗教,这是一回事;而他除灭信仰与经验一切的衔接,又是另一回事。

胡斯丁(Wentzel van Huyssteen)将这问题简述如下:

> 巴特拒绝将神学的对象贬抑为人类宗教意识,这是有道理的。……但是视神和他的启示为世人皆知的资料,却不是一条出路。……因为所赋予启示的正面质量,无法解决神学的主观主义。正面的启示神学若采用极为神秘的方法表达,就很难令人相信神学的基本教义——神、启示、圣经、默示等——不是一位主观者一时兴起的架构,无论这个主观者是个人,或是受某一富影响力的传统所指引。[56]

巴特神学第二个引人争议之处,是它所谓的唯基督论。有些批判巴特的人,用这个名词形容他整个神学完全集中在耶稣基督身上。巴特不但使耶稣基督成为他神学的中心,即"以基督为中心的神学",他更将对神的知识都局限于在基督里的启示。巴尔塔萨形容巴特的思想好像知识分子的沙漏,"透过耶稣基督,神与人在中间相遇。这玻璃容器的上端与下端没有任何接触点。"[57]这种动向模式的问题在于,会让人否定一般启示，而保罗在《罗马书》第一章辩论的中心，却似乎是指这类启示。

唯基督论的指控，也来自巴特以耶稣基督为他整个神学的基础和组织原则。每一种教义后来都成为基督论。巴特的拣选教义便是明显的例子。耶稣基督是预定的主体，也是被预定的客体。但在这样的结构中，父神与人应当摆在何处呢？

也许用"唯基督论"来形容巴特的神学稍嫌过分。他并没有否定圣子、圣父与圣灵的区分。他也没有将基督与世界混为一谈。此外，这个名词的争辩味道太浓，抹杀了巴特最大的贡献，就是将基督带回来，再度成为基督教思想的中心，而那原是他当有的位置。不过，这位瑞士神学家极端集中于基督论，使他的神学表面看来有所偏颇，忽视了圣父、圣灵和人类在救恩历史中的角色。

巴特的圣经论也是自由派与保守派批判的目标。自由派指责他忽略高等批判的结果，以字句默示的态度来对待圣经。另一方面，保守派指责他断然区分"神的话"和圣经，并否定圣经无误的教义。[58]这两方似乎都未注意巴特的圣经论和他使用圣经的差别。自由派专注于他对圣经的使用，而忽略了他所指圣经中有人性之一面的强烈言论。保守派则专注于他的理论，却忽略巴特以圣经为神学绝对权威的态度。

其实，值得批判的是：巴特在理论与实践上表现不一。如果他坚守对圣经的理论，会不会将他从对古典基督教信仰的现代宏伟说明甩出去？简单地说，他主张在神的话和圣经教义性命题之间有张力，但这一看法很难支撑如此高度系统化、对圣经教导命题式的诠释。

巴特对20世纪神学最大的贡献之一，是让三一论脱离卑微，再度恢复地位。从施莱尔马赫以降，自由神学都视此教义为基督教所谓"希腊化"的遗迹，在其中看不出有何伦理意义。在巴特的影响下，神学重新思考三一论，只是尚未达到一致的结论。

不过，他对三一论的处理，却不见得人人赞同。有些批判者认为，巴特的处理方式只是隐藏的形态论，将神贬为一个主体，因为他将神的唯一本质与他的"位格"视为等同，又用存在的模式一词来作三一之间的区分。[59]从《教会教义学》第一卷来看，这个批判有几分价值，因为巴

特是从神的自我启示推论出神的三位一体,并且强调神的位格与他单一的本质等同。[60] 然而,他在其中也拒绝形态论,而肯定"这三个存在模式的终极实存是在神的本质中,再没有他物较之更高,或在其背后"[61]。在以后几卷中,巴特澄清他完全拒绝形态论,并主张圣父、圣子、圣灵有永恒而不可稍减的区分,因在这位永恒之神的存在中,有顺服的次序(但他拒绝任何臣属的看法)。[62]

## 结论

在20世纪神学历史的洪流中,巴特神学最大的力量,便是恢复了神的超越性。神对世人的爱必须绝对自由,才能算是恩典。而基督教福音的核心,便是神以恩典与世人建立关系。

不过,为了要保卫神的自由与超越性,巴特可能将神与世界关系中人的部分牺牲太多。他的救恩论便是一例。这是神的胜利,没错;但在耶稣基督里每一个人都变为空无,则不然。最同情巴特的评论家柏寇伟(G. C. Berkouwer)所作的结论很正确:"在巴特的神学中,恩典的胜利使人作抉择的严肃性变得模糊不清,而福音信息也受威胁,因它似乎只在作宣告,而失去至关紧要的劝勉作用。"[63]

我们或许想说,施莱尔马赫的错误,在于想借大声谈论人来谈论神,而巴特的错误,则是想借大声谈论神来谈论人。也许巴特的错误轻得多,但若能不犯这两种错误,岂不更好。

# 布龙纳:神人相遇中的超越性

学术界的伟人,常会有被更庞大的巨像遮蔽的情形,布龙纳便是一例。在20世纪的神学中,如果不是巴特和布尔特曼(Rudolf Bultmann)遮蔽了他,他的地位和影响是毋庸置疑的。这三个人在辩证(或作正反)神学上形成三巨头,在20世纪的情境中,重新肯定新教传统的主题,在神学界掀起革命。虽然起初他们三人同盟,但在二次世界大战结束后不久,也是他们的影响力在英语世界达到高峰时,他们却开始分道扬镳。

虽然巴特更出名、更引人争议,但将有关神超越性的这个新神学介绍给英国、美国的,却是布龙纳。第一次世界大战之前,布龙纳在英国读书,战后到美国读书。在30、40、50年代,他也在这两个国家作系列演讲;他的书有些比巴特更早被翻译出来,且广为流传。他写的神学著作,有些偏大众化,有些偏学术性;他又积极参与超宗派的团体。凡此种种使他在英语神学家中成为辩证神学的早期领袖。

不过,巴特神学巨著的分量逐渐使布龙纳退居后台,令他相当灰心。然而,由于英美的神学院继续使用他的《教义学》(Dogmatics,系统神学),他的影响力并未失去。许多神学家私下偏爱布龙纳,胜于巴特,因为他的文笔清晰,对基督教真理的看法宽广。

## 布龙纳的生平与事业

1889年圣诞节的两天前,布龙纳出生于瑞士的苏黎世(Zurich)。他在茨温利(Urich Zwingli)和加尔文等改教传统中受教育,1913年从苏黎世大学获得神学博士学位。他一生大部分时间都在这个学校教授神学,从1924年就担任教席,直到1955年退休。1938年至1939年他在美国普林斯顿大学教书,而1953年至1955年他在东京基督教大学任教。他经常在苏黎世的大教堂讲道,改教时期茨温利便常在此大声疾呼。他欢迎留学生选他的课,并到他家中,许多学生来自美国;不少美国福音派神学家到苏黎世,透过他们,他对美国神学界的影响延伸至60、70年代。退休之后他即疾病缠身,无法继续工作。1966年4月,布龙纳在他的家乡苏黎世过世。

布龙纳是位多产作家,经常著书立论,主题遍及神学、社会伦理和基督徒生活,诸如:《中保》(*The Mediator*)——对基督的位格与工作完整的探讨;《人的背叛》(*Man in Revolt*)——基督教的人论;《神的命令》(*The Divine Imperative*)——基督教的伦理系统;以及《启示与理性》

(*Revelation and Reason*)——神学方法的研究。在事业的晚期,他将毕生的心血写成三卷本巨著《教义学》。这几卷书披露了他对基督教信仰各个题目的成熟思想,也谈到 20 世纪神学争论的许多问题。其中一个特色为,他不断指出自己的神学和巴特如何不同——他始终挣扎着要脱离巴特的阴影。

## 神学关怀

几乎每一个神学家最中心的关怀,都是他所认为神学正走错的方向。布龙纳最主要的关怀,是 19 世纪和 20 世纪神学潮流的临在性模式。杰威特(Paul Jewett)描写道,这潮流"认为,在形而上、认识论和伦理上,人与神都是衔接的,因此人可以在他先天的可能性范畴中,得到对神的真知识"[64]。这种临在性的神学,浓缩在黑格尔思想的支流中,而迈入 20 世纪的时期,新教古典自由派的整个神学方法都带着这种色彩。

在提倡人凭自然能力可以认识神的基督教神学家中,布龙纳虽然只有几次提到施莱尔马赫,但却似乎以他为讥嘲的代表。布龙纳的神学是在不断攻击一切单靠理性、不靠启示来领悟神的尝试,以及用人类哲学作为了解神话语的必要架构的作法。他赞同德尔图良(Tertullianus)、帕斯卡尔(Blaise Pascal)和克尔凯郭尔,他主张:"如果神是……哲学有神论所说的神,就不会是圣经启示的神,那位全权的主宰、造物主,既圣洁又有怜悯,但如果神是启示的神,就不会是哲学有神论的神。"[65]

除了与临在性斗争外,布龙纳还有两个对手:"正统主义"和巴特。就像许多思想家一样,布龙纳视最接近他的盟友为最大的敌人。他的神学在许多方面与新教正统神学很像。然而他攻讦他们将圣经的话与神的话等同。下文将指出,布龙纳对新教正统派圣经论的非难,实在过于猛烈,亦有欠公允。他个人对巴特没有敌意,他们的住家只隔几里路。可是巴特的神学逐渐遮蔽了他,而巴特对布龙纳一般启示教义的批判——在小册子《不!》(*Nein!*)中[66]——却是过于猛烈,且有欠公允。

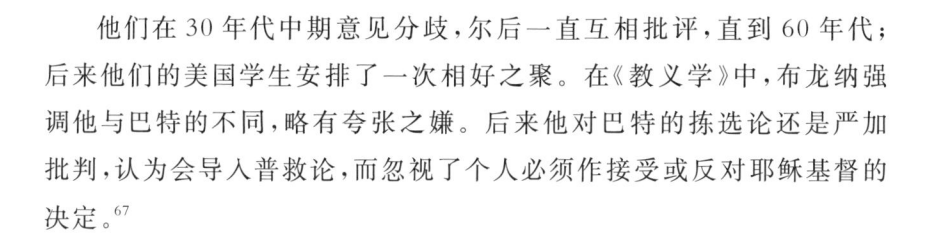

他们在 30 年代中期意见分歧,尔后一直互相批评,直到 60 年代;后来他们的美国学生安排了一次相好之聚。在《教义学》中,布龙纳强调他与巴特的不同,略有夸张之嫌。后来他对巴特的拣选论还是严加批判,认为会导入普救论,而忽视了个人必须作接受或反对耶稣基督的决定。[67]

## 圣经的位格主义

我们不应该以布龙纳所反对的事,来界定他的神学。固然,他对神学界错误方向的关怀,主导了他的方向和重点的选择,然而他对当代神学仍然有正面、富创意的贡献。他的贡献始于将启示与个人和神的"我-你相遇"(I-Thou Encounter)视为同一件事。

在说明他对圣经启示真理定义的看法时,他借重 20 世纪两位存在主义思想家:艾伯纳(Ferdinand Ebner)和布伯(Martin Buber)。布龙纳认为,逝世于 1931 年的艾伯纳是位"怪才",并承认自己受这位开纪元之人物启发甚多。[68]但是直接影响布龙纳,让他"发现"圣经中的神人相遇真理观的,则是犹太神学家兼哲学家的布伯。布伯在《我与你》(*I and Thou*)[69]一书中,发挥了这种看法,而布龙纳在《真理为相遇》(*Truth as Encounter*)一书中,阐明了这种观念对基督教启示论的重要性。[70]

布龙纳援用布伯的观点,声称为要了解启示的本质,必须先区分两种真理和知识:"它-真理"(It-truth)和"你-真理"(Thou-truth)。前者是对世上物体的知识,而后者则是对位格的知识。物体与位格在根本上不同。哲学错误的根源,就在于不分辨这种差异,而其后果则影响到生活的各个层面。

站在艾伯纳和布伯的基础上,布龙纳主张,凡将认识神与认识物体(如:遥远的星球,或原子内粒子)相提并论的神学,方向根本错误。基督教的本质就在于神不断与人类相遇。认识神是个人性的,亦即超越了物体的层面,也超越了认识物体时必有的主体、客体二元主义。这种认识呼召人要作个人的决定,要回应并委身:

相遇的真理不是关于某事，甚至也不是关于某些思想、某种理念。这种真理将非位格性的真理与理智概念击成粉碎；唯一能表达这真理的，只有我-你（I-Thou）形式。凡用非位格性的词汇来形容——无论神圣者、超越性、绝对者——都是不足够的；这些是由单独的自我来论它（it）——更准确地说，应当是"他"（Him）——时，所想出来的词汇。[71]

按布龙纳的说法，既然神有位格，有关他的真理和知识，都应该与"你"的称呼相配。所以，基督教的真理必须是相遇的真理，在神与人相遇的关键时刻，神说话、人回应，真理就在其中。只有这种真理才能公允地论到位格的自由和责任；只有这种真理保存了福音的中心，即与神个别的关系："这种真理临到人，有如个人的呼召。它不是反思的果实，因此从一开始，这真理就让我直接有责任。"[72]因为"启示为我-你相遇"的观念，布龙纳对神学的处理被人称为"圣经位格主义"。他的确高举这个看法，并尝试将一切都围绕这个中心。这正是他对现代神学最大的贡献。

布龙纳相信，现代神学大部分的问题都根源于一种思想，就是将知识的主体与客体互相对立，然后使一方臣服于另一方。这种知识模式取材于非人格化的范畴。结果，自然科学变成真理的标准，自律的理性变为认识实体的唯一恰当方式。但是这必然会扭曲信仰，使它变成一种对物体的知识——或是教义知识，或是无时间性的理性知识。他辩称，无论是哪一种，都违背了信仰与启示的位格性。

## 启示为相遇

在布龙纳看来，有关神的命题和话语绝不具启示地位，因为它们必然将神物体化，因此就落于"它-知识"的范畴中。他宣称：事实上，"任何言论、任何话语，都不足与神乃位格（God as Person）这奥秘并论"[73]。因此所谓启示，必须是在相遇中产生个别关系的事件，如此便克服了主体、客体的区分，而真正将神传达给人："启示……从来不是知识的传达而已,乃是生命的赐予、生命更新的共享。"[74]

布龙纳强调的非命题式启示,发生在两个事件中:历史上是神在耶稣基督里的道成肉身,现在则是圣灵为耶稣基督在人内心的见证,使信徒与基督认同。[75]

> 唯有在此种圣灵的话语中,神在耶稣基督里的启示才成为真正神向人说的话,如此,历史性启示的比喻式用语,即神曾说话(Deus dixit),变成了神现在说话(Deus dicit),而这话必须照字面接受。[76]

布龙纳启示论的重点为,神不是启示有关他自己的事,而是启示他自己。[77]这观点最常招致的批判为,如果对于对方完全没有了解,就不可能接受其沟通。启示可能全属非命题式吗?[78]布龙纳同意,在真正的启示,就是神人相遇之中,自然且必定会产生对神命题式的认识。然而,他坚称,这种命题式的知识必须与启示本身区分开来。他说:"所说出的话乃是间接启示,为真正的启示——耶稣基督、神亲自个人式的彰显、以马内利——作见证。"[79]又说:"用人的语言所写成神的话语,只是非直接的启示,就是为他作见证的启示。"[80]

布龙纳想要避免的异端,乃是"神学取代论"——用教义或神学来取代个人的信仰。[81]他主张,先要确定与神在"我-你"中相遇,而有了个人的信仰,然后便会产生反思和谈论神的话。但这些不可与启示混为一谈,否则就会以相信这些来取代真正的信仰。使徒对耶稣基督的见证虽然是不可或缺的,却仍然不能成为信仰的对象,而教义是对使徒见证与教导的反思,就更不是信仰的中心了。教义属于"它-真理"的范畴,不在"你-真理"之内,因此不能成为信仰的对象;相信教义并不能取代真正的信仰。不过,布龙纳又主张,这些启示的次要工具是信仰所不可少的。[82]

那么,圣经的地位又如何?布龙纳提出对圣经的双重态度。一方面,它是为耶稣基督所作、绝对不可少的见证,因此是信仰与神学的依据。但另一方面,圣经不是神对人类字句默示、全然无误的命题式话语。

布龙纳坚拒将启示视为圣经。圣经只是启示的一个独特的工具、管道，因为其中含有神在耶稣基督里之启示的原初见证。[83] 不过他也不以为圣经的内容都具同样的价值，甚至都是真的：

> 圣经——最主要是使徒对基督的见证——是"基督躺卧于其中的摇篮"（路德）。它是神的灵所启示的"话语"，但同时也是人的信息；它"属人的特色"意味着带有人软弱、不完全的色彩。[84]

字句默示说是布龙纳攻击的特别焦点，他指控它造成"灾难"，包括在知识上贫瘠，并将启示与"启示的教义"混为一谈。[85] 不过，他推崇圣经在见证上的权威，认为它是原初启示——即耶稣基督——不可少的见证，也是现今启示——即与神"我-你"的相遇，使信徒能与耶稣认同——的管道。布龙纳说，正因圣经有这种功能，所以它是基督教教义的基础与准则："凡符合圣经教导的教义，就是正确的，真正奠基于启示的；而根据这种教义建立的信仰，是有真知识的信仰。"[86]

对圣经的权威作出如此正面的评估后，布龙纳似乎担心他太接近传统的正统圣经论，有高举它至与启示等量齐观的危险。所以他又回头来讲，耶稣基督才是基督徒信仰唯一真正的标准与权威，并将使徒的见证和包含此见证的圣经都置于次要、相对的权威，可被批判、修正：

> 圣经的话语不是申诉的最高法庭，因为唯有耶稣基督才有此种权威；在研究圣经论时，我们坚持圣经内文并不是一种权威，而是一切具绝对权威之事的资源。[87]

布龙纳刻意避免在启示论上留一丁点临在性。一方面，他要除灭在自然人的知识与经验中有临在性启示的说法，只保留超越性启示，指出这种启示就是在基督里神独特的话语、使徒对基督的见证，以及现今个人与神的"我-你"相遇。因此他完全而率直地拒绝任何"对神自然的知识"。另一方面，他也要除灭在人的叙述中有临在性启示的说法——包括受神"默示"的话语在内。把启示视为人的话，只会否定其高于一切有限、有条件、暂时之物的超越性,也会否定其高于一切"它-范畴"之物的位格性。

同时,布龙纳不容自己丢弃基督教教义的客观资源与标准,而认定圣经便是这样的资源和标准。不过,布龙纳否认圣经是终极标准。它最多排名第二,或紧靠那终极标准。

这就引起上文曾提到的问题:知识——如神学的自称——怎能有非命题式的标准?而布龙纳所明言圣经的标准作用(至少他曾提过)若要实现,怎能没有类似字句默示的事?曾和布龙纳一同在苏黎世读书的杰威特,认为布龙纳的启示论与圣经论基本上是不一致的。[88] 既然不用字句默示说,他就无法保住圣经的权威,只不过在一种"神的默示说"和放弃圣经权威之间摇摆不定。[89] 杰威特说,布龙纳并没有超越正统派与自由派在圣经论上的对立,只是在两者之间转来转去,"一会儿主张将神的话语和人的话语认同,一会儿将圣经的功用相对化,成为启示的工具,到一个地步,甚至连作标准的特性都失去了。"[90] 杰威特批判布龙纳将"它-真理"与"你-真理"作绝对的区分,他认为这是不可能的。如果正如布龙纳的想法,神的启示要成为基督教教义的准则,它就不可能完全没有命题式的内容,否则启示到认信之间、相遇到教义之间,就没有通路。

有时候布龙纳似乎也认出这个困难。他承认,门徒承认耶稣为神的儿子,便是神的灵用人言语的见证。[91] 换言之,甚至布龙纳也认为,"你是基督,是永生神的儿子"这个信仰告白是以人的言语表达的神的话,是神默示的见证。[92] 一旦布龙纳承认在这个事例中,人的言语和神的话是相同的,则所谓命题式真理与神启示本身的"范畴分界"就破坏了。[93] 布龙纳避而不谈这点,因为就连他也知道,若没有命题的成分,神的启示无法成为基督教教义的"资源和标准"。启示就只成了主观的经历。

尽管布龙纳清楚这一点,他仍然坚持启示的非命题性,和神的话与圣经中人的言语并不等同。因此,杰威特的结论很有道理,他说:"布龙纳与传统的决裂,不是因为完全放弃圣经的权威,而是由于他定意如此。"[94] 他若要为教义提供客观的标准或准则,就只好偶尔与自己的启示论矛盾一下。

布龙纳应该可以保住"你-真理"与"它-真理"的宝贵区分,只要能看出它们的相互依赖,这其实更适合他自己的辩证式神学。神学不可能被没有"它-真理"的启示引导、控制;即使命题式的成分只能被视为次要,在"我-你"相遇的经验之下,它仍必须存在。[95]

## 84　与巴特的争辩

前文曾提及,布龙纳要将他对神学的贡献与巴特有所区分,因此他强调两大方面:"一般启示"的地位及神论——特别是拣选论与预定论。

30年代中期,这两位新正统派的巨人为一般启示和自然神学展开了一场著名的争论。布龙纳发表了一篇文章,题目是"自然与恩典",其中指出,巴特否定在自然中会有任何神真正的启示,这是不正确的,因为:

> 神的话语无法临到一个对神完全丧失知觉的人。人如果没有良知,对"你们要悔改、信福音"的呼召,也不会有感动。自然人对神、对律法、对自己需要倚赖神的认识,或许非常模糊、扭曲,但这仍是神恩典必要的接触点。[96]

布龙纳与巴特不同,他保持一般启示的观点,认为完全合乎新约,也符合新教改教家——尤其是加尔文和路德——的见解。他避开"对神自然的知识"之观念,亦即对神存在的证明,但却认为人类尽管堕落,还是有神的形象——即人有能力接受神的话。[97]他相信,对于教会和神学的使命而言,这种最低限度对神的知觉是不可少的,正因如此,他们才会蒙召将信仰说明,使人能够了解。虽然人的思想和问题不能决定教会所宣扬福音的内容,但在宣讲的方式上,却值得参考。[98]

巴特对布龙纳的文章回以响亮的"不!":"我必须对布龙纳和他的朋友、学生,以及附从他看法的人说'不!'"[99]巴特文章的语气非常严厉,也许因为当时他正在德国教书,而许多"德国基督徒"都落入了纳粹的引诱,在他看来,这都是因为他们对自然神学开放的缘故,他本人则极力抗拒这引诱。巴特指责布龙纳支持那"妥协神学"——就是败坏德国教会,使她向纳粹理念投降的神学。[100]他又进一步指控布龙纳暗地否认单靠信心得救的真理,落回天主教或(更糟的)新新教(自由派)的救赎论,倡导恩典和人的努力携手合作。[101]巴特举一个例子来质问:

> 如果有个人溺水被一位游泳健将救起,而他宣称,由于他是人而不是一块铅,所以他有"被拯救的能力",这是否恰当?除非他说,他游了几下帮助了那个人救他,这种讲法还说得过去。难道布龙纳是这个意思吗?[102]

巴特拒绝布龙纳的最低限度"自然神学",其实那只不过是承认每个人都有与福音接触之点,但巴特却视之为背弃恩典的福音,与现代人的自然思想妥协。他主张,除了圣灵制造的接触点之外,福音不需要任何接触点;而那总是神迹。[103]至于有关宣扬福音、神学、教会活动应"如何"进行的问题,他则认为根本不值一提,因为"唯有敌基督的神学和教会才会从中得益。福音教会和福音神学只会因它生病、死亡"[104]。

巴特的严厉攻击使布龙纳深觉受伤。在他一生中经常回顾这件事,试图澄清自己的立场,并批评巴特的看法。1949年,他在《教义学》第一卷中写道:

> 巴特为了要维护他最关心的事——这是我们毫不迟疑、完全同意的——结果他的"春季大扫除"把许多与自然神学无关的东西都清除掉了,其实那些东西乃是圣经真理整体的一部分。他用偏颇的方式维护他的说法,以致损伤了圣经神学合理的宣告,也为他理念的推广制造了不必要的障碍。[105]

虽然这两位辩证神学的大师在去世前不久言归于好,但他们所制造的裂痕(巴特需负大部分责任)将流传至后世,成为当代神学最不幸、最反常的冲突。其结果之一,是布龙纳竭力在巴特的神学中寻找任何异端的说法,或潜伏的危机,而大肆渲染。

布龙纳对巴特最主要的批评是拣选论,他认为其中猜测的成分甚高，而且至终一定导致普救论。他批评这个拣选论"不仅与教会传统站在对立的立场，而且违背了新约明确的教训——单是这一点就足以反对它"[106]。这番话也许是他有意对巴特还以颜色。

布龙纳在写自己的拣选论时，蓄意与巴特和传统的加尔文双重预定论皆唱反调。他声称，这两个人的问题在于：在思索神恩典拣选的永恒背景时，他们逾越了神启示中明文说明或直接暗示的话。[107]布龙纳拒绝任何"满足逻辑"的拣选理论[108]，而认为他的理解彻底具辩证性，也因此合乎圣经：

> 相信耶稣基督和身为蒙拣选者是同一件事，同样，不相信耶稣基督和未蒙拣选也是同一件事。除了这种选择，别无其他。除了相信与不相信的事实这两个标记外，再无其他选项。[109]

## 布龙纳对当代神学的贡献

布龙纳应当得到 20 世纪神学巨人的声誉，超过他目前所得的评价，这是毫无疑问的。[110]可惜，人们常以崭新的创意作为真正伟大神学家的必要条件。布龙纳并没有尝试要如何激进或如何创新。他所看重的，是以当代的话语重新陈述传统改革宗的神学，同时避免极端保守派和极端自由派的错误。

保守派从布龙纳学到，要避免简单地将字句和圣经的命题等同为神的启示，而对启示要有更位格化的了解。自由派从他学到，要避免简单地将人对神最好、最高的思想等同为神的启示，而要对神超越性的话语持开放的态度，因为在神人相遇时，这话语会以不可预期的全权方式突破人理性的框框。

# 布尔特曼：福音信息的超越性

新正统派的倡导者多半是神学家，布尔特曼却不然，他是位新约学者。他最关心的是如何让现代思想能接受合乎圣经的基督教信仰。他的方法是用存在的角度来解释新约，视这古老文件的信息为神向个人所说的话，呼召个人作出信心的回应。他不认为解经与系统神学之间有鸿沟，坚称二者的使命都是解释人的存在如何与神有关联，就是要聆听神借着新约向个人所说的话。[111]因为他对神学方法这大问题的贡献，布尔特曼在系统神学范畴内，正如在新约研究范畴内一样，是不容轻视的声音。

虽然布尔特曼与巴特有某些看法不尽相同，但他认为，在新正统派对自由派的挑战上，他们站在同一阵线。他和巴特一样，相信19世纪的神学使得神学中心为人，而非神。[112]他也如巴特一样，宣称我们惟在回应神的启示时才能认识神，而这启示来自神的话，即福音信息（Kerygma），是向个人说的。同时，他又越过了巴特。他用人类的情境来诠释神的发言；他根据存在主义哲学家海德格尔（Martin Heidegger）的看法，视人类情境的特色为焦虑，甚至绝望。[113]

## 布尔特曼的事业和环境

布尔特曼承继了丰富的教会传统。[114]他是德国北部城市奥尔登堡（Oldenburg）一位路德宗牧师的长子。祖父母是非洲宣教士，外祖父曾在德国南方虔信派担任牧师。布尔特曼在德国最优秀的大学进修：图宾根、柏林、马尔堡。他在布雷斯劳（Breslau）和吉森（Giessen）教过书，后来于1921年回到母校（马尔堡），在那里任教，直到退休（1951）。

在希特勒统治时期，布尔特曼没有像其他同事被迫离开教职。他认为，或许有部分原因是他从来没有直接或积极参与政治[115]，不过，他对纳粹的某些作风的确曾经公开反对。[116]

布尔特曼像巴特一样，在现代神学历史的关键时刻，开始他的事业生涯。19世纪人们对自由派的共识已经褪色，而将于20世纪上半叶成为主导的神学尚在萌芽中。在此过渡时期，新约研究和神学的学者同样面对几个基本问题。布尔特曼的重要性，在于他对这些问题的响应。虽然在他遇见海德格尔之前，他的基本神学方法已经定形，但是他

以后不断从这位存在主义哲学家寻找洞见，以应付当日的难题。

## 信仰与历史的耶稣

19世纪末，新约学者的首要问题，就是历史的耶稣究竟是怎样的一位。历史批判法在19世纪逐渐雄霸圣经研究，特别是新约研究，而将过去对耶稣生平一致的看法剥夺尽净。这番研究显示，新约文献的作者对耶稣各有不同的强调和刻画。结果，学者不再能将耶稣的历史与福音书中的形象轻易画上等号。这个改变为神学带来了难题：新约经文所宣讲的基督，与经文背后真正历史的耶稣，哪一个才是标准？

自由主义建基于施莱尔马赫的传承，选择了后者，以历史的耶稣为神学的标准，特别是耶稣的性格，他们认为，可以根据的教导、行为、内心的发展和带给当代人的印象，重新建构。[117] 在这个方向下，学者展开后人称作"历史耶稣的追寻"的行动，想走入福音书的背后，定位耶稣究竟说过什么、做过什么。

然而，经过一个世纪，有些学者开始质疑这种作法。史怀哲（Albert Schweitzer）在他的名著《历史耶稣的追寻》（*The Quest of the Historical Jesus*, 1906）中得出结论说，这种寻找已经失败。研究者从经文重新建构的耶稣，不过是他们自己形象的反照。史怀哲反对这类自由派提出的形象，而称真正历史的耶稣是位启示末世的传道者（apocalyptic preacher），他宣称末世即将来临。因此，他对现代人类是完全陌生的，对今日的人也没有任何信息。

科勒（Martin Kähler）的方向与史怀哲有些不同。他在《所谓历史的耶稣和有历史意义的、圣经中的基督》（*The So-called Historical Jesus and the Historic, Biblical Christ*, 1896）一书中辩称，开启新约的意义之钥，不在它所描述的历史和历史研究法，而在教会宣讲的信息。他主张："真正的基督就是被宣扬的基督。"[118]

布尔特曼从科勒的一方进入这片战场，可说是采用更激进的立场。他在这方面的名声，是因为他将一个名为"形式批判"的方法，彻底应用在福音书上。这位新约学者的结论是负面的，认为我们对于历史的耶稣所能知道的甚少。他主张,福音书的资料所呈现的耶稣,是已经被他们置身的希腊文化情境遮蔽的耶稣。事实上,新约并不注重历史的耶稣,而把焦点放在信仰的基督。

然而,对布尔特曼而言,缺乏对历史的耶稣的知识,对基督教信仰并没有损伤。他主张,信仰的中心不是历史的耶稣,而是初期教会的福音信息。这个结论是基于两种考虑。他指出,就连新约这份记载初期教会传道的文件也将焦点放在福音信息的基督身上,而不在历史的耶稣身上。再说,这个结论也符合信仰的本质,就是布尔特曼依据存在主义范畴对信仰的了解。信仰不是由历史的研究结果产生。信仰的核心不在于能获得历史的耶稣的知识,而在于现今与基督个人的相遇。所以,历史的耶稣对信仰无关紧要。信仰不是对历史事实的知识,而是对福音信息中基督的响应,这福音宣告神已在耶稣里有所作为。

如此,布尔特曼声称,路德的因信称义主题可以应用在知识和思想的层面。他认为,他的主张"破除了对安全感的渴望",无论这种安全感是来自好行为,还是"客观的知识"。我们没有任何可以建构信仰的东西;我们"可以如此说,是在真空中"[119]。在这种情况下,信仰只能是神恩典的礼物,透过福音信息临到我们。

然而,这并不是说,过去发生的事对信仰毫无影响。[120] 例如,布尔特曼不主张基督教可以脱离过去的十架事件。[121] 他所否定的,乃是信仰可以借历史研究支撑起来,因为这类研究从来无法证明神曾在任何历史事件中工作。事实上,历史是由封闭的因果延续所组成。所以,神在历史事件中的工作无法由历史研究来决定,只有信心的眼睛才能看见。

因为他对历史研究的可能结果抱持极端怀疑的态度,布尔特曼认为,历史的耶稣本身不必视为神启示的焦点。在这一点上,他忠实地代表了新正统派从福音信息来看启示特色的主张。他主张,神的启示出现于一个人听见基督信息的相遇时刻。过去事件的重要性,只在于神曾在耶稣里作救赎的工作。按布尔特曼的评估,研究耶稣生平所发现神细节性的作为,对信仰并没有什么价值。因此,他将耶稣自己的讲道列在犹太教的情境中,不属于初期基督教[122],并作出著名的宣告:"耶稣的信息是新约神学的假定,而不是此神学的一部分。"[123]

## 末世论

布尔特曼探讨的另一个题目是末世论。19世纪处于乐观时期。虽然自由派的神学家承认,新约文本有关于末世的成分(如期待世界会在灾难中结束),但他们不予理睬,认为是耶稣信息中无关紧要的附篇。自由思想家在耶稣所教导的永恒真理,和他与众不同的品格中,寻找他在宗教中的重要性。他们宣称,新约之价值端在它提供了宗教的洞察力。

到了该世纪末,自由派的这种说法也遭人质疑。学者重新发现末世是新约的中心。这个重新发现的先导人物为魏斯(John Weiss)和史怀哲。他们提出充分的论据,指出末世主题并非耶稣宣讲的附篇;相反,他的信息完全是以末世为中心。不过,就史怀哲的评估,这个发现只是破坏了新约的价值,因它的中心内容,就是相信世界会于短期内结束,这已经被证明并不正确。

布尔特曼运用魏斯和史怀哲的发现,同意耶稣与初期基督徒团体都期待神的国会迅速来到,但这期待并没有实现。[124]可是他不因此被迫对新约信息作出负面的结论,反而重新诠释新约的末世论。布尔特曼越过从前对这信息属时间性的了解,而认为它其实带有存在的含义。可是他将新约信息的时间性重新诠释,并非专断的作法。布尔特曼指出,保罗和约翰也指向同一个方向,因为他们都说,以信心接受的永恒生命是现在就存在的实体,而不是期待在未来的时间中才会发生。[125]

## 神话学

布尔特曼正逢圣经与神学的学者深为第三个问题——即神话——所困扰的时期。经过历史批判法的研究,新约学者发现这些文件曾受神话的影响,在初期教会所采用的基督论题目上尤为明显。好些理论家,包括布尔特曼在内,声称新约反映出曾采用神秘宗教的神话,特别是救赎之神降临的神话,来描写耶稣作为基督的工作。

自由神学对这种发现的反应,是倡导切除神话,以看清在神话中所要表达的永恒真理。布尔特曼反对这种做法。他声称,若越过神话,就必然会损及福音信息,就是新约真正的信息。他认为,自由派已经失去这个信息,因为他们将福音信息贬抑为宗教和伦理原则,如此一来,基督教就成了非历史性的宗教。所以布尔特曼倡导不要切除神话,而要重新解释,以看出这种文学形式所要表达的真理。这是他用化除神话(demythologizing)一词的含义。他不鼓励将经文中的神话成分剔除,而主张要正确地了解这些成分,也就是要按其潜在的存在意义来了解。[126]

布尔特曼认为,这种重新解释有其必要,因为这些古卷写作时期的世界观,和现代思想之间有极大的鸿沟。[127]他将神话定义为一种思想形式,用当代的词汇来表达超越性的实体。但这种定义可以延伸为,任何谈到神作为的言论都属于神话范畴;布尔特曼强烈反对这种说法。为了避免这个可能性,他提供另一个对神话的见解,用这个词汇指一切不为注重自然科学的现代思想所接受的表达。[128]

照布尔特曼看来,化除神话能够正确了解神话用语。神话的问题,不单在于令现代头脑不能接受基督教的信息,也在于它扭曲了这信息本身,拦阻人真正与福音信息相遇。布尔特曼声称,化除神话的做法是正确的,因为可以促进福音向现代人宣扬的使命。布尔特曼最关心的是,每一个听到福音的人都可以于存在中和超越之神真实相遇。化除神话的做法事关紧要,因为能促进这种相遇。

但是,布尔特曼补充说,化除神话在圣经中已有先例。在新约本身就有这种发展,特别是保罗与约翰的著作。[129]

## 释经学

布尔特曼处理的神话问题,和另外一个神学问题有关,即释经学。历史批判法让人明白,圣经作者对世界的了解和现代之间有极大的鸿沟。布尔特曼也回应了这一点。

自由神学在古老经文和现代思想间的鸿沟搭建的桥梁,是去寻找文本中"无时间性"的真理,其中最重要的,就是耶稣教导的伦理原则。

布尔特曼拒绝自由派的方式。他觉得这种回应太幼稚,竟假定经文中会有放诸四海皆准的永恒原则,等着被客观解经法来发现。布尔特曼却认为,读者与经文的关系其实复杂得多。他声称,我们带到经文面前的问题,决定了从其中得到的答案,而我们与主题的关系,则决定了问题为何。[130]

布尔特曼坚持,古代经文与现代思想间的鸿沟,只能靠在解经上采用合适的"前理解"(pre-understanding)来克服。对他而言,连接古代经文和今日读者的问题,是人的存在。[131]虽然圣经作者采用神话式的宇宙观——即透过神话的方式来看世界,但他们所提出的,乃是人存在的问题,而任何一个世代的人,心里都有同样的问题。因此,布尔特曼下结论说,存在主义提供了接触圣经文本的"前理解",因为它提出"最充分的角度和观念来了解人的存在"[132]。把人存在的关键问题带到经文面前,我们就可以听见神的话透过福音信息临到我们,而在其中我们便与那位超越者相遇。

## 神的超越性

布尔特曼要找答案的最后一个问题,是在神论里面。正如前一章所示,19世纪神学非常强调神的临在性。巴特在出来工作不久,就反对这种看法,他的依据是克尔凯郭尔的"本质的无限不同"(神在本质方面与受造物截然不同,所以哲学理性不可能提供认识神的知识)。如此一来,巴特重新引入了神的超越性。在这番努力上,布尔特曼加入了巴特,甚至采用激进而彻底的方式,将神的超越性应用在整个宗教思想的范畴中。

然而,从某方面看,布尔特曼的超越观和圣经里所呈现的略有不同。[133]按照他的重新建构,古代的人所持为三层宇宙的空间观,神与天在最上层,地狱则在地球之下。布尔特曼声称,这个宇宙观与现代科学的世界观截然不同。所以,神的超越性不能再以空间来了解。他则提供了非空间的了解方式,是依据圣经的另一种观点。他主张,希腊式神的超越性是无时间的,是心智超越物质与感官世界;圣经却不然,它用

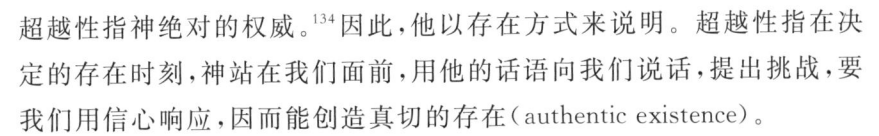

超越性指神绝对的权威。[134]因此,他以存在方式来说明。超越性指在决定的存在时刻,神站在我们面前,用他的话语向我们说话,提出挑战,要我们用信心响应,因而能创造真切的存在(authentic existence)。

然而这种对神的理解,意味着我们不能从客观的角度讲论神,只能谈他在我们里面所做的事。[135]除了个人以信心回应神借他话语的自我启示之外,我们是无法认识神的。这种自我启示不是传达有关神的真理,不是一套知识,乃是一种交会,要个人有所回应。所以他主张,我们不可以谈论有关(about)神的事——不能用事不关己、客观的冷漠词汇来谈论——只能谈到(of)神本身。布尔特曼认为,所有以理论来谈神的言论,都需要发言者以中立的态度面对神,而这是必须排除的。同样,基督是神的话,不是一套理念,而是神向个人所说的话。

布尔特曼又假定,在论神的话与论人的话之间应有相互的关系。他这个主张并不像批评他的人所责难的,是将神学降低为人类学[136],乃是要指出两者不可分开。唯有当神学的言论也是人类学的言论时,它才能成立。

## 存在主义与神学

前面已经提到,布尔特曼的方法是把存在主义哲学用在神学研究上。现在让我们详细探讨这点。

凡是将一套哲学用在神学上,都会让人询问,该神学家为何选用此套哲学作基础。针对布尔特曼的问题就是:为何布尔特曼认为存在主义哲学对神学有益处?

布尔特曼的学生欧格登(Schubert Ogden)提出一个理由,与这位德国学者对新正统派目标的认同有关。他建议,主要的动机是布尔特曼想维护神绝对的超越性:存在主义"让他能更充分地表达神与人背后的观念,超过其他任何概念模式。而他最关注的、最想传达的,就是这一点"[137]。另外有人认为,他走这一步是因为要克服解经学的难题,亦即,面对一段经文,不可能不提出问题,而问题中必含有某种概念在内。布尔特曼只是认为,人类存在的问题是唯一充分的解经原则。[138]

我们似乎不应该将布尔特曼的动机限定在他所提的某个问题上。他显然发现，存在主义是一把很好用的钥匙，可以解开他所面对的各样问题：神的超越性问题、解经问题，以及神话、末世、历史的耶稣等问题。但是他的出发点很清楚是新正统派所提出的整体问题，即，神如何向今日的人说话。布尔特曼的回应采用人的存在概念，就是他在新约圣经和存在主义哲学中所发现的。神从全然有别的超越性中向个人说话，而神的话语呼召人作出改变生命的激进响应。所以神学——按定义即是对神的探讨——不得不同时谈人的存在。

## 海德格尔和新约

布尔特曼发现，海德格尔存在主义哲学的范畴，能帮助澄清圣经信息最根本的意义。传统的本体论对人类的看法，他称之为"客体化"，就是从宇宙的角度来看人，焦点为人在大自然中的地位；海德格尔却提供了另一条路，从历史性来看，焦点放在每个个人身上，透过个人的决定塑成其个性（personhood）。[139] 不过布尔特曼并没有将海德格尔的解释擅自套用于新约。[140] 他乃是视存在主义为一种方法，提供了非常必要的"前理解"，让新约真正的信息能为人所了解。他并不是因为存在主义当时正风行，所以便采用；而是他认定，存在主义所言的基本取向，正是新约信仰的结构中也有的。所以布尔特曼不认为存在主义是运用外在的影响强加于神学，乃是反映出新约信息的核心。[141] 他用这套哲学作工具来研究神学，因为它可以提供福音信息所要回答的问题，也可以提供一套基本概念来容纳这个答案，就是人存在的范畴。[142]

## 存在主义的要点

海德格尔的书提供布尔特曼几个观念，对建立他的神学非常有用。第一个要项就是"存在"本身。对海德格尔而言，存在的焦点绝不是一般事物或宇宙，乃是个人，就是有决定能力的个人。因此，他不是从科学角度来看人类，而是从存在的角度，就是看个人的存在、个人的选择。

结果，存在成了点的事件——每一时刻都在发生——而不是线的发展。它是由每个人在某一时刻中所作的抉择来决定。为配合这种观点，海德格尔区分人和世上所有的物体，称前者为"存在"，后者只是"存活"[143]。由于海德格尔的影响，布尔特曼神学的中心总是"存在"与"世界"的对立。

布尔特曼也以海德格尔所谓的历史性作研究基础。他宣称每个人都是历史的人物，意即，我们应将人与历史连在一起看，而不是与自然界的永恒结构连在一起。更有甚者，每一个人都有自己单独的历史。布尔特曼（按海德格尔的说法）主张，每一个人的重要性，就在于能对一生出现在周遭的事作响应，而这些都是历史真实的相遇经验。决定一个人究竟是怎样的一位，不在某些特定的本质，而在这些回应。[144]所以，一个人的生命必须由未来将如何，而非过去如何来看待，因未来可由个人的决定来定型。[145]

## 真切的存在

与存在和历史性相关的，是真切的存在与非真切的存在之两极对立，这也很重要。海德格尔认为，存在可分两种模式。每当一个人接受被投入世界的挑战，他就发展出真切的存在（authentic existence）。另一方面，只要失去区分自我与世界的差异，就会发展出非真切的存在（unauthentic existence）。

布尔特曼用这套说法来了解圣经的罪（布尔特曼认为基本上是指"不信"）和信心的区别。他主张，不真切的存在，就是在"世界"上寻找安全与满足，也就是在物质界、在自己的成就，或在过去中寻找。这即是罪——欲从远离神、自我的角度来了解自己。相反地，真切的存在，是拒绝将自己的生命根基立于"世界"上，而要立在非物质的实体上，并且拒绝自我中心的安全感，而向未来开放；既活在世上，同时又与世界对立，视世界"好像没有"一般——借用布尔特曼的话。这就是信心——个人向神的委身。透过信心，一种新的自我了解浮现出来，因为信心是回应神的行动，在其中个人会发现自己的存在。

## 历史

布尔特曼所用存在主义另一个重要的观念,就是"历史"。他在这点上追随海德格尔,而与 19 世纪的观点决裂。历史不是用无动于衷、事不关己的态度去研究过去事实的科学。相反,真正有意义的历史知识,总是存在式的知识,会产生相遇和结果,参与在历史中。

他对历史的看法有一个基础,就是历史(Historie)与现在事件(Geschichte)的区分;布尔特曼显然是从科勒得到这观念。[146] 布尔特曼采用这两个字的形容词,来描述研究历史的两种不同方法;所谓历史则指人类的行为及因此产生的各种事件。[147] 以事不关己、中立式的观察,必会得到过去事实的数据,以因果关系相连(historisch)。但若从人类存在问题的角度来研究,这些事件就不单是过去的事,也成为现在的事(geschichtlich),而能将一个人自己的存在也显露出来。所以,具意义的历史比单纯事实的历史更重要,因为那些事件继续有影响力、具重要性。因此,历史若要与人有关联,必须是具意义或解释的事件。

布尔特曼宣称,这种意义不能从历史洪流之外观察而得;相反地,每个人只能从自己个人的历史开始。因此,在从事历史研究时,主要的关注只能是人类存在的问题;而最重要的,则是个人的历史,亦即,个人真切的存在。

与这个历史观相关联的,是布尔特曼对时间的看法;他从海德格尔的"关怀"三层架构推衍出这个看法。布尔特曼认为,一般将时间分为过去、现在、未来,是颇有问题的,因为它使"现在"成为无方位的数字点,把过去与未来隔开。相反地,海德格尔对时间存在性的了解,则视现在为抉择时刻,"过去"不单是指发生过的一切事,而且也没有意义,因为它属于不真切的范畴;都因过去代表缺乏抉择,或缺乏可能性。过去已经定型,不再有可能改变。与过去相关的非真切性,就个人的存在来说,只能接受,视为罪。

同样,"未来"不只是"尚未发生的事",而是属于可能性(possibility)的范畴,要人抉择。每个人在现在的存在里面对未来——可能性的范

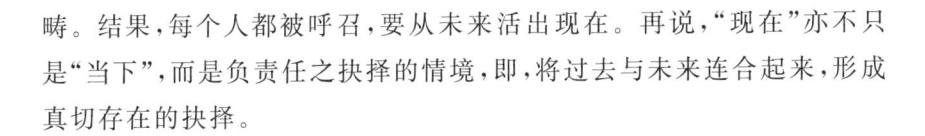

畴。结果,每个人都被呼召,要从未来活出现在。再说,"现在"亦不只是"当下",而是负责任之抉择的情境,即,将过去与未来连合起来,形成真切存在的抉择。

## 信心与福音

在这个关键上,布尔特曼与他的存在主义导师分道扬镳,因他引进基督徒的福音信息作为必要的成分。海德格尔主张,真切的存在乃在于抓紧无外援的个人,这是希望所在;但布尔特曼声称,真切的存在乃是听见基督的信息后,以信心回应神的恩典,而这种回应本身就是一个神迹。[148]

这就让我们必须来看布尔特曼对福音信息,以及信心与福音信息之间关系的观点。他根据保罗的声明,主张福音信息是宣讲十字架与复活为救赎事件,这个事件形成不可分的一体。[149]他并不单指在拿撒勒人耶稣身上发生的客观"事实";如前所述,布尔特曼所认为有意义的历史,不能与过去未加解释的赤裸事实等同。他曾拒绝一切试图证明耶稣之死与复活具代赎与赦免能力的理论。[150]唯一重要的,乃是十架与复活的意义,正是它们能不断成为神向今日之人所说的话。在我们向福音信息作出回应时,十架与复活就成了我们的经历。

从这种了解来看,十架(布尔特曼接受是耶稣的历史事实)乃是神对人类的解放宣判[151],复活(布尔特曼拒绝视为过去历史的事件)[152]既不是指一个死人又活着回到这世界,也不是指耶稣改变成超越的生命[153],而是意味着钉十架的那位已经被高举至主的地位。结果,布尔特曼声称:"对复活的信心与对十架拯救能力的信心,便成了同一回事。"[154]

他宣告,传扬这个基督教信息,就产生了信心。他所谓"信心",乃是指愿意看自己与基督同钉死、同复活。所以,福音信息是遇见耶稣基督的地方,对听者而言,也成了"末世事件"。透过福音信息,生命的主将信徒的(旧)世界结束了。前文曾提及,对布尔特曼而言,相遇不倚赖对耶稣地上生活所知多少,所以基督徒的信心不必依靠历史批判学者

不稳定的流沙。

## 批判

几十年来，布尔特曼的学说大大帮助了许多爱思考的基督徒，让他们能将古老的福音与现代思想综合来看。他的核心观点很有价值，强调基督教信息必须向当代人提出的问题说话。这很重要，因为基督徒常发现自己在回答世人根本不问的问题。同样有帮助的见解，是他主张真理不仅是客观的，若要完全接受，真理必须"抓住"听众的"灵魂"[155]。最后，布尔特曼尝试再建构神的超越性，这也值得大加称许，因为自由派过度强调神的临在性，很需要有人起来辩驳。

尽管有这些贡献，布尔特曼的说法引起很大的争议。[156]保守派下结论说，这位德国学者抛弃了圣经的权威，对他将神话的角度应用于圣经感到十分不安。宗派主义者声称，他对许多教义的解释都与传统不同。诺曼·杨（Norman J. Young）的摘要清楚呈现这一点：

> 按布尔特曼的说法，以色列的历史对基督徒并不是启示的历史；耶稣并不是世界历史上的基督事件，只是在传道与听道中成为如此；神作为的特殊性（extra nos）只在某种角度下成立；基督的复活并不是钉十架之后的历史事件，而是属于十字架意义的范畴；等等。[157]

其他评论者则挑剔他对神话的了解，后来的学者认为他在这方面的看法太过褊狭。

除了神学架构的问题和对他立场种种方面的批判，布尔特曼的学说中心有一个很主要的神学问题。这个问题从三个大弱点显示出来，第一个与解经有关，第二个为信心生活，第三个则为神的本质。

### 偏颇的解经

第一，布尔特曼将存在主义的框框用在新约研究上，导致过分简化的解经，以致产生偏颇的神学。他声称新约的福音信息本质为存在式的，这一点固然可反映这些文本主要关注的事之一，却将文本本身所呈现的事斩头去尾。许多经文根本不是在探讨布尔特曼所定的人类存在问题，而是在谈其他题目。结果，他的学说似乎要求神学减化为救恩论，这是不容许的。布尔特曼承认这一点，但稍后他便援用在保罗与约翰中发现的存在倾向，视为一种"正典中的正典"。

人类存在的框框，也造成过去历史事件与现今信心经历的过度分离。他尝试让信心不必倚赖历史研究的发现，但却作得太过头了。虽然他承认耶稣的十架对信心很重要，却使耶稣的生平变为无关紧要，因为他视信心纯粹是对神曾在基督身上工作之信息的响应。莫尔特曼（Jurgen Moltmann）的批判很正确，他说，这个观点"忽略了具体的历史性必须由真正发生的历史披露、限制，才有可能；反过来则不成立"[158]。我们的信心不能产生耶稣的历史，而是因为有这历史，信心才能存在。

## 私人化的信心

第二，因为布尔特曼对福音信息的了解太狭窄，所以他的神学方法也造成太狭隘、私人化的信心。对他而言，信心是个人的决定，要过真切的生活，这是非常个人化的。新约的福音信息和信仰的确有此层面，但是圣经的信息不止这些；它超过个人决定的私人范畴，而向整体生命说话。

布尔特曼的存在主张有排除基督教信仰集体与社会层面之虞。[159] 他很少提到信仰在信徒生活中如何表现，或在信徒团体中如何表达。他的学说也没有提到基督徒如何参与更广大的社会。相反，他的存在主义倾向带来内向性，很容易使人忽略福音在社会与政治上的含义。

用神学术语来说，布尔特曼的学说强化了个人称义的必要（个人必须作决定，才能从非真切性变成真切性），但却没有再带往成圣，即基督徒实际生活的动力和灵性的成长，这却是主的门徒在信徒团体和在世界中应有的样式。他的书中很少提到教会，也就不足为怪了。从以后

的神学发展再回头来看，我们只能结论说，布尔特曼的神学提供了有用却只是部分的救恩论，但缺乏让人满意的教会论。

## 截短的神

最后，在存在主义框框的影响下，布尔特曼把本质完全不同的题目过分偏激地应用，导致对神的理解被截短了一段。他把神学讨论限定在人类存在的范畴，使得神的永恒实体与神在世上的作为都不在他的主张之内。

这位德国神学家的用心值得称许。面对力主临在性神学的自由派，他高举神为超越者，全然不同于人的那一位，这是正确的。但是布尔特曼错在主张：唯有当这位神在我里面工作时——就是创造我真切的存在时——我才能认识他。这样一来，神学就变成了与神相遇者对此种产生真切存在经历的反思。若说布尔特曼把神学减化成人类学，则是误解了他，他自己也否认这个指控。[160]他的意思是，凡论到神的话必须同时论到人，否则便不成立。

布尔特曼声称，我们只能在讲论自己的时候讲论神，神学主张并无法触到神永恒的本质。如此，神的永恒本质就变成不可知了。布尔特曼认为，这种状况正符合信仰的目的："信仰所关注的奥秘，不是神本身是怎样的一位，而是他如何在人里面工作。"[161]这固然是很重要的真理，但是与新约和神学历史比较起来，把神学缩减到这个地步，未免太过简化。古典神学所探讨的是神永恒实体的情况，超过研究神是个别信徒的神，并且也不受其限制。

布尔特曼的立场不但减缩了对神实体的言论范围，也排除了对神在世上工作的讨论。布尔特曼一方面将神的作为大部分列为神话，一方面却坚定指称，神已经在基督里"为世界一次作成了他的工"[162]。他不断尝试表明，应当如何从人类存在的角度来了解神的这个作为。但正如麦奎利（John Macquarrie）所指出，并非一切圣经对神的大作为、恩典、启示或耶稣之独特的声明，都可以配合存在式的解经。因此，并非所有关乎超越性的言论都能变成肯定自我的说法，而这似乎是布尔特曼学说的要求。[163]

他严格的存在主义倾向，也对基督论造成了不必要的限制。布尔特曼本人被迫将神的作为简化为一句话："一个特定的历史事件，即耶稣基督，且须视为末世性的'一次完成'"[164]。这句话和其附带的含义，拒绝了历史的耶稣身为永恒之道的地位。[165]因着对这项正确主张的否定，分析到最后，它便不足以呈现新约和教会所肯定的、对耶稣及那位超越之神在耶稣里工作的重要意义之多样化理解。

## 结论

布尔特曼的动机，是要让福音向现代思想说话，而不受古代世界神话的干扰。他相信，因为所有神话式的观念都被人清除了，所以在因果链之下，无法再谈超自然的作为。而他将神在历史里的作为挪到信心的范畴，盼望能让福音的真貌与今日的人相见。为要达到这点，他必须跟随康德的脚踪，在自律的自然世界和超越的信心范畴之间，划出一道不可跨越的界线。后来科学与哲学的发展已经指出，这是非常不幸且不必要的一步。[166]所谓"自律的自然世界"为封闭的因果链之观念，本身已成为一则神话。而凡将神偏废至个人信仰范畴的神学，危险性已日益明显。

总而言之，面对19世纪自由神学对临在性的强调，布尔特曼投身于光荣的行伍，更重申神的超越性。但他偏激的化除神话学说，再配上存在主义，想要将古代信息带到现代心思的努力，竟令他对自己切望维护的超越性截头去尾。因为在布尔特曼的系统中，除了与人有关的事之外，不能讨论神；而除了在个人私人信心的范畴之外，神不能在世界上工作；至于神相对于受造界的超越性范畴，都不在这位神学家的视野之内。虽然布尔特曼想以存在主义为基础，重新在现代世界中建构神学，这是有帮助的，但他未能避开从启蒙运动开始直到19世纪的神学仍未解决的问题。尽管他曾激烈地作出回应，却仍不能重新按照圣经的原意来肯定神的超越性。

# 尼布尔：透过神话启示的超越性

尼布尔（Reinhold Niebuhr）从未自认为神学家。[167]按他妻子的讲法，他最主要是传道人与牧师[168]；他也同样是社会伦理学家、护教学家，以及在全国各大专院校巡回布道的讲员。[169]由于父亲过世，而又对"认识论"兴趣缺乏[170]，所以尼布尔从未获得神学学位。他最高的学位是耶鲁大学的硕士。然而从影响力看来，他却是20世纪上半叶美国首屈一指的神学家。由于他的活动和写作的普及，他的影响力不限在基督徒圈子内，而是遍及全国。戴维斯（D. R. Davies）写道：

> 他最大的成就之一，是使神学变成急切需要又有意义的世俗科学。很少有神学家像他一样，受到人文学者的注意，就像注意他们自己的评论家一样。这项难能可贵的成就，鲜有人能望其项背。[171]

在社会与政治界，他的影响力特别明显。在他去世十年后，杰西尔德（Paul Jersild）下结论说："20世纪很难找到一位神学家像尼布尔一样，对全国的政治生命产生如此大的影响力。"[172]

我们不能说尼布尔是位有创意的神学思想家。他的使命不是整理出创新的神学，而是将他所了解的基督教信仰应用到社会生活中。然而他在这方面的努力，却使他于20世纪中期，在美国的宗教界中成为最响亮、最能带动改变的声音。这种影响力使尼布尔在本世纪的神学历史中，占有重要的一席之地。

学者多半将尼布尔归属于"新正统派"[173]。但他拒绝这称号，因为他将它与巴特的思想相连，而他对巴特却有着诸多批判。[174]不过，就神学的演变来看，由于他与新教内反对自由派的人站在一边，重新发现古典基督教教义，所以被列为"新正统主义"也不为过。尼布尔成为美国反对19世纪神学——是巴特发端的运动——声浪日益高涨的主要代言人，他成为一个管道，将新正统主义的中心要义带入美国的神学。

## 尼布尔的事业与知识发展

尼布尔的成长背景与饶申布什类似，他也赞同饶氏的一些主张（但尼布尔坚拒社会福音运动）。他出生于敬虔的基督教环境中，父亲是北美福音会〔Evangelical Synod，现属联合基督教会（UCC）〕旗下的一位牧师，这个宗派的根源为普鲁士路德宗与改革宗的结合。尼布尔在伊利诺伊州林肯市读完高中，进入艾姆赫斯特学院（Elmhurst College）和伊甸神学院（Eden Seminary），然后于1913年进入耶鲁大学，完成学士与硕士学位，1915年毕业。

尼布尔的事业从底特律开始。在这方面他又与饶申布什非常相像。耶鲁毕业后，他担任一间教会的牧师，会友大半为福特汽车工厂生产线上的员工。在那里，他亲身经历到被国内企业家剥削之人的苦境，这个经验对他日后的社会取向和神学有深刻的影响。饶氏在纽约"地狱厨房"的牧会经验，让他走向社会主义，年轻的尼布尔牧师也倡导类似的社会变革。

但是尼布尔的路径，在一个关键点上与那位德国的浸信会人士分道扬镳。饶氏的经验使他在神学上倾向左翼——朝向"社会福音"，这个运动采用了自由派神学的一些中心思想。相反，尼布尔的蜕变，却与巴特相仿，终于走向右翼——重新发现正统主义。他在牧会这些年所见到的社会动荡，按他的话，令他不得不"重新思考我曾经视为等同于基督教信仰的自由式、高度道学式的信条"[175]。而自由派的缺点，不但显在社会层面，也显在个人层面："在牧养的职责上，我发现，由古典信仰的升华而生成的单纯理想主义，不但对工业都市复杂的社会问题不起作用，在个人生活的危机上也没有用。"[176]总之，在底特律他发现，他在神学院所受的自由派神学训练，不足以应付20世纪牧会工作的各方面挑战。

尼布尔以底特律牧师身份参与的活动，使他闻名全国。结果，他于1928年受邀到纽约的协和神学院教授伦理学；该校当时为美国新教最著名的学府。他在那里执教，直到1960年退休为止。尼布尔生平的高

潮，是于1939年受邀到爱丁堡著名的吉福德讲座（Gifford Lectures）去发表演说。这些讲论经整理后以《人的本性与命运》（*The Nature and Destiny of Man*）为名出版，是他最广为流传的书。

也许因为在牧会时期的想法曾发生变革，所以尼布尔从不怕改变并发展他的思想。对尼布尔而言，欢迎并参与改变是生命理所当然的层面。他于1934年写了一个简短的祷告，正表达出这一点；这个祷文差点被他随手丢掉，还好有位友人向他要了一份："神，赐给我们恩典，使我们用平静来接受不能改变的事，用勇气来改变应当改变的事，并用智慧来区分这两者。"[177]

研究尼布尔的学者斯通（Ronald H. Stone）将他的一生分为四个层面：自由派、社会学者、实用主义者和实用自由派。[178]但这四方面交织成一个整体。在其中尼布尔一直与他的自由派传承挣扎，要找出理想与真实的关系，后者是他在圣经的信仰里发现的。[179]现今的真实生活既被罪恶所污染，怎能与人类的理想并行来看呢？尼布尔发现，当日的神学与社会自由派所提出的答案太过天真，未经深思，根本行不通。他尝试将圣经的福音带进他所处的情境中，并要发现如何将这福音带到整个西方文明中。[180]

## 实践的基督教

尼布尔的作品，在基本、中心的使命下，出现三个相互关联的主题。第一，他非常关注基督教信仰的实际应用。他最根本的目标，是在现代情境中展示基督教传统的亮光，并在自己的生活中活出信仰在他里面灌输的教诲。他的目标总是："展示基督教信仰与当代问题的关联"[181]。结果，他拒绝只在抽象的神学问题中打转，而变成积极行动派，要将神学的亮光应用于各种范畴，诸如：政治、国际事务、人权、经济系统。他在每一个范畴中都尝试扮演先知的角色，从基督教信仰的立场来批判当代的社会生活。

这个做法也使他形同护教家，因为他尝试在一个多数人拒绝福音的社会中，彰显出基督信仰的重要性和相关性；用他自己的话说，他是对"在世俗社会中维护基督教信仰"有兴趣。[182]但他的护教途径和传统申辩基督教合乎理性的做法截然不同。尼布尔想表达,基督教信仰可以提供生活的意义。不过他也认为:"对生活的意义终极的感受,在理性上不会吸引人。"[183]事实上,基督教的两大中心命题——神是有位格的,并且他已在历史上采取行动,克服人类与神的隔阂——"从严格本体论的角度来说,是不合理的"。[184]当日主导的自由派想要减低信仰的不合理,把圣经的信息减化为一套伦理或本体的"永恒原则",但尼布尔却倡导另一种护教方式,要将位格和历史在本体论上的不合理状况清楚指出。[185]在这种不合理中,我们必须为非理性留出空间,[186]如此,神与受造物之关系的信息,就是圣经的象征所指证的,才可以提出。

在这个动向的背后有一个信念,戴维斯形容得很好:"绝对、超越的福音,是与相对界的处境有关的原则:即基督教可以应用在每一个社会情况中。"[187]对尼布尔而言,基督教与世界的相关性,显出其他观点乃是相对性的,最主要的,是显示当日所盛行、对人类和人类社会持乐观的看法,乃是有缺陷的。他不断攻击现代信心的两个主题:进步观和人类可臻完全观。[188]他的批判非常锐利,一位当代人士宣称:"没有一位思想家像尼布尔这样大力地揭穿:今日的世俗幻想、理念已经破产。"[189]

## 近似公义

第二,他在著作中不断强调"近似公义"(proximate justice)。对于世上人类的真实光景,尼布尔发出先知的宣告,他指出,不论我们用意多么良好,在人类社会中最多只能找到部分公义的经验。"完全"是达不到的目标,然而在目前却可以有"不可能的可能性"[190]。按尼布尔的看法,这种状况扎根在人类本身不可改变的真实状况。身为人,我们总是处于无限可能之下,并有潜能与存在的整体相连;但我们却仍是有限的受造物。[191]

因此,我们不应该天真地相信,我们对社会病态的建议,或对改变社会尽上的努力,会带来完美的人间秩序。我们革除社会的弊病,必会培育出另外形态的不公。我们最多能期望,今天的情形比昨天稍好一

些。用神学术语来说，神的国是达不到的目标，是永远不能及的标准，但它永远在那里审判我们的社会。它不会借人的行动进入历史，而是神从远处赐下的礼物。

## 基督教的人论

第三，如上所述，尼布尔在著作中不断剖析人类情况，指出人类不但不可能创造完全公平的社会，也不可能在实际生活中达到任何形式的理想。为要了解这种不可能性，尼布尔转向古典基督教神学，尤其是人论，谈到人的本性。人论不仅是他的巨著《人的本性与命运》之重心，他对人类苦情的了解也不断浮现在其他的著作中，成为一条线，把所有的作品串连起来。尼布尔著作中一直出现人论，以致一位评论家下结论说：

> 尼布尔对当代基督教神学的重述，最大的贡献为他对人论的探讨。尼布尔不像阿奎那或巴特等系统神学家，以集大成的方式遍论基督教真理；他只专注于一个教义，作极深入的探测，而成为他整个思想的基础。[192]

这个评论或许略嫌夸大[193]，不过却强调出人论在尼布尔思想中的核心地位。

尼布尔会受人论的吸引，是因为他发现在传统基督教的这个教义中有一种深度，是自由派所没有的。事实上他认为，盛行的自由派传统拒绝了圣经的人论，以人类可臻完全和进步的观念等错误的教义来取代[194]，才会造成今日的大问题。他指出，在自由派中，"基督教正统教义中的'罪'，被解释为由无知而来的不完全，经过充分的教育便可克服"[195]。尼布尔辩称，自由派是天真的乐观派，强调人的理性，并对教育有信心，但圣经的看法却完全相反，且更实际。结果，他的人论可反映出古典基督教的教义，因他试图强调人现况的两面性。他肯定人类按神的形象被造的崇高地位，也肯定圣经所言全人类都犯了罪。

## 人类的矛盾

尼布尔人论的中心,是他对人类矛盾特性的了解。他指出(根据《创世记》和使徒保罗)人类包含潜能与问题两个不可分割的实体。在《人的本性与命运》中,他从三方面综述圣经的人论。[196]第一,人是受造的有限存在,有肉身与灵魂;因此,所有二元的人论——主张将人分成肉体与灵魂——都应拒绝。第二,首先应当从神的角度来了解人(亦即:人是神的形象),而不是从理性的功用或与自然界的关系来了解。因此,每一个人都是一个自我,能够站在自己与世界之外来反思,而在自己或世界之内都找不到意义。第三,人类都是罪人。因为有罪,我们要爱他们,却不可信任他们。

所以,尼布尔所关注的不是所谓人类(human person)——理想人或抽象人。因此他拒绝用本体论来谈人的哲学。相反,他与其他新正统派神学家一样,对人为历史的存在有兴趣。[197]因此,他的著作集中谈论人与神的关系,以及人在社会中彼此的关系。[198]

## 人的罪

在圣经人论的三方面中,尼布尔发现,现代思想最缺乏的是罪的观念,所以他不断提出罪的问题。但是圣经对人这方面实况的了解,与另外两方面密不可分。他的发现与二元的人论相反:罪乃是深植于人的内心,即误用人类的独特性——自我超越。[199]按尼布尔的说法,这就是圣经堕落故事的要点。[200]透过误用"我们超越自我的能力",我们拒绝承认自己的受造性。我们被自己能够观察全貌的能力欺骗,幻想自己就是全貌。所以,尼布尔按宗教改革的模式,采取与他所认为自由派倾向相反的立场,指出罪是全人的行为;在我们对神复杂的背叛里,人没有一个层面可以免罪。[201]他主张,由于我们这受造物的背叛是如此彻底,人类的问题并不是:有限的人怎能认识神,而是:有罪的人怎能与神和好。[202]

正统基督教以原罪的教义说明人类背叛的普世性。在吉福德讲座中，尼布尔陈明了他在古典教义中发现的这个深刻真理[203]（不过到退休时，他承认从前想重新倡导这个词汇是错误的[204]，结果他改变用词，以自我寻找和自我给予来描述人类的矛盾）。[205]罪是普世的、不可避免的，但却不是必要的，所以我们还是必须负责。原罪的真理在于宣告：犯罪的潜能深入在每一个自我中。然而，尼布尔拒绝传统对原罪为遗传之罪的解释，却向克尔凯郭尔去寻找焦虑的观念，来解释普世对罪的勃兴之经历。[206]他说，人兼具自由与有限的吊诡特性，使人缺乏安全感。我们被卷入自然生命过程的不可测性（有限）。但我们可以站在这些之外，预测其危险（自由）。我们的本性是有限的，但却也是自由的，天赋有超越自然的能力。因这种矛盾而生的不安全感，就带来焦虑。在焦虑的状况中，我们受到试探，转向有罪的自我肯定——把我们的有限变为无限，软弱变为强壮，倚赖变为独立——而不去信靠最终极的安全，就是神的爱。以圣经的用词来说，我们能够犯罪，也能够相信。

因此，对尼布尔而言，罪应当从与相信的关系来理解。相信是接受我们对神的倚靠，罪却是否定我们的受造性。这种罪以两种形态出现，就是我们逃避焦虑的两种方式。第一种是感官主义，尝试否定人的自由，而退缩到人的动物性中。[207]更普遍常见的则是第二种方式，即否定人的有限，主张人的独立。这就是骄傲的罪，这种罪可有几种形式[208]：权力的骄傲（以抓权来经历安全感）、知识的骄傲（把有限的知识当作绝对、终极的知识），和道德的骄傲（把自我相对的道德标准捧至绝对的地位），至终导致属灵的骄傲（认为神核准我们的不完全标准）。

尼布尔补充说，骄傲不仅出现在个人身上，在团体当中更加明显，因为"团体更加狂妄、伪善、自我中心，比个人在追逐自己的目标上更冷酷"[209]。

## 修正的新正统主义

身为神学家兼伦理学家和传道人，尼布尔最关心的是人论。同时，他对人实体的了解，又浸淫在更广的神学背景中，这背景包括了欧洲新正统派大师——如巴特和布龙纳——所倡导的一些题目;不过,他又显出与他们确有不同之处。最大的不同,在于拒绝自由派的程度。卡内尔(Edward Carnell)论到美国的新正统主义,指出这位常被人认为最有力的发言人,"他自己对从自由派的临在论撤足,却不那么带劲"[210]。

尼布尔对自由派的拒绝,不像巴特等人严厉,因为他对神和世界关系的看法,比较不严密。在这个中心要题上,他同意欧陆新正统派的主要看法,但对于神与世界的区分,却不像欧洲神学巨匠那样彻底关注。他认为圣经的确强调神的超越性,但也平衡地强调神"与世界亲密的关系"[211]。

所以尼布尔肯定从神来的双重启示。[212] 私下的(或"一般")启示是"每一个人知觉中的见证",就是在每个人存在的自然系统之外,人的生命接触到一种超越的实体。这种私下的启示,使第二种启示,即公开的、历史的(或"特殊")启示,显得更加可信赖。

因此,巴特认为神与自然人没有接触点,尼布尔却发现有一大片接触面。[213] 他一方面同意人是罪人,一方面却看出人有潜能,甚至有潜能看出自己是罪人。[214] 一方面他强调神的超越性,另一方面他并没有把神移到不可能认识的那么遥远。他同意启示是对理性的冒犯,但不认为会使人类辨认真理的能力尽失。自然神学也不是全错,因永恒不会与历史无关。而信心所辨识的神的智慧,不会完全与人的经验冲突,因此福音的真理可以透过经验来肯定,尽管它不是出自经验。[215]

总之,他虽然参与新正统派对自由派的批判,却拒绝另一个极端,理由出于神学:如果时间与永恒完全脱节,那么就排除了对神可以作有意义探讨的可能性。尼布尔发现,交集的一个重要点,在于位格的范畴。他认为这是"很有用的比喻观念",可帮助我们了解神的超越性与临在性,因为"位格"既包括自由,又包括与生命过程的关系。[216]

虽然巴特是他批判新正统主义的重点,但他对布尔特曼所提的另一套学说也表保留。[217] 除了在学术重点上的差异外(布尔特曼是从新约研究的角度切入神学,尼布尔则从社会伦理学切入),这两位分道扬镳的主要关键,乃在他们对神话的理解。布尔特曼要将新约信息化除神话,让现代非神话的思想能够理解。尼布尔却相反,他尝试说明圣经的

神话如何能向有自己神话（且经常是错的）的现代人说话。他批评这位德国学者，未能明确区分未经科学处理的神话（它是"关于井然有序的事件，既不理会过去累积的知识，也不理会现在发现的知识"），和永久性的神话（就是"描述实体的某种意义，是无法借分析明白，却可以在经验中证实"）。因为这方面的失败，尼布尔指出，布尔特曼"在维护福音信息的真理上"可算是粗心大意。[218]

## 对自由派的拒绝

以上所列尼布尔思想的大纲，和他与新正统派错综复杂的关系，有助于我们更仔细地来看他对自由派的否定。牧会的经验加上他对基督教经典的研究，让尼布尔对当日昌盛的神学和其社会观，展开凌厉的批判，但同时对自由派的传承仍有欣赏之处。他虽然与社会福音运动保持亲密关系，但也批判自由派在这方面的表达方式。

他最主要的批判，是自由派过于天真的乐观主义丧失了圣经的信息，尤其是圣经对人性真正的了解。不过，起初（20世纪30年代）尼布尔是从马克思社会主义的角度来攻击自由派。他一生都认为，马克思主义有其优点，但他也看出其中的弊端，而且是与自由派类似的错误。它不高举任何超越的、审判之神，并且以浪漫主义的观点看人论，不认真面对人的堕落。在这两方面，后来他从奥古斯丁的著作里对真实的状况有更深刻的反思，因此他对自由派传统的攻击转而使用奥古斯丁的观点（20世纪40年代）。

尼布尔将他早年对自由派的不满，写成《道德的人与不道德的社会》（*Moral Man and Immoral Society*，1932）一书。这并不是他的第一本书，却是使他身列神学家行伍的著作。虽然尼布尔后来作了一些修正，但他在该书中所表达的核心论点却始终不变："个人的道德和社会行为，与社会团体的道德和社会行为之间，应当有一明确的分野。"[219] 对个人而言，只要"在决定行为时，能为别人的好处而不为自己着想"，就可算是道德人，但人类的社会与社会团体却更容易受"无约束的自我主义"所动摇。[220]

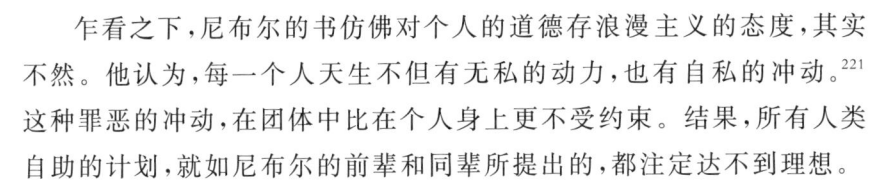

乍看之下，尼布尔的书仿佛对个人的道德存浪漫主义的态度，其实不然。他认为，每一个人天生不但有无私的动力，也有自私的冲动。[221] 这种罪恶的冲动，在团体中比在个人身上更不受约束。结果，所有人类自助的计划，就如尼布尔的前辈和同辈所提出的，都注定达不到理想。

根据他的分析，尼布尔提出"道德生活的双重焦点"，即两套观点与两个相应的伦理理想。对个人来说，理想为不自私。但人类社会需要另一个理想，那只能是公平。[222] 他在后来所写的《基督徒伦理诠释》(*An Interpretation of Christian Ethics*, 1934) 一书中，一方面继续发挥这论点，一方面继续攻击自由派。在该书中他提出的论点为："爱或许可以成为社会行动的动机，……但公平必须是爱的工具，因为这世界的自私心态会在每一方面都破坏爱的规范。"[223]

从《基督徒伦理诠释》开始，尼布尔对自由派的抨击更加广泛，因为他到协和神学院教书后，有机会钻研圣经信仰和奥古斯丁的作品，从其中得到了启发。[224] 他拒绝自由派教会中他称之为"道德的乌托邦主义"[225] 和感性主义，认为它们的根基为错误的观念，认为爱在历史上是可能实现的，却不知道那是"不可能的可能性"[226]。

自由派的道德主义是感性的，尼布尔举出三个理由。[227] 第一，他认为其中对罪的深度与力量缺乏认识；这看法与他和自由派在人论上的差异相符。由于缺乏这种认识，就不能满足个人的灵里所需及社会的公义。第二，自由派道德主义未能说明福音所指示的宗教高度。在面对人类困境时，他们只抬出要爱神爱人的命令，却没有宣讲神在基督里显明的怜悯，而这才是罪得赦免、胜过罪恶的源头。第三，由于自由派未能辨明理想与实际的分歧点——爱能超越所有人类理念与成就，乃是偏激的看法——它在政治与社会上就缺乏实用性。

## 尼布尔的选择

尼布尔不但批评自由派，也提出另一个他认为更合乎"基督徒现实主义"的选择。在这个说法中，他从圣经——特别是其希伯来的根源——来找帮助。他认为，西方文化因这个宗教传统的两项强调而获益

匮浅:"个人观与历史意义观"[228]。为承袭这个遗产,他尝试重新在当代情境中建立这两方面。

尼布尔也像其他新正统神学家一样,用辩证的角度来看时间与永恒的关系,从而提出建设性的提议。[229]永恒启示于时间中,却不为时间所耗尽。他认为,在圣经里面是以生命的意义来表达这个理论。历史和人类的存在是有意义的,但其源头与实现却在历史之外。[230]因此,这种关系只能用象征的言辞来传达。如此一来,永恒与时间的关系,就为他使用神话而铺路。

## 神话

对尼布尔而言,神话是必要的,因为实体的一些层面,如人类困境的本质和历史意义的超越性源头,都具吊诡性,因此无法用科学或理性的观点来了解。[231]他主张,生命的意义需要在它之外的源头来肯定。但是因为实体的中心超越了我们切身的经验和所能描述的范围,所以在寻找超越的事物时,纯粹理性的方式是不够的。超越的事物只能用神话来讲,而神话是终极真理的象征。因此,尼布尔在基督教的象征中,发现论意义的超越性源头之道。

在这一点上,尼布尔的理解与自由派和传统正统派都不同。他指出,自由派因眷恋科学方法、纯粹理性的生活方式和当代心态,而拒绝了基督教信仰的神话。而正统派也同样有问题,因为犯了"不敬的罪":"它坚持神话的字句和历史皆为事实,而忘记宗教神话的作用与特性,是要讲永恒和时间的关系,因此不可能是按时间顺序的言论。"[232]

尼布尔主张,若能正确明白基督教信仰的神话是宣讲永恒与时间的关系,它就对今日的世代极具意义。堕落便是神话之一。前文曾提,它对尼布尔的重要性不在于真实描述人类历史发端时的一个事件,他视之为一项深刻的宣告,指出罪的普世性是因人的有限和自由而引起的。因此,堕落是一个有力的论述,谈到人类在整个历史和每种情境中的困境。

## 信心的生活

不过,对尼布尔而言,基督教信息的重心越过了人的罪,而为神的拯救,但他对罪的看法,成了他探讨此一动力的背景。他和一般的新正统派一样,反对理性主义者视拯救为获得神的知识;他则视拯救为:在世上充满矛盾的存在中要过信心生活。因此,按尼布尔的话说,信心"必须是自我的委身,而不是头脑的结论"[233]。虽然他承认,理性有可能在某种限度内认识福音的真理,就是其中与科学和哲学相关的部分[234],但终极的信心却是理性不能及的,只能在生活中活出来。[235]

因此,信心包括真正面对生活的不安全感,并明白唯有神能克服这一切。这种信心能杜绝骄傲,因为安全感的源头惟在仰望神。信心同样也抓住了整个生命与历史的意义[236],由此"接触到奥秘的范畴,是理性不能参透的"[237]。不过,这种与神的关系是立基于神的赦免,而不是我们自己的义。

## 十字架

然而,对尼布尔而言,基督徒信仰的焦点是十字架,因为基督教所宣扬的福音是以这个事件为中心。为了配合反对用理性来看实体奥秘的观点,他对十字架意义的解释很谨慎,不从可观察的历史事实作出逻辑的结论。[238]他指出,这意义唯有信心的眼睛才能辨认,正如福音是人类历史最终的意义,却并不能借分析来证明。[239]

十字架很重要,因为它具启示性,它表彰了有关人类和神的深刻真理。一方面,它说到人的处境,十字架同时启示出我们主要的本性和我们的罪。在十字架上,我们看见自己的本相,虽然不是目前的光景,却是将来必有的样式;我们也认识到自己的自我矛盾之深。[240]结果,这件事显明人类困境的深度,也显示人类的完全是在历史中达不到的。[241]十字架宣告,由于罪的力量,爱在这世上必须是受苦的爱。简言之,十字架宣布了神对人类罪的审判;另一方面,这个象征也宣扬出神的爱和对罪的赦免。它是"神的爱之启示",可是人必须"先站在它的审判之下"[242]。

对尼布尔而言,十字架是圣经启示神掌管历史的高潮。它彰显出神的爱,这爱能克服人心的邪恶,并能承担历史的邪恶。[243]因此,十字架是解开历史意义的线索,指出它的意义是爱;因为十字架"是爱之理想的真理的神话"[244]。尼布尔辩道,十字架所启示的真理同时也成为新智慧的基础;透过基督徒的信仰告白,承认耶稣是神的儿子与第二位亚当[245],这两个象征便意指耶稣"彰显了神与历史之关系的终极奥秘"[246]。

基督教神学的古典形式,是以代赎来阐明十字架的意义,但这教义对现代思想是一种尴尬、一个绊脚石。有些人想除去代赎说,视为"不可理解的迷信残迹",或宣布它是"完全不可理解的信条"[247];但尼布尔则不然,他试图了解这教义的意义。对他而言,它提供了解历史的最后一把钥匙。它宣告:历史不可能为自己提供意义,并指出:神的审判与怜悯才是历史意义的实现。而神的审判象征了历史的严肃性,以及善与恶终极的重要性。相对而言,神的怜悯说明了一切历史行为的不完全和败坏,也说明了神承担罪恶的爱。

## 神的超越性

尼布尔对意义的本质和它对人类的彰显既有如此的了解,就展开了他对当代心态可算是最深刻、最彻底的批判。在他看来,现代的罪是"以理性和自然的神取代了启示宗教的神"[248],因此它忘记了人类的有限性和受造性。结果,它失去了超越感,亦即,它无法"使人的义臣服在超越的义——就是神的义——之下"[249]。

面对现代对神的否定,尼布尔试图重新肯定圣经中神的超越性,作为审判和克服人困境的基础。对他而言,这个层面在神的国之观念上陈明出来,这个国度已在基督里临到,也将在历史的末了完全临到。一方面来说,唯有超越的神与高于历史和人类的神的国度可以提供必要的审判之点,来检视人朝向自我肯定和骄傲的趋向——无论是个人或是团体。[250]基督徒对历史最终意义的宣告,是出自历史的起点(Alpha)

和终点(Omega),由此可检视所有经人设定、对历史暂时性的意义、判断和成就。[251]不论何时,神的国都是不可达到的理想。[252]

另一方面,超越性的观念也意味着,历史的意义已向现在彰显出来,照亮了"历史自我矛盾的黑暗"[253],并且提供了历史终将得成全的盼望。

尼布尔认为,这种盼望透过圣经中三个主要的末世象征表达出来,这些象征都不能照字面了解,但却必须认真看待。[254]基督再临的象征是表示相信神的全权和爱的至终得胜。最后的审判肯定了区分善与恶的必要性。复活则意味着,在时间过程中的多样化,"永恒将予以成全,而非泯灭";并且有限和自由的两极问题,不是人能解决的。[255]

最后,历史意义的彰显,即信心所领悟的这真理,也能帮助信心的生活和基督徒在世上的见证。尼布尔在他的巨著《人的本性与命运》中,以这点作结论。他宣称,过信心的生活,就是"在历史的安全感与不安全感之外"找到"终极的安全感"[256],也就是在历史中这位超越的神。1939年尼布尔乐观地表示,这种信心的生活可以吸引他人脱离"在生活和历史上拜偶像式地追逐虚假的安全感和救赎"[257]。

## 批判

因着对神的超越性之高和人的困境之深有更彻底的了解,尼布尔尝试将更实际的观点带进来;因为在他看来,当时的乐观文化和宗教气氛都过于天真。有人赞誉这尝试为他最大的贡献,也有人指责为他最大的弱点。尼布尔实用的观念,对美国的政治界无疑产生了影响,特别是对二次大战后美国外交政策的制定。

不过,对尼布尔学说的批判,有两项评论是确定的,都与他对时间和永恒的了解,以及按他神学取向对超越性本质的看法有关。

## 不真实的象征

第一,正如其他新正统运动一样,尼布尔也关心基督教的神话与象征如何能应用到现实中。他对这个问题的响应比布尔特曼更进一步,因为尼布尔认为神话启示了历史的意义。但尽管这个意见有很大的贡献，却还不令人完全满意。简单来说，他虽然提出认真（非按字面）看待象征的途径，却将它们挪到实际历史的范畴之外。

正如布尔特曼一样，尼布尔主张，历史意义的线索不能在历史之内找到，只向信心的眼睛开启，就是向能领悟在人生过程之外有超越意义的人。但这一类提议都会产生一些神学问题。

其中的一个问题是唯信论。[258]若以神话方式来理解救恩历史，是否能免于主观主义？对尼布尔而言，彰显历史意义的事件乃属启示事件，本质上是超历史的。它们能彰显历史的意义，并不因为它们是按字面叙述的历史事件。相反，唯有在信心之中它们才是彰显的事件。但这样的事件怎能真正提供历史意义所需要的线索？分析到最后，它们所提供的线索岂不可能是由相信的观察者放在那里的？

还有一个问题与神在历史中的作为有关。尼布尔所强调"在历史之外"的观点，怎能说明神在历史之内的救赎之工？[259]李曼（Paul Lehmann）把这个问题用在尼布尔的基督论上：

> 尼布尔的基督论思想，虽然坚持以十字架作立足点，才能解释历史多重而复杂的动力，但却不够强调"神大能的作为"是改变性的事件，是真实发生的事，在历史相对性的汪洋中成为照明灯，引导人类命运走向完美的实现。……道成肉身和代赎不单是信心对此（历史）动力的了解。它们指出，有些事的确发生过：神成为人；耶稣基督曾被钉死。其他事件是跟着这些事之后才发生的。[260]

李曼和另一些人在尼布尔的思想中追踪这个问题，而发现另一项更深的神学困难，就是，圣灵论被砍掉了。尼布尔完全没有发挥圣灵对肯定耶稣为第二亚当的关系，也没有谈圣灵与我们在基督里的关系。[261]结果，他的神学分析到最后，成了"两位一体"[262]。

也许几位评论家在基督论上发现的问题，其实也渗透在尼布尔的神论之中。他将历史的启示事件移至神话的范畴，似乎消除了这些事件彰显超越之神实体的能力，但唯有这位神能真正在世上工作。

## 黝暗的超越性

第二，后来的神学历史建议，尼布尔以十字架作神学核心象征的选择，是基于主题延伸的需要。因为他看见基督教故事是由十字架推动的，所以他的焦点，用杰西尔德的话说，为"神的爱与人的抗拒之悲剧特色"[263]。因此，尼布尔被冠以悲观神学家的雅誉，也不无道理。许多批判家则称，他的神学中心主题为人的罪。虽然这类形容很容易变成讽刺，但的确也指出了他思想运作中的一个动力。分析到最后，尼布尔的提议是会导致一种悲观论。

尼布尔既强调十字架是神学的基础，他的呼召就是要长期奋斗，以知其不可而为之的态度来努力。他认为这种动力固然可用于个人，但在社会层面却更重要。因为罪恶长存于世上，所以基督徒只能期待历史会更新，却不必指望历史会完满实现。[264]根据这个观点，尼布尔为民主提供了一个实际却消极的辩护："人行公义的能力，使民主成为可能；而人行不义的倾向，使民主成为必要。"[265]最后，他以十字架为中心的神学只彰显出黝暗的超越性，即一个不可能的可能性实体，站在那里审判人一切的活动。

后来的神学肯定道，虽然从十字架看神学有其重要性，但必须配合从复活来看神学。[266]这乃是指，对自我批判的强调要配合乐观与自我欣赏。[267]当人发现自己的罪，而发出悔改的悲声时，必须以绝对的话语来回应。在宣告人力无法带来神的国之后，必须让人听见神的应许，以及神的能力可以将世界改换一新的信息。尼布尔对所有社会团体的不信任，应当有所补充，因神应许在信徒团体中有基督的同在，靠着圣灵的能力，它在世上奋力彰显基督的主权。简言之，尼布尔将末世论全部移至历史以外，我们却应补充指出，在历史里有完满实现历史的盼望——一部分可在现今成就，而在最终之日必能完全实现。

## 结论

西方社会奔入神的临在性，结果，对人类能成就的事存过分天真、不切实际的乐观主义;尼布尔想要呼吁它回头,于是提供在超越性与临在性上平衡的神学观。这是他留给 20 世纪神学历史的可贵遗产。然而他为这项成就付出了很大的代价。尼布尔提议将神在历史中的作为——无论过去或未来——都移入历史之外的范畴,结果,他的跟随者在实际事件上——无论是在救恩历史中,或在历史的终局中——再也找不到那位超越的神。

## 注释:

巴特:超越性为神的自由

1. Colin Brown, *Philosophy and the Christian Faith* (London: Tyndale, 1968), 128.
2. William E. Hordern, *A Layman's Guide to Protestant Theology*, rev. ed. (New York: Macmillan, 1968), 114.
3. Søren Kierkegaard, *Concluding Unscientific Postscript*, trans. David F. Swenson and Walter Lowrie (Princeton, N. J.: Princeton University Press, 1968), 182.
4. Søren Kierkegaard, *Philosophical Fragments*, trans. David F. Swenson (Princeton, N. J.: Princeton University Press, 1962).
5. Eberhard Jüngel, *Karl Barth, A Theological Legacy*, trans. Garrett E. Paul (Philadelphia: Westminster, 1986), 22.
6. Eberhard Busch, *Karl Barth, His Life from Letters and Autobiographical Texts*, trans. John Bowden (Philadelphia: Fortress, 1976), 12.
7. 前书,31。
8. Karl Barth, *The Word of God and the Word of Man*, trans. Douglas Horton (Boston: The Pilgrim Press, 1928), 43.
9. Karl Barth, *God, Gospel and Grace*, trans. James S. McNab, Scottish Journal of Theology Occasional Papers No. 8 (Edinburgh: Oliver and Boyd, 1959), 57.
10. Karl Barth, *The Epistle to the Romans*, trans. Edwyn C. Hoskyns (London: Oxford University Press, 1933), 1.
11. 前书,28。
12. 前书,10。
13. Karl Barth, *Anselm: Fides Quarens Intellectum*, trans. Ian W. Robertson (London: SCM, 1960), 34.
14. 前书,40。
15. Karl Barth, *Church Dogmatics* II/1, *The Doctrine of God*, Part 1, trans.

T. H. L. Parker et al. (Edinburgh: T. &T. Clark, 1957), 139 – 140.
16. 前书,173。
17. Karl Barth, *Church Dogmatics* I/1, *The Doctrine of the Word of God*, Part 1, trans. G. W. Bromiley (Edinburgh: T. &T. Clark, 1975), 222.
18. Karl Barth, *Church Dogmatics* II/2, *The Doctrine of God*, Part 2, trans. G. W. Bromiley et al. (Edinburgh: T. &T. Clark, 1957), 191 – 192.
19. Barth, *Church Dogmatics* I/1, 241.
20. 前书,109。
21. 前书,113。
22. Karl Barth, *Church Dogmatics* I/2, *The Doctrine of the Word of God*, Part 2, trans. G. T. Thomson and Harold Knight (Edinburgh: T. &T. Clark, 1956), 534 – 535.
23. 前书,540。
24. Barth, *Church Dogmatics* I/1, 287.
25. 前书,311。
26. Barth, *Church Dogmatics* II/1, 5.
27. Barth, *Church Dogmatics* I/1, 309.
28. 前书,301。
29. Barth, *Church Dogmatics* I/2, 151.
30. 同上。
31. Barth, *Church Dogmatics* I/1, 350 – 351.
32. Barth, *Church Dogmatics* II/1, 318.
33. Barth, *Church Dogmatics* II/1, 273.
34. 前书,274。
35. Barth, *Church Dogmatics* IV/1, *The Doctrine of Reconciliation*, Part 1, trans. G. W. Bromiley (Edinburgh: T. &T. Clark, 1956).
36. Barth, *Church Dogmatics* II/1, 351 – 439.
37. 前书,280。
38. 前书,281。
39. 前书,275。当然,对巴特而言,这种三一神内在的爱的"之前",不是指时间,而是指逻辑。
40. 前书,302。
41. 前书,311。
42. 前书,440 – 677。
43. 前书,274。
44. Barth, *Church Dogmatics* IV/1, 50.
45. 前书,7。
46. Barth, *Church Dogmatics* II/2, 123.

47. 前书,163。
48. 前书,167。
49. 前书,319 - 320。
50. 前书,319。
51. Eberhard Jüngel 引用于 *Karl Barth*, *A Theological Legacy*, 44 - 45。巴特对普救论和宇宙论的直接言论,见 *Church Dogmatics* II/2, 417 - 418, 与巴特所著 *The Humanity of God*, trans. Thomas Wieser and John Thomas (Richmond: John Knox, 1960), 61 - 62。
52. Hans Urs von Balthasar, *The Theology of Karl Barth*, trans. John Drury (New York, Chicago, San Francisco: Holt, Rinehart and Winston, 1971), 163.
53. L. Harold DeWolf, *The Religious Revolt Against Reason* (New York: Harper and Row, 1949). 虽然潘能伯格不应算是自由派,但他可代表从这一基本观点反对巴特的神学方法之士,他所提出的理由最令人信服。他认为,它让当代基督教的主观主义抬头,因此减低了基督教在世上的影响力。见 Wolfhart Pannenberg, *Theology and the Philosophy of Science*, trans. Francis McDonagh (Philadelphia: Westminster, 1976), 265 - 276。
54. Clark Pinnock, "Karl Barth and Christian Apologetics," *Themelios* (May 1977): 66 - 71.
55. Bernard Ramm, *After Fundamentalism*, *The Future of Evangelical Theology* (San Francisco: Harper and Row, 1983).
56. Wentzel van Huyssteen, *Theology and the Justification of Faith: Constructing Theories in Systematic Theology*, trans. H. F. Snijders (Grand Rapids, Mich.: Eerdmans, 1989), 22.
57. von Balthasar, *Theology of Karl Barth*, 170.
58. Klaas Runia, *Karl Barth's Doctrine of Holy Scripture* (Grand Rapids, Mich.: Eerdmans, 1962), 174 - 188.
59. Wolfhart Pannenberg, "Die Subjektivitäat Gottes und die Trinitätslehre," *Grundfragen systematischer Theologie*, Band 2 (Göttingen: Vandenhoek & Ruprecht, 1977).
60. Barth, *Church Dogmatics* I/1, 348 - 368, esp. 350.
61. 前书,382。
62. Barth, *Church Dogmatics* IV/1, 200 - 201.
63. G. C. Berkouwer, *The Triumph of Grace in the Theology of Karl Barth*, trans. Harry R. Boer (Grand Rapids, Mich.: Eerdmans, 1956), 279.

## 布龙纳:神人相遇中的超越性

64. Paul King Jewett, *Emil Brunner's Concept of Revelation* (London: James

Clarke, 1954), 12.
65. Emil Brunner, *The Christian Doctrine of God*, vol. I of *Dogmatics*, trans. Olive Wyon (London: Lutterworth, 1949), 155.
66. Emil Brunner, *Natural Theology, Comprising 'Nature and Grace' and the Reply 'No!' by Dr. Karl Barth*, trans. Peter Fraenkel (London: Geoffrey Bles, The Centenary Press, 1946).
67. 布龙纳在这点上最后的意见之一,出现于他所著 *Dogmatics* 的结尾:"我们不相信基督已经永远关住地狱之门的说法。"见 *The Christian Doctrine of the Church, Faith, and the Consummation*, vol. III of *Dogmatics*, trans. David Cairns and T. H. L. Parker (London: Lutterworth, 1962), 421。
68. Emil Brunner, *Truth as Encounter*, trans. Amandus Loos, David Cairns and T. H. L. Parker (London: SCM, 1964), 60.
69. Martin Buber, *I and Thou*, trans. Ronald Gregor Smith (New York: Charles Scribner's Sons, 1958).
70. 这本书注 68 曾引用,于 1938 年首度在德国出版。英文版最早于 1943 年出版,名为 *The Divine-Human Encounter*,后来于 1963 年又修订、再印,书名改为 *Truth as Encounter*。
71. Brunner, *Truth as Encounter*, 24.
72. Emil Brunner, *The Christian Doctrine of Creation and Redemption*, vol. II of *Dogmatics*, trans. Olive Wyon (London: Lutterworth, 1952), 8 – 9.
73. Brunner, *Dogmatics* I:16.
74. 前书,20。
75. 前书,29。
76. 前书,30。
77. Jewett, *Brunner's Concept of Revelation*, 72.
78. 从哲学与神学的角度来批判非命题式启示,佳作之一见 Paul Helm, *The Divine Revelation* (Westchester, Ill.: Crossway, 1982), 21 页以下。对这看法非常正面的调查与检讨,则见 John Baillie, *The Idea of Revelation in Recent Thought* (New York: Columbia University Press, 1956)。
79. Brunner, *Dogmatics* I:25.
80. 前书,27。
81. 前书,41。
82. 前书,35 – 43。
83. 前书,45。
84. 前书,34。
85. 前书,28。
86. 前书,44。
87. 前书,47。

88. Jewett，*Brunner's Concept of Revelation*，157-173。
89. 前书，158。
90. 同上。
91. 前书，162。
92. Brunner，*Dogmatics* I：33。
93. Jewett，*Brunner's Concept of Revelation*，164。
94. 前书，168。
95. Harold E. Hatt 写了一本对布龙纳表同情的研究论述，其中也提到同样的观点，见 *Encountering Truth*：*A New Understanding of How Revelation Yields Doctrine*（Nashville：Abingdon, 1966），194："若在完全撇弃知识之下运用信心——假如有这样的信心，这就是全然盲目、毫无意义的信心，而不是信靠。在与神相遇上，解释绝无害处，却是必要的。相遇不能没有'我-它'的成分，反而必须倚赖这因素。"
96. Brunner，*Natural Theology*，32-33。
97. 前书，58。
98. 前书，59。
99. 前书，72。
100. 前书，71-72。
101. 前书，90。
102. 前书，79。
103. 前书，121。
104. 前书，128。
105. Brunner，*Dogmatics* I：236。
106. 前书，349。
107. 前书，312。
108. 前书，353。
109. 前书，320。
110. 最近他可能受到一些当受的注意，因有一篇极佳的文章发表，以庆贺他的百年寿诞：I. John Hesselink，"Emil Brunner：A Centennial Perspective，" *The Christian Century*（December 13，1989）：1171-1174。

## 布尔特曼：福音信息的超越性

111. Norman J. Young，*History and Existential Theology*（Philadelphia：Westminster, 1969），39。
112. 见 "Liberal Theology and the Latest Theological Movement，" 在 Rudolf Bultmann 所著，*Faith and Understanding*，ed. Robert W. Funk, trans. Louise Pettibone Smith（New York：Harper and Row, 1969），1：29。
113. 见他的 "Autobiographical Reflections，" 在 Rudolf Bultmann 所著，*Existence*

and Faith, trans. Schubert M. Ogden (Cleveland: Meridian, 1960), 283 – 288。

114. 布尔特曼本人对他的传承的讲法,见前书,283 – 284。
115. 前书,286。
116. 他言论的例子,见 Walter Schmithals, *An Introduction to the Theology of Rudolf Bultmann* (Minneapolis: Augsburg, 1968), 295 – 299。
117. 前书,197。
118. Martin Kähler, *The So-Called Historical Jesus and the Historic Biblical Christ*, trans. and ed. Carl E. Braaten (Philadelphia: Fortress, 1964), 66.
119. Rudolf Bultmann, *Jesus Christ and Mythology* (New York: Charles Scribner's Sons, 1958), 84; 亦见 Rudolf Bultmann, *Kerygma and Myth*, ed. Hans Werner Bartsch (New York: Harper and Row, 1961), 211。
120. 布尔特曼对这项指控明文反驳,见"Reply," in *The Theology of Rudolf Bultmann*, ed. Charles W. Kegley (New York: Harper and Row, 1966), 274。
121. 他对历史上十架事件的探讨,见 Bultmann, *Kerygma and Myth*, 110, "A Reply to the Theses of J. Schniewind"一文。对布尔特曼的这种解释,亦参 Young, *History and Existential Theology*, 119 – 120。
122. Rudolf Bultmann, *Primitive Christianity in its Contemporary Setting* (New York: Meridian, 1957), 71.
123. Rudolf Bultmann, *Theology of the New Testament* (New York: Charles Scribner's Sons, 1951), 1:3.
124. Bultmann, *Christ and Mythology*, 14.
125. 如,前书,32 – 34。
126. 布尔特曼之化除神话理论的发展与辩护,见 *Jesus Christ and Mythology*,以及 *Kerygma and Myth* 中的"New Testament and Mythology"。
127. 参,如,布尔特曼对这道鸿沟的说明,*Kerygma and Myth*, 1 – 8, "New Testament and Mythology"; *Christ and Mythology*, 14 – 16。
128. Bultmann, *Christ and Mythology*, 15.
129. 对新约的诉求摘要于前书 33 – 34,且在 *Theology of the New Testament* 一书中的各段,皆有进一步发挥,如:1:258 – 259, 300 – 308;亦参 Rudolf Bultmann, *The Presence of Eternity: History and Eschatology* (New York: Harper and Brothers, 1957), 40 – 50。
130. Bultmann, *Christ and Mythology*, 51;亦参"Is Exegesis Without Presuppositions Possible?" in *Existence and Faith*, 289 – 296; *Presence of Eternity*, 113 – 114。
131. Bultmann, *Christ and Mythology*, 53.
132. 前书,55。

133. 参，如，"New Testament and Mythology," in *Kerygma and Myth*, 1-8; *Christ and Mythology*, 11-32。
134. Bultmann, *Presence of Eternity*, 95-96.
135. Bultmann, *Christ and Mythology*, 71.
136. 对布尔特曼而言，神学不单是人类学，这观点强有力的说明见 Young, *History and Existential Theology*, 66-72。亦参 Bultmann, *Christ and Mythology*, 70。
137. Schubert Ogden, *Introduction to Existence and Faith*, 19.
138. Young, *History and Existential Theology*, 48.
139. 前书，47。
140. 布尔特曼拒绝这种批判，见"New Testament and Mythology"一文，*Kerygma and Myth*, 25。
141. 有关此事，见 John Macquarrie, *An Existentialist Theology* (London: SCM, 1955), 5-6。
142. 前书，14。
143. 如，Bultmann, *Christ and Mythology*, 56。
144. Rudolf Bultmann, "Humanism and Christianity," *Journal of Religion* 32 (1952): 83. 亦参 Young, *History and Existential Theology*, 134。
145. Bultmann, *Presence of Eternity*, 43-44, 140-141, 152。
146. 参，如，Morris Ashcraft, *Rudolf Bultmann*, in Makers of the Modern Theological Mind, ed. Bob E. Patterson (Waco, Tex: Word, 1972), 35。
147. 参，如，*Presence of Eternity*, 117-122 中的探讨。布尔特曼的看法在 Young, *History and Existential Theology*, 23-24 中有所解释。
148. 布尔特曼将他与存在主义的分别，列举在"New Testament and Mythology," in *Kerygma and Myth*, 22-33。亦参 *Presence of Eternity*, 149-152。
149. Bultmann, "New Testament and Mythology," in *Kerygma and Myth*, 38-39.
150. Rudolf Bultmann, *Jesus and the Word* (New York: Charles Scribner's Sons, 1958), 213.
151. Bultmann, "New Testament and Mythology," in *Kerygma and Myth*, 37.
152. 前书，39, 42。
153. Schmithals, *Introduction to Theology of Bultmann*, 145.
154. Bultmann, "New Testament and Mythology," in *Kerygma and Myth*, 41.
155. 他将这个原则用于历史研究，也让人困惑；参，*Presence of Eternity*, 122。
156. 除了在别处引用的文字外，亦参 Robert C. Roberts, *Rudolf Bultmann's Theology* (Grand Rapids, Mich.: Eerdmans, 1976)。表同情的文字则见 Andre Malet, *The Thought of Rudolf Bultmann*, trans. Richard Strachan

157. Young, *History and Existential Theology*, 154.
158. Jürgen Moltmann, *Theology Today* (Philadelphia: Trinity, 1988), 65.
159. 不断有人注意到这个问题。参，如，Klaus Bockmuehl, *The Unreal God of Modern Theology* (Colorado Springs: Helmers and Howard, 1988), 74-76。
160. 如，布尔特曼写道:"谈到神就必须谈到自己的说法,并不意味下一句为:神不是在信徒以外。"*Christ and Mythology*, 70。
161. 前书,43。
162. 前书,78-83。
163. Macquarrie, *Existentialist Theology*, 243.
164. Bultmann, *Christ and Mythology*, 82.
165. 前书,80。
166. 对布尔特曼理论之失败处,最详尽的探讨,见 Hans Jonas, "Is Faith Still Possible? Memories of Rudolf Bultmann and Reflections on the Philosophical Aspects of His Work," *Harvard Theological Journal* 75/1(1982):1-23。

### 尼布尔:透过神话启示的超越性

167. 见,如尼布尔在他所写"Intellectual Autobiography"的开头所言,载于 *Reinhold Niebuhr: His Religious, Social, and Political Thought*, vol. 2 of *The Library of Living Theology*, ed. Charles W. Kegley and Robert W. Bretall (New York: Macmillan, 1961), 3。
168. Reinhold Niebuhr, *Justice and Mercy*, ed. Ursula M. Niebuhr (New York: Harper and Row, 1974), 1.
169. Niebuhr, "Intellectual Autobiography," in Kegley and Bretall, *Reinhold Niebuhr*, 3.
170. 前书,4。
171. D. R. Davies, *Reinhold Niebuhr: Prophet From America* (New York: Macmillan, 1948), 14.
172. Paul Jersild, "Reinhold Niebuhr: Continuing the Assessment," *Dialogue* 22/4 (Fall 1983): 284.
173. 参,如,William Hordern, *A Layman's Guide to Protestant Theology*, rev. ed. (New York: Macmillan, 1968), 150。
174. 对尼布尔与巴特的关系简要的探讨,见 Ronald H. Stone, *Reinhold Niebuhr: Prophet to Politicians* (Nashville: Abingdon, 1972), 122-125。
175. 在Kegley与Bretall所著 *Reinhold Niebuhr*, 5,尼布尔所写的"Intellectual Autobiography"。另一篇记述尼布尔对自己思想发展的谈话,见 Reinhold Niebuhr, "Ten Years that Shook the World," *The Christian Century* 56/17

(April 26, 1939): 545。

176. Niebuhr, "Intellectual Autobiography," in Kegley and Bretall, *Reinhold Niebuhr*, 6.

177. *Justice and Mercy* 开端所记尼布尔的祷告。在写尼布尔思想传记时，改变的观念成为中心要旨。见 June Bingham, *Courage to Change*（New York：Charles Scribner's Sons, 1961）。

178. Stone, *Reinhold Niebuhr*, 10.

179. 前书，11。亦参 Reinhold Niebuhr, *An Interpretation of Christian Ethics*, Living Age ed.（New York：Meridian, 1956），27-28。

180. 戴维斯结论说，这是衔接尼布尔所有著作的主题（*Reinhold Niebuhr*, 95）。

181. Reinhold Niebuhr, *Christian Realism and Political Problems*（New York：Charles Scribner's Sons, 1953），1.

182. Niebuhr, "Intellectual Autobiography," in Kegley and Bretall, *Reinhold Niebuhr*, 3.

183. 前书，17。

184. 前书，19。

185. 前书，20。

186. 尼布尔思想中这个层面的出现与发展，见 Hans Hofmann, *The Theology of Reinhold Niebuhr*, trans. Louise Pettibone Smith（New York：Charles Scribner's Sons, 1956），73。

187. Davies, *Reinhold Niebuhr*, 80.

188. 参，如，他的"Intellectual Autobiography," in Kegley and Bretall, *Reinhold Niebuhr*, 15。

189. Davies, *Reinhold Niebuhr*, 72.

190. 尼布尔对"不可能的可能性"一词的使用，见 *Interpretation of Christian Ethics*, 97-123。

191. 前书，110。

192. William John Wolf, "Reinhold Niebuhr's Doctrine of Man," in Kegley and Bretall, *Reinhold Niebuhr*, 230.

193. 对照 Wolf 的观点，可参李曼："不过，按尼布尔本人的说法，他神学研究的主要热忱与目标，一直是基督论。"Paul Lehmann, "The Christology of Reinhold Niebuhr," in Kegley and Bretall, *Reinhold Niebuhr*, 253。

194. Niebuhr, *Christian Realism and Political Problems*, 3.

195. Niebuhr, *Interpretation of Christian Ethics*, 23.

196. Reinhold Niebuhr, *The Nature and Destiny of Man*, Scribner Library ed.（New York：Charles Scribner's Sons, 1964），1：12-18。

197. 参"Intellectual Autobiography," in Kegley and Bretall, *Reinhold Niebuhr*, 11, 18。

198. 这是 Hofmann 所宣讲的,见 *Theology of Niebuhr*,104。他辩道,尼布尔主张每个人都有双重责任——向神与向人。因此他便强调信仰与社会(145),而对神的不信与社会不公也彼此纠结,互相影响(195)。
199. 前书,16-17。
200. 见他的文章 "The Truth in Myths", in Reinhold Niebuhr, *Faith and Politics*, ed. Ronald H. Stone (New York: George Braziller, 1968), 24-25。
201. Hofmann 也有类似的看法,*Theology of Niebuhr*, 107-109。
202. Niebuhr, *Nature and Destiny of Man* 1:147.
203. 前书,242-264。
204. Stone, *Reinhold Niebuhr*, 133. 亦见 Niebuhr, *Nature and Destiny of Man* 2:viii。
205. Reinhold Niebuhr, *Man's Nature and His Communities* (New York: Charles Scribner's Sons, 1965), 106.
206. Niebuhr, *Nature and Destiny of Man* 1:182-183, 251-252.
207. 见前书,228-240。
208. 前书,186-203。
209. 前书,208。
210. Edward J. Carnell, *The Theology of Reinhold Niebuhr* (Grand Rapids, Mich.: Eerdmans, 1951), 37.
211. Niebuhr, *Nature and Destiny of Man* 1:126.
212. 前书,127。
213. 见他的文章 "Coherence, Incoherence, and Christian Faith", in Niebuhr, *Christian Realism and Political Problems*, 175-203。
214. 如,Niebuhr, *Nature and Destiny of Man* 1:267。
215. Gordon Harland 为此辩论,*The Thought of Reinhold Niebuhr* (New York: Oxford, 1960), 118,他在该处引用尼布尔所著 *Nature and Destiny of Man* 2:67。
216. Niebuhr, *Nature and Destiny of Man* 2:66;亦见 Reinhold Niebuhr, *The Self and the Dramas of History* (New York: Charles Scribner's Sons, 1955), 71。
217. 尼布尔对神话有不同的见解,见 Hofmann 的探讨,*Theology of Niebuhr*, 74-83。
218. Niebuhr, *Self and Dramas of History*, 97.
219. Reinhold Niebuhr, *Moral Man and Immoral Society* (New York: Charles Scribner's Sons, 1932), xi. 1927 年此理论的雏形正出现于 Reinhold Niebuhr, *Does Civilization Need Religion?* (New York: Macmillan, 1928), 129-134。
220. Niebuhr, *Moral Man and Immoral Society*, xi.

221. 前书, 25。
222. 前书, 257。
223. Niebuhr, *Interpretation of Christian Ethics*, 9.
224. Niebuhr, "Intellectual Autobiography," in Kegley and Bretall, *Reinhold Niebuhr*, 9.
225. Niebuhr, *Interpretation of Christian Ethics*, 155.
226. 前书, 110。
227. 尼布尔论点的摘要, 见 Harland, *Thought of Niebuhr*, 44-46。
228. Niebuhr, *Nature and Destiny of Man* 2: vii.
229. 参, 如 Reinhold Niebuhr, *Beyond Tragedy* (New York: Charles Scribner's Sons, 1937), 4.
230. 前书, ix。
231. 见他的文章 "The Truth in Myths", in *Faith and Politics*, 17-18。
232. "The Christian Church in a Secular Age," in Reinhold Niebuhr, *Christianity and Power Politics* (New York: Charles Scribner's Sons, 1940), 221.
233. Niebuhr, *Self and Dramas of History*, 242.
234. 参 Reinhold Niebuhr, *Faith and History* (New York: Charles Scribner's Sons, 1949), 152。
235. Stone 如此主张; 见 *Reinhold Niebuhr*, 225。
236. 参 Niebuhr, *Faith and History*, 112-113。
237. Niebuhr, *Self and Dramas of History*, 242.
238. Niebuhr, *Faith and History*, 137.
239. 前书, 151。
240. 参 Harland, *Thought of Niebuhr*, 20。
241. Niebuhr, *Nature and Destiny of Man* 2: 68.
242. Niebuhr, *Christianity and Power Politics*, 210.
243. Niebuhr, *Faith and History*, 125。尼布尔阐明, 基督徒的看法与古希腊有何不同, 见 *Beyond Tragedy*, 155-169, "Christianity and Tragedy"。
244. Niebuhr, "Truth in Myths," in *Faith and Politics*, 31.
245. Lehmann 在 "Christology in Niebuhr" 一文中发挥此点, 见 Kegley 与 Bretall 所著 *Reinhold Niebuhr*, 270-274。
246. Niebuhr, *Nature and Destiny of Man* 2: 68.
247. 前书, 212。
248. Niebuhr, *Beyond Tragedy*, 229.
249. 前书, 237。
250. Niebuhr, *Faith and History*, 113.
251. 前书, 215; *Christianity and Politics*, 200。
252. 这个观念是尼布尔的政治现实论的背景。见, "Why the Christian Church

is not Pacifist"一文, *Christianity and Power Politics*, 21。
253. Niebuhr, *Nature and Destiny of Man* 2：288.
254. 这些记号的探究,见前书 287-298。
255. 尼布尔以人自己来理解复活,这一点参 *Self and Dramas of History*, 237-242。
256. Niebuhr, *Nature and Destiny of Man* 2：320.
257. 前书,321。
258. 相关的批判,见 Robert E. Fitch, "Reinhold Niebuhr's Philosophy of History,"在 Kegley 与 Bretall 所著 *Reinhold Niebuhr*, 297。
259. 见 Daniel D. Williams 提出的批判,"Niebuhr and Liberalism,"在 Kegley 与 Bretall 所著 *Reinhold Niebuhr*, 209。
260. Lehman, "Christology in Niebuhr," in Kegley and Bretall, *Reinhold Niebuhr*, 279.
261. Hofmann, *Theology of Niebuhr*, 246.
262. Lehmann, "Christology in Niebuhr", in Kegley and Bretall, *Reinhold Niebuhr*, 277. 以整本书讨论这题目,见 Rachel Hadley King, *The Omission of the Holy Spirit from Reinhold Niebuhr's Theology* (New York：Philosophical Library, 1964)。
263. Jersild, *Reinhold Niebuhr*, 285.
264. 前书,286。
265. Reinhold Niebuhr, *The Children of Light and the Children of Darkness* (New York：Charles Scribner's Sons, 1944,1960), xiii.
266. Fitch 提出一个相关的问题。如果基督教教义指出了罪与恶的终极本质,它岂不也启示出有终极的善？见"Reinhold Niebuhr's Philosophy of History,"在 Kegley 与 Bretall 所著 *Reinhold Niebuhr*, 295。
267. Benton Johnson 将这点应用到全国的情况,见"Taking Stock：Reflections on the End of Another Era," *Journal of the Scientific Study of Religion* 21/3（September 1982）：189-200。

# 第4章
# 向神的临在性进深
## ——重建自由主义传统

向正统新教自由派挑战的新正统神学派,可说是主导了20世纪20年代到60年代的神学。然而早在这一派思想盛极而衰之前,一些不同的声音已逐渐浮起。有些人质疑,新正统神学派每每在自由主义派学说中搜寻过度强调神的临在性的蛛丝马迹,然后大加挞伐,这种做法未免稍嫌过火。巴特和他的同僚们在重新确认神的超越性时,会不会也不知不觉过了头呢?

这种对新正统派可能走过头的疑虑,催生了新一代的思想家;他们从自由主义的废墟中,找出可以取代主流神学的另一种思考。他们固然不能忽视以往对过度强调临在性的学说的批判,却相信唯有重建对神临在世界的重要性,才能提供对神的真实的恰当认识,进而使基督教得以面对现代思潮的挑战。

因此,这些思想家设法就过去自由主义的临在说,作更深刻的探讨和建构。他们所鼓吹的当然不是回到已遭唾弃的文化基督教,而是试图借用新的哲学思想,像存在主义,或是融合最新的科学发现等方式,将基督教对神的信仰重塑出一个让20世纪的人能够了解并接受的说法。

新自由主义的例子不胜枚举，如麦奎利的存在神学和威曼（Nelson Wieman, 1884－1975）的经验神学都可算在内；然而在20世纪自由主义复兴浪潮中堪为范例者，则是本书将在下文中讨论的两大类型。蒂里希（Paul Tillich）可能是选择以存在主义与神学对话的新自由主义者中，理念最清楚透彻的一人；另一类型则是一种更广泛的运动，就是企图运用处理渐进过程的哲学思想，将神学与强调变动和演化的现代科学串连起来。

由此可知，这一章所提到的都是自由派神学家，不过并不是所谓正统的自由主义者，称他们为"浴火的自由派"或许更贴切些。他们所主张更新的自由主义，是经过新正统派的火所炼净的，因此是一种更有深度的自由主义；其思想的特色是，神的临在性因为与受造物的生命融合，而有着更深厚的含义。

## 蒂里希："神上之神"的临在性

蒂里希比20世纪所有的神学家更配被称为"知识分子的使徒"[1]。他秉承公元2世纪护教家如殉道者查士丁（Justin Martyr）的作风，试着与当代知识分子就基督教信仰的基要真理，按着他们各人的思想型态来沟通。离世前，他坦承自己有着以辩道为目的的极端热忱，他说："我的整个神学理论都是朝向将宗教信条解释成普通人——其实我们也都是普通人——都能明白并且受感动的形式。"[2]

蒂里希在神学上的贡献直追巴特，二人的影响力可说不相上下，只是方法截然不同。他跟巴特相同之处，在于建立起一套完整的神学系统，不但影响了他那一代的基督教思想家，在世俗社会上也获得相当的注意和声誉。但他一生致力于在现代世俗的哲学和基督教神学间建立积极的交互关系，则是与巴特极为不同之处。

尽管蒂里希早在1965年就已过世，但是他的影响力一直流传到90年代，而且很可能还会延续到下一世纪。由来自各国的哲学家和神学

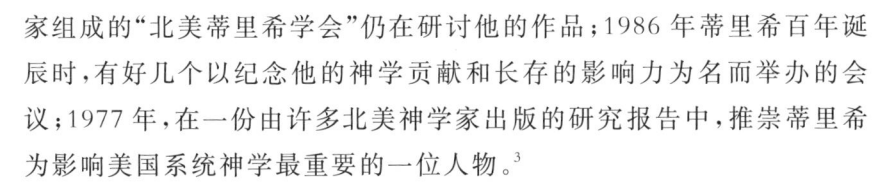

家组成的"北美蒂里希学会"仍在研讨他的作品;1986年蒂里希百年诞辰时,有好几个以纪念他的神学贡献和长存的影响力为名而举办的会议;1977年,在一份由许多北美神学家出版的研究报告中,推崇蒂里希为影响美国系统神学最重要的一位人物。[3]

即使在生前,蒂里希就已被外界公认为基督教神学界有史以来最伟大的思想家之一。很少有神学家能像他,得到政界、学界和文化界如此的赞扬和肯定,就连媒体也肯定他的成就和重要性,《时代》杂志在1959年3月16日以他为封面,便足以为证。

## 蒂里希的生平与事业

1886年8月20日,蒂里希出生在德国柏林附近的小镇斯塔德(Starzeddel)一位信义会牧师的家中。[4]他似乎很早,甚至可能在8岁时,就对神学和哲学发生浓厚兴趣,18岁开始往传道方面发展。他也跟当时德国一般大学生一样,在哈雷大学和柏林大学等好几个大学上过课,受到批判性的哲学、神学和圣经研究的影响。在学习成为传道人期间,他已决定要成为神学教授;最后他不但被新教国家教会按立,并且受聘为哈雷大学的讲师。

蒂里希的研究一度被第一次世界大战打断。当时他担任军中牧师,不但经常在前线主持士兵的葬礼——其中有许多人是他的好朋友——并且还亲手埋葬他们。面对大规模的死亡和毁灭的经历,成为他个人生命和信心的转折点。他经历了两次精神崩溃和严重的怀疑危机,而这些都使他改变了对神的看法。

战后,蒂里希接受了声誉卓著的柏林大学教职,并且开始参与激进的社会主义政治。他协助组织宗教的社会主义运动,后来还出版了一本以此为主题的重要著作《社会主义的抉择》(*The Social Decision*)。1920年代,他在德国学术界渐渐名声大噪。此时他离开柏林,先后到过马尔堡、德累斯顿神学院,最后在法兰克福大学安顿下来。在法兰克福大学担任哲学教授期间,他开始公开与纳粹党冲突;他们得势后曾指责蒂里希是"国家的公敌"。1933年5月10日,他的著作《社会主义的抉择》被焚毁示众；同年 10 月起，纳粹的秘密警察开始如影随形地跟踪他。

如果蒂里希留在德国，一定会死在集中营里，幸好美国纽约的哥伦比亚大学与协和神学院邀请他，因此他在 1933 年移居纽约。他费了很大的劲来适应美国的生活，尤其开头学英文更觉困难重重。不过在好友尼布尔等人的协助下，蒂里希和太太哈拿（Hannah Tillich）终于适应了美国生活，并且在 1944 年入籍成为公民。

蒂里希一直在协和神学院任教到 1955 年退休。在那 23 年间，他的讲道极为出名，其中有许多后来都印行出版；他对当代文化中各个领域所作的神学反思也相当有名。1940 年，耶鲁大学授予他荣誉博士学位，并称他为"神学家中的哲学家，哲学家中的神学家"[5]。

他在二次大战期间曾秘密透过"美国之音"向德国民众广播谈话，并于 1944 年在白宫会见罗斯福（Franklin Roosevelt）总统。二次大战结束后的那几年间，他周游列国，向各地的热情听众作了数不清的演讲，他的传记作者描述道："就在退休前的短短几年间，蒂里希吸引了大批迫切想听他讲话的热情群众。"[6] 1951 年，他出版第一册《系统神学》（Systematic Theology），详述他对神学方法、推理、启示和神的看法；1957 年出版第二册，讨论人类困境和基督；第三册直到 1963 年才问世，重点放在生命和圣灵、历史和神的国度。他的其他著作，如《存在的勇气》（The Courage to Be）、《信心的能力》（The Dynamics of Faith）等，就像他的讲道和演说一样，比较通俗，能吸引普通人。

从神学院退休后，蒂里希被哈佛大学聘为"大学教授"，这在美国学术界可说是最崇高的职位；他可以开任何他想教的课程，也可以自由旅行、研究和写作。他的讲座极受欢迎，往往上课前一小时，已有几百位学生先到讲堂占位子。他身上散发出一种个人魅力，学生会等在他的办公大楼外，只为了看他一眼。他到其他学校演讲，也总是吸引数百甚至上千的听众，即使批评他的人说，他的演讲内容是"没知识的胡诌"[7]。

蒂里希曾受邀出席 1961 年的肯尼迪（John Kennedy）总统就职大典，坐在台上的贵宾席上。他一生得到过 14 个荣誉博士学位，其中 12 个是由美国各大学授与的，另两个是由欧洲的大学授与，其中一个是柏

## 第4章 向神的临在性进深——重建自由主义传统

林大学。1962年他从哈佛大学退休,又受聘为芝加哥大学神学院的神学卢门教授(Nuveen Professor of Theology),且被尊为该校永久杰出神学教授。1965年10月22日蒂里希去世时,《纽约时报》曾有简短社评及头版的悼唁。

当然极少有神学家像蒂里希受到公众如此的推崇,他实在称得上是"那个时代的传奇"。然而作为一位神学家,他的一生却颇富争议。他始终为了既怀疑自己是否得救,又极恐惧死亡而感到困扰;[8]他鼓吹社会主义,自己却过着中上阶层的优裕生活;[9]他被誉为伟大的跨宗派基督徒,却鲜少上教会[10],而且生活相当糜烂。[11]

他本身的矛盾正是他思想的写照。他认定,在人类有限的存在中必然会有一些毁灭性的张力;怀疑是信仰的必然要素,而疏离与失和则是根深蒂固地存在于人类生活中。那位存在者——神——的权柄,能帮助我们有勇气面对虚无(nonbeing)的威胁,并使我们相信自己已被接纳;但它无法使我们克服存在中的紧张与矛盾。

要了解蒂里希神学中这些极重要的思想,我们必须先弄清楚他的一些基本的预设主张和神学方法的本质。

## 蒂里希的预设主张

蒂里希的基本预设主张之一,是神学必须有护教性。也就是说,神学应当将它的观念,以一种与当代情境真诚对话的方式,有系统地表达出来。他所谓的"情境",指的是在不同文化中的人特有的问题和关怀,也就是"他们用来诠释存在的表现形式,例如科学、艺术、经济、政治和道德等形式"[12]。他对诸如基要神学、"宣道神学"(新正统神学)等神学流派都严厉批判,认为它们都忽视了情境,完全不顾当代文化向神学提出的问题,只管把基督教信息"砸"(套用他的话)在人家头上,就像砸石头似的。[13]他的方式则完全相反,主张神学必须是"解答式的神学",也就是要让神学信息既能配合当时的思想,又能持守它的基要真理和独特性质。

护教神学在基督教信息和当代文化之间,设定了一些共同的立足

点，而这些共同立足点又是蒂里希神学的另一个基本预设主张。他相信，神学靠着神的启示，最起码应该能，也一定能解答当下的存在中所隐含的问题；如果不能，神学就是废话，因为它没法解答问题。不过他深信，幸好当下的存在所引发的一些基本问题，在神学中，尤其是在神启示的信条中，确实都已获得解答。

蒂里希神学的第三个预设主张，是哲学在神学的护教任务中扮演着关键性角色。在这一点上，他与巴特完全不同。他相信，哲学对神学是不可或缺的；因为哲学将神学要解答的问题有系统地陈述出来，并且为那些解答提供了主要的形式。因此，他非常重视哲学，曾说："如果一位神学家的作品显示他没有严肃看待哲学，那么纵然他是一位优秀的基督徒或学者，也不应被视为一位严肃的神学家。"[14] 他反对主张唯信论的思想家如帕斯卡尔的说法，他说："亚伯拉罕、以撒、雅各的神和哲学家的神，是同一个神。"[15]

这一点又与他的第四个预设主张很有关系。哲学中最有用的就是本体论，尤其是存在的本体论，事实上照蒂里希的定义，哲学与本体论简直就是同义词。哲学就是"用认识论的方法来认识实体，而这实体其实就是客体"[16]；本体论就是"当我们每次与实体相遇时，对本体的结构所作的分析"[17]。任何有关哲学的定义或哲学的运用，若是没有引用本体论，蒂里希都不能接受，因为本体论是一切哲学真正的中心[18]，而且本体论所关切的一切问题，在其他各种哲学研究方法中都可以发现。[19]

归根结底，哲学就是本体论，也就是对本体的研究。它提出一些有关本体的问题，例如：当我们说某件事（物）"是"……，这个"是"究竟是什么意思？一切现象背后最真实的是什么？一切具有存在的事（物），其背后那存在的本身是什么？一切具有存在的事（物），其结构是什么？因此，蒂里希宣称："哲学就是从整体上对实体和存在的结构提出疑问，并从范畴、结构的规则和宇宙的观念来解答疑问；哲学必须从本体论的角度来解答问题。"[20]

对蒂里希来说，本体论对神学的用处，主要在于它所提出的疑问，而不在于它所提供的答案；最明显的例子就是他对"虚无"的描述。对"虚无"这个问题，古希腊哲学家曾经花了一番心思，20世纪的存在主义哲学家又以不同的方法将它炒热。不过在蒂里希看来,人们对这个问题的兴趣持续不衰,一点不足为奇,因为"一切有限之物的里面都有着对虚无的焦虑"[21]。人很自然就会对自己在存在中的地位感到好奇,因为只要想深一点,人就会了解自己是有限的、无常的、暂时的;他们可能"虚无",就像他们"存在"一样,是再寻常不过的事。老实说,虚无根本就是他们存在的一部分,无时无刻不在威胁着他们。

虚无引发了一个疑问,就是是否有一个存在的力量,能够胜过虚无的威胁,并支持、保守住有限的存在。这个力量不可能是有限的,它一定是"存在本身"或"存在的基础"(the ground of being)。没有了它,有限的存在就会沦为虚无或什么都不是。简单地说,蒂里希认为,虚无和存在的力量这两个本体论的问题,带出了关于神的问题,事实上,如果没有本体论的问题,就不会理解神学所提供的解答——神。他是这么说的:"唯有那些对人生的短暂有过震惊的经验、曾因明白自己的有限和虚无的威胁而感到焦虑的人,才能够了解神的观念。"[22]

因此,在现代护教神学中,本体论有着绝对的关键地位,尤其是在存在哲学凌驾一切学说的20世纪更是如此。事实上蒂里希认为,存在主义的本体论"帮了神学的大忙"[23],因为它所提出的问题,由依靠神的启示的神学来解答是再适合不过了。换言之,有关本体论的问题和解答,使得哲学和神学有了共同的立足点:"存在的结构和描述这个结构的范畴和观念,正是每一位哲学家和神学家所关切的问题。任何一方都无法规避本体论的问题。"[24]当然,哲学和神学在研究有关存在问题的方法上有相当大的差异;哲学采取的是一种超脱、客观的态度,而神学却是以"热情、战兢和爱"[25],来透视那终极的存在、胜过虚无威胁的力量。不过蒂里希主张,为了能好好地研究本体论所关切的问题,最好是同时扮演哲学家和神学家的角色,因为有创见的哲学家有时难免像个神学家[26],而神学家也必须站在哲学家的立场,才能分析人类存在的情境和随之而来的问题。哲学和神学,是完整的本体论必备的两个独立却又不可分割,而且互补的"要素"或角度。

蒂里希神学的最后一个预设主张,是本体论中人类存在的特质。这项默认从《系统神学》一书中曾多次提到"人是宇宙的缩影"这个说法

可以充分反映出来。[27] 蒂里希所指的是，人里面的存在的力量和结构不同于任何其他受造物。人的存在能够与超乎其上和其下的一切存在的结构沟通，并且参与其中，因此人的存在成为通往终极实体的独特管道："借着思想和实体的理性结构，人能够参与宇宙……而他们能够参与宇宙，是由于宇宙的结构、形式和规律都向着他们敞开。"[28] 既然如此，本体论若是想要针对终极实体或存在者本身提出问题和解答，就必须朝向人性的方向，而不是朝非人性的本质去思考。

上述这些预设的说法，在蒂里希的思想中随处可见，也支撑着他的整个思想；但这些主张极具争议性，也曾引起许多学术上的争论。多数哲学家，尤其是英语系国家，都反对他将哲学和本体论视为同一种学问；更反对他有关哲学和神学不可分割的说法。[29] 而神学家则批评他使基督教神学为"本体论的臆测"所俘虏，丧失了神学的自主性和圣经的位格性。[30] 最严厉的批判则是说，在深入地研究后发现，蒂里希的本体论是有选择性的，它企图将一些互不兼容的哲学流派，特别是植根于柏拉图、奥古斯丁、德国理想主义哲学家的传统本体论，以及海德格尔、萨特（Sartre）等人所提倡的现代存在主义的本体论统合起来。[31]

## 交互作用法

蒂里希以这些预设主张为基础，进而提出一个神学方法，可以同时忠于最初的基督教信息和当代思想；这就是交互作用法（Correlation）。这个方法不但决定了他整套神学的结构和形式，并且经常被视为他对现代神学的长远贡献。

蒂里希的交互作用法，就是"透过提出存在的疑问和提供神学的解答，以一问一答的方式，阐释基督教信仰"[32]，以驳斥另外三个不恰当的方法。第一个方法是许多新教神学家所采用的"超自然主义的方法"。蒂里希认为，人是接受基督教信息的对象，并且人会期待神的话创造出一种使人能了解及接受神话语之真理的可能性，但是超自然主义法忽视了人类的疑问和所关切的事（所处的情境），因此是不成熟的。[33] 他相信，"人对于自己没有想过之问题的答案不会有反应"[34]。

关于这一点，蒂里希毫无疑问是想到了基要主义和巴特的新正统神学。或许保守派神学家会问："万一人类因为堕落，而根本想不到正确的问题怎么办？"蒂里希却坚决相信，身为人类，只要存在，就会想到正确的问题。[35]

第二个不恰当的传统方法，是跟前者正好完全相反的"自然主义法"或"人文主义法"。它企图从人类的自然状态，找出神学的解答，这是标准的自由派神学。在这个方法之下，"所有事都是人说的，没有什么是向人说的"[36]。蒂里希批评人文主义法忽视了人类存在的疏离，也忽视了启示（其中包含着解答）是向人类说，不是人类向自己说的这个事实。[37]

最后一点，蒂里希拒绝采纳将超自然和自然结合在一起的"双重"法，也就是传统的自然神学，比如像在天主教里面，自阿奎那之后颇为普遍的主张。这种方式是设定两种神学解答，一种是从自然就可以推论出来的，例如神的存在；另一种则必须仰赖超自然的启示。可是问题出在，它是从问题的形式来导出答案（神）。蒂里希以交互作用法取代它，也就是将自然神学转化为对存在问题的分析，将超自然神学转化为对存在问题所提供的答案。[38]

由此可知，交互作用法就是取代自然神学的一种基要神学的形式。传统上，自然神学大部分谈的都是神存在的证据；蒂里希则是用本体论对人类存在的分析中所隐含的对神的疑问，来取代自然神学所提出的证据。

交互作用法就是如此一问一答。哲学缜密地探索人类的存在，就必会产生疑问，因此在神学的第一阶段，神学家必须像个哲学家；到了第二阶段，神学家就要像个神学家；他要依靠神的启示，来解答隐藏在人类存在中的疑问——这些疑问是哲学家能够发现却不能解答的。从头到尾，神学家的任务就是让问与答交互作用。[39]神学家提供的解答必须得自启示，而人类所关心的却是存在的问题，因此他们必须以一种后者能接受的方式来说明。换言之，神学家的任务就是针对现代俗世男女所感到疑惑的问题，在忠于基督教原始信息的原则下，将神的启示诠释出来。

照蒂里希的说法，"神"就是运用交互作用法的首要范例：

> 人类是有限的，这个事实所涵藏的疑问有一个答案，就是神。如果在系统神学中，神的观念与存在中所隐藏的不存在的威胁交互出现，则神必被视为那存在的无限能力，足以抗拒不存在的威胁。在古典神学中，这就是存在者本身。[40]

《系统神学》一书就采取这个方法。首先，蒂里希分析人类理性在存在状态下的本质，发现它包含了一些超出理性却又能满足理性的疑问；可见在本体论的分析下，理性本身就在"寻求启示"。蒂里希于是进一步诠释神的启示，指出这就是对理性所提出之疑问的解答。在他的神学另外四个部分中，也采用了类似的研究方法，由问题决定解答的形式。至于答案的内容，蒂里希强调完全来自启示。

蒂里希的交互作用法得到的评价有褒有贬。有些人认为用这个方法表达神学，能同时忠于真理和启示；批评者却指责蒂里希让哲学过于独立于启示之外，甚至凌驾于启示的权威之上。在他们看来，蒂里希固然是把哲学的功用局限于陈述神学的问题和决定解答的形式，但即使如此，是否已经在神学的架构中赋予通俗哲学过重的角色呢？蒂里希在为交互作用法定义时，并未先改变哲学的性质，因而哲学仍是"自主的"，而不是真正的"由神统管"或与神和睦的。[41]他们因而质疑，像这样一种在人类有限理性的先天张力拉扯下的研究方法，怎能相信它能以正确的方式，陈述正确的问题呢？问题的内容和形式会不会反而成为某种禁锢，或削足适履的方式，变成用启示来配合问题呢？正如基督徒哲学家托马斯（George Thomas）所说的：

> 一种未被基督教信仰改变的哲学推理，能不能表明那位存在者的"结构"或"范畴"，并且提出涵藏于存在中的"疑问"呢？如果答案是不能，那么那些由"问题"的本质来决定答案的基督教的"解答"，会不会遭到扭曲，或变得令人难以了解呢？[42]

对蒂里希最普遍的批评，则是说他在运用交互作用法时，并没有做到像他所形容的那么理想。虽然他的本意是要让神学的解答完全由启示来决定，但是实际上，不管是答案的内容还是形式，即使不受制于哲学问题，却至少深受其影响。托马斯以蒂里希有关神的教义思想为例指出，蒂氏形容神不是一个存在物（being），不是一个人，而是存在的本身，和一切与人有关的事物的基础；但是托马斯就他所了解的基督教信仰中，宣称神本身是有位格的这一点，提出质疑："当蒂里希的思想被一种与基督教精神相反的哲学所干扰时，他的基督教观点会不会减弱呢？"[43] 神学家汉密尔顿（Kenneth Hamilton）则直接指出，蒂里希实际运用的交互作用法根本没有从基督教信息中汲取任何思想，他所有的论点，从头到尾都是取自本体论的思想体系。他批评蒂里希在实际研究中并没有真正使问题和答案"交互作用"，而只是将基督教信仰的用语，以他预设的本体论诠释出来。[44]

的确，蒂里希神学最大的缺点，就在于它是一个巧妙的"普洛克汝斯忒式铁床症候群"。普洛克汝斯忒式是希腊传说中一个邪恶的旅店主人。他强迫客人睡到一张铁床上，以暴力手段使他们配合床的长度，太高的砍断手脚，太矮的就硬生生拉长。这个传说常被用来比喻强制性的思想体系，先决定了真理，再把事实硬塞到默认的结构中。神学家戴维斯（John Jefferson Davis）对蒂里希的方法论在这方面的弱点有相当正确的描述：

> 虽然交互作用法的构想很可贵，也很有必要性，但是蒂里希在运用此法时，真正的掌控因素不是基督教传统，而是现代文化。结果现代人与圣经信息沟通了，但却没有被信息挑战，以促使他们的心思意念向着这位活神，作真正的、彻底的改变。[45]

不过，这一类批评只有在讨论到蒂里希系统神学的实际结果时可以用得上，因为完整的交互作用法所探讨的范围，远超过下文仅稍稍触及的几个议题，如他对启示、神和基督的观念。

## 理性和启示

蒂里希系统神学的第一部分，就是要在理性和启示之间建立一个互动关系。他设法发掘出那些深植于理性之中的冲突和疑问，就是这些东西驱使理性朝向本身之外的启示去寻找答案。在这一部分中，他的目的是要彰显"启示就是那些隐藏在理性之中冲突的解答"[46]。有人认为理性和启示水火不容，蒂里希却不然。他相信，"理性并不排斥启示，它甚至寻求启示，因为启示可以重建理性"[47]。

要想了解蒂里希对于理性的观念，就必须先对他的"本质与存在"（essence and existence）的基本本体论有所了解。这个关于本体论上的区分，几乎是他神学的最主要基础，也是他在论述理性的本质时，最先提出的重点。照蒂里希的说法，我们所经验到和知道的实体，必须区分为两个层面，就是本质和存在。本质是事物潜在、未具体化的完美状态；从本体论来看，它是实体，却并非真正的存在。另一方面，存在则是具体的、是从本质"堕落的"；由于它虽从本身的完美状态分割出来，却仍然依存于此状态，因此它不是独立的。

蒂里希这套区分本质和存在的说法，在柏拉图的思想中可以找到。[48]柏拉图相信在一个"形式"的理想世界中，或是在事物和个人世界的完美状态中，存在物乃是各种形式的不完美复制品。蒂里希将柏拉图的本体论套用到他自己的目的上，后者对本质和存在的观念，只是蒂里希运用这些名词时的道具而已。

对蒂里希而言，"存在"指的是有限的、堕落的事物。存在乃是个体脱离了真正的存在，因而受到了限制、干扰和扭曲。这就是理性的真实状态，他称之为"理性处于存在中的困境"。这时理性已从它"理性的本质"堕落，因而遭遇一些它本身无法解决的冲突。[49]

本质的理性，也可以说理性的本身，却是超越的；它既是"心思的结构，使心思能够掌握并转变实体"[50]，又具有使心思得以有条理地推理、发掘通往终极之途的能力。从终极的角度来看，本质的人类理性同时依赖着宇宙的理性架构（也就是"存在的法则"），以及这法则和心思结构之间的契合。因此，理性本身并不受限于有限[51]，它是使万物和人类得以有知识和发现知识的机能，故而，它超越一切有限之物。

然而实际的理性，或可称为处于存在困境中的理性，却不是这么回事。这时理性就跟所有其他存在物一样，是受限的，与它真正的本质是疏离的，冲突也是因此而起。理性有许多对立而又成对的成分，如自律与他律、相对主义与绝对主义、形式主义和感情主义，它们在存在状态下就落入冲突与矛盾中，而疏离就是其中的表征。蒂里希用心分析这些对立的成分，以说明虽然理性本身无力解决冲突，却极力企求和好。他因而指出，这些对立成分所制造的冲突，必然导致两个结果，不是放弃追寻真理，就是寻求启示，因为"启示就是要提出一个既确切又关乎终极关怀的真理；这真理涵盖并接纳每一个重要的求知行动所必有的风险和不确定感，并且在接纳中超越这些"[52]。换句话说，理性需要被"拯救"或"医治"。理性无法医治自己，但它的确在往超越自身之境，寻找一个足以使它和自己的本质结构整合的力量，以求得满足。

蒂里希相信，整合理性的对立成分正是启示的任务。它能在存在的状态下，"拼拼凑凑却真实而有力地"[53]将理性本质的结构重建起来。因此他将启示正式定义为："向人类知识展现存在的基础"[54]。启示是一种力量的展现，这力量能够使悲惨地、毁灭地遭到疏离的一切重新结合起来，在冲突中保守、医治并带来和谐。启示就如同揭去存在的神秘面纱，是"存在和意义的深度自我显现"[55]。

不过蒂里希跟许多20世纪的神学家一样，拒绝承认有出自启示的文字或主张。他认为启示绝不是传达知识，它应该是以各种不同的媒介，如自然、历史、团体、个人和言谈等形式呈现的事件和经验。其实，只要是能够使存在的原始依据显明出来的一切事物，都可以成为启示的媒介。[56]圣经和教条并不是启示，但是如果最深层的存在以可听闻的语言来显现它自己，那就是"神的话"或启示。蒂里希认为，要人相信从神而来的启示就是话语或文字，那是"新教的诡计"[57]。

因此，圣经并不是"神的话"。事实上，照蒂里希的说法，"圣经中关于神的话的教导，最严重的错误莫过于把神的话和圣经当作同一件事"[58]。"神的话"应该是神的自我表明。不过蒂里希还是为圣经在神的

启示中找了一个地位；圣经因为记录了借着耶稣基督所显明的关乎终极启示的事件，而在启示中"有分"[59]。

蒂里希将启示分为"实际的启示"和"终极的启示"。前者是指随时随地发生、一切能显明存在者权能的事件和经验；后者则是指那关乎终极、无可超越的新存有（New Being）之医治权能的事，也就是一切启示性的事件和经验所指的目标。

基督教与其他宗教最极致的区别，就在于它宣称"以耶稣是救世主为基础的启示，就是终极的启示"[60]。基督教当然无法证明这个主张的真实性，不过，蒂里希试着证明这个启示性的事件——历史上出现了一个人，他就是那新存有医治世人的权能——是最终的、无可超越的，因为它克服了冲突，医治、救赎了理性。这件事解答了理性在存在状态下所产生的疑问。[61] 处于存在的冲突状态下的理性企盼着一种既普遍又具体、既绝对又相对的能力，能够消灭有限，同时又保守有限。唯有这样的实体能够在相对的两极间重建本质的和谐，进而治愈理性。

耶稣基督作为一个存在者，他的命运完全掌握在神的手中；作为一个有限的个体，他毫无保留地为那位无限者牺牲，但却保留了自己的个体性；因此他满足了终极启示的双重任务。[62] 透过他的生与死，他揭示了自我否定的权柄，显现出有限者不自以为是终极者的形象或典范。像他这样一个自我牺牲的有限者，战胜了存在处于疏离状态中的邪恶争战，创造出真正的"神律"，也就是在神掌权之下，不但除去自律和他律，且能保全真理。这个自我否定的权柄，或称新存在者，就是"基督"。

耶稣就是那位有限的个体，因着自我牺牲和受死，而被基督徒承认为救世主。他得以如此成就，乃是由于他抗拒了有限者处于存在之中必然遇到的魔鬼的诱惑，没有宣称自己是那终极者。拿撒勒的耶稣为了基督牺牲自己，因此成为终极启示的媒介。

蒂里希认为，这套理论意味着一切以耶稣为中心的宗教，都完全曲解了基督教信仰："如果基督教信仰不是主张拿撒勒的耶稣是为了作为救世主的耶稣而牺牲的话，这信仰就不过是许多宗教中的一个，对终极缺乏合理的主张。"[63]

我们稍后再详细讨论蒂里希的基督论，不过在此仍须对他这套理论中的诺斯替色彩稍加评论。诺斯替派的基督论在灵肉二元论和幻影说之间,通常较倾向前者。[64]有些诺斯替宗派甚至要信徒咒诅耶稣,以表示他们所认识的基督是与耶稣有分别的人(或许正是因为如此,保罗在《哥林多前书》12:3才会谴责那些咒诅耶稣的人)。蒂里希并没有鼓励或原谅咒诅耶稣的行为,这是可以确定的;但是他在拿撒勒的耶稣和"基督"——他不是一个人,而是新存有的权能——之间作如此截然的区分,却是呼应了诺斯替派的观点。[65]

## "神上之神"

蒂里希指出,启示不但没有摧毁理性,还满足了理性,因为理性提出了关于启示的疑问,若非如此,启示所提供的解答就毫无意义了;他自认为,借着这样的问与答,他已成功地将理性和启示连结起来。然而在讨论理性与启示的整个过程中,他也提到所谓"存在的权柄"(即"新存有"、"存在的基础"或神)的启示。在最后启示(在范围上比一般启示更小的)所要显明的,是神,这也是存在之因的宗教字眼。[66]神是爱,他有能力,能借着重新统合理性的对立元素,来医治人类的理性。

蒂里希的神论是最引人争议的一部分。争议主要是起于他那有名的主张:"神并不存在。神超越本质和存在,他是存在本身,因此若辩称神存在,就等于是否定他。"[67]固然有一部分的抗议完全是由于对蒂里希"存在"(existence)这个词用法的简单化理解引起的,给人他是个无神论者的印象;不过,就算是敏锐的评论者也认为,虽然蒂里希的言论中一贯把神当作存在本身,但他其实正是一个无神论者。[68]

我们在此不可能一一解析蒂里希的神论,或他人对其教义的各种见解,不过还是要说明,虽然他应该不算是无神论者,但是他对神的临在性和超越性所采取的态度,却使追随者不得不二选其一。事实上按他"神上之神"的说法,[69]则以近乎绝对的临在性最切合蒂里希的整体观念。马克·泰勒(Mark Kline Taylor)指出,蒂里希贸然"将神的超越性深植到存在的结构中,……以致把'超越性'扭曲到几乎无法辨认",此言诚然。[70]

如果神是解答，那么问题是什么？如前文所述，蒂里希认为必须先有问题，并且由问题来决定答案的形式。简单地说，神就是那个深植于存在中的疑问——存在本身是什么——的解答。[71] 在他看来，有限者都是存在和不存在的混合物[72]，于是他根据本体论，对有限者的结构作了一番复杂而巧妙的分析，以证明这个结构会使人类对存在的某种能力，或存在本身产生疑问；而存在的能力或存在本身，足以胜过深藏于人类内心对不存在所感受到的威胁。人类的存在会引发这个本体论的问题，是由于有限者知道自己并不是本身存在的根基，而这种认知是来自于当某人发现自己的存在竟然受到不存在的威胁时，生出"形而上的震惊"，并以最激烈的方式表达出来。

蒂里希坚称，如果神就是深藏于人类的有限性中那个问题的答案，则神一定不是一个存在物，无论这存在物是多么崇高、卓越，都不可能；他必须被视为"存在的能力"、"对抗不存在的能力"、"存在的无限能力"或那位终极的"存在本身"[73]。然而，就这存在的能力（它解决了不存在的问题）的定义来说，它不可能"存在"（exist）[74]，因为"存在"（existence）就是有限物的形式，注定落在堕落或疏离的境地。每一个个别的存在物，都因有着不存在而成为有限，且必须倚靠存在的能力才得以存在。如果神是一个存在物，它就不可能是人类寻索的终极目标，也无从响应有限者内心深处的疑问。正如蒂里希所说，神必不在存在物的范畴中，他乃是"神上之神"；他既为存在本身或一切存在物的根基和能力，就超乎传统基督教所信的那一位，既有人格又是存在物的有限的神。

蒂里希很努力地维护存在本身在超越性和临在性之间的平衡；他主张：存在本身并不是万物共有的本质，也不是世界基本的实质，因为这世界的一切既是有限的，就都受制于本质和存在的分界，而他却超越了这些限制；由于存在本身（Being-itself）不在非存在里，因此他完全超越一切有限之物。[75] 在蒂里希看来，神既是绝对、无限、不受支配及自由的，人除了说他是存在本身外，再也无法具体描述他[76]，一切关于神的叙述都纯粹不过是象征而已。

蒂里希在确立了神的超越性后，就转而谈到他的临在性。神在万物里面，万物也在神里面；一切有限之物都被包含在存在本身里面，这就是存在的结构,而存在的结构乃是万物的根基。[77]相对地,神也绝对、无拘无束地在万物的里面,成为他们的根基和目标。[78]神将一切有限之物以一种活泼的方式包容在自己的里面,以至于神的"生命"似乎不但包容了整个世界,并且无可避免地包容了世界的不存在性。[79]

因此按着蒂里希的说法,神超越世界,世界也超越神;神与世界同在,世界也与神同在。[80]矛盾的是,神虽是不受任何拘束的,但只要世界存在一日,他就无法自外于世界,而世界也无法自外于神,否则他就不是真正无限而无所拘束的,而是受到除他以外的另一物所限制了。因此,世界在神的生命中存在(此处并非空间的意义),神是世界里面的那个存在(此处所指并非实体)。

由上所述,不难看出评论者为何对蒂里希的主张表示不满。即使是相当支持他的马克·泰勒也不得不说:"蒂里希在超越性方面的主张,根本完全是临在性的,许多人甚至弄不清他所谓的神的'差异性'和'超越性'究竟是指什么。"[81]对他批评颇为严厉的萨奇尔(Adrian Thatcher)更进一步指出,蒂里希未能将神的超越性和临在性作前后一贯的解释,以致在神论上提出了两个各自独立、互不相干的说法。[82]

总而言之,蒂里希的"神上之神"其实是在万物之中、万物之下。当然,所谓"上"、"中"、"下"不过是借用描述空间实体的说法,来形容某种不具空间性的事物。不过无论怎么说,也无论存在本身多么独特,只要那存在的能力或存在的根基有可能是出自某些有限物,甚或出自全部的有限物,这存在本身就不可能符合传统所认知的超越性;这一点在蒂里希所强调的神与世界彼此共容的观点上尤其明显。神就是世界的存在。神的超越性,只不过意味着他不受那些辖制有限物的限制和冲突所支配;他将限制和冲突包容在他里面,而这些东西也构成了他的生命。蒂里希曾针对这点写道:

> 这样看来,世界的进展对神也很重要。他不是一个自给自足的隔绝体,凡事随兴,爱造谁就造谁,爱救谁就救谁。相反地,永恒的创造是为了爱;这爱,唯有透过另一个能自由决定接受或拒绝这爱的人,才得以成就。换句话说,神就是要让一切里面有着存在的事

物具体化、实质化，因为宇宙万物的终极境界就是神本身的生命。这就是神所赐的福祉。[83]

这种观点根本就是万有在神论。蒂里希在总结他的系统神学时，也用同样的字眼形容自己的观点。[84]神和世界虽不尽相同，但它们彼此微妙而紧密地连结在一起。论及此，令人不禁想起黑格尔的主张："没有世界，神就不是神了。"[85]

这类的说法不由得让人寻思，人怎能和一个既非存在物，也没有位格的世界的存在或是存在的根基连结起来呢？因为蒂里希一方面说："个人与神的相遇及与神的复和，就是所有纯正宗教的核心"[86]；一方面却又声称，无神论者不承认有一个属天的、完全的神性，是正确的，因为这样的一个存有（being）既然"存在"（exist），就表示它不可能是存在本身。

不过蒂里希不肯直说神不具有位格（impersonal）。他说："'有位格的神'未必代表神就是一个人，而只不过是说神是一切具有位格性之事物的根基，他的里面有着位格的本体能力。他不是一个位格，但他不亚于位格。"[87]人有没有可能与这位"位格性之本"（ground of everything personal）"相遇"，并有真正的关系呢？蒂里希当然晓得这种疑问，和其背后整套的圣经位格说，因此他把本体论和圣经的位格说结合起来，以解决这个问题，可惜最后还是失败了。绕了半天，他提出一个矛盾百出的综合说法："我们与这位有位格的神的相遇，也就是与'位格性之本'的神相遇，然而他不是一个位格。"[88]很显然，这种说法无论对理性或宗教经验，都不具说服力。

蒂里希自认为，那位虽不存在却是存在本身的"神上之神"，就是深埋在人类经验中的那个疑问的最终解答。[89]可是我们不能不怀疑，他是让问题的形式来决定答案的内容。他所说的存在本身，绝不可能是亚伯拉罕、以撒和雅各所信的那位超越、公义、圣洁的有位格之神，耶稣基督的父亲。

## 基督论

蒂里希的基督论同样也是决定于相关问题的形式。在他的系统神学第三册《存在与基督》一书中,他给人类的存在提出了一套强有力但颇富争议性的现象说;这套现象说的基础,建立在他对人类堕落的诠释上。在他看来,人类的堕落就是所有人都从本质转变为存在,"这并不是发生于某个时空里的某一件事,而是从古到今任何时空都可能发生的事"[90]。他认为,《创世记》中亚当和夏娃的故事不应按字面领受,而应视为人类困境的一种象征性说法,代表我们无可避免地疏离了人的本质,因而与神——存在的根基——隔绝。

虽然他认为,从本体论来看堕落并非绝对必要,却断言这件事与"受造物的实践"[91]是同一件事。换言之,堕落的转变与我们运用自由意志同时发生。人类一旦实现他们的自由,就立即从梦幻般的纯洁状态(这个观念取自克尔凯郭尔)——显示他们本质的存在是与神合一的——堕落,进入隔离的存在状态,因而产生紧张、焦虑、冲突、沮丧、罪恶,以及人类生命中一切的恶。

照蒂里希的说法,"堕落"不应被视为历史上发生在某一族裔或某一个人身上的事,而应视为人类普遍现象的一个象征。[92]但因为它绝非出自人类的本质,因此也就不是人类必然有的结构性特征,只不过它具备了某种非理性剧变的特质,而这是人类要负责的。[93]当然,这只是蒂里希版的"原罪说"。

评论家认为,蒂里希的观点无疑是将"罪本体化",也可说是使它变成必然之事,因为它跟创造看起来有如一体的两面。蒂里希所主张的"人在想要实现自由的欲望和保留梦幻般纯洁的要求之间感到为难,但在有限的自由的力量左右下,他决定实现自由"[94],这种说法使得评论者的质疑更显得振振有辞。因为照蒂里希的说法,免于堕落的唯一选择,就是在梦幻式的纯洁中保持不实现的状态——仅仅是个可能成为人的人;因为一旦人类存在为人,就立刻落入隔绝的存在状态。由此看来,评论家质疑道,这种主张岂不就是将罪视为人类存在的一个必然特征。总括来说,蒂里希明确指称,人类由本质变为存在的转折点——堕落,是我们所知的人类"最起初的事实"。从本体论的角度说,有了人类堕落进入存在,才有以后发生在时空中的一切人事物。[95]

蒂里希认为,他的见解是给真正基督教的基督论开了一扇窗。人类的存在意味着人类普遍在寻求一个能够突破隔绝、胜过焦虑，且能使我们与自己的本质复合的新存在（a New Being）。在蒂里希看来，基督就是解方。作为基督教象征的基督，就是那新存在的象征；他既能在存在的状态下出现，又能跨越本质和存在之间的鸿沟。[96]

基督徒相信，这新存在由拿撒勒人耶稣的生与死印证出来。然而在蒂里希看来，耶稣这人的名字和生平并不重要。他认为，即使历史证据有朝一日证明从来没有拿撒勒人耶稣这个人存在过，因新存在而生的信心也丝毫不会受到影响。他解释说："不是靠历史论证，而是靠经历，才能确证在个人的生命中，新存在胜过了老的存在。但这新存在不保证就是名叫耶稣的那个拿撒勒人。"[97]

那么耶稣究竟有什么特别之处呢？蒂里希根本否认耶稣是"神变成人"。他认为道成肉身的道理必须重新解释为：耶稣基督是"一个本质的人，在存在的隔绝状态下，出现在某个人的生命中"[98]。在耶稣里面神圣的灵，我们也可以称之为出现在他里面的"神人的本质"（essential Godmanhood）[99]。换言之，在蒂里希的眼中，耶稣既不是"神"，也根本没有"神的本性"。不过，耶稣却在他的人性中展现出一种全新的存在状态，也就是人性的本质在存在状态下，经历隔绝，却胜过隔绝。在耶稣基督里，人性在存在中渐渐地"本质化"。神与人最初的合一，竟然在存在状态中得以恢复。而圣经对于耶稣身为基督的描述，也找不出任何耶稣跟神之间的隔绝。[100]这件事本来应该是矛盾的，因此其实战胜隔绝这件事本身就使基督是为基督。借着这套说法，蒂里希以耶稣是新存在的见解，取代了传统的基督二性说，进而以一个变动的关系，取代了过去那套静止的本质论。[101]

是什么使耶稣成为基督呢？谈到这一点，蒂里希不觉就流露出诺斯替的习性来。他说耶稣是"借着牺牲作为耶稣的自己，成就作为基督的他，而确证了他身为基督的特质"[102]。这种把耶稣和基督一分为二的说法，明显带有二元基督论的色彩。蒂里希自认为只是想建立一套现代基督论，好在解释耶稣这件事时能够同时持守"基督的特质"和"耶稣的特质"[103]，结果却像是硬生生将二者劈开了。

蒂里希对耶稣基督既有这种诠释，他会否定耶稣肉身复活也就不足为奇了。他倾向采取"恢复论",也就是新存在对门徒的影响力,使他们在耶稣死后,有了"耶稣恢复成为基督尊荣的想法"[104]。同样地,蒂里希对耶稣是那先存的道、由处女怀孕生产、升天和再临的记号,都作出非字面含义的诠释。[105]

因此,我们不得不质疑,蒂里希似乎又让问题的形式不但决定神学答案的形式,而且也决定了答案的内容。照他那套模糊不清的说法,人类的存在必然会需要一个普遍而具体的、能使人本质化的力量——一个新存有——好让人类能在历史中与自己的本质复合。这个力量必须来自神,却又不可能是神,因为神是存在的根基,不可能在存在状态下出现,因此连蒂里希自己都承认,本质的人类在存在状态下出现是难以解释的。[106]但是他又坚持耶稣基督不可能既是人,又是神;因为他对人和神的定义,已使得人神二性的教义说不可能成立。[107]因此,照他的逻辑,耶稣一定是一个人,他达成了与神合一,而这样的本质每个人都有。

这种逻辑引起许多质疑。蒂里希怎么会不落入各种古老的基督教神学异端,像嗣子论、幻影说、聂斯脱利主义、基督一性说呢?虽然这些异端学说互不兼容,蒂里希却把他们结合起来,而不超越它们。他对耶稣的看法是嗣子论的——耶稣只不过是个成就了某些事的人;对基督的看法则像幻影说——"基督"并不等于耶稣这个人,他甚至可以不必是耶稣,因为耶稣这个人的人性和独特性,对基督来说都可有可无。他对耶稣身为基督的整体看法,又很像把两者划分为二的聂斯脱利主义。然而同时他的看法也很像基督一性说,因为他认为基督是完全属灵的,跟那位实际活着的人——耶稣,没有什么关联。塔瓦德(George Tavard)说得好:

> 蒂里希完全无法对教会一贯所信的基督论和圣经上所描述的耶稣提出解释。他对这些信条的看法是肤浅的……。但是当他自己想要"找出一个能表达传统基督论的精髓的新看法时",基督论的精髓就不见了。他深怕弄出一套变形的基督论,而不愿接受基督的神性,却又把基督的人性说得不清不楚,结果是把耶稣基督所具有的基督和耶稣的两样特质都失落了。保罗建立的基督论有如

两道深谷；当初使教会得以延续的卡尔西顿会议是行走在深谷间的山脊上，而蒂里希却先后跌进这两条深谷。[108]

## 批判的评估

蒂里希神学的终极评价是很明确的。虽然他的神学研究方法看来很合理，他也一心运用这套方法在做研究，可惜矫枉过正，由问题的形式去决定神学解答的内容，以致他那套本体论的方法变成了一张普洛克汝斯忒铁床，不但决定了神学现代化的议题，而且给基督教信仰内容来个五花大绑，甚至斩手斩脚，搞得面目全非。

最大的问题在于，蒂里希原本是要解决神的超越性和临在性的问题，结果却把两者五马分尸，而使他所说的"神上之神"空有字面的意义，少有实质的教义内容。到底蒂里希的"神"是哪个"神"？是指绝对的神，"存在本身"，不受存在所困的那位呢？还是指实际介入充满冲突和矛盾的世界的那位神？照上文的分析看来，他的神学大体上是倾向后者的。他的思想相当接近万有在神论，因此我们必须评断他的神学思想属于激进的临在主义。由此看来，60年代一些鼓吹"基督教无神论"者奉蒂里希为导师，理由何在也就不言自明了。

## 进程神学：进程中的临在性

20世纪中叶有两大学派兴起，取代了新正统神学派对自由主义的反弹。蒂里希的思想并不是朝上寻求至高处的神，而是往存在的深处探索。他相信我们借着"新存有"耶稣基督所彰显的典范，可以认清我们存在的神圣根基。如此，蒂里希在自由主义的临在性上，建立了更深刻的观念；而这种观念是以20世纪中叶风靡一时的存在主义为基础。不过，虽然蒂里希在他生前曾发挥广大的影响力，且在死后仍继续影响他的许多学生，但是他的神学内涵却没有发展成一家之言。

与他的学说相似而且影响更持久的，是后来发展成为更著名之思想学派的进程神学。这一派思想虽然流行于20世纪，其实是根源于西方思想之传统，即古希腊哲学家们选择巴门尼德（Parmenides）而不是赫拉克利特，即选择存在（Being）而不是形成（becoming），作形而上学观念的基础。

主张存在说的学者中最杰出的是巴门尼德（公元前515－450）。他看实体只注意它存留的本像，而不看它经过感官经验而发生的外在改变。他认为存在是永恒且不可能改变的，因为改变乃是招致过去不存在之物的存在。[109]巴门尼德的主要对手则是强调形成的赫拉克利特（公元前540－475）。他说："不可能先后两次踏入同一条河，因为新的河水不断在流淌而过。"[110]照赫拉克利特的看法，一切实体都在不断地变化。它在相对力量的互动或张力所形成的变化模式中[111]，随时都可能有新的修正。[112]因此，变化是他最主要的形而上学思想。

巴门尼德在西方哲学界所享有的卓越地位不曾动摇过，直到19世纪工业革命，科学发展引导哲学思想脱离了机械论的世界观[113]，爱因斯坦（Albert Einstein）等思想家强调有机关系的世界观，取代了牛顿学派的静态观念，因而启发了科学上的变革。达尔文虽然仍旧承袭机械论的宇宙观和战胜大自然的梦想，但他将动态变化的观念注入生物学的核心，却成为这场科学革命的一大助力。

哲学思想方面的变革，则起步于施莱尔马赫和黑格尔。他们二人从整体来看绝对者，它既包涵万物，也被包涵在万物中，因此有限者和自由都从属于这终极的实体。柏格森（Henri Bergson，1859－1941）和詹姆士（William James，1842－1910）二人则把有机的实体观推进一步，在哲学与心理学中推介"关系是内在而可经验的"观念。柏格森指出，神是推动进化过程的力量；他并且假定未来是不确定的，一切动静都在下一刻才能决定，因而将进化带入了一个有目的、探险式的层面。[114]詹姆士则认为，知觉是成串的，下一刻的知觉能够知道上一刻的知觉。[115]这些发展在在向笛卡儿所强调的静止的自我挑战。[116]

哲学和科学上的变革深深影响到社会的各个层面，现代生活因此充满着变化无常和互动的特质。[117]

进程神学的最终目的，就是要指出基督教信仰，尤其是关于神跟世界的关系，与深受变动感所影响的世界是息息相关的。[118] 为了达到这个目的，进程神学家采取了新的、动态的看法，认为实际（be actual）意味着参与在进程中，而每一个实际的存在体（actual entity）都是正反两极的结合体——内在加外在，过去加未来，自我加他人。

## 进程神学的基本观点

主张关联性的进程思想家最基本的异象，就是使神学和科学复和[119]，因此他们坚拒将生活划分为宗教、世俗或科学的不同范畴，而主张神学家一定要全方位关心生活。这种从预测未来变化的角度来观察眼前世界的企图，正是"末世论的说法"。

根据进程神学的主张，关于神的观念不但不能跟科学思想冲突，而且根本就要从自然主义的出发点来思考，像自然主义一样接受科学的充分验证。这一派神学家对他们眼中那些老掉牙的神观——宇宙的道德者、永不改变也无感情的绝对者、掌控万有的权能或现状的约束者等等，当然拒不接受。[120] 取而代之的，是对神的一种新的（在他们看来是关联性的）认知，将神视为世事进程的参与者。[121] 为了推动这个目标，他们建立了一套新的自然神学，把进化纳入神学，视为一切实体的根基，希望因此而能拉近神的临在性和超越性，使二者形成新的平衡关系。[122]

为了在神的临在性和超越性之间建立新的平衡，进程神学家抛开以往把实体分为高低两个层次的静止的超越观，取而代之的则是所谓进化的超越性。这个观念可以回溯到黑格尔对成长的认知；黑格尔认为，前一个状态并非被弃绝，只是被继起的状态完成了。进程神学家们则将超越性视为时间性而非空间性的比喻，是在"迈向未来"，尤其是"终极的未来"。

20世纪进程神学派虽有某些共同特征，但主要分成了两大流派——一派承袭德日进（Teilhard de Chardin），一派承袭怀特海（Alfred North Whitehead）。后者影响尤大，因此常被冠以"进程神学"的标签。

## 德日进的事业

法籍天主教思想家德日进(1881-1955)将一生心血完全投注在教会和人类科学两个领域。[123]为了顺服前者,他在18岁时就加入了耶稣会。1911年他被按立时,已同时精通神学和地质学,尤其是古生物学(从化石研究人类早期生命型态的科学)。日后他仍持续钻研,因此深受当时考古学的影响;一方面也激起他对人类进化问题的浓厚兴趣,这也是他一生的志业。

基于对人类史前史的兴趣,德日进在1923年去了中国。他回国后却发现上司竟认为他的信仰有一部分不合正统,不准他在巴黎的神学院任教,于是从1926到1946年,他只好在东亚地区四处游历,从事古生物的研究,包括参与史前人类遗迹北京人的发掘工作。另外他也一边继续写作,可是受限于教会的禁令,这些作品均未发表。1946到1951年,他想在巴黎寻找教职,却依然无法如愿,最后只得前往纽约,一直住到1955年离世。他的几部作品,包括那部旷世杰作《人类的现象》(*The Phenomenon of Man*,1938年完成),都是在他死后才发表的。

## 科学与基督教信仰

德日进的思想乃是基于:他相信科学和基督教信仰是同一套完整知识的两种现象。[124]他之所以有此信念,是因为他将万物划分为"内在"和"外在";"外在"指的是实体表现于外的本质,也就是科学家所研究的物质层面;[125]而同样重要的则是"内在"——万物中无法计量的部分,那有着目标和合一性、隐而未显的"精神"层面——也是经常被科学研究者忽略,却被神学家讨论的对象。德日进一生致力于证明这两者是合而为一的。他认为未来世界的希望完全系于"科学和宗教的汇合"[126]。唯有如此,我们才能看见整个"人类的现象",也就是对人类有最科学的了解。[127]

他由世界进化的研究中得出一个结论,认为进化过程遵循着"知觉渐趋复杂的规律"[128]。实体的每一部分都存在着某种程度的知觉,跟"内在"紧紧连在一起。而同样明显的是,物质的组织变得越来越复杂、有中心、有知觉,渐渐推向人类出现的高潮。他认为宇宙会有这样的变动趋向,是因为有一股充满一切实体且推着它前进的精神力量,也就是所谓"放射式的能力"[129]。因此他认为,推动进化过程的不是盲目的随机力量,而是一个积极的目的(正直的创造,orthogenesis)。

德日进给宇宙历史建立了一套辩证式的进程表。第一阶段主要是分裂或爆炸,这是因不同的"摸索"(gropings)在进展中而发生;接下来是聚集或汇合的阶段,各样东西重新聚集在某些"摸索"的周围,创造了"开始"(thresholds);进而开启了发生(emergence)的阶段,一个"新的创造物"(new creation)突破并超越了前面的状态。

他最著名的成就,还是将这套进程表运用到万物进化产生人类的漫长过程。第一个时期包括了各种原始的地理变化,使地球具备能够维持生命的条件;[130]然后产生了细胞,进而演化出各种不同型态的生命,环绕了地球的表面(生物层,biosphere)。这整个过程的目的,就是为了预备人类的出现。[131]

照德日进的理论,人类最独特的一点,就是具有反省的能力,也就是不但有知的能力,而且有"知道自己能知"的能力。[132]因此,那充满一切实体的知觉意识成为人类里面的中枢。人类的出现标记着德日进所谓的"灵知的创造"(noogenesis),进而发展出"灵知层"(noosphere,地球被有自觉能力的物种所环绕)。

以此为出发点,德日进摇身一变,从理论家变成了预言家,尝试透过整个进化过程去估测未来。他认为,到了18世纪末开始出现"现代的地球"时,进化过程就达到了高潮。然而这个新时代的出现,赋予我们沉重的责任,因为发现进化也意味着发现"我们除了变成能够自觉的进化物以外,实在没什么了不起"[133]。他写道:"我们才渐渐了解那一路造就我们的演变,也因而了解到,这种人类自省的努力给我们带来了多大的问题。"[134]而在我们的前面还有进化过程的最后阶段——将所有人结合成为一个"巨大的综合体"(mega-synthesis)[135]——就是他所说的终点(Omega point)。不过这种结合的状态不但不会使我们丧失个人的知觉、自由或是个人性，还会使知觉成长到"超级内省"（hyper-reflection）或"超级人格化"（hyper-personalisation）[136]。他因而呼吁人类弃绝孤立的倾向，朝向"全球化"（planetisation）的方向前进[137]，将个人结合在一起，组成我们今天所称的"地球村"（global village）。

## 终点和未来

在德日进的思想中，"终点"（the Omega point）扮演着关键的角色。虽然他把终点视为进化过程的最后一步，它却不在过程内，而是一个超越的、已经有了定位的标的点，也是推动整个进化过程的动力。[138]

然而这个终点的观念，也不过让他对终极的实体有个模糊的概念。在《人类的现象》一书中，他对最终的未来提出了两个假设。第一个承袭了19世纪的理想，期待着存在于这个世界的恶能被消除。另一个假设则较接近1世纪和20世纪对末日的恐惧，恶与善同时增加，最终走向毁灭性的终点。

在他晚年的作品中，第二个假设占了上风。或许因为他相信宇宙终将衰萎，这是热力学第二定律早已预测的事，因此他放弃了自己早期的精神和物质一元论，取而代之的则是预测人类将从物质中得到释放，升华到一个以精神为主的新生命境界。1946年时他写道：

> 人类，在进化的终点，将会达到一个完全成熟的境界，任由地球和星星擦身而过，隐入渐渐消失的原始能量中。而人类，将抽离这个星球，融入那唯一真实的、不可逆转的万物的本质，也就是"终点"……所谓抽离星球，不是指空间或外在，而是指精神与内在，正如宇宙物质的超级中枢会集中于自己身上。[139]

他在1947年（并于1952年再度）指出，这个最终的意象意味着"时间和空间的物质框框"可能被突破。[140]

## 基督教信仰的意义

德日进对宇宙进化的见解,构成了他对基督教信仰意义见解的背景。基督教信仰与终点有着密切的关系。终点一方面是宇宙历史的目标,一方面又在我们中间运行,并向我们显现出它是进化过程的原动力。[141]在德日进看来,基督教信仰中有许多地方可以看出终点在进化过程中的角色[142],包括肯定有一位有位格的神和道成肉身的救赎。更要紧的是,终点就在教会里,因为教会乃是基督工作的体现,要召聚世人组成一个充满爱的世界性团体,从而建立一个新的灵知状态,环绕着地球。基督教所说的世界末日,和万物终将在基督里合一,正是德日进所称的"基督的创始"(Christogenesis)。这些观念充分显示出,德日进的终点观是根据对进化做纯科学的分析而来;而他对未来人类合一的观念,正符合基督教的见解,可以说,这合一的终点就是基督教所信仰的基督。[143]

## 怀特海的形而上学

德日进的影响主要还是在罗马天主教的圈子里,而进程神学派的哲学根基,其实是以怀特海的思想为主。[144]怀特海(1861-1947)是一位数学家,早年一直待在他的祖国英国,直到1924年才被哈佛大学聘请担任哲学教授。瑞斯(William Reese)赞扬他在哈佛"建构了20世纪最深刻的形而上学说"[145]。

怀特海的大目标,是要在一个崇尚科学、敌视形而上学的环境中,重建形而上学的重要地位。他认为科学虽有其必要,但必须以正确的宇宙学为基础,因为每一门科学的背后都有形而上学的预设。[146]因此,他自认为是在从事传统的推理性哲学:"力求为一般概念建立起一套前后一致、合乎逻辑、必要的系统,好让我们所经验的一切都能有一个解释。"[147]

当时现代科学理论已取代牛顿的物理学说,而怀特海企图为实体发展出一套能符合这些科学理论的诠释。牛顿假设所有实物在时间和空间中,都有一个有别于其他一切物质的独立位置;而每一样物质与其他物质的关系都仅是外在的、偶发的。新的物理学则抛弃了这种单一位置的观念,另外建立了能量的观念;并且以"力"来描述实体,也就是在时间的范畴中,一切物质透过互动的过程,彼此关联。怀特海试着在这个新观念里整理出一套形而上学。[148]不过他并不接受将万物的因果关系简化为一种互动关系的现代理论。他认为,一切事物的里面都有复杂的能量,而物理学家对物质能量的见解不过是对这个能量的大略看法。[149]

怀特海自称他的研究方法是"有机的哲学"[150],因为其中强调的是"感觉"、动态的运行和"另一个存在体(entity)中的存有(being)"[151]。他自认传承了上自笛卡儿,下至休谟的哲学传统[152],也就是从人的主观经验中,发掘研究实体本质的线索。[153]不过怀特海比他所传承的学说更进一步,认为主观或情绪的经验(即"感觉"),不只是人类才有,而是存在于一切实体中。[154]也可以说,他的见解是经过修正的一元论,因为在他看来,实体("实际的存在体")的基础结构都差不多。因此,"神是一个实际的存在体,而某个最微不足道的存在之微息也一样是"[155]。在宏观和微观两种进程相映之下,任何一个存在体都能反映出所有实体的本质。

## 实体的基础结构

在怀特海的形而上学中,实体建立在四个终极观念上,即实际的事件、最终的目标、神和创造力。[156]不过跟柏拉图不同的是,他并不把后三者视为存在的实体[157]。他认为,这个世界是由实际的事件所组成的[158],后面三个范畴只不过具有形式的功能,使世界成形而已。[159]

在怀特海的心目中,实体不是静止不动的原素,而是进程。他引用赫拉克利特的名言说:"'没有人能先后两次涉过同一股河水'这句格言,可以引申为没有一位思想家能够前后两次想得完全一样。再扩大点说,就是没有人能够经历两次完全相同的经验。"[160]

这种进程的基本成分就是"实际的存在体",而这些并不是恒常的事物,而只是变幻无常的"机缘(occasions)的经验"或"片段(drops)的经验"。[161]其本质也不是中立、客观、纯粹属物的,而是有价值取向的,因为它们各自在努力达到某种价值。[162]每一个机缘都是一个变化形成(becoming)的动作,也就是将人对于曾经历的过去和可实现的未来所产生的感应,整合为一个整体的"感觉"(怀特海称之为"满足",satisfaction),因此每一个机缘都包含了两极,一为"物质"极(过去),一为"精神"极(可能实现的),而每一个机缘都是在经验的过程中创造了自我。[163]

　　但是,一方面每一个机缘是自我创造的,另一方面,它也被一连串的机缘之流围绕,且倚靠这流。[164]因为每一个机缘都有一部分是过去经历的产物,它从前面的机缘中接收了某些范畴,也排斥了某些范畴。[165]怀特海以捕捉(prehension)形容这种由过去到现在的变化,或者更具体地说,"捕捉"就是每一个机缘跟在它之前的宇宙的关联性。

　　实际的机缘只是暂时的实体。一旦它将经验整合完成,就算是度过了"暗中的"形成阶段,而成为一个"公开的"对象,供其他事物在它们的形成过程中引用。这实体的本身就此"消灭",但它却被继起者所捕捉,最终则被神所捕捉,而获得"客观的不朽"(objective immortality)。一个实际的机缘为了继起的存在体而成为被引用的对象,怀特海称这样的过程为高越体(superject)。而为了强调这种从主体变成客体的运行,他称实际的存在体为"高越的主体"(subject-superject)。

　　透过捕捉,固然确保了从过去到现在的延续性,然而每一个机缘仍是全新而独特的,因为它虽然出自于已知的事物,却并不限于这些事物;它可以自由决定要从过去接收什么或拒斥什么。这个说法就引导出有关终极存在体和神的观念。

　　每一个机缘不仅从前面的机缘中捕捉到某些成分,而且在自我创造的过程中,它还会筛选永恒客体(eternal objects);所谓永恒客体指的是各种模式和质素,像几何型关系、色彩、情绪、喜乐和痛苦等等,类似柏拉图所说的"理型"。[166](forms这个名词也有人译为"理念"或"观念",总之是指一切事物所本的永恒实体,它是不可触摸的,却比真实的物质更真实。——中译者注）它们是"纯粹的潜在"[167]，是现实机缘可以反映的。

每个机缘在变化形成的过程中，都会面对它的"初始目标"[168]，也就是这个正在形成中的机缘所可能拥有的最佳组合，不过机缘对这个组合可以任意筛选。在这个初始目标的基础上，机缘试着创造出一个愉悦的经历，进而借着让其他机缘分享其经历，参与创造未来。怀特海认为，这个初始目标乃由神而来，但是神还有另一个作用。一个机缘产生之际，也就是它消灭之际，不过它并未完全消失[169]；它不但成为下一个机缘的基础，还增加了神的经验，而且它将永远深藏在神那儿（不朽的客体）。因此，神可说是完全融入了世界形成的进程。

## 以神为存在体

怀特海的神观中最重要的一点，就是他设想神是世界上所有存在体中的一个存在体。[170]神跟其他所有实际存在体一样是两极的，包含了初始和继起的范畴。[171]对神而言，那初始的本质（非时间性的、"精神"的一面）就是世界形成过程的原则。[172]是神，构思了各式各样的永恒客体，作为一切可能性的初始评价[173]，并在实际存在体的形成过程中提供变化的诱因。[174]可以说，神涵括了整个可能性的范畴[175]，因此，神乃是一切新造之事的根基。

然而神在初始的本质中是不完全的。他的感觉"欠缺了实现的完满性"，因此神仍然需要另一个范畴。在"神继起的一极"（时间性的、"物质的"一极）中，神捕捉到时间的世界，成为一切消灭中的实际存在体的归宿，如此，使整个世界归结成一体。这样一来，就在未来变成现在，现在又消失在过去的过程中，神保留住所有新发生的事。[176]这整个运行使神的本质有了"物质感觉的完满性"[177]，而神也变成了"一位同受苦难、了解体贴的伟大同伴"[178]。

神性实体的两个范畴，使得神与世界之间有了一种交互关系，彼此需要，相系相依。正如怀特海所说："每一个时间性的机缘都包含神，同时也被包含在神里面。"[179]

有共同因素的机缘结合在一起，就成为一个自我存续的整体，称为"机缘会社"（society of occasions）[180]。这些会社以各种不同的形式出现，包括"活物的会社"[181]，但其中最独特的还是人。每一个人都是一个会社，这个会社能记忆、能期待，还能将这二者交织在一起。然而一个人仍然是有限的会社，因为他的经验所能结合的，只是有限的过去和有限的未来。但是神却完全不同，他是一个不受限的会社[182]，能记忆过去所有的经验、能看见未来的一切可能性、并能将过去和未来在永续不断的进程中交织在一起。

这一切观念的背后还有一个终极的观念，就是创造。[183]创造绝非另一个存在之"物"，创造乃是实际存在体多样性的合一原则，也同样是每个实际存在体得以展现其新意的原则，以及每个参与在具"创意前进"特征的整体过程中之一员所持的个别特质之源头。[184]

## 进程神学

怀特海本着这种进程说的形而上学，发展出一套独特的神学。总括来说，他的神学有三个基本原则。第一，神既非远离世界，也非不受世界所牵涉，神与世界是相互依赖的。由此可见，怀特海所强调的乃是神的临在性，因为神是"临在实际世界的一个实际存在体"[185]。当然，神仍是超越性的，不过这只是就神的逻辑性而言，并非意味着从年代来看，神存在于世界之先。同时，神的超越性也没什么独特。超越性是每一个实际存在体的特色，因为每个存在体"都有创新的能力，故超越性是普遍的，包括神在内"[186]。神的超越性是指神的永不衰竭、永远信守目标，以及有能力，甚至借恶致善。[187]

第二，神在这个世界的作为，主要是借说服而非强制。虽然神提供诱因，但是每个机缘都有权选择接受或拒绝。因此，怀特海以"温柔地关顾"和"无尽地忍耐"的形象，来描述神对世界的态度。[188]进程神学家福特（Lewis Ford）认为，怀特海的见解意味着："信仰是相互的。世界必须相信神会为它提供努力的目标，而神也必须相信世界会达成他的目标。"[189]

第三,我们不能把神看作是全能者,而要看他是与世界一同受苦者。怀特海拒绝传统将神当作神圣专制君王的看法。他认为照这样看,"教会是把凯撒的属性加在神的身上"[190]。神也不是全知的,像传统所以为的那样能知道未来;其实神跟人一样,他所知道的未来不过是可能的未来,绝不是真确的未来。

## 科布的进程神学

怀特海的形而上学对20世纪的神学产生相当复杂的影响。不仅是他的主张经常出现在许多神学著作中,而且有些思想家除了将他的进程观点做一般性的运用之外,更追随这位英国哲学家,以他的学说为基础,来改革基督教神学。[191]在这一派被称为怀特海进程神学家的学者中,最著名的或许要算是科布(John Cobb, Jr.)。

科布的父亲是一位被差派到东方的宣教士,他本人也是神职人员。他就读于密歇根大学和芝加哥大学,后者是鼓吹怀特海进程神学的大本营。科布于1990年退休,离开知名的神学院英葛理神学教授和美国加州克莱蒙研究所客座教授之职。

科布著作等身,其作品涵盖牧养神学、政治神学、生态学,以及基督教与佛教的关系。更重要的是,他为进程神学建立了一套现代的说法。在他包罗万象的作品中,处处流露出这种神学见解。

### 以怀特海为基础

科布思想最主要的背后动机,是想展开一场对现代人心理的挑战。其目标则是为后现代世界建构一套关于实体的见解[192],而这套见解将用来作为使基督教信仰脱胎换骨的思想基石。

为了完成这伟大的工作,科布以怀特海的哲学为基础,发展出一套新的基督教自然神学。虽然科布承认神学建构是连结于信仰团体的[193],但他却试着将信仰团体之外的现象神学化,并以此作为他的神学研究中"某种类似自然神学"的理论。[194]在怀特海的进程哲学中,他找到发展新的基督教自然神学的最佳哲学基础[195]，并且认定自己所找到的，是怀特海思想结构中最杰出的部分，也是与信仰最密合者。[196]

科布以怀特海的学说为基础，建构起一套对神的见解。他宣称自己的见解更符合圣经的位格主义，也比传统基督教神学的各种说法更符合现代科学。由于科布相当看重耶稣关于将来国度的教训和科学所描绘进化的宇宙间的关系，使得怀特海思想更容易和圣经结合。科布强调，人类经验包括一种被呼召向上的感觉，而且这种感觉不应单单被解释为某种机械性的反应，认为一切事情都出自过去所种下的因，而是人类确实有着某种被"诱导"的感觉，这种感觉超越过去情境的限制，而是来自更高处的引导。

科布甚至认为，这种被诱导而向往未来的经验并非人类所独有，自然界的万物同受呼召，而欲寻求更新的可能性。他指出，这个"终极目标的拉力"的源头，必然是一个有位格者（有意志和爱），更明确地说，那源头就是神。简言之，耶稣的信息和科学的宇宙论都指向同样的神观，也就是说，神就是"那位呼召者"[197]。

由此出发，科布借用怀特海的学说，提出神是创造亦回应的爱（God as Creative-Responsive Love），以说服而非强制的方式介入世界的观点[198]，来取代将神视为掌控世界之力量的传统观点。按照进程哲学的说法，神所供应的初始目标可以被接受，也可以被拒绝。科布对这一点的诠释似乎暗示了进程的结果无法预期，神在这一场宇宙实验中必须冒险，但同时他也始终是世界上各种变量的源头。

## 基督论

进程哲学也被科布用来修改基督论，不过他的用法倒没有超出传统所讲"道"（Logos）的基督论见解。[199]他的见解背后，是他发现怀特海的宇宙论中，实际存在体有"道成肉身"的关联。进程思想认为，现在的机缘中融合了过去的经验和所提供给它的初始目标，因此就某种意义来说，过去就化身在现在的里面。[200]

进程哲学所了解神的初始性成为每个机缘的诱因，这一点被科布拿来作他基督论的原料。他将基督和神的初始性（道）连结起来，于是找到一把钥匙，能同时了解道在受造界中的彰显和他在信徒里特殊的显现。科布声称，那神圣的初始性是一切机缘经验的原初目标，而基督就是其化身。虽然基督的工作是遍及宇宙，但在较高级的受造物，尤其是人类的身上，更为明显。基督在他们里面彰显，到他们"决定要"道的地步，亦即，他们可以接受道的彰显。[201]

至于说到道的"成为肉身"，基督是世上一切新事的源头。因此科布喜欢以"创造性的转变"描述基督。[202]

不过由于科布是一位基督徒，他乐于谈到道与拿撒勒人耶稣之间的关系。他指出，耶稣就是基督，因为耶稣借着基督在他里面道成肉身且成为他个人的特质，而使一种独特的存在成为历史的事实。耶稣显明了实体最根本的真理，如果我们相信这个真理，真理也必使我们得以经历创造性的转变。[203]科布从这个角度提出他的基督论，某些人称之为"典范的基督论"[204]。他强调耶稣在彰显一般神性上的角色，远胜于他救赎之功的独特性；换言之，他认为基督徒相信耶稣，是因为他成为普世原则的典范，亦即，表达出神初始性的特色。

最后，科布引用进程思想也是为了构筑一幅未来的远景。这幅远景的基础，就是进程哲学所强调的未来不确定性。他强调由于未来是不确定的，因此能够容许各种发展。不过不确定的未来意味着负面的发展也有可能，即人类可能选择自我毁灭，所以世界形成过程的最高潮，未必一定是神国的来临。不过在科布的心目中，神的国度仍是我们的希望和行动被引导追求的理想。由于未来有着如此绝对的不确定性，我们为了追求更好的世界，就必须与神合作，扮演共同创造者。

科布所谈到人类期待的未来，并不是很明确的。只能说，基本上他赞同德日进的呼吁，要人类共同建构新的团体。[205]

## 实践的问题

科布的事业既渐渐开展，就越来越不能满足于形而上学的讨论，而逐渐转向一些较现实的问题。[206]但是即使在参与现实问题时，他仍不断

在进程哲学中寻找理论的基础。

他试图解决的一个问题是，现代世界所特有的宗教多元性。科布倡导与非基督徒对话，目标则是彼此在真理中一起转变和成长。[207] 由于有着在亚洲宣教的背景，他尤其对与佛教对话深感兴趣。他企图证明，只要能将基督教的神观和佛教对空的见解融合，则彼此一同转变是有可能发生的。这种东方传统对终极的强调，正好切合了怀特海对神的见解，就是神是完全开放的，在不断发展的进程中可以有任何可能，甚至由进程来建构神都是可能的。[208]

在科布心目中，与其他文化沟通是极重要的事，不过还有更重要的问题需要他去致力解决。解放神学和女性问题的思想家所发出的挑战深深吸引了他。以致最终，套句他著作中的话，他将进程神学当成了政治神学。[209]

日益严重的生态危机尤其困扰科布。面对这样的挑战，怀特海强调一切实体为有机性合一的形而上学就帮了大忙。在进程哲学的观念里，所有机缘透过捕捉的概念彼此相联。这样的观念就为生态保护运动者所提倡的整全主义（holism）和共同生活圈，提供了哲学的基础。[210]

科布又因关心生态而对经济学发生兴趣。在《追求共同福利》(*For the Common Good*) 一书中[211]，他和合著者企图超越启蒙时期所揭櫫的个人中心观念，转向以"小区中的个人"为中心，即以关系为中心的观念。因此，经济学的眼光必须超越个人，提升到以维护整个共同生活圈为中心的"大经济"。

## 进程神学中的终局

虽然科布的作品并非完全未提末世论，不过他对这方面的教义确实不像对基督论那般注意。因此其他的进程哲学家就必须针对最终将要发生的事，提出更完整的解释，来重新诠释传统基督教的末世论。

德日进的宇宙论提出终点的主张，但怀特海正好相反，他倾向认定历史没有终局，换句话说，世界的进程不会在某个时间终止。[212] 怀特海所关心的是实际存在体会"消灭"的问题，不过他已用"不朽的客观"（客体化的存在体被融入神的生命)解决了这个问题。

进程神学家将怀特海关于实际存在体的主张,引申到人类以及宇宙跟罪恶的争战上,因为神既非全能者,当然就不能保证善必能胜恶。既然如此,历史上就不可能发生胜过死亡和胜过罪恶的事,唯有在神的经验中,"得以实现我们从罪恶中得赎"[213]。我们的任务就是加添神的喜乐,因为只要我们"被神所记念",就会"被神的生命所吸收";这就是进程神学所说的"复活"[214]。

## 进程神学的一般特性

虽然个别的进程神学家与德日进及怀特海有许多不同,但是他们仍有一些共同的特性。他们对神学规范的看法大致相同,认为这个世界有一些既定的原则(例如世界的动力说和对世界进程的形而上学诠释),它照着某种自然神学的方式在运作,并以此为整个神学体系的出发点,而不是启示性的。人类是这个推动进程的产物,而这进程居于所有实体的中心;世界这动力的源头就是神,他彰显在每件事和每个行动中[215];他且是万物归于一的源头,无论这万物是归于德日进所说的终点(Omega),或是融入怀特海所说的神圣经验。进程神学的基督论强调的是基督,而不是耶稣。道成肉身之所以重要,只是因为这件事将世界带入了某种神圣的境界(神性化)。

由于进程宇宙论背后的动机,是对人类的自由经验赋予适当的重视,因此进程人类学家都对人类的能力显得相当乐观。他们的作品中不断出现受造物是神创造之工的同工者的说法。为了让人类得以参与世界的进程,并证明未来的发展是不确定的,他们重新建构神观,将他定位为一位说服者,其权能和对宇宙未来的掌控都是有限的,这不仅是神选择如此,而且他的本质就是如此。这种观点所导出的结论,就是神只是比较完美,而非完全、绝对的完美。意思是说,神的完美是变动的、不断成长的,进程神学家将之形容为"超越"的完美,也就是神不断超越自己先前的完美,且他永远比受造物完美一些[216]。

基督教的观念经过这一番修正,其影响是相当深远的。进程神学

固然不能算是泛神论（因为他们并未把神和世界放在同等的位置），但其学说中的万有在神论〔进程神学家哈茨霍恩（Charles Hartshorne）所爱用的名词〕，却的确在导向泛神论的方向。照进程神学的说法，这个世界，尤其是人类，不但在其本身被创造的工作上扮演同工者，而且也是创造神的同工者。既然如此，神就不能被视为在世界之外。[217] 而末日，在进程神学家的预期中，将是超越历史范畴的一项成就。有人认为它就是怀特海所说神的经验中一项非历史事实的救赎，也有人赞同德日进所说，它是超越物质性宇宙的某种精神性实体。

## 进程说的问题

上述这些主张，使得赞同和反对进程神学的人都不得不指出它的问题。[218] 有些评论者干脆直接批判其根本，也就是进程神学所本的进程哲学，尤其是怀特海的思想。例如后现代主义派就认为，那套哲学不过是今天已过时的所谓现代"基要主义"的另一种面貌，以为单单倚靠理性就足以获得真理。[219] 此外，进程神学的本意是要使神学能符合现代科学，结果却注定恰恰相反（例如它完全不符合相对论）[220]；而且它原本是要取代传统的迷信主义，结果它提出的本体论，无论跟传统的超自然主义或复杂的科学相比，都显得窒碍难解。[221]

其他评论者则不谈神学，而批判其整个构想。他们认为进程思想所提供的基础，对伦理学是不够用的。[222] 它那削头截尾的伦理，是出自进程神学中两个相关的主题——对人类的看法过于乐观，对罪恶的真实性又过于轻忽。德日进和怀特海都企图脱离自由主义那种天真的乐观[223]，问题是，他们的主张对罪恶的严重性真正认知到几分。在这两位神学家看来，罪恶不过是进程中的一个副产品，甚至认为这是世界在朝向神时所必然会有的一部分[224]，并不像传统神学所想的，罪是闯入世界的入侵者。

对基督教最重要的神论，如三位一体的教义，进程神学的启发能力也备受质疑。怀特海派学者，如科布，所提出的两极神观，尤其站不住脚。他们认为天父上帝就包含了整个神的位格，因此必须为三位一体中的另两位找位格。[225]科布认定"子"就是神的初始性,而圣灵则是其继起性。这种说法被潘能伯格(Wolfhart Pannenberg)等评论家斥为与早期的异端神格唯一论[226](认为耶稣是充满神能力的神人)并无不同。

不过在进程神学所提出的各种修正中,最受争议的还是它对神跟世界关系的见解。有些评论者质疑神失去了他的不可变性,因为,既然神是不断在改变的,进程神学家怎能肯定他永远是慈爱的,且在道德上与这个兼具善恶两种特性的世界有所不同呢?[227]

其他人则认为,进程神学将神和世界的关系连结得太紧密[228],相当强调对人类在创造进程中参与合作的重要性,这一点在德日进的思想中已隐约可见,在怀特海的学说中更为明显。神企图说服我们在迈向未来的进程中作出最好的抉择,不过照史密斯(Huston Smith)的说法,这意味着"神未能完全掌管"。连对进程神学颇为友善的批评家布列肯(Joseph Bracken)都指出,这种说法的后果相当可悲:"在怀特海派的思想中,传统上关于神是创造者的观点根本无立足之处。"[229]

这种批评获得许多人的共鸣。按莫尔特曼的评估,从无生有的创造教义在进程神学中不是被排除,就是大幅缩水[230],于是很不幸地引出"世界的神化"的观念。[231]同样地,彼得斯(Ted Peters)指出,进程神学以"临在性创造力"的创造观,取代了传统基督教的超越性创造观。[232]

然而即使进程说的观点看来与现代世俗观点颇为符合,但史密斯的质疑——"为何要让世俗观点来作最终的裁判?"[233]——却萦绕在每个现代神学家的心头,就是进程神学家也不例外。事实上,进程说可能并不符合现代的解放观念。它对末日的诠释,还不如传统上神的计划终将得胜的说法来得更有希望。[234]

总结来说,这些批判都一致指向进程神学的神观,这也是它致命的弱点。进程神学在论到神临在世界的方面固然值得称许,但它却失落了神的超越性。[235]从许多方面都可以看出这个危机。首先,它将神放在进程中,视之为宇宙论的一个原则。但是传统一神论认为,神超越一切正常经验和科学的形而上学原则。由于这样的不同,进程神学等于是限制了神的差异性。[236]

其次，进程神学着重于神跟世界同受苦（以一种不完全的方式）²³⁷，将胜过罪恶归诸神独有的经验，结果是小看了神的圣洁，他为了世界而抗拒罪与恶，甚至亲身参与，赢得胜利。正如彼得斯所说："信经所宣告的那位'全能的天父上帝'，被取代或重新诠释为一位强于说服，却缺乏能力者。"²³⁸

## 结论

为了挽救 19 世纪自由派传统中的积极面——尤其是确认自然界的发展也是神救赎之工的一部分²³⁹——进程神学尝试在 20 世纪着重科学的文化情境中，重建神学的生命力。为了达到此一目标，它以一种新的自然神学为基础，来修正基督教的神学，并采纳了物理学和生物学的新理论，作为这个基础的中心支柱。主导 20 世纪初神学思想的新正统主义明显是激烈抗拒哲学的，而进程神学则试图借着各种努力，提供另一种选择。

然而进程神学一方面在新的环境中承袭了自由派的传统，一方面却也无法摆脱 19 世纪先哲们的困境。到头来，超越性还是被临在性整个淹没，而进程说的神，不过是人类奋力追求合一的一面镜子。一言以蔽之，进程神学并没有克服自文艺复兴以来，神学所面临的主要难题。

**注释：**

蒂里希："神上之神"的临在性

1. Robert W. Schrader, *The Nature of Theological Argument*: *A Study of Paul Tillich* (Missoula, Mont.: Scholar's Press, 1975), 73-74.
2. D. MacKenzie Brown, ed., *Ultimate Concern*: *Tillich in Dialogue* (New York and Evanston: Harper and Row, 1956), 88-89.
3. Thor Hall, *Systematic Theology Today*: *State of the Art in North America* (Washington, D. C.: University Press of America, 1978), 94.
4. 这里所用的传记资料，大部分取材于一本极有权威的蒂里希传记，Wilhelm and Marion Pauck: *Paul Tillich*, *His Life and Thought*, Vol. I, *Life* (New York: Harper and Row, 1976). Wilhem Pauck 是蒂里希的学生，后来成为他最亲密的朋友。蒂里希的传记有好几本，他的妻子 Hannah 也写了一本，

书名为 *From Time to Time*（New York：Stein and Day, 1973），该书引起极大的兴趣和争论。本章旨在介绍蒂里希的神学，所以虽然他生平的细节相当吸引人，但却必须搁置一旁——何况其中大部分都是出于揣测。

5. Pauck and Pauck, *Paul Tillich*, 198.
6. 前书，219。
7. 前书，250。
8. 前书，275。
9. 前书，274。
10. 前书，251。
11. 对蒂里希的婚姻与不贞，较平衡或相当宽厚的看法，见 Pauck and Pauck, *Paul Tillich*, 85 - 93。
12. Paul Tillich, *Systematic Theology*, Vol. I. *Reason and Revelation*, *Being and God*, three volumes in one (New York：Harper and Row；Evanston：University of Chicago Press, 1967), 3 - 4. 以后提到蒂里希的系统神学，将简称为 *Theology* 加上卷数与页数。在"三合一"的版本中，页数的编法与分开的各卷相同，该书由 University of Chicago Press 出版。
13. 前书，7。
14. Paul Tillich, *Biblical Religion and the Search for Ultimate Reality* (Chicago：University of Chicago Press, 1955), 7 - 8. 这本小书只有 85 页，主要是在为神学使用哲学作说明与辩护。在读他的系统神学之前，应当仔细将本书看一次，而在读过之后，还应当再看一次。
15. 前书，85。
16. Tillich, *Theology* I：18.
17. 前书，20。
18. Tillich, *Biblical Religion*, 6.
19. Tillich, *Theology* I：20.
20. 同上。
21. 前书，II：67。
22. 前书，I：62。
23. 前书，II：27。
24. 前书，I：21。
25. 前书，22。
26. 前书，25。亦见 Tillich, *Biblical Religion*, 64 - 66。
27. Tillich, *Theology* I：176, 260；II：23, 120.
28. 前书，I：176。
29. 采同情立场的哲学家所提出的好评，见 John Herman Randall, Jr., "The Ontology of Paul Tillich" in *The Theology of Paul Tillich*, ed. Charles W. Kegley and Robert W. Bretall (New York：Macmillan, 1964), 132 - 161。

30. 尼布尔温和地批判蒂里希，认为他将圣经的戏剧变成本体论的臆测，是不宜的，见"Biblical Thought and Ontological Speculation in Tillich's Theology,"在 Kegley 与 Bretall 所著 *Theology of Tillich*，216-227。Kenneth Hamilton 指责蒂里希让对本体论臆测的哲学系统（"逻各斯哲学"）成为前提，控制了基督教信息。见 Kenneth Hamilton，*The System and the Gospel，A Critique of Paul Tillich*（New York：Macmillan，1963），尤其 227-239。

31. 对这种合并用语的分析与批评，见 Adrian Thatcher 的佳作 *The Ontology of Paul Tillich*（Oxford：Oxford University Press，1978）。

32. Tillich，*Theology* I：60。

33. 前书，64-65。

34. 前书，65。

35. 同上。

36. 同上。

37. 同上。

38. 前书，65-66。

39. 前书，64。

40. 同上。

41. 在蒂里希的思想中，"自律"、"他律"与"神律"非常重要。第一个词汇意指自我对本身的管理；第二个指别人对自己的管理；第三个指自我与别人在神（存在的根本）里面结合。

42. George F. Thomas，"The Method and Structure of Tillich's Theology," in Kegley and Bretall，*Theology of Tillich*，104。

43. 同上。

44. Hamilton，*System and Gospel*，124。

45. John Jefferson Davis，"Tillich — Accurate Aims, Alien Assumptions,"*Christianity Today* 20/23(1976)：8。

46. Tillich，*Theology* I：147。

47. 前书，94。

48. Thatcher，*Ontology of Tillich*，99-116。此处萨奇尔讨论各种哲学传统中的概念观，如本质、存在等，而结论说，虽然蒂里希引用了其中一部分，但柏拉图的解释却占优势（109）。

49. Tillich，*Theology* I：80。

50. 前书，72。

51. 前书，82。

52. 前书，105。

53. 前书，155。

54. 前书，94。

55. 前书，124。

56. 前书,118。
57. 前书,157。
58. 前书,159。
59. 前书,158－159。
60. 前书,132。
61. 前书,147－155。
62. 前书,135－136。
63. 前书,135。
64. 诺斯替主义是早期基督教的一个异端,他们的偏差之一是,认定耶稣基督不是真的人。有些诺斯替主义所持的"幻影说",称耶稣只是看来像人,事实上完全没有物质的身体,纯粹是灵体。然而大部分诺斯替派人士主张二元基督论。亦即,他们相信,拿撒勒的耶稣不过是凡人,是天上的救主"基督"的工具,而基督从天降下,要将智慧(或 gnosis)教导属灵人。在耶稣死于十字架之前,基督的灵离开了他。此处所作的宣告,不是说蒂里希的基督论已成为全然的诺斯替派,但他的确回应了这派对耶稣基督的二元观,而初期教会曾斥之为异端。
65. George Tavard 对蒂里希的基督论很有研究,他在 *Paul Tillich and the Christian Message*（New York：Charles Scribner's Sons, 1962）一书中,指责它为幻影论(131－137)。不过,他所形容的蒂里希异端,实际上看来不大像幻影说,而更像二元论。蒂里希从不否认拿撒勒的耶稣是人。他只不过是否定耶稣人性的重要性,认为这人性已被消除、被牺牲,完全受制于基督之灵的能力。
66. Tillich, *Theology* I：156.
67. 前书,205。
68. 对蒂里希最严苛的攻击之一,是 Leonard F. Wheat 所作 *Paul Tillich's Dialectical Humanism, Unmasking the God Above God*（Baltimore and London：Johns Hopkins University Press, 1970）,他的基本论点为"蒂里希是无神论者——按这一词最广的含义来说"(20)。
69. "神上之神"是蒂里希在 *The Courge to Be*（New Haven and London：Yale University Press, 1952）, 186－190 所用。它是意指超越有神论假设为有限之神的神,因为他不是一位存有,而是存有本身。
70. Mark Kline Taylor, *Paul Tillich, Theologian of the Boundaries*（San Francisco：Collins, 1987）, 23.
71. Tillich, *Theology* I：163.
72. 前书,189。
73. 前书,235。
74. 前书,202－205。
75. 前书,237。

76. 前书,238-239。蒂里希对无限一词的用法非常含糊,甚至前后不一。有些地方他推崇神为来自无限的存有本身,将他置于高过有限与无限分野的地位(191)。然而,在另一些地方他则说:"存有本身便是无限"(239)!在另一处他说,神是无限的,但将有限容纳在他自己里,因此他也不是严格的无限(252)。这种说法很接近黑格尔的"真正的无限"与"较差的无限"之对比。

77. 前书,238。

78. 前书,243-245。

79. 前书,252。

80. 前书,263。

81. Taylor, *Paul Tillich*, 23.

82. Thatcher, *Ontology of Tillich*, 87.

83. Tillich, *Theology* III:422.

84. 前书,421。

85. G. W. F. Hegel, *Lectures on the Philosophy of Religion*. Vol. I, trans. E. B. Speirs and J. Burden Sanderson, ed. E. B. Speirs (New York: Humanities, 1962), 200.

86. Tillich, *Theology* II:86.

87. 前书,I:245。

88. Tillich, *Biblical Religion*, 83.

89. Tillich, *Theology* I:286.

90. 前书,II:40。

91. 前书,44。

92. 前书,29。

93. 前书,44。

94. 前书,35。

95. 前书,36。

96. 前书,120。

97. 前书,114。

98. 前书,95。

99. 前书,94。

100. 前书,126。

101. 前书,148。

102. 前书,123。

103. 前书,145-146。

104. 前书,157。

105. 前书,158-164。

106. 蒂里希对神学的吊诡性,尤其是新存有的吊诡性,见前书,90-92。

107. 前书,147-148。
108. Tavard, *Tillich and the Christian Message*, 132.

进程神学:进程中的临在性

109. "Parmenides," in William L. Reese, *Dictionary of Philosophy and Religion* (Atlantic Highlands, N. J.: Humanities, 1980), 412-413.
110. Rex Warner, *The Greek Philosophers* (New York: Mentor, 1958), 26. 所引用 Warner 的数据源为 John Burnet, *Early Greek Philosophy*, 4th ed. (New York: Macmillan, 1930), 132-141。
111. "Heraclitus," in Reese, *Dictionary*, 219.
112. Palmer (New York: Meridian, 1957), 61. 然而有些历史学家对赫拉克利特的这个解释提出质疑。"赫拉克利特真的会以为,譬如,一块岩石或一个铜锅,一定会历经不可觉察的物质改变吗?"G. S. Kirk 与 J. E. Raven 提出这个问题,见 *The Presocratic Philosophers*,修订版 (Cambridge: Cambridge University Press, 1963), 197。
113. 从进程观来看发展,而非从静态观来看,详见 Bernard E. Meland, *The Realities of Faith* (New York: Oxford University Press, 1962), 109-136。
114. "Henri Bergson," in Reese, *Dictionary*, 55. 对柏格森观点的简介,见 Thomas A. Gouldge, Editor's Introduction, in Henri Bergson, *An Introduction to Metaphysics*, rev. ed., trans. T. E. Hulme (Indianapolis: Bobbs-Merrill, 1955), 9-20。
115. "William James," in Reese, *Dictionary*, 263.
116. 见 Alfred North Whitehead, *Science and the Modern World*, Mentor Books ed. (New York: Mentor, 1948), 130。
117. 当代生活的这些方面成为进程神学的背景,这见解出现在 Lonnie D. Kliever, *The Shattered Spectrum* (Atlanta: John Knox, 1981), 44-46。
118. 参,如,Teilhard de Chardin 的门生 Eulalio R. Baltazar 之探讨,*God Within Process* (Paramus, N. J.: Newman, 1970), 1-23。
119. 参,如,Alfred North Whitehead, *Science and the Modern World*, 165。
120. John B. Cobb, Jr., and David Ray Griffin, *Process Theology* (Philadelphia: Westminster, 1976), 8-9. 亦见 Norman Pittinger, "Process Thought as a Conceptuality for Reinterpreting Christian Faith," *Encounter* 44/2 (1983): 113。
121. 事实上,怀特海派的进程神学家经常指陈,在神的实体中,神与世界乃是紧密相关的。如,谈论这题目的有:Schubert Ogden, "Toward A New Theism,"修订自 "Love Unbounded: The Doctrine of God," *The Perkins School of Theology Journal* 19/3 (Spring 1966): 5-17。再版于 Delwin

Brown, Ralph E. James, Jr, and Gene Reeves, eds., *Process Philosophy and Christian Thought* (Indianapolis: Bobbs-Merrill, 1971), 173 - 187.

122. 超越性与临在性的重新和解,对进程神学之基础的重要性,见 Walter E. Stokes, "God for Today and Tomorrow," in Brown, James and Reeves, eds., *Process Philosophy*, 244 - 245。

123. 德日进的生平摘要,可参 Julian Huxley, Introduction, in Pierre Teilhard de Chardin, *The Phenomenon of Man*, Harper Torchbook ed. (New York: Harper and Row, 1961), 21 - 26, 与 Doran McCarty, *Teilhard de Chardin*, in *Makers of the Modern Theological Mind*, ed. Bob E. Patterson (Waco, Tex.: Word, 1976), 16 - 24。以整本书讨论他的生平与思想,则见 Robert Speaight, *The Life of Teilhard de Chardin* (New York: Harper and Row, 1967)。

124. Teilhard de Chardin, *Phenomenon of Man*, 283 - 285。

125. 前书,55。

126. 前书,278。

127. 至于德日进在这使命上的参与,Julian Huxley 的结论为:"由于他既有渊博的科学知识,又有深刻的宗教情操和强烈的价值观念,他迫使神学家从进化论的新角度来检视自己的观念,也迫使科学家在自己的知识中看出属灵的意义。他澄清了我们对实体的看法,并使我们的看法合而为一。" Huxley, *Phenomenon of Man*, 26。

128. Teilhard de Chardin, *Phenomenon of Man*, 61。

129. 前书,65。

130. 前书,67 - 74。

131. 前书,77 - 160。

132. 前书,165。

133. 前书,220。

134. 前书,214。对德日进而言,这个巨大的觉醒意味着世界已经进入一个关键时期,只有两种选择:绝对的乐观,或绝对的悲观;见 *Phenomenon of Man*, 232。对近日有关"关键时期"之探讨,见 "Life and the Planets," in Pierre Teilhard de Chardin, *The Future of Man*, trans. Norman Denny (New York: Harper and Row, 1964), 113 - 120。

135. Teilhard de Chardin, *Phenomenon of Man*, 244。这个异象的基础是他的一个理论,即人类的前进会促使一个新的自然律发挥威力,就是趋同作用(convergence),结果又造成"反射"(reflexion)现象。在此之前,各种生物分门别类,作扇形的发展,细分为各从属支流后便停滞不前,但人类却向内盘绕,因而产生新的属灵能力。(见 *Future of Man*, 165, "The Formation of the Noosphere"。这个对"反射"的定义,由 Norman Denny 提出,见他所写 Translator's Note, 9)根据这个原则,以及他对知觉本质的看法，他预期未来将有"退化"，一直到他称之为"终点"（Omega）的地步。

136. Teilhard de Chardin, *Phenomenon of Man*, 257-263.
137. 前书, 243-253。这个名词是他一篇文章的焦点："A Great Event Foreshadowed: The Planetisation of the Mankind," in *Future of Man*, 124-139。
138. 见 *Phenomenon of Man*, 270-271。
139. Teilhard de Chardin, "Life and the Planets," in *Future of Man*, 123-124.
140. Teilhard de Chardin, "The Formation of the Noosphere," in *Future of Man*, 180-181. 亦见"The End of the Species," in *Future of Man*, 302。
141. Christopher F. Mooney, *Teilhard de Chardin and the Mystery of Christ* (New York: Harper and Row, 1964), 54. Mooney 宣称, 1949 年德日进对"终点"（Omega）的范式观突然有所转变，从完全为末世的角度，转成强调现今的状况。
142. Teilhard de Chardin, *Phenomenon of Man*, 291-298. 亦是"The Human Rebound of Evolution," in *Future of Man*, 208, 及"Turmoil or Genesis?" in *Future of Man*, 223-225。
143. Mooney 以三个阶段来追踪德日进这段思想历程（*Teilhard de Chardin and the Mystery of Christ*, 65-66）。
144. Rosemary T. Curran 将怀特海的哲学作了简要说明，见"Whitehead's Notion of the Person and the Saving of the Past," *Scottish Journal of Theology* 36/3 (1983): 363-385。Charles Hartshorne 的书也很重要。Hartshorne 曾写了一篇很有帮助的短文，见 Alan Gragg, *Charles Hartshorne*, in Patterson, Makers of Modern Theological Mind。
145. "Whitehead," in Reese, *Dictionary*, 622.
146. 参 Alfred North Whitehead, *Adventures of Ideas*, Mentor Books ed. (New York: Mentor, 1955), 147-150, 158。Alfred North Whitehead, *Religion in the Making*, Meridian Books ed. (New York: World, 1960), 76, 83。
147. Whitehead, *Adventures of Ideas*, 223. 亦参 Alfred North Whitehead, *Process and Reality*, Harper Torchbook ed. (New York: Harper and Row, 1960), 4-26 的讨论。
148. 为配合新物理，怀特海放弃了"在时空中，物体主要是在单一的地方存在的观念。从某个角度而言，每样东西在所有时候都存于各处"。*Science and the Modern World*, 87。
149. Whitehead, *Adventures of Ideas*, 188.
150. 在 *Science and the Modern World* 一书中，怀特海提出他的"有机体系"来取代科学的物质主义（76）。
151. Whitehead, *Process and Reality*, 80.
152. 前书, v。

153. Whitehead, *Adventures of Ideas*, 177 – 178. 这观念的说明,见 *Process and Reality*, e. g. , 246。

154. Whitehead, *Adventures of Ideas*, 83, 252 – 253, 268。他写道,"除了对物体的经验之外,就都是空无、空无、空无,完全空无。"(254)

155. Whitehead, *Process and Reality*, 28。

156. Huston Smith, "Has Process Theology Dismantled Classical Theism?" *Theology Digest* 35/4(1988):310。

157. 怀特海认为,任何原则都没有实体,除非可以用实际机缘来举例说明。他广为人知的"本体论原则",就是这个意思;这原则即"实际存在体才是唯一的道理(reasons),因为要追求道理,就是在追求一个或一个以上的实际存在体。"*Process and Reality*, 37。

158. 参,如,*Religion in the Making*, 87 – 88。

159. 前书,87。

160. Whitehead, *Process and Reality*, 43。

161. 前书,28。

162. Gragg, *Charles Hartshorne*, 31。

163. Whitehead, *Process and Reality*, 38。亦参 Victor Lowe, *Understanding Whitehead* (Baltimore:Johns Hopkins University Press, 1962), 38 – 41。

164. Whitehead, *Process and Reality*, 309。

165. 前书,35。

166. Stokes 在"God for Today and Tomorrow"中作这样的衔接,见 Brown, James and Reeves, *Process Philosophy*, 257。

167. Whitehead, *Process and Reality*, 34。

168. 前书,130、374。

169. 按照怀特海的"本体原则",每个实际存在体都必须是不朽的,"因为在实际世界中,每个东西都与某项实际存在体有关。"神则是满足这项需要的本体原则。见 *Process and Reality*, 373。

170. "神不可以视为在一切形而上学的原则之外,有问题就去求救。他乃是它们主要的例解。"前书,521。

171. 怀特海说明了神与世界关系的两极性,见 *Process and Reality*, 519 – 533。他也说,神具备三重特色:初始性、继起性和超越性(134 – 135)。

172. 按怀特海的话,神是"潜能的绝对宝藏在观念上无限度的实现……不是在一切创造之前,而是与一切创造并进。"前书,521。

173. Whitehead, *Religion in the Making*, 148。

174. Whitehead, *Process and Reality*, 287。

175. Norman Pittinger, "Whitehead on God," *Encounter* 45/4(1984):329。

176. 见"Whitehead," in Reese, *Dictionary*, 624。

177. Whitehead, *Process and Reality*, 523。

178. 前书，532。

179. 前书，529。怀特海又说："世界的本质对神而言是初始素材；而神的本质则是世界的初始素材。"

180. Whitehead, *Process and Reality*, 30. *Adventures of Ideas*, 204.

181. 见 Whitehead, *Process and Reality*, 156 及以下。

182. 怀特海究竟认为神是一个无限度的会社，还是一个实际存在体，许多后来的进程神学者为此展开辩论。参 Gene Reeves and Delwin Brown, "The Development of Process Theology," in Brown, James and Reeves, *Process Philosophy*, 39-40。

183. 神与创造力关系的探讨，参 John B. Cobb, Jr., *A Christian Natural Theology* (Philadelphia: Westminster, 1965), 203-214。

184. Whitehead, *Process and Reality*, 31-32。在本书的结论中，怀特海说明在实现宇宙之过程中，四个创造性的阶段。第一阶段为概念的起源，这存在于初始的神中。其次是物质起源的时间阶段，个别的状况兴起，缺乏整体性。下一个阶段则是完美的实现，那时许多事都在神立即的知觉中结合为一。最后的阶段，乃是创造活动的完成，那时"完美的实现"被送回时间世界中，以致每一个时间性的活动都包括它，"成为一种相对经验的立即事实"。怀特海又说，这就是神对世界的爱。前书，532。

185. 前书，143。

186. 同上。

187. Pittinger, "Whitehead on God," 328.

188. Whitehead, *Process and Reality*, 525.

189. Lewis S. Ford, "Divine Persuasion and the Triumph of Good," *The Christian Scholar* 50/3 (Fall 1967): 235-250. Reprinted in Brown, James and Reeves, *Process Philosophy*, 298.

190. Whitehead, *Process and Reality*, 520.

191. 进程神学的发展与各个代表性的神学家简介，见 Gene Reeves 与 Delwin Brown 所著，"The Development of Process Theology,"收于 Brown, James 与 Reeves 所著 *Process Philosophy*, 21-64。从过程的角度说明基督教教义，近日的代表作为 Marjorie Hewitt Suchocki, *God-Christ-Church* (New York: Crossroad, 1984)。

192. 见 Ted Peters, "John Cobb, Theologian in Process" (1) *Dialogue* 29 (1990): 210。

193. 在 *Christian Natural Theology* 中，科布写道："我所谓最广义的神学，是指任何一个对终极关怀之事的一致性言论，只要它承认，主宰它的观点是得自某一个信仰团体"(252)。

194. 前书，261-262。

195. 然而，并不是所有进程思想家都同意科布，认为可以有基督教的自然神学。参，如，Schubert M. Ogden, "A Christian Natural Theology?" from "A Review of John B. Cobb's New Book: A Christian Natural Theology," *Christian Advocate* 9/18（September 23, 1965）: 11 - 12. Reprinted in Brown, James and Reeves, *Process Philosophy*, 111 - 115。

196. Cobb, *Christian Natural Theology*, 104.
197. John B. Cobb, Jr., *God and the World*（Philadelphia: Westminster, 1965），42 - 66.
198. Cobb and Griffin, *Process Theology*, 41 - 62.
199. 科布将他的基督论摘要记于 *Process Theology*, 95 - 110。较详尽探讨，参 John B. Cobb, Jr., *Christ in a Pluralistic Age*（Philadelphia: Westminster, 1975）。
200. Cobb and Griffin, *Process Theology*, 22.
201. 前书, 98 - 99。
202. 在 *Christ in a Pluralistic Age* 一书中，科布发挥了这个题目。
203. Cobb and Griffin, *Process Theology*, 102.
204. Ted Peters, "John Cobb, Theologian in Process"（2），*Dialogue* 29（Autumn 1990）: 292.
205. 前书, 113 - 114。
206. 从，如，他对潘能伯格所著 *Anthropology in Theological Perspective* 的响应，可以看出；他在 1986 年美国宗教学会的年会中，作此回应。
207. 参，如，John B. Cobb, Jr., *Beyond Dialogue: Towards a Mutual Transformation of Christianity and Buddhism*（Philadelphia: Fortress, 1982），ix。
208. 见前书, 113。
209. John B. Cobb, Jr., *Process Theology as Political Theology*（Philadelphia: Westminster, 1982）.
210. John B. Cobb, Jr., and Charles Brich, *The Liberation of Life*（Cambridge: Cambridge University Press, 1981），65.
211. John B. Cobb, Jr., and Herman E. Daly, *For the Common Good*（Boston: Beacon, 1989）.
212. 这点科布忠于怀特海。见 *Process Theology*, 117 - 118。
213. Ford, "Divine Persuasion," reprinted in Brown, James and Reeves, *Process Philosophy*, 287 - 304.
214. Pittinger, "Process Thought as a Conceptuality," 117.
215. 这在怀特海是如此，乃毋庸置疑的。对德日进类似的判语，见 McCarty, *Teilhard de Chardin*, 55。
216. 对这观念的发展，见 Charles Hartshorne, *Man's Vision of God and the Logic of Theism*（Hamden, Conn.: Archon, 1964），12 - 21。

217. McCarty 主张，在德日进是如此，*Teilhard de Chardin*，63。

218. 从同情的角度，与进程神学的几个中心难题交换意见，见 Bernard M. Loomer, "Christian Faith and Process Philosophy," *The Journal of Religion* 29/3（July 1949），as reprinted in Brown, James and Reeves, *Process Philosophy*, 70–98。

219. Smith, "Has Process Theology Dismantled Classical Theism?" 304–306. Bernard E. Meland 警告 Schubert Ogden 要防范"封闭的理性之义"，他宣称："我们需要一件事，可以不断让实体在理性之上的震惊铭刻于心，让讲理的人不致被他们自己的头脑所封锁，成为牺牲品，而能够向活神的判断与恩典开启。""Analogy and Myth in Postliberal Theology," *Perkins School of Theology Journal* 15/2（Winter 1962），as reprinted in Brown, James and Reeves, *Process Philosophy*, 127。

220. 参，如，Royce G. Gruenler, "Reflections on the School of Process Theism," *TSF Bulletin* 7/3(1984):8。

221. Smith, "Has Process Theology Dismantled Classical Theism?" 306–309.

222. 如，McCarty 认为，这是德日进提议中最大的问题（*Teilhard de Chardin*，81）。

223. 如，Meland 主张，按当代的意外进化观来看，康德所认为的极端的恶，"有了更黑暗、更诡谲的转变"，是"在个性本身的魔性中"。*Realities of Faith*，131。

224. 德日进对这个题目的看法，见 McCarty, *Teilhard de Chardin*，135。至于怀特海，可参阅 Ford 的探讨，在 Brown, James, 与 Reeves 所著 *Process Philosophy*, 294。

225. 见 Peters, "John Cobb," 217。

226. Wolfhart Pannenberg, "A Liberal Logos Christology: The Christology of John Cobb," in *John Cobb's Theology in Process*, ed. David Ray Griffin and Thomas J. J. Altizer (Philadelphia: Westminster, 1977), 142.

227. Bruce A. Ware, "An Exposition and Critique of the Process Doctrines of Divine Mutability and Immutability," *Westminster Theological Journal* 47/2 (1985): 175–196.

228. 这个与德日进有关的结论，见 McCarty, *Teilhard de Chardin*, 134。

229. Joseph A. Bracken, "The Two Process Theologies: A Reappraisal," *Theological Studies* 46/1(1985):127.

230. 进程有神论者拒绝从无到有的创造，从其书中可见。参，Cobb, *Christian Natural Theology*, 205。

231. Jürgen Moltmann, *God in Creation* (San Francisco: Harper and Row, 1985), 78。

232. Peters, "John Cobb," 215.

233. Smith, "Has Process Theology Dismantled Classical Theism?" 315‑316.
234. 这个批判是女性主义者提出来的。按 Jean Porter 所说，进程神学的"女性神"，"加强了女性的形象，而这形象则与女人的真正兴趣对立"，而犹太-基督教的了解却是"坚持，神进入我们的社会中，关心我们的事，并委身要保护我们当中最软弱的人"。Jean Porter, "The Feminization of God: Second Thoughts on the Ethical Implications of Process Theology," *Saint Luke's Journal of Theology* 29/4 (1986): 256.
235. 进程神学家要认真看待神的超越性，不过他们重新改变了传统的观念。见，如，Loomer 主张，超越性的基本意义是伦理性的，与完全的问题有关 ("Christian Faith and Process Theology," 83)。Ogletree 则正好相反，他提供"形而上"的观点，认为超越性是指神有能力在世界的过程中成为创造的因素。Thomas W. Ogletree, "A Christological Assessment of Dipolar Theism," *The Journal of Religion* 47/2 (April 1967), as reprinted in Brown, James and Reeves, *Process Philosophy*, 345.
236. Smith, "Has Process Theology Dismantled Classical Theism?" 309.
237. 有关对进程神学这一点的批判，见 Peters, "John Cobb," 218.
238. 前书，298。
239. Daniel Day Williams, *God's Grace and Man's Hope* (New York: Harper and Brothers, 1949), 121.

# 第5章

# 世俗中的临在性

——激进神学运动

60年代在本世纪的神学史上,是一段骚动而剧变的时期。[1] 新正统神学以各种不同的形式主导神学思潮已有数十年,为神学注入了强调神超越性的特色。然而到了60年代,新正统神学的主导地位开始受到来自各方面的挑战。年轻一代的神学家尝试以新的方式来探索和表达神学,好再度彰显神的临在性。

新正统神学家摈弃了19世纪自由主义中过于乐观的部分,而是按着"存在主义的消极观",以警戒恐惧的态度看待包括政治和科技在内的一切人类能力所及之事。新一代神学家却对这种悲观的态度相当不满。不像前辈那么忧心忡忡,他们对人类的实践行为看得较为乐观,也比较乐于以开放、欣赏的态度来看待当时的世俗文化,并参与政治活动。

60年代一开始,神学界就在强烈反弹过去的神学研究方式,且一心想推翻它,因而出现了许多如马蒂(Martin Marty)和皮尔曼(Dean Peerman)所讥嘲的"打倒偶像的人、驱魔的人、先知和吹毛求疵的人"[2];神学探讨可说是百花齐放,却漫无章法,而上帝已死的说法更凸显出这种混乱无序的现象。直到60年代中期,人们才终于生出了对秩序的渴望[3],开始试图强化教会在都市中的角色,稍后并且出现了希望神学。

虽然当时的神学家在建立新神学方面各有不同的尝试和途径，但是基本上仍有某些共同的特色，其中最明显的一点，就是他们的方法和注意力较偏重于"以世界为中心"，而非以教会为中心。[4] 他们极力想弄清楚的，乃是"世俗"的含义以及它对神学的重要性，因此很自然地，他们把思考的重心放在关于神的教义上；偏激的神死运动正是这一波思潮的印证。他们并且再度掀起对"宗教"范畴的质疑，尽管对这个问题，巴特早已明确阐释过了。

60年代，引领风骚数十年的神学界大师如巴特、尼布尔、蒂里希等人先后退休；二次大战又刚刚结束，战争期间深受干扰的学术活动和教会界（尤其是德国）的活力均尚未复原，因此虽有几位年轻一辈的神学家逐渐崭露头角，却尚不足以取代大师们的名声和地位，这也是造成60年代思想动荡的另一个原因。

整个60年代历经骚动，却没有产生任何明确的神学方向，倒是有不少骤起骤落的神学"一窝蜂"现象；这些现象虽然寿命不长，影响却颇为长久，甚至今日仍可见其蛛丝马迹。其中尤以被称为"极端神学"的数种探索方式，最能表现出60年代打倒偶像、反传统、勇于挑战和好探索的时代精神。这些极端神学家重新回头寻求神的临在性，希望在现代生活的短暂真实里找到神真实的存在，以对抗新正统神学派前辈们所强调的神的超越性。

其实，60年代极端神学的背景，正是它想打倒的新正统派神学，因为最先启发这些新临在派神学家的，正是新正统派神学家巴特的至友朋霍费尔（Dietrich Bonhoeffer）。在德国第三帝国执政期间，朋霍费尔是反抗纳粹政权的认信教会运动的领袖，后来因反对希特勒而殉道。因此，60年代初的临在派神学从他开始谈起，是再合适不过了。

## 朋霍费尔：融于生活中的超越性

在20世纪的神学家里面，没有哪一位比牺牲于纳粹魔掌下的朋霍费尔更能吸引众人；而在整个20世纪里面，也没有哪一个年代比动荡的60年代更适合掀起研究朋霍费尔的热潮。

美国人对这位纳粹殉道者的兴趣尤其热烈。在美国，"60年代"正是百家争鸣、颂扬青春的巅峰期。青春飞扬的气氛渗入社会每一层面，连政治也受其感染；肯尼迪兄弟二人跃上政治舞台，适足以表征这股青春至上的势力。然而引导年轻人对抗既得利益阶层的数位领袖，却在抗争的高潮中被暗杀，让当时的美国年轻人见识到社会的黑暗。处身于这样一个时代的年轻思想家们，会倾心于近代史上被邪恶体制所杀害的另一位抗争者，也是理所当然的。

## 朋霍费尔的生平与殉道

朋霍费尔于1906年2月4日出生在德国布雷斯劳（Breslau），父亲是精神病学和神经医学权威卡尔·朋霍费尔（Karl Ludwig Bonhoeffer）[5]。他的家族素有神学传统，母系的外曾祖父卡尔奥格斯·海斯（Karl-August van Hase）是19世纪德国最杰出的教会历史学家，外祖父卡尔艾佛德（Karl-Alfred）曾是德国皇帝的宫廷牧师。他父亲的家族在15世纪从荷兰移民到德国符腾堡（Würtemberg），也曾出过几位神学家。[6]

1912年，朋霍费尔一家人搬到柏林。他从12岁起就对神学发生兴趣，先后在图宾根（17岁）和柏林（18岁，1924年）受教于当时知名的自由派学者，如哈纳克、霍尔（Karl Holl）、希伯格（Reinhold Seeberg）等人；其论文《圣徒相通：教会社会学的教义探讨》（Sanctorum Communio：A Dogmatic Investigation of the Sociology of the Church）受到当时欧洲颇负盛誉的神学家巴特的赞赏。

1927年朋霍费尔完成学业后，先在西班牙巴塞罗那一所德语教会短期服事了一段时间，然后在1929年回到柏林。1930年，他以24岁之龄，完成了就职论文《行动与存有：系统神学中的超越哲学和本体论》（Act and Being：Transcendental Philosophy and Ontology in Systematic Theology），成为柏林大学的系统神学讲师。稍后他为了教学，前往美国纽约协和神学院进修一年。期间他深为同侪所感动，开始关怀孤苦者，但是同时他也为他们对神学的冷淡感到遗憾。[7] 1931年他回到德国后，和巴特及普世教会运动建立起密切关系，这对他的一生和日后的工作影响至巨。

1932年希特勒崛起，改变了朋霍费尔的一生。贝特格（Eberhard Bethge）曾说，朋霍费尔的"前程被纳粹断送殆尽"[8]。事实上，纳粹政权在德国路德会内部造成极大的危机；认信教会运动因为不能苟同纳粹的政治意识，而脱离国家教会；朋霍费尔则因为加入了这个反对运动，而成为国内宗教与政治动乱中的牺牲者，学术生命也告夭折。1933年时，朋霍费尔自觉事业已失去意义[9]，于是放弃学术研究，向学校请了长假，搬到伦敦担任两个教会的牧师。在那儿，他设法将德国教会内部的纷争，向英国众教会和普世教会联盟（World Alliance of Churches）说明。

1935年，朋霍费尔又回到德国，秘密主持一所专为认信教会训练传道人的神学院。这所学校以富有创意的形式，将神学教育融入彼此关系密切的团体。学员除了一般的学术要求外，还必须在彼此相爱和向主完全献身中，学习过基督徒的生活。学校后来迁至芬肯瓦特（Finkenwalde），并且颇享盛名。

朋霍费尔在芬肯瓦特认识了玛利亚（Maria von Wede），且和她订婚。可惜没多久，这所学校就被德国纳粹秘密警察发现，而在1940年遭到封闭。幸好朋霍费尔及时将他那些创意性实验的应用原则记载在《作门徒的代价》（*The Cost of Discipleship*，1937）和《团契生活》（*Life Together*，1939）这两本书中。

1939年战争一触即发之际，朋霍费尔在美国友人的催促下离开德国，以避开他的反战主张所可能惹来的麻烦。然而不久他就自觉必须回到祖国，与他的基督徒同胞在一起。他写信给尼布尔解释道："如果我此刻不与我的同胞同受苦难，将来战后，我就没有资格在德国参与重建基督徒的生命。"[10] 他一回到德国，就被严禁公开发表言论。战争期间，他在德国军事情报局担任信差，甚至曾以此身份前往日内瓦和英国，但事实上他是借此身份参与反纳粹活动（他早在1938年就已与这些地下组织有联系）。1942年，他被委任就地下组织所提的投降条件与英国政府谈判，但这些条件为英国政府所拒，以致许多地下组织分子认为,除了谋杀希特勒外,已别无他法。朋霍费尔在天人交战下,终于放下自己原先所主张的和平主义,而参与了谋刺希特勒的冒险计划。

1943年4月5日,他和姐姐、姐夫因涉嫌参与地下组织,而在父母家中一同被逮捕。虽然当时刺杀希特勒的计划尚未实行,但是朋霍费尔参与同谋的证据已被发现,因此被关入柏林的特格尔(Tegel)军监。在狱中的18个月内,他写了许多文章,日后出版成为著名的《狱中书简》(Letters and Papers from Prison)。

朋霍费尔的结婚计划也跟他的神学研究一样,在德国战争中成为泡影。他与玛利亚订婚不久即遭逮捕,但是他的未婚妻固定去探望他,成为他在黑狱生活中的喜乐和鼓舞。

1944年9月,纳粹秘密警察在一些文件中发现朋霍费尔确实曾和其他人一同谋刺,因此将他移往纳粹秘密警察设在阿尔布雷希特王子大街(Prinz Albrecht Street)的监狱,并施以凌虐。1945年2月初,他被秘密移往布痕瓦尔德(Buchenwald);4月3日盟军已攻到附近,他和其他数位狱友却又被载往位于巴伐利亚森林的佛罗森堡(Flossenburg)集中营。当他被点名送往佛堡时,朋霍费尔向狱友表示:"时候到了——不过对我来说,却是生命的开始。"4月8日深夜,军事法庭判他死刑,随即在9日凌晨执行;数日后盟军就攻克该地,释放了人犯。朋霍费尔临死时的镇定,让狱医叹道:"我当医生50年,从来没有见过有谁是这样完全地顺服于神的旨意而受死。"[11]

朋霍费尔从小就对神学有极大兴趣,结果却发现自己被召去做截然不同的事,最终更为信仰牺牲了生命。莱布霍兹(Leibholz)对他的评价是:"朋霍费尔的生与死,值得记载在基督徒殉道史中。"[12]此言诚哉。

## 以基督为中心

朋霍费尔虽是一位神学家,却不是那种传统的系统神学家。他的生命和事业都在30至40年代的德国战争悲剧干扰下夭折;他的写作也跟他短暂的生命一样破碎不全。他最重要的两本著作——《基督中心》(Christ the Center)和《伦理学》(Ethics)——都是经过整理的作品;

前者是学生将他的讲课笔记整理而成;后者是瞒着纳粹秘密警察藏起来的片段手稿。结果就如奥特(Heinrich Ott)所说:"朋霍费尔的作品不论从整体看,还是只看部分,都是不完整的。"[13]

他的生命是如此短暂,甚至来不及将自己的想法有系统地整理出来,不过他却在经历中成长、发展和转变;其中最深刻的转变,就是他后来竟放下自己原先的和平主张,参与谋刺国家元首。

朋霍费尔的学生贝特格将他一生智性成长的历程分为三个阶段:任教于柏林大学时期,参与教会抗争和在认信教会教导时期,以及反抗希特勒政权时期。[14]在第一阶段中,他最重视的就是教会必须知道本身乃是一个圣徒相通的团体;到了第二阶段,他着重于付代价的门徒精神;当生命渐趋终了时,他全心追求的乃是"在世的圣洁"[15]。不过朋霍费尔的著作有个一贯的主题,其核心就是基督论。奥特曾指出:"在朋霍费尔一生中的每一个阶段,基督论始终是他内在思考的准则,也是一个坚定无比的想法。"[16]他终其一生不断思考质疑的问题就是:"耶稣基督是谁?"[17]

朋霍费尔从不辩论有关耶稣基督是否存在的问题,因为他从自己的各种遭遇充分感受到他的存在。[18]不过在不同的阶段,他对基督的存在和真实仍有不同的思考重点。举例来说,在学术生涯之始,他对基督的看法是以教会为中心,也就是从圣徒相通的观点出发,认为基督住在教会里。[19]这正是朋霍费尔一生不断强调的——基督徒的生命应有分于基督救世的苦难。[20]然而当他被希特勒政权所囚,生命行将告终时,他迫切思索的,却是基督住在整个世界里的问题;[21]这个新观点透过《狱中书简》流露出来,成为他留给后世的神学遗产。

## 与自由神学决裂

虽然朋霍费尔受到数位神学家的影响,但巴特的精神却与他最为亲近。汉密尔顿说:"如果说朋霍费尔的神学有一把启蒙之钥,则一般公认,他在建构自己的思想时,始终有意以巴特为念;巴特对他的重要性,当世任何神学家都比不上。"[22]

朋霍费尔跟巴特一样，企图断然挣脱神学前辈们的自由主义。他完全不接受由施莱尔马赫所创，再由老师希伯格传递给他的"宗教先天性"的观念。自由主义就是引用这套观念，假设人具有感觉无限者的先天能力，由此发展出神与人有所联系的看法，进而建立了自然神学。[23]朋霍费尔跟巴特都相信，神借着耶稣基督，并且惟独借着耶稣基督启示他自己；而这种神圣的自我启示（也就是基督论）是神学和伦理学的中心。他更认为，神的自我启示和人类企图寻找神的所谓宗教之间是截然对立的；同样的观点在巴特的神学中也可以找到。事实上，朋霍费尔未能充分陈述的一些字句和评论，包括激进的"无宗教的基督教"一词，都是以此一准则为基础。

不过尽管朋霍费尔深深佩服巴特，但他早在学术生涯之初，就已扬弃了巴特思想中偏激的部分。在他看来，巴特把神的道当成了一种超越性的知识，以致在历史中好像没办法具体地找到神。[24]朋霍费尔主张神借着基督所启示的自己，乃是一个以教会为中心的实体；因此跟巴特比起来，他可说是大大拉近了基督和教会的关系。但在某些观点上，他跟巴特又颇为相近，例如，他并不接受自由主义把教会视为一个宗教团体的观点；他认为，教会的本质唯有透过神和神的启示才得以彰显，在一般的宗教概念中是找不到的。[25]然而，随着朋霍费尔迈入人生的后期，日益迎向"成熟的世代"（world come of age）和基督临在这世代的挑战，他和巴特在神学观点上的差异就再度浮现，并且较前更为深刻。

## 与现代化的争战

使朋霍费尔在神学领域流芳后世的，却不是以基督论为中心的教会论和对自由神学传统的抗拒，而是他跟现代化的争战。终其一生，他无时无刻不在与世界争战；他在特格尔监狱写给贝特格的许多信里，尤其可以看到这样的争战。这些信中随处可见一些震撼人心的字句，可惜他的生命过于短暂，来不及将这些意念有系统地整理出来。60年代的入世派神学家却将这些字句重新提出，并扩大解释。

其中最常为人引用的一个词汇,出自他在生命中期所写的《作门徒的代价》一书。他在书中将"廉价的恩典"和"昂价的恩典"作了生动的对照;前者所指的或许可称之为"教会宗教"(churchianity),也就是相信救恩可以经由教义的信仰而轻易获得。朋霍费尔是这么说的:"廉价的恩典就是:人可以不需悔改而得赦免;不需教会操练而能受洗;不需认罪而能领圣餐;不需忧伤痛悔而能告解的教导。"[26]

与这种教导相对的,则是宣告恩典要付高价。这恩典付出神儿子昂贵的代价。它要求顺服,也就是一生作主的门徒。朋霍费尔指出,路德是从修道院回到尘世后,才体认到"跟随基督的唯一方式是住在世界里",从而发现了昂价的恩典。[27] 追随耶稣进入世界,因此也成为朋霍费尔在狱中思想的主要课题。

朋霍费尔的大半生,尤其是入狱期间,始终竭力活出门徒的生命;他所谓的门徒生命当然不是指离群索居的结果,而是如《作门徒的代价》一书所界定的,吸引基督徒追随基督进入世界的那种生命。

朋霍费尔认为,在当代"成熟世代"的经验中,这种彻底的门徒精神(radical discipleship)是必要的。从他的书信中可以看出,他针对现实情境的这种想法,仍然是从以基督为中心的观点衍生出来,并没有完全脱离他先前的思想。朋霍费尔本人也在1944年4月30日的一份文稿中,指出了这种思想上的延续性。在文稿中,他说明自己对现世情境反复思考后,发现现今乃是一个"完全无宗教"的时代。首先,他陈述了自己内心最感迫切的课题:"那不断缠绕我的问题就是:基督教是什么?而对今天的我们来说,基督究竟是什么?"[28]

他所谓的"成熟世代"一词,意指教会今天已经处在一个人类能够自我运作的世界,好像不再需要寻求神的恩典或真理;无论是科学或世间万事,甚至连宗教,都渐渐认为不需要把神视为真实的假设。[29]

朋霍费尔指出,过去人对神的态度其实是不对的。神被人当作是补洞的神,凡是用别的方式没法解释的事,就把账算在神的头上;神就好像是人类知识不及处的补强剂。这种错误还不仅发生在科学方面,举凡人类的罪、受苦和死亡等疑难杂症,也都一体适用。朋霍费尔认为,神学家为了对抗科学的突飞猛进,只好宣称神是人生一切难题的解答;[30]弄到后来,神反而渐渐被人从生命的各个范畴赶逐出去。基督教信仰至此只得专注于个人的内在生命,希望神虽然已被赶出世界,至少这一部分还是由神掌管的领域。

朋霍费尔所关心的乃是现实情境——就是这个成熟的世代——对教会和信徒的宣告会产生什么影响。他质疑道:"教会在一个无宗教的世代里有什么重要性?没有了宗教、没有了因当代思潮而生的形而上学假设、没有了内在的探索、没有了这一切,我们要怎样向人提说神呢?"[31]

由于神学家们对这个成熟的世代无法提出有效的回应,而更加深了朋霍费尔内心的质疑。在他看来,神学家为了使基督教信息能适应日益成熟的世界所做的各种尝试,显然都有一个共同的窒碍。这些信息的前提是:一个人"必须在被人识破他的恶行劣迹后",才能被称为是个罪人;[32]换言之,护教者必须能指出他人的问题、需要和挣扎。他认为,这种策略等于否定了这个世界乃是一个成熟的世界,因此可说是不堪一击。

他主张基督教放弃这些做法,另辟蹊径。基督教不能再攻击"这个世界的成熟",因为这种攻击是无聊、卑鄙、不符合基督徒形象的。[33]他建议基督徒与其去辩解、维护基督教,不如好好去了解这个世界;世界并不能真正了解自己,因为它不知道自己跟基督信仰间的关系,但是我们靠着福音和基督的光照[34],却能比世界更了解世界,因此他主张:"我们用不着去批评他人世俗,只要让他以自己的强处来面对神。"[35]

## 无宗教的基督信仰

为此,他鼓吹"无宗教的基督信仰"。他以这个自创的名词,将他所了解真正的基督教信仰,从假宗教的包围中分辨出来,而他自己早已弃绝了这些虚假的宗教。他所批判的宗教观念很多:一种是假设人类天生就具有宗教倾向,并以此作为护教基础的宗教;另外,像巴特一样,他也批判那些建立在臆测式形而上学的宗教,认为那只不过是人类在寻求神。他也不同意宗教是纯属个人的体认,认为那样会将宗教局限在

"灵的"范畴内；再不然就是把宗教搞得"像魔术一般",人随兴之所至叫神从天外来做事。最后,他还反对一种宗教,就是把神当作某种满足个人生命的事物,是为了人类的需要而加添的。[36]

朋霍费尔认为,在这个成熟世代的情境中,"圣经内容需要以非宗教的方式来诠释"[37];教会中所盛行的误谬的神学观念,应该用神是"活在我们生命中的那位超越者"的看法来取代。[38]他坚称,我们应该在所理解的范围中寻找神,而不是往我们所不明了的范围去寻找。[39]而且,在今天这个成熟世代的世界里,我们必须看到,神在世界里,是软弱无力的;是"允许自己被世界排挤,以至于死在十字架上"的那一位。惟其如此,神才能与我们同在,帮助我们。[40]由此可知,在朋霍费尔的想法中,要用非宗教的方式来诠释圣经所说的,首先必须排除人的假信,也就是人在走投无路中,去寻求神在世界里彰显能力。我们必须放弃这种念头,而着重圣经的神,"他以自己的软弱征服世界的权势与空间"。[41]

## 圣洁的入世

朋霍费尔对神的这种见解,还伴随着对基督门徒的一种激烈见解,就是门徒当以"圣洁的入世"为特色。不过,我们必须先知道朋霍费尔究竟是在抗拒什么,才能了解他所高举的"入世"的含义。这位德国神学家一生中一直在寻索的一个问题是:在哪里才能找到神?最后他认定,神就在世界里,而不仅仅是在某个特定的、宗教的范畴中;而要求基督徒"入世",就是将基督论的要义应用在门徒的生命中。在他看来,基督徒最大的诱惑,就是假借敬虔之名,从世界退缩到象牙塔里,或是筑起假信的私人堡垒,或将宗教视为一种活动,或许多生存领域中的一个而已。

他坚信,福音绝不是这样的一种呼召。因此,凡是要求基督徒努力追求一种孤绝的敬虔生活,好让他们自高于其他人的任何主张,他都一概拒斥。他极力辩称,做个基督徒并不需要修练禁欲主义。

相反地,做个基督徒应该要参与在世界的生活中,在世界里服事神,而不是单单生活在无菌的修道院里,或是隔离的、受到保护的基督徒营垒中。他又指出,教会要"站立在小区的中央",而基督徒则要活在世界里。[42] 他认为这样的呼召是出于基督徒盼望的本质,因为盼望不是教我们逃离现况,进入死后更美的天地,而是要让信徒以全新的态度,回到世上的生活里。他宣告说,我们当"饮尽这世界的苦杯",因为唯有如此行,那位被钉死又复活的主才会与我们同在。[43]

从一方面来说,过世界的生活,意味着肯定生命,和神在我们生命中所赐下让我们享受的一切。他这么写道:"我确定,在我们的生命中应当爱神,也爱他所赐的福分,如果他愿意赐给我们喜乐满溢,我们就不该想要造作得比神自己还敬虔似的,免得因为我们的自以为是和骄傲,而糟蹋了神所赐的喜乐。"[44]

但是从另一方面来说,做个基督徒,意味着他在世上的生活应有分于神的苦难。这个观点比前者更能代表朋霍费尔的思想。[45] 他认为,基督徒生活在这个成熟世界里,必须承担这个世界过去的一切责任[46],而有分于神的苦难,就是过真正的门徒生活——成为柔软以服事世界,追随那位"为他人而活"的主的脚踪;这比什么都重要,因为"教会只有在为全人类而活时,才能显出她的真我"[47]。

因此,基督徒应立志作人,而不是作"圣徒"。朋霍费尔写道:

> 人唯有完全活在这个世界里,才能学会相信。他必须放下自我——无论他想做的是圣徒、悔改的罪人、热心的信徒(就是所谓的有牧师气质)、义人或是不义的人、有病的人或是康健的人。我说的入世,就是指——好好地过日子……就在平凡的生活中,我们将自己全然交托在神的膀臂中,同时也分担他在世上的苦难。[48]

不过,朋霍费尔所主张的门徒生活,并不表示要完全颠覆基督徒传统的敬虔;换言之,做个入世的基督徒并不容许过不道德或放纵的生活。相反地,你当尽一切所能分担神在世上的苦难;因此,你势必需要"靠近神的同在",或用保罗的话来说,就是"住在基督里"。唯有如此,信徒才能茁壮成长,来面对生活中的各样挑战。朋霍费尔指出,信徒不但要洁身自好,还要奋发有为,因为"基督不仅使人良善,他也使他们坚强"[49]。

## 末世和末世来临之前

朋霍费尔一方面借助"隐藏的纪律"的观念,另一方面则采用与此相关的一个观念,就是"末世"和"末世来临之前"两者间的内在关联,将基督门徒的两种面貌连结起来。其中第二个观念较易了解。

在朋霍费尔看来,终极的实体和现今的世界是紧密连结的;因此,基督徒应当谨慎,对现今的世界(就是末世来临之前),既不应完全拒绝,也不应完全接纳——这两个错误其实是一体的两面。[50]基督徒要过得跟那些完全属于今世的人一样,但是一方面要牢记,基督是这个世界的主[51],而神的作为就显现在日常生活中,可以说,是那末世的异象使这末世来临之前的世界有了意义。朋霍费尔因此呼吁基督徒,要心存终极实体的异象——说得具体些,就是神和他要称信徒为义的心愿——积极地过在世的日子。借着如此行,基督徒在世的生活就能"有分于基督与世界的相遇",因为"在基督里,神的真实与世界的真实相遇"[52]。

## 隐藏的纪律

朋霍费尔这"隐藏的纪律"的观念并未充分发挥,因此较难理解。[53]在早期教会中,隐藏的纪律是指,约束受洗者不得向外人透露基督教信仰中某些深奥的事实。朋霍费尔在他的监狱书信中曾表示,在今天使用这样的约束也很合宜。[54]

朋霍费尔这个观念的根基,可以在他早期的著作中找到。他在探讨《马太福音》第六章的《作门徒的代价》一书中曾经主张,门徒在世上的生活应有某种隐藏性。基督徒应当避免过于注意自己,或在人前炫耀自己,反倒要让神来使那隐藏的真实显明出来。[55]换言之,隐藏的纪律是指门徒在世上的生活,是以信徒与主的连结作为支柱,也就是他们以信心仰望主,让神在他们里面动善工。朋霍费尔在芬肯瓦特时,在那敬拜的团体共同献身的生活中,寻求隐藏的纪律;这纪律供给他们力量,能参与世界。

不过从他后来的书信看来,朋霍费尔似乎发现,隐藏的纪律还有超过个人和团体过敬虔生活的意义。事实上他发现,早先所累积的原则,对末后和今世之间的关系也很有帮助。基督徒在末世来临之前的世界里生活并服事众人,但是他们能爱人,却是因为神的恩典在他们里面动工;他们不能说自己是因为归从某种教义,或照着某种敬虔的规定去操练,而有了良善。若他们这么说,就是把自己信心的根基,从神转移到宗教了。因此,隐藏的纪律就是让基督徒在服事世界的生活中,保持一个正确的态度。

然而,论到将隐藏的纪律应用到教会在这成熟世界中所当采用的宣告和神学上,其重要性就引起极大的争议。朋霍费尔认为,在当世的情境中,谈论神已失去意义,因此教会应当噤声,不要再使用传统的话语,好让基督徒可以从为人代祷和服事中活出新的语言来。[56]因此,他建议重新引用隐藏的纪律,使基督徒在使用传统神学作宣告时有所约束,因为这个世界已不能了解这些老式的说法了。事实上,朋霍费尔仍然珍惜传统的说法,他只是希望"基督信仰的奥秘不致遭到亵渎"[57]。

## 超越性

朋霍费尔也跟所有新正统神学家一样,尝试重建神的超越性,以对抗自由主义的临在神学。不过他对超越性的认知不同于早期的巴特,后者认为超越者是圣经中所启示的那一位;他也不认为超越者是传统正统派所主张的那位带着权能到世界来的全知全能的神。在他看来,超越的神是"住在世界里的至高者",是为末世来临前的此刻赋予意义的终极实体,是透过隐藏的纪律供应力量给信徒和教会,使他们得以承担住在世上的使命的那一位。在朋霍费尔构思要写,却没能写成的一本书里,他原本要写出他的认知:

> 超越者并非我们所不能知,他(Thou)就近在咫尺。神取了人的形象,并不像其他宗教是用动物的形状……但也不是抽象的形容——好比绝对的、形而上的、无限的等等——也不是希腊哲学所

209

说,存在于自律的人里面那神性的人格,而是为他人而存在的人,就是被钉死的那一位。[58]

虽然朋霍费尔不幸英年早逝,来不及将这些想法周延化、系统化,但他一生力行以致殉道,比后世任何诠释更足以说明他的神学概念。朋霍费尔以生命活出他所主张的彻底门徒精神,真正与神共赴世间的苦难,让后人得以在他所立的基础上,建造完整的神学架构。

20世纪60年代,有几位从朋霍费尔得着启发的入世派和极端派神学家,曾致力于这样的建构。

## 入世神学:沉浸于现代社会中的神

20世纪60年代初期,人们对殉道的德国神学家朋霍费尔的作品再度发生兴趣。在那十年间,他的作品对英美神学家产生了深远的影响,尤以《狱中书简》为最。他在特格尔监狱里的思想是如此深邃,虽然未及充分发挥,仍深深吸引了许多神学家;而他所创的格言,也在巴特死后的英美神学界激起许多人的想象力。他们献身于完成朋霍费尔生前的主张,也就是他对教会的呼召;他们的用心在神学界形成了一种新的极端运动,在激进的60年代虽仅短暂盛行,却留下长远的影响。

20世纪的这一段神学历史,其实是针对巴特神学中若干思想所作的响应和更深刻的探索,因为这一波运动的健将们或多或少都承袭了巴特的思想。[59]巴特将他认为是神寻求人的基督教信仰,和他所不认可的人寻求神的宗教,作了截然的划分,就此为日后兴起的极端神学埋下种子。60年代的神学发展,原本是要反击巴特的这种神学思想,却反而延续了这种思想。[60]

此外,巴特在基督徒信仰和人类宗教之间所划下的鸿沟,是如此之深,不可跨越;他将神的超越性提升到全然不见临在性的至高之处,除了在神启示人的话语中尚可见其临在外,神似乎完全脱离了人们的日常生活。巴特如此将神抽离世界，却益发引人寻求神的同在。麦奎利曾一针见血地指出极端神学的要害，乃是"对巴特神学过度强调神的超越性，且因而强烈反对人的'自然'成就的一种反叛，甚至可以说是一种矫枉过正"[61]。

但是从另一个角度来看，巴特为真信仰和人为宗教所定的区别，却又正是极端神学的发展基础。巴特不认为遵守某些宗教活动就算是宗教；相反地，他主张基督徒应当"尽性、尽意"事奉神[62]，而这就包括了在世界里或在世俗中。[63]正由于他拒绝将宗教和世俗生活一分为二，才会建立起真信仰和人为宗教的二分法。

巴特思想为极端神学家提供了理论基础，其影响是相当正面而且重要的。除了他以外，还有德国神学家戈加登（Friedrich Gogarten）。[64]然而朋霍费尔比巴特或其他前辈更重要，因为极端神学家认为自己所做的一切，都是用心良苦地在实践朋霍费尔的思想。不过，只要看看连朋霍费尔的想法都尚且不够完整，就知道他们的使命并不容易达成。也因此，60年代神学家经常被批评为误用了朋霍费尔的见解。麦奎利的评论就是一例："毛病出在，朋霍费尔的见解原本只是试验性质且模糊不清的，这些神学家却不如此认为；再加上他殉道的悲壮性，吸引这些神学家作出可能根本不是朋霍费尔本意的明确断言。"[65]

不过，尽管极端神学家对前辈的忠贞度各有不同，而且彼此间差异颇大，但他们仍因某些共同点而结合，例如，他们全都深受朋霍费尔所主张的"无宗教的"基督信仰所启；他们无疑都以基督为中心，将巴特和朋霍费尔所传承的思想，推展到连这两位大师做梦都想象不到的程度；他们都想将传统所强调的"超世俗"，从基督信仰中挪去；最后，他们都想确实掌握"信仰"这个名词最基本的意义。

## 神死运动

从年代来看，60年代的极端思想首见于日后被称为神死运动的风潮。这个风潮起于60年代初，随即销声匿迹，尔后才在媒体的发掘下起死回生。不过尽管媒体上报导得轰轰烈烈，追随风潮者却不多；事实上，它始终只是汉密尔顿（William Hamilton）和奥提哲（Thomas J. J. Altizer）的双人秀。[66]为了响应朋霍费尔的建议，从世俗的观点来诠释福音，二人对现代世俗社会中的"神死"（death of God）现象做了一番观察，进而主张彻底地、毫无保留地投入当代社会。

当代神学见解中，恐怕没有比"神死"说更引人争议的了。就在媒体拾起此话题后，几乎在一夜之间，此一神学上的思考就被转化为一种文化风潮。1965年10月，《时代》杂志以"神死了吗？"为题，作为封面故事的报导内容；立刻，无数的报章、杂志、广播和电视节目都赶搭便车，加入炒作这门神学史上最极端的"神死神学"。保守派基督徒大力撰文，同声鼓吹"神没有死"，还推出车尾贴纸，上面写着："我的神没死——可惜你的神死了！"

这场骚动所产生的催化作用，使得汉密尔顿和奥提哲大为震惊。[67]他们对于媒体经常歪曲他们的见解深感忧心，因此不得不发表大量的文章和书籍来解释"神死"说，以教育一般的基督徒。正如汉密尔顿曾写道："要注意，不要以为看了新闻杂志、宗教周刊和《纽约客》就够了。"[68]然而，他们对这个话题写得愈多、讲得愈多，"神死"的口号反而显得更模糊——连他们自己都有这种感觉。神死，是一个历史事件？一种用语？文化事件？还是对人里面神性的肯定——也就是神临在人类的最深刻表现？从汉密尔顿和奥提哲的想法看来，上述诠释都可能成立。

汉密尔顿为了消除围绕着神死说的各种极端误解，而在1966年的一篇文章中十分明确地指出，他们所想要否定的，乃是传统基督教一神论中的那位神：

> 这个说法不只是老套的对自然神学或形而上学的抗议；也不只是平常我们面对圣洁的神时，变得张口结舌或不知所云的情况；它所表达的实在是：我们不知道、不崇拜、不拥有、也不相信神。这个说法不只是显示我们里面的某种能力已告枯竭；我们也不认为这些说法仅仅是我们脆弱心灵的告白；我们认为，这是我们对这个世界的本质的说明，并且希望别人也能接受。神死了。我们不是说，缺乏对神的经历，而是说经历到神的缺席。[69]

他并且强调，神死神学绝不只是"故作复杂的、重新包装的无神论"，而是真正的基督徒神学。奥提哲也附和说，只有基督徒能够真正确定神死了。[70]他们二人之所以如此主张，是因为在他们心目中，耶稣基督始终与受苦的人类同在，一同抗拒包括基督教一神论的那位超越的、掌权的神在内的一切非人性的、外来的力量。

## 汉密尔顿

20世纪60年代时，汉密尔顿在浸信会考门神学院（Colgate Rochester Divinity School）教授教会历史。[71]他曾在协和神学院受教于尼布尔和蒂里希的门下，并在苏格兰知名神学家多纳德·贝利（Donald M. Baillie）指导下获得博士学位。汉密尔顿也深受尼采（Friedrich Nietzsche）、加缪（Albert Camus）和蒂里希思想的影响；他的早期著作中有一部名为《基督教新精义》(*The New Essence of Christianity*, 1961)，他在其中已开始提到神死的观念。基本上，这本书反对神的护理掌管历史的说法，并且呼吁基督徒在没有神的文化中要站立得住，不要坐等神的再现。汉密尔顿认为，基督教真正的精神在于：虽没有神的同在，但在耶稣所在之处，仍能活出积极的、入世的生活，也就是与邻舍同在，分享他们的奋斗和艰辛。[72]

整个60年代，汉密尔顿所谈、所写始终环绕着神死的问题，日益极端且有意地倾向于无神论。1966年，他与奥提哲合著《激进神学与上帝之死》(*Radical Theology and the Death of God*)；后者称他为"美国神死运动中最善言的领袖"。[73]这本书出现时正是此一运动的最高潮，此后它逐渐不再为众人所注意，也就失去了影响力。

汉密尔顿也失去考门神学院的教职，回到世俗的学术领域，专注于研究英美文学中与神死有关的主题。1974年，他将自己的研究结果写成《将神从字典中挪去》(*On Taking God out of the Dictionary*)一书；[74]另外还出版了一些书，论及美国作家麦尔维尔（Herman Melville）及其小说《白鲸》(*Moby Dick*)中有关神死的象征。

汉密尔顿在他的著作或访问中一再表达，他认为对神的信仰是危

险的。60年代神死运动神学家的使命,是侦测——务必要在现代文化中找到神死去的遗体并诠释之;今天神学家的任务,却是作杀手——掳获神并将他毁灭。1989年,汉密尔顿确定"跟随神的人是危险的;而有一件事你能够帮助弟兄姐妹,就是将神从人们身边挪去,那么即使他们相信一神论,也不至于太危险"。[75] 尽管汉密尔顿有如此极端的主张,他仍自认是一位基督徒,因为他坚定相信耶稣基督是彰显为人之道的那一位。[76]

## 奥提哲

虽然奥提哲本人十分推崇汉密尔顿,但其实他才是一般人心目中60年代神死神学或"基督教无神论"的主要代言人。当神死运动风潮汹涌时,奥提哲正在亚特兰大的循道会埃默里大学担任圣经和宗教学副教授;之后,他转向英国文学研究,尤其专注于解构主义。

1966年,他以《基督教无神论的福音》(*The Gospel of Christian Atheism*)一书宣告他对神死神学的主张,就此一炮而红。[77]同年,他又与汉密尔顿合著《激进神学与上帝之死》一书。此后他涉入此一运动日深,且先后出版多本著作,也就顺理成章地参与了日后与解构主义连结的新神死神学。

奥提哲的作品相当令人费解。汉密尔顿说:"奥提哲的作品炽热、狂野、过度普遍性,且充满着色彩鲜明、飞扬而情绪化的文辞。"[78]或许他意在褒扬,但正是这样的风格使人们难以理解。另一个麻烦则是他的折衷主义。奥提哲擅于撷取众家之说,调和成他自己的一套独特见解。影响他的知名之士包括了黑格尔和尼采;另外,他也常引神秘派诗人布莱克(William Blake)之言。据奥提哲自己承认,这三位是他神学思想的主要来源。不过,他的思想中也处处可见朋霍费尔和蒂里希不可磨灭的痕迹。事实上,他和汉密尔顿将二人合著的《激进神学与上帝之死》一书献给蒂里希;他还在《基督教无神论的福音》的序言中[79],称许蒂里希为"激进神学的现代之父"。

奥提哲的基督教无神论的一贯宗旨,就是神已完全临在人类的中间,"甚至将有关超越性的记忆或阴影都一笔抹消了"[80]。他坚称,从神死进入极端的临在,乃是"跨入 20 世纪的门坎"[81];因此神死是神学必备的内容,因为——神学必须向当代心灵先知弗洛伊德、马尔库塞(Marcuse)、萨特、布莱克、黑格尔和尼采等人所阐释的完全解放、自己负责的现代人类认知让步。照奥提哲的说法,这些人的思想才是神学的来源,因为他们启示出当代人类的命运,而"在这个时代中,人们的共同情境就是在无神状态下为自己的生命负责"[82]。

奥提哲认为,神死不仅是当代人类自律的象征,而且是一件历史的事实。他以"神的自我毁灭"来形容神死事件,并且将之诠释为虚己的终极作为,或是道成肉身和十字架道理所象征的自我倒空。透过耶稣基督,神实践了他自我毁灭的虚己行动,从而与人类成为同等,因为他已借着有限的生命和死亡,否定了自己客观的存在:

> 在世界和历史中行动的神,是一位否定自己的神,他决意逐步毁灭自己原来的完整。神就是那"堕落"或"降卑"的整全者(Totality),因此得以全然进入与他原来身份相反的境界。神,或是神格者(the Godhead),借着颠覆他的本像,成为透过耶稣所表彰出来的那位神;从此,超越成了临在,就好像灵成了肉身。[83]

因此奥提哲说:"基督徒所宣称的神,是在基督里全然否定或牺牲自己的那一位神。"[84]

在奥提哲看来,神的这种自我牺牲乃是为了受造物而行的恩典。神借着彻头彻尾地参与受造物的存在确证了他的存在;如果硬要坚持他在超越中的独立存在,则会摧毁人类的自由和责任。奥提哲将神这种极端的临在性,导入一个重要而且必要的结论:凡认定神死的人,就能够克服任何对生命"否定"的形式;并且能"肯定"这个世界和在其中的生活。[85]

## 批判

可想而知,神学界各派批评者都异口同声,指责奥提哲关于神在人

类中间绝对临在的说法。有些人说这完全是异教说法，也有人当它是头脑不清的天才所说的疯言疯语；其中最有建设性的批判，是由社会学家贝格尔（Peter Berger）和吉尔基（Langdon Gilkey）在 1969 年所作的回应。贝格尔在《天使的传言》（*A Rumor of Angels*）一书中，探究一般人类经验里的"超越性记号"[86]。他认为，现代社会具有重新探索超自然的资源。

吉尔基是芝加哥大学的知名神学家。他在《探索旋风》（*Naming the Whirlwind*）中，提出神的语言在世俗文化中更新的可能性。[87]他批评神死神学家落入了自相矛盾中。他写道："少了神的语言，这种神学无法始终一贯地围绕着耶稣是主的范畴。"如此一来，它等于放弃了与基督教传统间唯一的联系，也不再是它自称的基督教神学。[88]吉尔基进一步指出，基督教无神论宣称现代人类的经验中已完全没有神，这"既不是事实，也不是我们世俗生活实际情形的启迪"[89]。为了证明这一点，它详细而深入地探索了"终极的领域"，例如人类经验中的自由和希望。贝格尔和吉尔基二人一致认为，神死神学因为忽视人类经验对"至高处"超越者的渴望，以致从根本上就误解了人类经验。

来自各方的严厉批评，使得神死神学在 20 世纪 60 年代无疾而终。神死神学因为主张神绝对的临在性，又一笔抹杀了他的超越性，而被人批评为过于极端；但是它最重要的贡献在于挑战 20 世纪末的神学家们，去重新发掘和建立神的超越性，并以有效的方式，向日益属世的心灵陈述。本世纪后半期的神学运动，绝大多数都或多或少可以看作是对这种挑战的响应。

## 罗宾逊

在神死说首度萌芽和它再度风行之间，大众媒体上出现了另一种极端神学。固然汉密尔顿和奥提哲因为一心想放弃跟神的对话，以致贬抑了历来神学所传承的使命，其他极端派神学家却比他们更急于从世俗文化中解救神学。这些神学家所组成的运动为时甚短，一般称之为"基督教入世"运动。参与其中的神学家们赞美世俗时代的来临，也关心教会对时代的回应。他们认为，教会应当扮演"神的先锋"；照考克斯（Harvey Cox）的定义，教会应当宣布世俗是神所做的工，并且教会将参与建造新的人性、新的世俗之城。

朋霍费尔曾呼吁世人要建立入世的信心，在成熟的世代中重新思索基督信仰；在60年代初期，有几位神学家致力于将这个呼吁发扬光大。1963年，范布伦（Paul van Buren）在《福音的世俗意义》（*The Secular Meaning of Gospel*）一书中所阐述的思想，可以说是基督教入世派的早期思想。[90] 而罗宾逊（John A. T. Robinson）在同一年所著的《对神诚实》（*Honest to God*），虽然极具争议性，但是对教会整体而言却更具意义，并且成为引发极端神学论争背后最主要的导火线。[91] 罗宾逊当时是英国国教伍利奇（Woolwich）教会的主教。他虽然只是一位新约学者[92]，而非神学家，但他的著作极受欢迎，所产生的影响力远超出作者本人所预期。[93]

罗宾逊身为主教，肩负维护并坚固教会教导的重任；然而照他自己的说法，他处身的时代，"架构我们信仰的传统正统超自然主义，与今日'平信徒'（找不到更好的词）世界觉得有意义的范畴之间，鸿沟愈来愈深"[94]。这正是《对神诚实》一书的写作动机。因此，他不仅与朋霍费尔同样感受到这个成熟世代的实情，而且他还发现，朋霍费尔所提出的成人期不但存在于世俗世界中，也存在于有宗教信仰的人群中。罗宾逊认为，自己的使命就是帮这些人来诘问既存的宗教体系；因此可以说，他的长远目标是牧养，而非神学。在罗宾逊的观点中，教会的使命就是"透过信徒共同生活所产生的质量和力量，来造就基督徒，让他们得以带着'隐密的纪律'，面对他们所处的世代中一切精采、危险的世俗挣扎，在其中跟随神，发现他的作为"[95]。一如朋霍费尔，罗宾逊一心想为教会的使命做出一番贡献。

罗宾逊的书中结合了当代几派不同的思想，其中最重要的三人是：蒂里希、朋霍费尔和布尔特曼[96]。蒂里希以哲学方式阐释有关神的难题；布尔特曼则是以化除神话的方式，来解答释经方面的难题（针对圣经引用神话这一点）；朋霍费尔则专注于有关神、基督和教会本质的问题。这三位神学家各自在他们所处的时代中，质疑传统上对超越性的

认知,也就是将神视为一个存在,一个超乎世界之上的独立存在体;他们分别以不同的名词——神话的(布尔特曼)、超自然的(蒂里希)、宗教的(朋霍费尔)——来否定信仰的固有形象。[97]罗宾逊也不例外。他宣称这种形象是过时的,是信仰的绊脚石。[98]

## 罗宾逊的神

罗宾逊认为,不论是从空间,或形而上,或心灵的角度看,神都不应被视为"在上面"或"在那里"。为了取代这些超自然的说法,他试图在前辈们的理论基础上,用现代人喜欢的方式,重新建立一套基督教的神论。但他并不只是以一个超越的神来取代临在的神,而是想用非神话的方式,重新表达神的真实,进而"确认现代人对于超越性的观念"[99]。针对这一点,他指望以个人的自由和爱,作为超越性的主要范畴[100],而这也是他日后在著作中发挥的主题。

罗宾逊在《对神诚实》中坚称,神是给予世界(尤其是世人间彼此的关系)意义和方向的那一位。他承袭蒂里希,说神"就在这里",就在我们本身存在的深处,因此对神的陈述其实就是对个人人际关系"终极"的表达。[101]因此,承认神的超越性,就等于承认生命中一切受限制的关系里有着不可限性,进而以"不可限的个人关系"来回应。[102]

罗宾逊一面秉持着蒂里希对神的观念,一面则追随朋霍费尔所主张基督论的原则,将基督徒的生命视为"入世的圣洁",并视基督为一个为他人而活的人。他预料考克斯要进一步发展的这个主题,并呼吁世人对圣洁和入世应有新的见解。他主张,圣洁并不是高高在世俗之上,而是在"日常生活的'深处'";同理,"世俗"并不是生命中无神的一隅,而是"脱离了本身真正深处、遭孤立"的世界。[103]因此,敬拜是要让我们在日常的真实里,更敏锐地感受到基督的存在,进而真正看到那超越者就在我们中间。

《对神诚实》一书虽然没有新的见解,却有其重要性,因为这本书将三位神学大师的见解通俗化,显示基督徒领袖和思想家可以用开放、坦诚的态度,质疑传统上由教会所定义的信仰核心教义。

## 进一步质疑

在1965年出版的《新的宗教改革？》(*The New Reformation?*)中，罗宾逊将他在《对神诚实》一书中针对牧养所提出的问题，进一步衍生为对教会的看法。身为安立甘教会的主教，他再一次借用朋霍费尔基督论和教会学的精神，进一步探究他对入世福音的主张。

《新的宗教改革？》一书，以作者对围绕着第一次宗教改革的问题"我要怎样才能找到一位有恩典的神？"转变为"我要怎样才能找到一位有恩典的邻舍？"的见解为出发点。[104] 罗宾逊主张，在当代的情境中，教会必须追随为他人而活的主的脚踪[105]，因此，教会必须预备好，到人群中找人，并接纳他们本来的面目；[106] 唯有如此行，人们才有可能在这个世界里被基督寻着。[107] 但是要成就此事，教会"必须切实关怀这个世界的需要"[108]。

罗宾逊在1967年出版的《但我就是不能信！》(*But That I Can't Believe!*)中，再度探索了在一个成熟世代中信与不信的问题。虽然罗宾逊对基督教有所质疑，但他对教义上的各种难题，却有相当乐观的结论。他认为，由于基督徒与世人在一些重要的观念、见解和经验上，如正直、公义、团结、责任、看重个人和强调人际关系等，有共同的看法，因此从世俗的角度来宣告福音是可行的。[109] 他确信，基督徒既然在这些看法上与世人相通，则他们一定可以和世人"同行"，进而在生活中将他们引向基督。

## 临在中的超越者

罗宾逊在著作中，不断谈到超越性和临在性这两个基本的神学问题。他虽然想维持超越性的传统定义，却发现在现代情境中，基督教的讲法需要以临在性的观念为先，也就是先谈临在性，再谈超越性。[110] 虽然这时离他发表《对神诚实》一书已有十年，他所强调的却仍是同一个主张："姑且不论基督教关于'神'的特定说法究竟是助力或障碍，至少

我们所要阐释和表达的，乃是'超越性就在临在性中'"[111]。根据这个准则，他指出神学的任务乃是寻找"一个投影机，让我们能够从大自然的过程中，而不是从自然过程之外；是透过世俗的历史事件，而不是透过某种神圣、超乎历史的事件，来表现出神的作为"[112]。

当罗宾逊日渐醉心于德日进的主张后，他过去寻求一个有活力的、新的神学模式的努力就派上了用场。他在入世神学运动和德日进的进程神学间找到一个重要的契合点，就是两者都注意到不让超越性被纯自然主义所泯灭；并且两者都宣称，一定要将超越性放在"临在性之中、临在性之下、与临在性同在"的假设中，才能了解超越性。[113]

身为安立甘会主教的罗宾逊，从耶稣会法籍神父德日进的"万有在神论的位格主义"中，发现了一个既能解决神学上超越性和临在性的难题，又能维护传统上强调神是有位格者的说法。在罗宾逊的观念中，神的位格是"诠释整个实体的核心范畴"，但他并不坚持代表这个位格的形象一定是一个神圣的存有。[114]他不愿将神视为一个大于其他人的个体（bigger Individual），或是集体的位格（collective Personality），而是选择用"跨越人际领域"（interpersonal field）来形容神，他既在万物和万人的里面，也在他们之上，并将他们整合成为一个有生命的整体。他还强调，这个整合体具有人性的爱的特征，并不是无人性的机械。在神圣的领域中，"无数个有限的你（Thous）结合在一起，个个都在全然人性化的爱的自由中"。罗宾逊推许蒂里希是将这个观念"推衍到极致"的一位神学家。[115]最后他说，位格主义的"万有在神论"基本上就是道成肉身的神学模式，因此当然符合基督教信仰。[116]

罗宾逊结束在伍利奇的主教任期后，回到剑桥大学的学术环境中，才得以完成多年来一直想写有关基督论的书。[117]他在《神的人性面》（The Human Face of God）中，继续阐释十年前在《对神诚实》中就已谈到的以马内利，神与人同在的主题。

对罗宾逊来说，最重要的事就是神在世上与人同在，而这一点正是他的基督论。他主张，在基督里可以清楚看见超越的那一位（或称"无条件者"）；在基督里，基督徒能看到"在人里面"的神性。因此，耶稣是"最初的样式"、"新人类的原型"。[118]说得透彻些，让罗宾逊发挥想象力的不是耶稣的神性，而是他的人性，因为引导基督徒在世生活的是耶稣的这一面。因此，他的结论应和了朋霍费尔的说法："不论信仰的终极真理是什么，总之我们必须在末世之前默默地、务实地生活，因为'为我们而活的神'是一位'实实在在的人'，……因他真实的人性，所以我们服事他、爱他。"[119]

## 基督教信仰与入世化

《对神诚实》所引发的神学思考，渐渐发展成为后人所称的基督教世俗化运动。这场运动中的神学家们投身于世界，并且一心想指引教会深入参与建构新的人性，也就是新的人类世俗之城。

支持这种新的基督教入世神学者所提出的呼吁中，有一个基本精神，就是对入世（secular，或译世俗）这个观念的独特认知和正面评价。在此，"入世"是用来形容一个特别的观点、某种情绪或是对世界的观感。[120]例如，考克斯就曾经用务实而不敬来形容"世俗之城的特色"，亦即，世俗人面对"是否管用"的问题，就存这种心态，完全是考虑地上的效益，远离宗教问题。[121]

因此，一般世俗观点强调的是眼前，而不是永恒；专注的是"这个世界"的现实，而不是"另一个世界"的事。世俗感只对日常生活有兴趣，对传统所谓敬虔的操练是没有兴趣的；它所提升的是世俗的知识，也就是人类努力得来、在生活上有用的知识，而非神学和形而上学。此外，从世俗观点来看，使人类显出其重要性的根源是自主的个人，而非信心的生活。[122]

基督教入世运动为了鼓吹这种世俗感，而坚决主张将入世（secularity）和世俗主义（secularism）划分清楚；前者是指一种以现代科学和关怀世事的态度为特色的观点。入世派神学家认为，入世化基本上是一种解放运动，套用考克斯的话来说，就是将社会和文化"从宗教的监控和封闭的形而上世界观中"解放出来。[123]相对地，世俗主义则是主张科学是获得可靠知识的唯一途径，且抱持唯有有形的、世人之事才重要的态度，但这种态度很容易形成另一个新的封闭的世界观，甚至演变成类似宗教的功能,因此是危险的。[124]

入世派神学家极力抗拒世俗主义,说那是对科学和世事的盲目崇拜,跟圣经上的神所宣扬的真正入世是对立的。范诺(William O. Fennell)说：

> 世俗主义是堕落的人类想要将自己因受造而存在于世界所拥有的某些能力弄成绝对,好让自己取代神的地位。另一种可能,则是人类自居绝对者的地位,成为一个让人委身、希望和具有宗教涵义的崇拜形式的对象。[125]

这些神学家一方面反对世俗主义,另一方面则主张入世的态度有圣经根据,且是理所当然的。

将入世和世俗主义分辨清楚后,这些新神学的拥护者一方面极力想把神带回到世界中,因为人本当在世界里找到神;一方面则避开了当时的一些错误观念。就好像是响应朋霍费尔所阐释的主张一般,范诺认为"真正的入世神学",就是呼召人类"脱离盲目崇拜的世俗主义,归向信心的入世"[126]。为了此一目标,入世派神学家主张,基于基督使人和好的理由,应该除去传统上存在于教会和世界之间的界线。当范诺谈到整个入世运动时,他再度撷取朋霍费尔的精神,说：

> 然而,因为世界是借着耶稣基督,在他里面与神和好,因此信徒团体不应为了想要与世界有所分别,而借着宗教团体的形式与世界隔绝;相反地,她应该效法她的主,且在他里面,为了这个世界而存在。她要设法用言语、行动和态度,向世界诠释她立基于神的真正属世性,而不是虚假的世俗性。[127]

## 考克斯

尽管有些神学家赶上了这股神学"热",但真正将入世神学撷要并普及化的,则是一位浸信会的年轻教授考克斯;他所著《世俗之城》(The

*Secular City*，1965）一书，成为阐释入世神学运动最具影响力的著作。考克斯受教于耶鲁和哈佛大学，曾在安多佛牛顿神学院（Andover Newton Seminary）任教，后于 1965 年成为哈佛大学三一神学院教授。早在 20 世纪 60 年代，他就透过参与市中心事工和民权运动，实际运用了他的入世神学。

《世俗之城》最核心的要旨，在于入世化的过程不但不会败坏基督徒的灵命，反倒与基督徒信仰形成一种错综复杂的协调；这种协调是由于入世化根本就是"圣经信仰影响历史所造成的理所当然的结果"[128]。事实上，入世化就是福音最真实、最根本的精神——自由和责任。可以说，福音劝人悔改的呼召，是为了让人接受"成人责任"的一种劝戒。[129] 因此，考克斯也像朋霍费尔一样，要求基督徒在当代的入世运动中寻求神：

> 我们与其跟世俗化争战、对抗，倒不如从世俗化中分辨出，当初呼召人们脱离无尽的苦难，从苦待他们的那地进入流奶与蜜的新天新地，而至今仍然不变的那一位。[130]

考克斯念兹在兹的，就是要向教会提出他的入世化主张。他宣称，教会论的基础，最好是建立在一个随社会变迁，甚至随社会革命而变的神学上；[131] 而"世俗之城"就正象征着这种神学。在考克斯看来，世俗和城市，是两个并列的名词，象征了福音呼召的积极目标："世俗之城的观点代表了成熟和责任；世俗化则象征着社会整个脱离不成熟的依赖性；都市化则显示出人类互动的新模式。"[132] 基于这些理由，他发现世俗之城的形象正是"成熟和互相依赖的结合体"，就好像是圣经中神国的形象。[133]

考克斯照着世俗之城的形象，对教会传统的三重使命做了一番新的描述。[134] 首先，福音宣讲（kerygmatic）的功能是"宣扬神掌权"；教会宣布新时代，就是从一切束缚和个人及社会责任中释放出来的自由时代，将要来临。和解（diakonic）的功能是"医治城市的创伤"；为了城市的合一和健全，教会与没有信仰的人携手，一同医治城市在都市化的生存和奋斗中所罹患的复杂病症。最后，教会的团契（koinonic）功能是要"让城市的主"显现出来；意思是指，教会要将它所宣扬的和所医治的充分见证出来，这是教会的责任。虽然这类见证所反映的乃是神的国度，不过考克斯认为，这并不是教会才有的使命，"今天凡是能将人类之城的实体清楚、具体地见证出来，那就是国度的记号"[135]。

最后，考克斯将注意力转移到神在世俗情境中这个难解的问题。从这方面看，他无疑是引用了朋霍费尔[136]和戈尔维策（Gollwitzer）的思想，而他的看法跟神死派神学家也很相近。[137]他认为，在一个世俗社会中，政治（此处"政治"一词的含义类似亚里士多德所说的城市政治）所发挥的功能，跟形而上学所曾经发挥的功能颇为相似，就是为人们提供合一的源头和人类生命与思想的意义。他就在这个理论基础上，提出了神在世俗情境中这个难题的解方。他主张建立一套能够响应这种新语言的神学。他顺着李曼的主张，说："神在世界上所做的，就是让生命有人味，其实也就是政治。"因此，"今天的神学必须是一种回应的行动，也就是教会必须找出这位政治家的神想要做些什么，然后跟进，与他同工。"[138]

考克斯认为，这意味着对超越性有所修正。他坚称，今天神是透过日常生活和社会变迁来临到我们。在我们的生活中，神既是自由的基石，也是经验的基础，因为并非每件事都是顺我们意的，也不是每件事都能"融入我们"[139]，但是神就隐藏在那些顽劣的现实中。[140]最重要的是，神临到我们，作我们的同工；他要我们注意身边的人，而不是注意他。由此一观点出发，考克斯在《世俗之城》一书中提出了一个前所未有的看法，说得具体些，就是我们或许不应该再用"神"这个称呼，而应该改用一个更贴近我们在世俗之城里所遭遇到的现实的称呼；这称呼是神自己选的，当神的时候到了，它自会出现。

## 入世基督教的崩溃

《世俗之城》也跟《对神诚实》一样，是极受欢迎的书。这本书之所以吸引人，是因为它融合了60年代教会年轻人原本彼此矛盾的两种心理。它既反映出当时的革命精神,同时也提供了让基督徒保持负责和活力的方法。[141]然而就整体而言,极端神学想为教会提出另一套完美神学的努力,却是不幸夭折了。

其实早在60年代中期,神学家们就已对"流行神学"失去兴趣。回应罗宾逊的言论总集《对神诚实之辩》(Honest to God Debate)一书的编辑爱德华兹(David L. Edwards)就曾大声疾呼,希望有人写一本以"高过入世"(Beyond the Secular)为名的书。[142]

批评的声音还不只是来自神学圈子。在反对者的眼中,极端神学根本没有完成这一派学说的创始者所想达到的护教目的。入世派思想家对于向时代思潮妥协的努力并不感到满意,有些人甚至表示,宁取过去的一神论或新正统主义。[143]

即使是考克斯,虽然他所用的方法比较保守,却也难免遭到批判。批评者质疑,他向现代思潮作了太多妥协,以致将历代神学家炼净的见解失落了。虽然入世派神学家非常严肃看待巴特的思想[144],但许多读者,例如韦斯特(Charles C. West)却担心,考克斯的著作会被人误解为"回到尼布尔之前的机械式自由主义",因而"巩固了良心本善说,也因此巩固了技师、经理人、政客和革命家的冷漠和傲慢"[145]。韦斯特指出,这本书的错误,在于忽视了"人类良善的最高成就和为世界制造健康与和平的最低要求"之间的鸿沟。[146]

评论家担心,考克斯一味乐观地强调人类的成熟和责任感,可能掩盖住过去神学已炼净的现实主义;此种真实正是由基督被钉十字架表现出来,而这个主题在《世俗之城》中却完全被省略了。[147]不过考克斯并未忘记基督徒在世生活的记号。以他在1963年一场青年会议的演讲为主要内容的一本书中,考克斯要求基督徒谨守他们受洗的美德,"看这个世界如同耶稣仍在被钉的地方……日复一日……并且实际参与在这被钉的过程中"[148]。

即使是他的支持者,也不完全肯定他对基督教信仰处于世俗时代的难题所提出的解方。例如卡拉汉(Daniel Callahan)就指出,《世俗之城》企图完全排除形而上思想,未免矫枉过正。他以一个关键性的问题质疑考克斯,他说:"世俗之人果真能够完全忽略形而上吗?他们真能用一个纯粹实用性的方式,去解决各种社会的、历史的难题吗?"卡拉汉的答案是响亮的"不能":"人类并不只是政治和历史的动物;光有社会重建,不能使他们存活。"[149] 由于考克斯的著作完全省略本体论,他的读者不免以为,他将神紧紧围困在世界里,甚至连人与神之间的界线都消失了。[150]

## 考克斯漫长神学之旅

虽然考克斯从未完全放弃入世神学,但他事实上在世俗之城里没待多久,就踏上了神学的漫漫旅程;其间他不断赶上各种神学新实验的浪潮。从20世纪60年代末的庆典主义[151],经过类似叙事神学的领域[152],再回到解放神学的行动主义[153],乃至最后从事与其他宗教传统的对话;[154]他的系列作品一再显示出,考克斯实在是一位不断在寻求一种更好神学的神学家。

在对《世俗之城之辩》(The Secular City Debate)一书的回应中,考克斯开始重新评估这本书。在各方批评所迫下,他终于承认,在世俗之城中还是需要神话和形而上的说法;但他仍然坚持,这些说法再也不能像过去那样,作出绝对性的宣告。[155]四年之后,他尝试提出一个平衡的说法,以弥补过去作品中偏颇的行动主义[156],他在《愚人的飨宴》(The Feast of Fools)中宣称,激进神学是将当下的经验,提升到神圣地位。[157]为了纠正这个错误,他提出一种"并列神学"(theology of Juxtaposition),也就是从着重今天信仰危机的极端神学切入,并将之与传统神学所强调过去的心得,和当时正渐渐受重视的希望神学所强调的未来,结合在一起。[158]

经过十年的缓冲,考克斯对《世俗之城》有了另一番跳脱的看法。他承认自己在生命的反动期写下这本书;当时他正处于逃出生长的小镇后的"轻狂"中。[159]在《世俗之城》问世25周年时,考克斯发现,这本书不仅是未来思潮,甚至是后现代主义的先驱,而且还隐约肯定了基督教传统中神护理万事万物的观念。这位老练的神学反动派可以这么叙述自己的一生:"不想歹活,而想好好地活,我们就需要跳跃式的经验;最后我们总会明白一切,不过我们并不需要知道为什么人生会是这样,因为——即使是在世俗之城中,仍然有一位,在看护着一切。"[160]

早在 20 世纪 60 年代,考克斯就已开始寻索一个更有希望的方向。他很快就发现,当时还刚刚起步的美洲大陆神学的新本体论,可能可以解决有关神的难题。60 年代后期,由于德日进的学说渐渐受到欢迎,加上德国哲学家布洛赫(Ernst Bloch)的思想被引进神学领域,神学思潮开始重视未来,以致德国的神学浪潮席卷了美国神学界。考克斯是最早看出这一波浪潮的人。[161]

## 结论

极端神学所想要解决的问题,用考克斯的话来说,就是:"在一个极端而且无情的临在主义的文化环境中,我们要如何坚持超越性的主张呢?"[162]虽然 20 世纪 60 年代初期的神学家拼命努力地想解决问题,却还是无法提出一个可以长久的解答。针对考克斯和其他主张完全临在主义[163]者的批评,固然有些言过其实,但他们为了反对新正统主义的极端超越性,也确实把神的超越性过于彻底地融入了世界,以致临在性又再度掩没了超越性。

姑且不论极端神学的一些重大谬误,它的确开启了一扇门,让超越性得以避开空间的二元论,而有了一个开创性的重生。考克斯的贡献则在于,他是下一个神学运动,也就是希望神学的先锋;而他着重未来的思想,则为入世主义和神死神学打开了一条出路。

## 注释:

朋霍费尔:融于生活中的超越性
1. 60 年代神学风潮的改变,促使 1965 至 1974 年间许多人类学的年刊,都重印一些当代重要文章,以寻索神学的新尝试,从这些文章可看出主要的思想家探索的方向。Martin E. Marty and Dean G. Peerman, eds., *The New Theology*, 10 vols. (New York: Macmillan, 1964 - 1973)。
2. 前书,4:10。
3. 见 Martin E. Marty and Dean G. Peerman, "The Turn from Mere Anarchy,"

in *New Theology*, 3:15。

4. On this, see Martin E. Marty and Dean G. Peerman, "Beyond the Secular: Chastened Religion," in *New Theology*, 4:9‑15.

5. 朋霍费尔的学生和朋友贝特格，提供了最完整的传记。其生平概述，见 Eberhard Bethge, *Costly Grace: An Introduction to Dietrich Bonhoeffer* (San Francisco: Harper and Row, 1979)。而他最具说明性的传记，则为 *Dietrich Bonhoeffer: Theologian, Christian*, Contemporary, trans. Eric Mosbacher, ed. Edwin Robertson (London: Collins, 1970)，译自 Eberhard Bethge, *Dietrich Bonhoeffer: Theologie, Christ, Zeitgenosse* (Munich: Christian Kaiser Verlag, 1967)。

6. G. Leibholz, "Memoir," in Dietrich Bonhoeffer, *The Cost of Discipleship*, trans. R. H. Fuller (New York: Macmillan, 1948), 10.

7. Dietrich Bonhoeffer, *No Rusty Swords: Letters, Lectures and Notes, 1928‑1936*, trans. Edwin H. Robertson and John Bowden (New York: Harper and Row, 1965), 89.

8. Eberhard Bethge, "The Challenge of Dietrich Bonhoeffer's Life and Theology," *The Chicago Theological Seminary Register* (February 1961): 4.

9. Leibholz, "Memoir," in *Cost of Discipleship*, 11.

10. 引于 Edwin H. Robertson, Introduction, in *No Rusty Swords*, 22。亦参 *Gesamelte Schriften* 1:320。

11. Wolf-Dieter Zimmerman and Ronald Gregor Smith, eds., *I Knew Dietrich Bonhoeffer*, trans. Kaethe Gregor Smith (New York: Harper and Row, 1966), 232.

12. Leibholz, "Momoir," in *Cost of Discipleship*, 26.

13. Heinrich Ott, *Reality and Faith: The Theological Legacy of Dietrich Bonhoeffer*, trans. Alex A. Morrison (Philadelphia: Fortress, 1972), 65.

14. Eberhard Bethge, "Dietrich Bonhoeffer: Person and Work," in *Die muendige Welt* 1:16‑23.

15. Kenneth Hamilton, *Life in One's Stride* (Grand Rapids, Mich.: Eerdmans, 1968), 55.

16. Ott, *Reality and Faith*, 368。许多朋霍费尔的诠释者，都同意这个评估，即 "基督论是了解朋霍费尔之钥。" Edwin H. Robertson, "Bonhoeffer's Christology," in Dietrich Bonhoeffer, *Christ the Center*, trans. John Bowden (New York: Harper and Row, 1966), 12。

17. Ott, *Reality and Faith*, 167。朋霍费尔在讲授基督论时，特别提出这个问题。见 Bonhoeffer, *Christ the Center*, 30‑31。

18. 在基督论的系列讲课中，朋霍费尔探讨一个问题：耶稣基督今天在哪里？他主张，基督是人类之存在、历史、以及自然的中心。*Christ the Center*,

61-67。

19. 如，*No Rusty Swords*；*The Communion of Saints：A Dogmatic Inquiry into the Sociology of the Church*，trans. R. Gregor Smith（New York：Harper and Row，1963），85；*Act and Being*，trans. Bernard Noble（New York：Harper and Row，1961），120；*Christ the Center*，59-61。Phillips高举这一层面，视为朋霍费尔思想的中心，称"基督是以教会为存在"为"朋霍费尔著作的主题"。John A. Phillips，*Christ for Us in the Theology of Dietrich Bonhoeffer*（New York：Harper and Row，1967），48。

20. Ott，*Reality and Faith*，222。

21. Phillips认为，这个变动乃是朋霍费尔思想戏剧性的一步："他用这个方法，试图将他的基督论从教会论中释放出来，让基督可以自由地在世界中行动；这位基督不再与教会为一体，还需为自己的存在与世界奋斗"（*Christ for Us*，137）。

22. Hamilton，*Life in One's Stride*，24。

23. 参，如，以Seeberg立场剖析朋霍费尔的性格，见*Act and Being*，44-48。

24. Hamilton，*Life in One's Stride*，50。

25. 如，Bonhoeffer，*Communion of Saints*，88-89。

26. Bonhoeffer，*Cost of Discipleship*，38。

27. 前书，42。

28. Dietrich Bonhoeffer，*Letters and Papers from Prison*，trans. Eberhard Bethge（London：Collins, Fontana Books，1953），91。

29. 前书，107。

30. 前书，114-115。

31. 前书，92。

32. 前书，117。

33. 前书，108。

34. 前书，110。

35. 前书，118。

36. 这种对朋霍费尔之宗教观的诠释，见Gerhard Ebeling，*Word and Faith*，trans. James W. Leitch（London：SCM，1960），148ff。

37. Bonhoeffer，*Letters and Papers*，120.

38. 前书，93。

39. 前书，104。

40. 前书，122。

41. 同上。

42. 前书，93。

43. 前书，112。

44. 前书，56。

45. 见 Phillip 对这个影响的宣称（*Christ for Us*，236）。
46. Bonhoeffer，*Letters and Papers*，138–139.
47. 前书，166。
48. 前书，125。
49. 前书，131。
50. 见 Dietrich Bonhoeffer，*Ethics*，trans. Neville Horton Smith，Macmillan paperback edition (New York：Macmillan, 1965)，142。
51. 见 Bonhoeffer，*Letters and Papers*，92。
52. Bonhoeffer，*Ethics*，133.
53. 对朋霍费尔隐藏的纪律观，参 Regin Prenter,"Bonhoeffer and Karl Barth's Positivism of Revelation," in *World Come of Age*, ed. Ronald Gregor Smith (Philadelphia：Fortress, 1967)，104。亦参 Phillips，*Christ for Us*，225–237；Ott, Reality and Faith, 149；Hamilton，*Life in One's Stride*，72–76。
54. 朋霍费尔在《狱中书简》中，两次提到隐藏的纪律，见 *Letters and Papers*，92，95。
55. Bonhoeffer，*Cost of Discipleship*，134–148。
56. Bonhoeffer，*Letters and Papers*，160。
57. 前书，95。
58. 前书，156。注意，在这段话的翻译中，按朋霍费尔对超越性的定义，以"thou"取代了"thing"。这一改变的根据，参 Bethge,"Challenge of Bonhoeffer's Life,"32。

## 入世神学：沉浸在现代社会中的神

59. Kenneth Hamilton 指出，这一运动重新肯定了自由派的重要主张，但它无法只是回到从前的神学，因为中间隔了巴特的时代。Kenneth Hamilton，*Revolt Against Heaven* (Grand Rapids, Mich.：Eerdmans, 1965)，39。
60. 巴特对于入世神学运动的积极贡献，参 William Hordern，*Introduction*，vol. 1 in *New Directions in Theology Today*，ed. William Hordern (Philadelphia：Westminster, 1966)，116–122。
61. John Macquarrie，*God and Secularity*，vol. 3 of *New Directions in Theology Today*，ed. William Hordern (Philadelphia：Westminster, 1967)，40。
62. Karl Barth，*Church Dogmatics* III/2，*The Doctrine of Creation*，Part 2，trans. G. W. Bromiley et al. (Edinburgh：T. and T. Clark, 1960)，410。
63. Karl Barth，*Chruch Dogmatics* III/3，*The Doctrine of Creation*，Part 3，trans. G. W. Bromiley and R. J. Ehrlich (Edinburgh：T. and T. Clark, 1960)，255–256。
64. 有关 Gogarten 的重要性，参 Ronald Gregor Smith，*Secular Christianity* (New York：Harper and Row, 1966)，151–155。

65. Macquarrie, *God and Secularity*, 38.
66. Martin E. Marty 与 Dean G. Peerman 提出这观点,见"Beyond the Secular Chastened Religion," in *The New Theology*, ed. Martin E. Marty and Dean G. Peerman, 10 vols.（New York：Macmillan, 1964）, 4：11。
67. 一般认为,汉密尔顿和奥提哲是神死运动中两位主要的倡导者,不过,还有其他神学家自有其看法。另外两位常被列为神死神学家的学者为 Gabriel Vahanian 和 Paul van Buren。对神死神学整个现象的详细分析与批判,见 *The Death of God Debate*, ed. Jackson Lee Ice and John J. Carey（Philadelphia：Westminster, 1967）。
68. William Hamilton, "American Theology, Radicalism and the Death of God," in Thomas J. J. Altizer and William Hamilton, *Radical Theology and the Death of God*（Indianapolis：Bobbs-Merrill, 1966）, 3.
69. 前书,27-28。
70. Thomas J. J. Altizer, *The Gospel of Christian Atheism*（Philadelphia：Westminster, 1966）, 102.
71. 汉密尔顿的简短传记与至 1989 年的经历;见 Lloyd Steffen, "The Dangerous God：A Profile of William Hamilton," *Christian Century* 106/27（September 27, 1989）：844-847。
72. 对汉密尔顿有关激进基督教的思想,最中肯而深入的剖析,见"Thursday's Child," in *Radical Theology and the Death of God*, 87-93。
73. 引于 Steffen, "Dangerous God," 844。
74. William Hamilton, *On Taking God Out of the Dictionary*（New York：McGraw-Hill, 1974）.
75. 引自 Steffen, "Dangerous God," 845。
76. 前书,846。
77. Altizer, *Gospel of Christian Atheism*.
78. Altizer and Hamilton, *Radical Theology and the Death of God*, 31-32.
79. Altizer, *Gospel of Christian Atheism*, 10.
80. 前书,22。
81. 同上。
82. 前书,23。
83. 前书,89,90。
84. 前书,132-157。
85. 同上。
86. Peter L. Berger, *Rumor of Angels*（Garden City, N. Y.：Doubleday, 1969）.
87. Langdon Gilkey, *Naming the Whirlwind*（Indianapolis：Bobbs-Merrill, 1969）.

88. 前书,148。
89. 同上。
90. Paul M. van Buren, *The Secular Meaning of the Gospel* (New York: Macmillan, 1963).
91. 许多观察家都有类似的评估,包括 Macquarrie, *God and Secularity*, 29。1966 年马蒂和皮尔曼提到,罗宾逊的书应为"这十年来最流行的神学著作"。*New Theology* 3:13。
92. 在担任伍利奇主教期满之后,罗宾逊回到学术界,从事学术研究。他后来研究新约正典的日期。参 John A. T. Robinson, *Redating the New Testament* (Philadelphia: Westminster, 1976)。
93. 见 John A. T. Robinson, "The Debate Continues," in *The Honest to God Debate*, ed. David L. Edwards (Philadelphia: Westminster, 1963), 233。
94. John A. T. Robinson, *Honest to God* (Philadelphia: Westminster, 1963), 7-8。
95. 前书,139。
96. 罗宾逊后来曾反思这三位作者对他自己工作的重要性,参 John A. T. Robinson, *Exploration into God* (Stanford: Stanford University Press, 1967), 15-20。亦参他的文章 "Not Radical Enough", in John A. T. Robinson, *Christian Freedom in a Permissive Society* (Philadelphia: Westminster, 1970), 232-240。这篇文章原来刊于一系列文章中,"How My Mind Has Changed," *Christian Century* 86 (November 12, 1969)。
97. Robinson, *Honest to God*, 123.
98. 这位圣公会主教与当代对传统基督教教义的质疑进行沟通,见他后期所著的书。John A. T. Robinson, *But That I Can't Believe* (London: Fontana Books, 1967)。
99. Robinson, *Honest to God*, 44.
100. 前书,130-131。
101. 前书,49。
102. 前书,55。
103. 前书,87。
104. John A. T. Robinson, *The New Reformation?* (Philadelphia: Westminster, 1965), 33.
105. 前书,40。
106. 前书,46。
107. 前书,49。
108. 前书,92。
109. Robinson, *But That I Can't Believe*, 125-126.

110. 前书,124。

111. John A. T. Robinson, *The Human Face of God* (Philadelphia: Westminster, 1973), 241.

112. Robinson, *Exploration Into God*, 111.

113. 前书,81。

114. 前书,145。

115. 前书,159-160。

116. 前书,161。

117. "十年之前我就对自己说,下一本书一定要写基督论。"他写于 Robinson, *Human Face of God*, vii 的序言中。

118. 前书,240-241。

119. 前书,244。

120. 入世神学家的入世观综览,见 Macquarrie, *God and Secularity*, 43-49。亦见 Charles C. West, "Community-Christian and Secular," in *The Church Amid Revolution*, ed. Harvey Cox (New York: Association, 1967), 228-256。

121. Harvey Cox, *The Secular City* (New York: Macmillan, 1965), 60,69.

122. 前书,72。

123. 前书,20。

124. 前书,21。

125. William O. Fennell, "The Theology of True Secularity," *Theology Today* 21 (July 1964), reprinted in Marty and Peerman, *New Theology* 2:33.

126. 同上。

127. 前书,37。

128. Cox, *Secular City*, 17.

129. 前书,123;亦参 121。

130. 前书,191。

131. 前书,114。

132. 前书,109。

133. 前书,110、116。

134. 前书,125-148。

135. 前书,146。

136. 考克斯在另一处提到他向朋霍费尔多有学习。参 Harvey Cox, *God's Revolution and Man's Responsibility* (Valley Forge, Pa.: Judson, 1965), 81-99; *The Seduction of the Spirit* (New York: Simon and Schuster, 1973), 123-131。

137. Cox, *Secular City*, 241-269.

138. 前书,255。

139. 前书,262。

140. 对这个难解之词的类似解释,参 Steven S. Schwarzschild,"A Little Bit of a Revolution?" in Daniel Callahan, ed., *The Secular City Debate* (New York: Macmillan, 1966), 151。

141. 类似的评语,参 Marty and Peerman, *New Theology* 3:15。

142. David L. Edwards, "Looking Forward," *Student World* 59(1966):180。

143. 对这现象的探讨,参 Marty and Peerman, *New Theology* 3:16-18。

144. 如,有人批评考克斯,不过是重新恢复饶申布什的社会福音。在响应中,他承认可以将二者作比较,但宣称:"我们今日都站在巴特的影儿之下。" Cox, *God's Revolution and Man's Responsibility*, 10。

145. Charles W. West, "What It Means to Be Secular," in Callahan, ed., *Secular City Debate*, 62。

146. 前书,62。

147. James H. Smylie, "Sons of God in the City," 前书,11。

148. Cox, *God's Revolution and Man's Responsibility*, 94。

149. Daniel Callahan, "Toward a Theology of Secularity," in *Secular City Debate*, 97, 99 Claude Welch, 也提出类似的观点, "Reflections on the Problem of Speaking about God," 163-167; Harmon R. Holcomb 亦然, "How to Speak of God in a Secular Style," 174-176, both in *Secular City Debate*。

150. 参,如,Michael Novak 的提议,他认为考克斯没有区分爱神和爱邻舍,见 "An Exchange of Views," in *Secular City Debate*, 112。

151. Harvey Cox, *The Feast of Fools* (Cambridge, Mass.: Harvard University Press, 1969)。

152. 注意考克斯的自传写法, *Seduction of the Spirit* and Harvey Cox, *Just As I Am*, in *Journeys of Faith*, ed. Robert A. Rains (Nashville: Abingdon, 1983)。

153. 参 Harvey Cox, *Religion in the Seculary City* (New York: Simon and Schuster, 1984)。

154. 参 Harvey Cox, *Many Mansions* (Boston: Beacon, 1988)。

155. Harvey Cox, Afterward, in *Secular City Debate*, 181-182,185-186。

156. Cox, *Feast of Fools*, vii。

157. 前书,129。

158. 前书,131-138。

159. Cox, *Seduction of the Spirit*, 26.

160. Harvey Cox, "The Seculary City 25 Years Later," *Christian Century* 107/32 (November 7, 1990):1029。

161. 参考克斯后来所写 *Secular City Debate*, 197-203。亦参 Harvey Cox,

"The Death of God and the Future of Theology," in Harvey Cox, *On Not Leaving It to the Snake* (New York: Macmillan, 1967), 3-13. Herder & Herder 请考克斯为布洛赫著作选的翻译写序。见 Harvey Cox, "Ernst Bloch and the 'Pull of the Future'," in Marty and Peerman, eds., *New Theology* 5:191-203。

162. Cox 后来写于 *Secular City Debate*，197。
163. 参，如，Schwarzschild 的尖刻批判，"A Little Bit of a Revolution?" in *Secular City Debate*，145-155；与考克斯后来的回应，183-185。

# 第6章

# "未来"带来的超越性
## ——希望神学

20世纪60年代是一段混乱的时期,许多人都在寻找新的答案。这十年中,欧洲与美国都出现空前的示威活动,反对战争,要求社会重整,强化个人的自由,并促进社会责任与世界和平。同一时期内,神学界也在翻天覆地,因为巨人逐渐凋零,而继承者中有人倡言神已经让位,现今应由世界局势来决定教会的去向。过去的时代,神学从未像这段时期如此迅速地世俗化,又伴随着对人类强烈而崭新的希望;也没有任何一个时代,传统神学如此迅速地没落到绝望的地步。

"抗议的无神论"在60年代大为盛行,主张既然天下充斥着大规模无意义的恶事,就没有信神的理由。无神论以犹太人遭大屠杀、广岛长崎遭原子弹袭击,为否定基督教之神存在的理由。他们也认为,传统基督教的神杜绝了人的自由,以及对"这个"世界的责任感。他们对未来的希望,建立在纯粹世俗与人文的原则上。

妥协的神学家作出回应,他们拥抱无神论者的言论,而将传统基督教信仰贬抑为人类心灵渴望的象征。他们的"神"不是被矮化成几乎仅存临在性的神——如进程神学的主张,就是完全消失不见——如"基督徒无神论"的看法。反弹的神学家对日益世俗化、无神化的趋势则或是

退缩至反智情绪的堡垒中,或是退往神秘主义、信条主义,只一味定罪"时代的灵"就自觉满足了。他们的神与人类问题脱节,只在遥远的过去与超自然的事件中向人显现,或者将在不久的未来中显现——如时代论者所言,或者就是在现今,当人进入恍惚的忘我情境中就能遇见他——如灵恩运动的现象。

然而,妥协或反弹的神学家,都未能针对当代革命性的希望与失望,提供令人满意的答案。在一片混乱中,有一本书出现,作者为一位籍籍无名的德国年轻神学家;许多人认为,这本书似乎为 20 世纪下半叶神学开拓了一个新方向。这本书名为《希望神学》(Theology of Hope)[1],作者为时年 39 岁,在西德图宾根神学院教系统神学的莫尔特曼。在该书中,莫尔特曼呼吁,再度重视末世论,探讨传统对终末的教义,但赋予新的了解与新的诠释,以此为神学研究的基础。

还有几位神学家与莫尔特曼齐名,或将他的努力发扬光大。这些思想家中,最主要的有:莫尔特曼的同事潘能伯格、德国罗马天主教学者默茨(Johannes Metz),及美国的布拉腾(Carl Braaten)。开始时,大家都视这几位神学家参与推动一种新的神学运动,通称为"希望神学"。

布拉腾声称,希望神学是要回答康德所提出三个问题中的第三个。康德在《纯粹理性批判》中问道:我能知道什么?我应当怎么做?我可以有什么希望?布拉腾指出,现代哲学专注于头一个问题,偶尔也谈及第二个问题;然而,现在时机已到,神学的探讨应当转向第三个问题,由此出发,与俗世建立接触点。[2]

从一方面而言,希望神学乃是 20 世纪几种发展方向的集大成。其中一个重要的前身,是本世纪初在新约研究上的一个再发现。学者体认到,在耶稣的信息和整个新约里,末世论都是中心课题。不过,这类研讨只停留在解经的层次,尚未应用。

因此,希望神学想要超越对耶稣与初期教会之盼望的了解,去发掘过去的末世论对今天人类的情境有什么意义。所以康德的问题:"我可以有什么希望?"和更基本的问题:"希望是什么意思?"就成为他们探讨的重点。透过这种方式,希望神学想要以末世盼望与当代文化建立接触,而这正是初代教会的特色。[3]

末世论的再发现不仅成了希望神学的前驱,也成为另一种出路,使得曾受希腊观念影响的基督教思想有了另一个选择。希腊人视时间为循环式,而得救即为逃出时间的循环。这些年轻的思想家认为,巴特的神学仍有这种观念的影子。但更重要的是,他们想要在布尔特曼的存在主义时间观之外,提供另一种观点。希望神学非常重视对圣经所强调的直线式时间观,此点使他们与随从巴特或布尔特曼者有明显的对比。

另外一个开启希望神学之门的重要发展,是现代人对神存在的困扰。20世纪60年代,许多神学家同意,现代无神论提出的一些重大难题甚有道理,传统所主张超越时间而又穿越时间的神,很难答复这些难题。这样一位神让人的自由毫无空间,对令人困扰的罪恶问题也无法提供答案。[4] 在20世纪60年代动荡不安的日子里,希望神学家们不愿意选择临在性神学的潮流。他们亦不追随激进神学家的脚踪,认为神已死,或将神局限在世俗情境中。他们也不赞同进程神学家,将神贬谪为只在人类世局变迁中浮沉。

希望神学家试图重申神的超越性,不过并不像过去的人,从空间的角度来界定,视神居住在地球之上、诸天之中。希望神学家想要重新了解神的超越性,他们提出大胆的假设:神的超越性不在空间里寻求,而以时间为探讨的出发点。因此,他们讲论神为"未来的能力"、"即将来临的神",他住在"绝对的未来",从那即将彰显的国度里,施行对人类历史的影响。

## 莫尔特曼:未来的超越性与临在性

虽然莫尔特曼并不是唯一以末世论的新方法诠释神学的先知,但因为他有许多书籍、文章皆被翻译成英文,遂在这一领域中迅速声名大噪。他也经常到英国、美国,在杜克(Duke)与埃默里(Emory)大学担任客座教授,并于1984-1985年,在苏格兰颇负盛名的吉福德讲座中发

表演说。

莫尔特曼著作甚丰,其中最明显的一个主题为:未来的希望建立在耶稣基督的十架与复活一事上。他所写、所谈的希望,是根据历史与经验中非常具体的希望。它不单能满足宗教人士的渴望,也能回答一般世俗人最深的渴求。由于这个缘故,他的神学在20世纪60年代混乱、困惑的听众中,引起了共鸣。借着一连串的丛书,莫尔特曼将他的神学发挥,在神对未来之应许的亮光中重新建构主要的基督教教义,更引起了广泛的注意。

## 莫尔特曼的生平与事业

莫尔特曼于1926年生于德国的汉堡。[5] 他的家属于自由派基督教,所以他对莱辛(Lessing)、歌德和尼采等人的书,比对圣经更熟悉。二次大战时,他也像其他德国青年一样参战,1945年在比利时被英军俘虏,成为战俘,直到1948年。战争成为莫尔特曼信仰的转折点,正如蒂里希一样,只是造成的结果并不相同:

> 在比利时与苏格兰的战俘营中,我一方面经历到过去信念的崩溃,一方面也经历到由基督信仰而来的新希望,使我能活下去。这种希望不仅使我的精神、道德得以保全,甚至可说我的性命也赖以维系,因为它使我不致绝望而放弃。回到家里,我成了地道的基督徒,对研究神学也有了"自己的目标",要明白那救我免死的希望之能力,究竟是什么。[6]

莫尔特曼在哥廷根求学,他的教授多半受巴特影响甚深。起初他热衷于向这位辩证神学大师学习。他最早发表的作品之一,是关于辩证式神学之起源的论文。[7] 虽然莫尔特曼的神学要旨中,还可看出巴特的影响,但是他后来对这位伟大的瑞士神学家批判甚力,指称他忽略了真实世界具有历史性,而神学具有末世性。[8]

莫尔特曼于1952年获得博士学位,然后在一间改革宗的小教会担任牧师直到 1957 年。后来他到乌珀塔尔（Wuppertal），在一间认信教会开办的神学院（Kirkliche Hochschule）担任神学教师。在那里，他认识了潘能伯格，在 60 年代，潘氏亦成为末世神学的倡导者之一。究竟两人中谁影响对方比较多，这两位神学家及其学生的看法差距甚大。除了有一小段时间任教于波恩大学之外。莫尔特曼接受了图宾根大学声誉卓著的系统神学教席迄今，只偶尔到美国担任客座教授。

自从 1965 年莫尔特曼出版《希望神学》之后，他继续以末世论为主体，来探讨基督教信仰。重要著作包括《被钉十字架的上帝》(The Crucified God, 1973)，《教会在圣灵能力之下》(The Church in the Power of the Spirit, 1975)，《三位一体与神的国度》(The Trinity and the Kingdom, 1980)，《创造的神》(God in Creation, 1985, 是根据他在吉福德讲座的演讲整理成书)，《耶稣基督的道路：弥赛亚角度的基督论》(The Way of Jesus Christ: Christology in Messianic Perspective, 1990)。

除了写作、演讲、教书外，莫尔特曼也参与基督教界和天主教、东正教、犹太教的对话。他亦曾参加 20 世纪 60 年代末基督徒与马克思主义者的对话，对于两者之间架桥沟通的贡献，恐怕超过任何一位西方神学家。他与各种自由派神学家作批判式的论战，使其在 20 世纪的后半期对革命与政治神学的影响力遍及全世界。

根据莫尔特曼的说法，基督教的精髓，亦即神学真正的主题，是盼望神"荣耀国度"的来临，这是神所应许的，他的荣耀将彰显于人类美好的社会、充分的自由中，同时宇宙也将脱离腐朽的捆绑。他所有的神学，都源出于这一主调。他认为，末世论常被神学视为没有作用的附加物，即使有人注重过，也还未将它全然发挥。他不采用传统的方式，而要以末世荣耀的国度，就是神乃"一切的一切"，以此决定基督教每一种教义的正确内容："基督教从始至终都是末世论的，都是希望，不只是在尾声时才如此；它一直向前看与向前走，因此能对现今产生改革与更新的作用。"[9] 他强调，这种以未来为重点的重新调整，不仅合乎圣经，也为现代神学的问题与僵局，开辟了一条解决之道。[10]

## 末世的本体论与神学

莫尔特曼最关注的神学课题，是如何应用末世论，或"弥赛亚"神学，来克服神临在性与超越性之间的矛盾；他以富有创意的方式重新建构神论。他相信，神为"未来的能力"，这可解决古典神学与无神论当今的冲突。莫尔特曼也想破除神学理论与基督徒生活互不相干的畸形现象，他提供"神的批判性论"以直接应用在社会议题上。

在发展这套以末世论为新重点的神学中，莫尔特曼引用了几种来源。虽然他绝不是基要主义者，对于"执着字义"存着高度批判的态度，然而他的神学却立基于圣经。有些新约、旧约学者，诸如拉德（Gerhard von Rad）与凯斯曼（Ernst Käsemann），曾研究历史分类及启示性对希伯来及初代基督教思想的重要性，他们的见解对德国神学家颇有影响力。此外，巴特和另一位较不出名的思想家易万德（Hans Joachim Iwand）也影响了他；后者强调基督的十架与复活，亦是神在末世与社会角度所作的复和工作。[11]

除了基督教的来源，莫尔特曼也参考了其他资料。他最看重的是一位在图宾根的修正派马克思主义哲学家布洛赫；他的书中常提到与布氏的尖锐对话。布氏发展出一套繁复的乌托邦哲学，将基督教的末世论与马克思的科学社会分析组合起来发表，书名为《希望的原则》（The Principle of Hope）。对布氏而言，一个人能克服一切疏离感，并与自己和谐相处，这是对完美"家乡"的盼望，是出于人本性的要求，也是带动历史经过变革，迈向乌托邦的动力。这位哲学家发展出"尚未实现"之本体论，亦即那目前尚未实现的乌托邦，对现在与过去都发挥了力量，使人们"无需超越性就能超越"（transcending without transcendence）。[12]

莫尔特曼从布氏未来的本体论得到不少灵感，但却强烈抨击布氏的"不需超越性就能超越"。布氏相信，人类可以不需要神，而存着盼望面对未来，超越环境，进入乌托邦；他却看出这乃是幻想：

讲人类历史而不以天国为未来,就不足以引入希望,也不足以带动任何历史运动。如布氏所提倡的"不需超越性就能超越"之说,使无限变成了模糊的永无止境,使实现美景的奋斗变成了"永无止境"的努力。[13]

莫尔特曼的思想很大部分是出于回应布氏,而不抹杀他对基督教神学的贡献。一方面他认为,布氏的"无神论的希望"是对基督教神学的挑战,使得末世论能成为神学思想的主流。[14]另一方面,他警告说,虽然基督徒可以借用布氏的观点来诠释希望,却要拒绝无神论的希望必然藐视宗教的取向。[15]布氏欣赏基督教启示性的异象,即未来神的国度,但却严厉批判其对"天上超越之神"的倚靠,认为既不实际又太抽象。莫尔特曼所有的著作都在说明,基督徒的盼望何以绝非不实际或抽象,并且指出,没有神的希望是无根无基、十分肤浅的。纽舒(Marcel Neusch)曾描述他对布氏的批判:

> 莫尔特曼主张,基督徒的希望其实绝不是抽象的乌托邦,而是对未来存着热切的盼望,感谢基督的复活,使这未来已经成为"真正的可能"。基督的复活既为历史事实,就将实质带进了希望,并且开展了一个新境界,表明历史不是要终结,而是人类本身与人类历史,都具有真正的可能性。[16]

莫尔特曼不是一位妥协的神学家。他不让世俗哲学,如布氏无神论的希望之说,来主导或控制他对教义的重建。然而,巴特与布氏成为莫尔特曼神学背景的两个"绝配"。巴特的辩证神学提供了神学原料,而布氏提供了刺激因素与哲学观点,让莫尔特曼重新解释基督教的希望。[17]

虽然莫尔特曼的著作涵盖神学的每一个课题,但他最重要的贡献乃是神论。不过,在讨论他思想的主轴之前,我们必须先概览他对神学研究方法和启示的观点。

## 启示即应许

莫尔特曼明言，他的神学要达到"以圣经为根基，以末世为中心，以政治为应用"[18]。然而，他的方法却比较复杂。事实上，若按传统的角度，或许可以说，他并没有前后一致的神学研究方法。这种缺乏系统化的做法，乃是由于他对正确的教义不太看重。他写道："我对于教义的正确性不太在乎，却在乎教义的具体性；所以我不看重纯理论，而注重实用理论。"[19]他认为，神学的任务主要不在解释世界，而在改变世界，因知神最终将彻底改变世界。[20]

莫尔特曼缺乏系统化的另一个理由，是因为他相信，人类的知识只具暂时性，因为在末世成就之前，所有的现实都是不完整的。当神所应许的荣耀国度临到时，我们才会"知道，像神知道我们"一样，并且"看到，像神看到我们一样"。在那时之前，对神的一切思想必定都会充满矛盾。[21]从真实状况（reality）的角度来看历史，如果未来不是现今的重复，历史就必以矛盾性为主要特色，因为未来必定与现在和过去互相矛盾。

对莫尔特曼而言，唯一的至理名言便是：未来乃是新的，并不是过去的延续。这"末世的本体论"犹如一条绳子，贯穿他的著作，将所有言论组成一体。他认为，真实状况不是已被预定的，或封闭的因果关系系统，而是以历史为其本质，并且"唯有当真实状况乃是历史的流动，而历史的真实状况意指未来任何事情都可能发生，这样，希望才有存在的意义"[22]。意即，未来并非完全由现在来定夺。[23]宁可说，未来（对基督徒而言，指未来的神）乃是真实状况新的可能性的基础与根源，并将这些因素注入现在之中，因此可说未来掌管着现在。[24]

所以，在他的本体论中，未来不由现在决定，乃是未来决定了现在。未来"在本体上先于"现在与过去。它不是由现在组成，而是走向现在，把现在拉进新的真实状况当中。这便意味着，神学的分类与观念必须是开放式的，在未来出现时，要不断容许它的亮光对神学进行修订与更正。

由于莫尔特曼持这种末世认识论,难怪他不注重死板的一致性,不以系统化为神学美德。未来与现在矛盾的辩证式思想,一定会产生似非而是的结果,至终则是神的荣耀,而非逻辑的结论。因此,莫尔特曼认为:"神学观念不是审判真实状况,将其铆定钉牢,而是带出期待,让真实状况看出前景与未来的可能性。"[25]

不过,莫尔特曼并不是非理性主义者,拒绝一切方法论。他不会随便抛出没有根据、互不相干的想法。虽然他没有特别提出蒂里希的交互作用法,但他的神学似乎也采取同样的方式来表达。而他注重的观念不是大自然、人的存在,或任何现存世界的情形。相反,莫尔特曼公开拒绝"自然神学"(他也将"人类神学"包括在内),因为这种神学假定神已经彰显在当今世界的状况或秩序中。莫尔特曼则认为,现今的世界可说已经"失序",唯有在未来荣耀的国度中,神才会彰显,因为那时他将是"一切的一切"[26]。然而,我们虽不能用理性或证据来证明神,认识神的人却可以从自然中"神的踪迹",对他有些微的了解。[27]

莫尔特曼几乎像巴特一样,完全拒绝以自然神学作为基督教神学的先驱。然而有一点他与巴特不同。他认为,神学可以向世俗人说话,因为从启示中可以找到答案,来回应他们的需要与问题。莫尔特曼对神学之责任的说法,与蒂里希类似:"如果我们可以说,圣经主要是见证神对历史的应许,那么,基督教神学的角色,便是再提出对未来的记忆,使其承载现今的希望与焦虑。"[28]因此,真正的自然神学之基础,不在于从今世中"证明神",而在于受造物对救赎的叹息、哀求。到最后,唯有基督徒的盼望立基于神显明了对未来的应许,能够使现今的世界有快乐可言,因为"希望使我们能接受'现今的十字架'。它能抓住已死的,而盼望那料想不到的事会发生"[29]。

所以,莫尔特曼的神学方法,主要是关怀现今的问题,而从神对未来的启示中寻找答案。可是"启示"究竟是什么?莫尔特曼在这方面又没有提供简单明了、斩钉截铁的定义,因为他的思想亦随时间而发展。不过,要了解启示,唯一最重要的范畴是"应许"。经过对圣经的缜密查考,他发现无论以色列或教会都认为,神在他们中间的同在与显现,主要的形式乃在对未来作出应许。[30]

不过，"应许的宗教"与"显现的宗教"截然不同，后者对神的临在与彰显的解释，是将某种天上的情景揭示出来。莫尔特曼指出，这种对启示的解释，使人在变幻莫测的境遇中，抹杀了历史性而得着安慰，并且使得现有的政治、文化，因与永恒相连而有合理性。[31] 他认为，显现式宗教的代表，乃是希腊哲学中的神学，它专好谈无时间性（巴门尼德的主张），以及永恒的真实形式之领域（柏拉图的主张）。上述神学并不只是过去的遗物而已，莫尔特曼梳理出它这两千年来对哲学与宗教思想（甚至包括巴特的启示观在内）的影响。[32]

莫尔特曼主张，以色列所经历之神的话语和临在，与显现式启示有别，乃是神在历史中作出应许，并忠于他的应许。这种启示的经历，从根本上改变了我们对历史及现世的观念："在应许之星的引导下，真实状况不再是被神定型的宇宙，而是不断向前的历史，将旧事弃置背后，继续朝向即将出现的新地平线前进。"[33] 启示的经历使古时神的子民不像其他宗教的信徒一样，接纳当时的现状，反而"挣脱现状，迈向未来"[34]。因此，应许式启示使以色列产生独特的直线历史观，并且激发出先知的模式，在神的信实和未来国度的亮光中，不断呼召百姓要更加公义。

莫尔特曼发现，新约的教会也同样持这种启示观。它所经历的基督，乃是应许的实现，它又宣扬基督之死与复活是神未来国度的应许。[35] 它经历圣灵为基督所应许之未来的"保证"。借着钉十架基督之复活，以及圣灵的降临，神在历史中应许实现他的公义，让生命胜过死亡，死人都将复活，必有全新之神国将临到。[36] 初期教会因着这些应许而大有盼望，对未来及福音使命都存积极的心态，一方面经历到神的信实，一方面又不停地期盼神公义国度的临到。

应许式启示不会告知我们事实为何，却点燃了信心与希望。不过，莫尔特曼断言，应许会引发一种知识，就是对所希望之事的知识，即一种前瞻性、期待性、短暂而片断的知识；它总是开放的，指向更远的未来。[37] 按莫尔特曼的看法，这种知识与未来学不同，后者乃是依据现今的潮流与趋势，来预测未来的情形。但是这种对未来的知识，乃是根据神在基督里的应许而来。更明确地说，"透过竭力揣摩基督钉死与复活之事件所带来的趋向、所具备的潜力,及所开拓出的可能性,来了解未来"[38]。

对莫尔特曼而言,圣经本身并不是启示,也非逐字逐句全出自神的默示,它只是对神应许之历史的见证。[39]他的说法仍见巴特与布龙纳的影响,称圣经为人对神应许的回应,同时亦为神对他自己的见证。圣经包含了神赐下应许、人回应神的应许的故事,但是它最大的价值,乃在于越过自己,指向那将临到之神的国:"在这些过去的记录中,我们与未来之神的应许历史相遇,我们在过去里发现未来、看到未来的启示与期待,发现自己也被带进这个使人得解放的历史中。"[40]因此,圣经的权威是工具性的。神借着圣经和圣灵带出他的国,并因之得荣耀。然而,圣经本身正和其他东西一样,并不完全,但"在未来荣耀的国度中,会得着实现,成为全备"[41]。

莫尔特曼切望在"超越性神学"与"临在性神学"之外找一条出路,他对启示的看法是在这方面明显的努力。他不视启示为超自然的介入历史,亦不以为是出于历史中人的天然能力;他形容启示为:对未来全然新鲜、出人意外之事的应许,亦是现今就可以拥有的期待。这些事件既属未来,就表明了启示具超越性,与现今冲突;又为现今开了一扇新门,不再沿袭旧套。[42]启示不是彰显现今已存在的真理,而是"开启所应许之未来的真理"[43]。神的应许即或在历史上已经应验,仍未全然实现:"每一次应许虽实现,但在与真实状况相对照之下,其中的内容必定还没有彻底相符,因此应许总还有更大的空间。"[44]

所以,启示之所以具有超越性,是因为未来具有超越性。可是,启示亦具有临在性,因为未来对现在具有临在性。未来之神荣耀的国度目前尚不存在,可是亦非不存于现今之中。它的影响力存于"现今":

> 和我们现在所能经验的相比,它带来的是新事。但这不是说,因此它与我们现在的经验、现在的环境完全无关;而是说,未来既如此不同凡响,就让人产生希望并引发抗拒;这就是它在现今里的工作。[45]

## 神的未来性

莫尔特曼根据未来性而对超越与临在产生的新看法,对他的神论影响重大。这位德国神学家将神的本身和未来荣耀的国度——就是神完全同在、全然彰显的世界——两者拉得非常之近。因此,"神不是'我们所不能及',或'在我们里面',而是在我们前面,在他应许我们那未来的境界中",以致"'未来'可以说是神存在的一种形态"[46]。莫尔特曼肯定地认为,如果神已经完全存在,无论是"在我们之上"或"在我们之内",真实状况就不可能是实际的历史。历史会变得毫无意义,或根本不存在,就如显现式宗教的看法。再者,历史上的罪恶与不仁,就必须回溯于神;或者神能够克服,却不愿意这么做,或者他无能为力,因此就不能算是神。

莫尔特曼认为最重要的一点,乃是:历史的现实状况是要被推翻的。因为其中有罪、有痛苦,他主张:"神不是这个世界的基础,也非其存在的理由;神乃是那位未来国度的神。那个国度将在刹那之间改变这世界,和我们的一切。"[47]

因此,神的超越不在于他是创造主以及受造世界的维系者。超越性在于神是以未来的期盼改变现今世界的力量,他消除其中一切负面的因素,而将世界拉进那荣耀的国度。同样,神的临在性是因他即将临到未来,对现今每时每刻都发生冲击,除掉对荣耀国度的抵触。

不过,莫尔特曼并不认为这是二元论的说法。对他而言,未来已经渗入现今与过去,推动历史走向神的未来。这些先驱性、期待性的事件,乃是神的工作,其中的痛苦、能力,都有他真正的同在,因此,他的确临在这世界中。这类事件中,最伟大的便是耶稣基督的一生,尤其是钉十架与复活,以及差遣圣灵降临。

所以,莫尔特曼认为,神是以三一的方式临在世界。若说神的超越性乃在他将从未来临到(Adventus)这个世界,除去其负面因素,那么,他的临在性就在于:他和世界一同变化,因世界里包括了三一神国的历史。莫尔特曼对于神的超越性与临在性,存这种未来已存于现今的看法,使他对神的观点成为"末世三一万有在神论"。我们将看见,他认为神的临在性是世界历史中包含着三一神的真实历史。同时,他认为这个历史不是一种进展或进化,乃是一种预期与期盼。

## 神的三一历史

莫尔特曼写了两本重要著作,探讨三一上帝之教义与末世论的关系:《被钉十字架的上帝》与《三位一体与神的国度》。对他而言,要从历史的角度来了解神本身——就是神的临在性,就必须要从耶稣基督被钉十架的事件来理解三一上帝的教义。莫尔特曼将十字架作了彻底的解析,并下结论说,此一事件不仅影响人类走向复和,对神也有影响。透过十字架,神令自己在历史里成为三一上帝:"在十字架上发生的事,是神与神之间的事。在神自己里面产生极深的分裂,亦即神离弃神,自我否定,而同时在神里面又是合一的,亦即神与神一致。"[48]

所以,就莫尔特曼而言,"三一上帝"只是基督受苦事件的简称。三一教义的基础与理由,便是在这事件中,神在他自己里面经历到分与合,而除非神是三一神,否则我们便不能明白十字架。

根据对十字架的解释,莫尔特曼作出几项激进的结论。因为三一上帝在本质上与十字架事件相连,所以是历史性的;三一上帝是由受苦与冲突形成;在整个神国迈向未来的历史中,三一上帝乃以不同的形式出现。莫尔特曼坚决否认神是不可改变、没有感受,置身于历史的痛苦和冲突之外者。历史上的事都"在神里面"发生,因为十字架将神向世界开放:

> 如果我们认为,三一上帝是由耶稣的受苦与受死所表明之爱的事件——这是信心必须接受的事,那么,三一上帝便不再是天上自我满足的那种组合,而是末世的过程,向地上的人类开放,而它的根源为基督的十字架。[49]

莫尔特曼在《被钉十字架的上帝》中谈"神在历史中的本体",并开始重新诠释神的本质。他的说法与传统基督教的神论和进程神学都甚不相同,但又保留了二者的部分。不过那本书对这个课题的探讨并不完整,在以后的两本书中,他又重拾旧题。莫尔特曼的重新诠释与古典

神论最大胆的不同之处,在于断言神具有真实的历史性,理由便是在十架事件中,神因圣子之死而受苦。所以,十架并不在神本体之外,好像没有十架神仍然能完全是神,丝毫不受影响;但其实,十架以三一的方式成为神的本体,因有圣父与圣子辩证式的分离与结合。用莫尔特曼的话,"这意味着神的本体具有历史性,他在历史里存在。因此,'神的故事'便是人类历史的故事"[50]。

同时,莫尔特曼的讲法又与进程神学不同。这位德国神学家拒绝任何"神具有发展性"的思想;他主张,神的历史性乃是出自全然自由的行动和恩典的抉择。神在历史中经验到的冲突、痛苦、折磨,并不是由于神与世界之间有某种相互倚赖的关系。因此,莫尔特曼所信充满热爱、三而一的神,并不是怀特海那位了解苦难而认同受苦者,而是耶稣基督的父,他"从永恒里定意要寻求爱,因着他决定要走出自己的内在,投入人世,才带来这个认识他的经验"[51]。

此外,莫尔特曼的神不仅像进程神学思想一样,能够了解人,他更能够帮助人。他在十架上所承受的三而一之痛苦,展现从圣父、圣子的相合而出之圣灵,到世上来进行改变的工作。但最主要的是,莫尔特曼一直提醒说,神荣耀国度有超越的未来,那是历史的最终极致——对神的历史与世界历史皆然。他反对进程神学,说:"如果万物不再有新创造,就没有一样东西能抵挡那灭绝世界的'虚无'"[52]。

要了解莫尔特曼的神论与古典神学和进程神学的差异,关键在于他对神"自我限制"的看法。莫尔特曼无疑地假定,神与世界之间有相互作用的关系。神既具有临在性,就可说对世界有某种倚赖,不过,世界对神的倚赖当然更大。神的生命历史,乃是圣父、圣子、圣灵的三一历史,在世界历史中发展他的国。诸如十架、复活、差遣圣灵等事件,构成了神之为神的本体。

但为何如此?莫尔特曼认为,这乃是因为神的爱满溢,他要借着怜悯参与世界,来彰显他的爱。这样参与世界,对神是否必要?莫尔特曼建议,在神里面"必要"与"自由"都被爱超越了。所以,神并不受任何强制;然而,

## 第 6 章 "未来"带来的超越性——希望神学

> 他在爱里向受造物主动传达他的善意,与其是否具有自由意志无关。这乃是他永恒本性的自然运作。神主要的作为就是在永恒里所定的旨意,而他在永恒里所定的旨意,就是他主要的作为。[53]

神不受强制以如此的方式与世界产生关联;但从另一方面而言,这种关系乃是出于他的爱之自然流露,而爱就是他的本性。莫尔特曼下了一个似非而是的结论:"这并不是说,他不得不永远爱世界;也不是说,他可以爱,也可以不爱。"[54]

神出于慈爱与恩惠的决定,让自己的生命由世界历史组成,其中必然包括了他对自我的限制。莫尔特曼解释:"为了要在他'以外'创造一个世界,无限的神必须准备让自己受到限制。"[55]同样,为了要救赎被神弃绝的世界,神借着自我限制进入这不虔的大地,并在其中受苦,如此便能将它带入自己神性的生命中,来征服它。这正是十架的三一历史之重点所在;神在十架上借受苦与受死塑造他自己:"透过进入神所弃绝的罪与死(这即是'虚无'),神征服了它,并使它成为他永恒生命的一部分:'我若在阴间下榻,你也在那里。'"[56]因此,神的自我限制将他的超越性和临在性都保存了。因为他成为有限,他便会受伤,亦具历史性,并能承受世界所给予的痛苦和折磨,又能将它征服。然而,这种限制既是自我的选择,不是他的本性必须如此(与自由意志无关),也没有任何外在事物的强逼,因此他仍然是超越的。神的自我限制,不是逻辑上的必要,也不是一种命运。

因此,对莫尔特曼而言,神与世界的关系不能用古典神论来说明,以为神不受世界的不完美所影响,也不会因此而受伤。进程神学的万有在神论之说——以为神是有限的、可怜的,与世界相附相依,被其牵牢,永无止境——亦不成立。

莫尔特曼为他自己的观点取名为"三一万有在神论"(Trinitarian Panentheism),并且声称,这观点增加了其中二项真理的深度,而避免了其缺点。[57]但究竟是否如此,仍有争议。他对神的观念,整个架构依赖其根基之一致性,意即,神的爱将自由与必要联合在一起,同时又超越了这二者。莫尔特曼声称,神不必然必须创造世界与历史,又进入其

中;但另一方面,他又主张,没有"其他"可能性。虽然这位德国神学家认为,这种说法只是神学上"创意的对立"的一个例子,但有些读者却认为,这明明是矛盾之辞。

## 三一万有在神论

莫尔特曼既然坚持,耶稣的十架与复活,以及差遣圣灵到教会,构成了神的三一生命[58],他的"十架三一历史"自然引致一个大问题:在世界历史之外,神是否仍是三一上帝?

在《被钉十字架的上帝》一书中,莫尔特曼似乎否定,除了十架事件之外,神会有永恒的三一生命:"凡是真正谈论三一上帝的,就是在谈论耶稣的十字架,并不是在凭空猜测天上的神究竟是怎样的一位。"[59]这句话似乎彻底否定传统教义之神的三一本体,亦即视神恒为在天上的完美三一上帝。为了支持自己的立场,莫尔特曼引用天主教神学家拉纳（Karl Rahner）的话:"经世的三一上帝（economic Trinity）就是内在的三一上帝（immanent Trinity）,而内在的三一上帝就是经世的三一上帝。"[60]所以,读者必须下结论说,莫尔特曼不相信在神与世界历史互动之外,还有三一神。这样一来,他的神论就与传统基督教的神论显得距离更远,而接近将神融于历史的泛神观。

在《三位一体与神的国度》一书中,莫尔特曼将他的三一万有在神论作进一步的推论,并试图纠正他在《被钉十字架的上帝》一书中所带给人的泛神论的印象。[61]他提出三一神的社会性教义,以免"三一的教义遭抽象的一神论所瓦解"[62],并且一方面将神与世界及历史紧密相连,一方面又保持神的超越性,甚至加以强化。在该书中,莫尔特曼批评所有将三一教义减化的解释,即使得三个位格成为单一主体的模式,因为这样一来,神就必须在世界之上,而与其对立,并且也意味着三位中具阶级与君臣的关系。莫尔特曼反对"基督教单一神论"的减化,而肯定圣父、圣子、圣灵各具主体性:

耶稣彰显为"儿子"的这段历史,并不是由单一的主体来实现、完成的。在新约里,基督的历史已经用三一的说法来记载。因此,我们可以用以下的假定作出发点。新约谈到神,乃是借故事的叙述陈明圣父、圣子、圣灵的关系,就是彼此相交的关系,这关系也向世界敞开。[63]

莫尔特曼分析,为了在神的国度中荣耀圣父,圣子与圣灵如何在历史各个阶段中工作;借此,他描绘出三一神之间的关系。他不再停留于十字架,即神彰显为三一神的主要事件,而进一步讨论各个事件,包括复活与差遣圣灵。神的国在这些事件中的进展为:由三一神的一位,转交至另一位手中,以致整个形态也有了转变。结果,圣父不再是三一中唯一为国度行动的一位。圣父的工作中必须依靠圣子与圣灵的被差遣、顺服与荣耀。这三一间互动(intertrinitarian)的神包含以上的变化,在历史中的关系模式,而神所有的作为皆以神的国为终极的目标。

在这段讨论中,莫尔特曼似乎又将历史引入神本身。借着不同的三个位格,神向着国度发展。甚至神完全的合一也只在末世实现,因此具有历史性。在历史里,三个位格互相依赖的模式不止一种,而是透过不同的关系,向国度作出贡献。其合一在于目标,而非源头;合一的过程乃是"互相渗透(interpenetration)",亦即"三一的三位格通过神性生命的循环形成合一"[64]。

这个看法引致另一个紧迫的问题,就是,如果没有世界,神是否仍为三一神,或说神是否仍为神。在《三位一体与神的国度》中,莫尔特曼勇敢地回答这个问题,又更谨慎地将内在的三一神与经世的三一神之细微差别,作一番解释。虽然他仍然拒绝永恒不变、不受拯救历史事件影响的内在三一之观点,但这位神学家现在愿意承认,三一神有其内在生命,而与历史所见三一神之形成有所不同。[65]他再次肯定拉纳的理论,即内在的三一神与经世的三一神是等同的;然而他解释,这不是绝对的等同而毫无各自的独特性,乃是建立在互惠与互赖上的等同。换言之,虽然三一神的互动生命有可能不是完全在历史里形成的,但是十字架,以及其他拯救历史事件,却为它盖上印。[66]圣子的十字架,以及借圣灵而得、充满喜乐与大爱的荣光,对三一神内在生命的影响,乃是从

永远到永远的。[67]

莫尔特曼主张，内在三一（具末世性）在内在三一神与经世三一神之相互关系中最具影响力。[68] 至于如何感受到、如何能知道它最具影响力，他却没有说明。他只是作出这个声明，也许是要避免别人批评说，三一历史之神的观点将三一神完全融入世界历史了。总之，对莫尔特曼而言，内在三一唯有在救恩历史完全实现之时才能臻于完全。他说："当一切事物都'在神里面'，而'神也在一切里面'，经世的三一神就被提升，在三一神本体中得到超越。"[69]

莫尔特曼似乎可以将他的末世本体论更加强化，从末世的观点来解释内在三一神对经世三一神和拯救历史何等重要。可是到最后，他似乎敷衍了事。然而，这样一来，他是否认定神之超越性，就成了很严重的问题。

## 184 重点转至临在性

在《希望神学》一书中，莫尔特曼探讨神论，一开始非常强调超越性——到一个地步，甚至意指未来都是超自然的。但在后来的几本书中，莫尔特曼逐渐趋向强调神在历史中的临在性。例如，在《创造的神》一书里，他强调神与世界"互相渗透"的关系——即相交、彼此需要、互相渗透的关系[70]，他也建议视世界为神的身体。[71]

这种逐渐由神的超越性（视神以未来为本质）转移至神的万有在神之临在性（视神在世界里、世界在神里），究竟应当怎样解释？一个可能的答案为，莫尔特曼对政治权力、阶级架构愈来愈憎恶，而强调团体、相交、平等、互赖。在神学追求的过程中，他逐渐确认阶级与权力本身就是邪恶的，因此要从他的神论中清除所有主宰意味的痕迹。就连他神学中不可少的未来荣耀之国度，也被重新描绘为具有自由相交的性质，人与神和谐相处，立于平等地位，而不是荣耀的创造主凌驾于一切之上的君王国度。

在《创造的神》一书的末了，莫尔特曼陈明神的国好像"安息日"，他歇下创造之工，而享受其结果：

> 到了安息之时,神开始去"体验"他所造之物的种种。在受造物前歇息的神,这一天不再发号施令;他去"感觉"世界;让自己受影响,被每一个受造物感动。他接纳一切受造物,作为自己的环境。[72]

神的统治、主权、审判、赞美,在莫尔特曼后期的作品中几乎销声匿迹。神对人的目标,不是要他们做仆人或儿女;这位德国神学家认为,神要人做他的朋友,"在友谊中,权威造成的距离便消失于无形"[73]。

我们必须结论道,莫尔特曼在社会、政治上对阶级制的反感,扭曲了他对神学的见解,否则他的看法的确更有创意、更具深度。这种反感令他过分强调神的临在性,以致损伤了神的超越性,结果让他全然否定单一神论,而有落入三神论异端的危险。

例如,在《三位一体与神的国度》一书中,莫尔特曼提出对"政治与宗教单一神论"的批评,其中表明,他认为传统的三一教义倾向如此,而使政治与宗教的集权主义成为合理:"在天上、地上的神圣君王统治之观念,本身就会构成理由,让地上的管理制度——无论是宗教、道德、宗族或政治——以阶级式来治理,成为'神圣的统治'"[74]。

莫尔特曼要使他所强调的三一历史之神,其间三个独特的位格之相互关系,具社会性与政治性。他将他的三一教义,高抬为神学的"关键原则",视为具改变世界的弥赛亚使命。他解释道,因为社会在组成的时候,会反映出他所信之神的模式,因此基督教文化必须重新探索圣经三一神的概念,是三位同等位格之相处、相交,而不是一位在其他之上、世界之上的君王。

但是,莫尔特曼对三一神之社会性的讲论,是根据圣经与神学,还是基于社会与政治的考虑?如果是后者,则必须接受批判,因为这又是一个例子,显示了神学家会按着对平等世界的理想,塑造出神的模样。如此,无异助长了费尔巴哈的理论,即神的观念只是人对理想的投射。

莫尔特曼的神论让人不得不质疑,是否因为它一味地反对君王制,以致落入相反的错误,成了三神论。如果他的观点真有潜伏的三神趋势,就必被视为不平衡的看法,甚至被列入异端。

## 批判的评估

对莫尔特曼在神学上的贡献，现在无法作最后评估，也不应该作，因为他的思想一直在改变。不过，有几点先期的批判已经成形，尽管这些评论可能只是暂时性的。

莫尔特曼的神学，为20世纪末的基督教引进了几种强有力的新形象和新观念。再没有哪一位神学家像他一样，在末世论的含义与基督的被钉十架对神本身的影响两方面，作过如此深入的探讨。他以朋霍费尔的声明"唯有受苦的神才能提供帮助"为线索，在神学界扎扎实实开启了新的一页，使受苦的神几乎成了新的正统之说，没有人提出严重的质疑。

再者，自从巴特以来，在现代神学的范畴中，没有一个人能像莫尔特曼一样，使三一神的教义再度生气蓬勃。特别是他早期的著作，促成神学以末世论为中心，激发了富创意的新方式，思想神的超越性与临在性。

同时，莫尔特曼的神学仍有种种难题与矛盾。它的基础，即末世本体论，还有待更完备的解释。例如，那尚具变量的未来，如何能对现在产生影响与冲击？这个问题尚需解答。神既在现在的历史里活动，对他本身难道亦是未来吗？如果神保证必有未来荣耀的国度，现今的痛苦、灾祸与得胜具有多少真实性？那保证必有的未来真实，是否亦含有"神显现"的意味？这不是莫尔特曼所大力反对的吗？

但最重要的问题是，莫尔特曼虽然意图用一种新的方式，来解决传统神学中神的超越性与临在性的问题，可是至终他却撒手不管，任其停留在矛盾状态。他认为神是末世未来之神，是"未来的能力"，具未来性的神，亦即从未来出来，影响、改变目前的世界。但他也认为，神是那位受苦、挣扎的历史之神。圣父、圣子、圣灵的合一，对他而言仍在未来。至于这些对神的描述如何一致化，莫尔特曼却没有解释。

最后，莫尔特曼的神学屈服于现代神学长久以来所面对的试探，过分强调神的临在性，以致减弱他的超越性。这位德国神学家将神的三一本体,与历史事件紧密结合在一起,令人不禁质疑神是否仍为神。有位同情莫尔特曼的解释者,承认这个神学有此问题:"世界历史被引入神的历史,到了一个地步,神之为神,在本体上必须倚赖世界历史,而唯有透过世界历史的终结,神才圆满地实现自己。"[75]

## 潘能伯格:在理性与希望里的超越性

有位德国思想家,在 20 世纪 60 年代与莫尔特曼并列为希望神学的开路先锋,他便是慕尼黑的系统神学家潘能伯格。潘能伯格本人对这个头衔并不满意。他的反感没有错,因为他的见解超过了希望神学最初的意图。然而,将潘能伯格列入这个历史运动来探讨,仍是恰当的,只是必须承认他的贡献不止于此。他是因为希望神学的进展,才在神学界崭露头角。并且,他也认同这运动的中心思想,亦即对未来的强调,或以末世为超越性的要点。

### 潘能伯格的早期神学发展

潘能伯格于 1928 年出生于德国北部一隅,现在那里已划归波兰。他的神学观点之基础,在早年的生活中已经形成。这个过程中最大的关键,是他进入信仰的路径,这路径同时引领他选择以神学为毕生追求的目标。带动他往这个方向的,是一连串的经历。[76]

第一个经历发生在他 16 岁左右。潘能伯格在图书馆浏览,翻到一本无神论哲学家尼采的书。他以为那是一本讲音乐的书——那时音乐是他的最爱,所以就翻开来读。尼采的书说服了年轻的潘能伯格,令他认为,这个世界一团糟的状况,基督教要负很大的责任。同时,这些书也激起了他对哲学问题的兴趣。

大约与此同时,出现了潘能伯格所称他一生中"最重要的一个经历"[77]。一个冬天的下午,夕阳西下时,他穿过树林走路回家,突然看见

远方有一道亮光。他被那光吸引，走到那里，发觉自己被如海之光淹没——甚至被举起。这位神学家认为，这次的经历是耶稣基督向他宣称要作他生命之主——虽然那时他还不是基督徒。在往后的年日中，潘能伯格一直有强烈的蒙召感，都是因为这经历的缘故。

他第一次对基督教的正面感受，发生于高中的最后一年；他的文学老师是第三德国（Third Reich）时期认信教会的一位平信徒。潘能伯格从这位老师身上看见，他过去以为基督教会扭曲生命的观点，完全与事实不符。当时他正为生命真义的问题所困惑，于是决定更进一步认识基督教信仰，且从研读神学与哲学着手。在深入研究后，他的结论为：基督教乃是最好的哲学。这个结论使潘能伯格成为基督徒，也开始朝神学家的路走。

在大光的经历之后不久，因为苏联入侵的危险，潘能伯格全家搬迁。两年之后，他开始在柏林读大学。起初他对马克思主义很感兴趣，但经过理性的细思后，他便起而反对。他亲身经历了两个极恶的人治社会——纳粹德国与斯大林东欧，这样的背景使潘能伯格作出结论，认为没有一种人间的政治体系，可以完全反映那完美的社会结构，就是有一日在神的恩典中将临到的神的国度。[78]

在柏林的时候，潘能伯格迷上巴特的著作。他看出，巴特早期的书乃是要建立神的主权，并将一切真实都归于圣经的神。但是，当1950年他来到巴塞尔，亲自列身巴特门下之后，潘能伯格逐渐感到不满，不是针对其目标，而是他认为，他的老师将自然知识与在基督里的启示划分为对立的二元论。对巴特这方面的反弹，使潘能伯格的神学观增加了一个重要的角度[79]，就是要证明，神的启示之工与世界并非全然矛盾，而是创造之工的成全。潘能伯格尝试在一切世俗经验中，找出其宗教意义[80]，声称在救赎与创造中存有连续性，这连续性可以在历史过程中发现。

1951年，潘能伯格搬到海德堡，在几位名师手下就读，如彼得·布龙纳（Peter Brunner）、士林克（Edmund Schlink）、坎彭豪新（Hans von Campenhausen）、拉德。[81]在这间著名的德国大学做学生时，他对启示之本质的思想逐渐成形。当时他不断与几位就读不同科系的学生一同探讨,这些人后来被称为潘能伯格社。这群人的结论后来出版成《从历史看启示》(Revelation As History)一书。[82]

1955年,潘能伯格完成学业。他曾任教于乌珀塔尔的路德会神学院(1958-1961)和缅因兹大学(University of Mainz, 1961-1968);1968年去到慕尼黑大学,他最重要的学术成就,均在此完成。

## 潘能伯格神学的动机

潘能伯格不只是教会内的神学家[83],也是公众的神学家。他关心的方向,为教会的合一,及这一个教会在世俗社会中的地位。结果,他成为教会合一运动(ecumenism)的大力支持者。但是他对教会合一运动的目标,有深入的了解,所以并不赞同普世教协(WCC)多年来以政治为重心的取向。[84]他认为,合一运动的主要职责,为使教会在圣礼中建立团契,以促成基督徒的合一;而政治取向的活动,却产生误导。他相信,在现代世俗社会里,教会的声音要受到尊重,唯一的途径是教会能够合一。[85]

但是,他的关注不仅停在教会的合一,更进而包括人类的未来。潘能伯格认为,教会在世上的作用,乃是见证在神的国度未临到以前,所有人类的制度都是暂时的。当教会让各种人彼此相交、又与神相交,特别是透过圣餐,这样,教会就成为神末世国度的象征[86],而那国度是世界的希望。神学则是完成这职责的一个仆人。

## 神学与真理

尽管潘能伯格的著作背后,有这样宽广的动机,然而最令人瞩目的,乃是他对神学本质的了解,以及神学所牵连的真理。简单地说,他企图要改变现代神学的路线;他认为宗教信仰一般而言太过退隐,他要纠正这种错误,尤其是在神学里的这种错误。

要了解他的努力,就必须明白潘能伯格对现代神学路线的评价。1975年,他在丹佛(Denver)向一群学生作自传式的演说,其中提到他

对神学失败的看法："如果你听过别人论我的书,就知道有些人批评我是理性主义者。还有人称我是基要主义者。……但……只有一种人我绝不会是,就是敬虔派。"[87]

这段话显示出潘能伯格的信念,他认为,过去两个世纪的神学,由于应付启蒙运动,就是彻底改变对基督教信仰基础认识的理性革命,已经转变成只注重信心抉择的敬虔主义,这对神学造成了损害。[88] 在启蒙运动之前,拯救历史被视为信仰的根基,为众人所接受,认为是神权威性的见证,或由教会担任教导的神职人员作媒介,传给众人(罗马天主教的观点),或由圣经作媒介,而视圣经为先知与使徒受圣灵默示所写成(新教的立场)。为了配合这立场,新教假定信仰的三方面彼此紧密相连——知识(notitia)、同意(assensus)与信靠(fiducia)。

然而,奥古斯丁与路德所教导的这种观念,即历史知识有神的权柄作见证,到了启蒙时期,却为科学和新的历史研究法所取代,要用科学的工具与批判的方法,来尝试重塑过去的事件。结果,事件的历史性变得不再确定,而信仰的历史基础也遭质疑。因此,在后启蒙时期,人类活在没有启示的世界里,亦即不再有来自历史之外的话语,就是透过神的眼睛可以看见真实状况的话语。

为了避免让信仰沦为不确定状态,必须倚赖历史的研究,后启蒙时期的神学不再以历史事件为信仰的根基,而转移至重生的经验,认为其本身具可靠性。换言之,从前的观念是从理性出发,根据历史事实来宣讲,现代的新方式则是从信徒主观的经验作起点。

这种现代立场产生了两种不同的说法,却同样是错误的。有些神学家将基督教传统中的历史部分完全抹杀,视为无关紧要。这是极端敬虔派的立场,潘能伯格把布尔特曼也列入这类人士。另一批人则采取他所谓的"保守敬虔主义"路线,认为透过信仰的经验,信仰的历史成分才有价值可言。举例而言,个人的重生成为耶稣之历史事件属实的基础,由此而肯定他的神迹与复活。

潘能伯格的主张与以上不同,其核心乃是路德的基本论题,即:从本质而言,信心不可能自我产生,必须出自在它以外的基督。[89] 由此观之,潘能伯格认定:信心必须倚靠历史为其基础。如果信心乃是要信靠神,而不是它自己,那么,神在历史中的启示就必须成为信靠的根基。他承认,在这世上让信心落实的启示为何,尚有讨论的余地。但他坚称,基督徒自认能认识神,这个宣告会面对哲学与历史的挑战,而能够迎战的,绝不是非理性的信仰抉择,唯一的办法乃是透过理性辩论。

因此,据潘能伯格的看法,如果信仰要站得住脚,就必须有真理在其中,这就是神学有其必要的原因。[90] 换言之,他的神学乃是要尝试再度将基督教信仰的理性立足点站稳,借此提供另一条出路,有别于大多数现代神学的主观路线。

从一方面而言,潘能伯格对神学的理解,是依循传统的模式。他视神学为一门公共的学问,旨在追求普世性的真理;这与从前的观念吻合。他认为,神学的反省、重建过程,就是要回答有关真理的问题。他批评那些将真理划分到自治范畴的人,或者是保护基督徒传统的真理内容,不容理性质疑的人。神学的肯定必须受到严苛的批判,使信仰所根据的历史事实在考验后仍站立得住。换句话说,神学就像其他科学一样,必须以批判的方式来评估,因为它也是在研究真理。而基督教的真理必须按一致性的标准来审核[91],亦即,它必须完全符合——进而光照——人类的一切知识。[92]

不过,在一个重要观点上,潘能伯格对神学的理解,越过了传统的看法。他宣称,真理不能在时间之流以下不变的因素中找到;真理本质上具历史性,而终极来说具末世性。[93] 在末世来临之前,因为本质的关系,真理将永远都只是部分的,也是会引起争辩的。所以,神学也像所有人间的学问一样,是暂时的。它无法将神的真理作成公式。未来才是终极真理的焦点。因此,所有的武断言论都只能视为假说,要经过考验,看是否与其他知识相符。他声称,这种看法有圣经根据,因为圣经亦说,唯有到了历史的末了,神的本质才会向一切受造物公开。[94]

## 理性与希望

潘能伯格对神学职责的基本概念,使他的神学以两个互赖的焦点——理性与希望——为重心。[95]"理性"一词的重要性,前一段已经阐明——神学乃是一种理性的努力。"希望"一词扼要地陈明,他的神学关注完全以末世为重心。因为他整个系统神学的焦点都集中在末世,我们可以将其视为一种希望神学。潘能伯格神学的基础,乃是神国的观念,即三一神的荣耀将于神治理万有时彰显出来。

潘能伯格并不像19世纪的神学,认为神的国为一伦理的社会。他的观点与20世纪解经的发现吻合,即神的国出现于启示文学运动和耶稣的教导中。[96]圣经的国度信息纯属末世,因为它宣称,那时神终将统管万有,而这个国度已经透过耶稣的出现,进入历史之中。基督徒团体正迈向末世,对于神将成为全世界的主满怀希望。唯有到那时候,三一神的荣耀与真实状况才会完全彰显出来。

然而,希望的主题又回转到潘能伯格神学讨论中的理性范畴,与它缠结在一起。神学既是公共的学问,其目的就在提供"信仰真理的理性缘由"[97]。这种对于"理性缘由"的重视,他认为是教会使命的基础。这群希望之民既定睛于神国末世的成全,就不敢退缩为只顾个人或家庭敬虔的小圈子。基督徒群体蒙召,乃是要留在世上,就是留在寻找真理的地方,在此进行神学的使命。因为神学使命与终极真理——即神的真理——之追寻有关,神学就是一种公众化、理性化的努力。

## 系统神学与神论

潘能伯格与古典传统一样,声称系统神学主要乃是研讨神论。事实上,神乃是神学的唯一目标。[98]虽然基督徒的教义不止于神论,还包括人论、教会论等等,但这些都只是此一主题的延伸而已。

论到神,最起始之点即"语义学上"对"神"的"最简单"说法,也就是从能力的角度来看神。神是"一切有限实体所倚赖的能力"[99],或"决定万事的能力"。不过,从这个基本前提里,潘能伯格引出一项意义深远的主张:神的神性与神统管万有之主权的彰显有关。[100]

这个理论意指,神的概念若真正代表一种真实,就必须不但能开启人对自我存在的认识,也能光照我们在世界上的一切经验。他说:"必须显明一切有限之物都倚靠他;不仅是人类以及其历史,也包括自然界在内。"潘能伯格又说,唯有呈现"世界是神所造之和谐模式"[101],才能达到这点。这就是为什么他相信,系统神学的主要职责,乃在展现基督教的神观所具备的光照能力。

不过,神的神性与他统管万有之主权有关的理论,还有一层含义,即受造之物惟经历最后的救赎,才终能明确彰显神的存在。当然,因着这件事要实现,神学的重点就偏向历史与末世。潘能伯格辩称:"惟在最后救赎之中,神的真实性才能确实展现出来。"历史整个过程的高峰,在于"神存在的自我彰显"全然实现之时。[102] 系统神学乃是要阐明这种自我彰显。

## 神学的出发点

既然提出神的存在之说现今仍具可争议性[103],潘能伯格就辩道,神学不能贸然直接谈神论,而必须先赢得能谈神论的立足点。为了完成这任务,他根据一种人论的观察来立论,即人类可以说与生俱来就有宗教性,这个观察又成为哲学与启示神学的桥梁。[104] 他的意思是,无论是个人,或是人类整体,其结构中都充满宗教的成分。用神学词汇来说,人类乃是按神的形象而存在,人的命运可由他"向世界敞开"中看出来。[105]

这种认为人类本有宗教性之看法的基础,由最早提倡此说的施莱尔马赫奠定,加上对笛卡儿有限观念的重新解释。不过,其背景则属更早期,即中古时代所讨论过的,人类心智第一件明白的是什么。当时这题目只经过含糊的讨论,而潘能伯格发现,现代的两个观念对此有所启发。第一个是"中心在外论",即每个人都必须将自我的认同立基于自己之外。虽然这个观念是 20 世纪哲学的人论所发扬光大的,潘能伯格却发现,其根基为路德对信心的了解。另外一个观念是艾里克森(Erik Erikson)的著名思想:"基本信赖"。

潘能伯格解释说,宗教感始自对"我"与"世界"之有别那份最原始的自觉,这种差别已经透过信赖的行动表现出来,又因身处家人当中而增强。当一个人经验到每天生活的有限性、暂时性,就产生了对无限的直觉。不过,在此潘能伯格添加了一个创新的理论。那份对无限的直觉,本身并不包含对神明确的知识。这种知识乃是透过宗教传统而得的。这种以后获得的知识,让当事者反思从前直觉的经验,而下结论认为,那时就是对神有一种"莫名的知识"。换言之,这种对无限最基本的直觉,若要与神扯上关系,乃是反思宗教历史的过程之后,才得到的结论。

如此,潘能伯格将这个最基本的宗教现象,与宗教里对神的经验连接起来,而后者是由于人从受造万物中察觉到神的作为和他的本性。这样的相连,又为他开了一条路,将那本为诸宗教相互竞争之处,化为真理启示之所在。[106]

潘能伯格赞同巴特,认为启示只在神让人认识他时才出现。但他辩称,这启示的焦点为历史的过程。对潘能伯格而言,此处的历史是指宗教历史。在世界历史的舞台上,各种互相冲突的真理,不断在争胜;这些真理的核心都具宗教性,就终极来说,乃是试图表达世界的合一。那最能启发一切真实状况的宗教道理,至终必会得胜,彰显其真正的价值。

在这番理论下,潘能伯格发现以色列宗教历史的重要性。因为由以色列产生出一神教,这信仰让人了解世界的合一性,又产生神在历史中的作为是以未来为重点的观念。耶稣的信息便是以这些认知为背景,而潘能伯格宣称,这些信息乃是对永恒之神的本性最明亮的启示。耶稣是神自我彰显的预示——在历史里的先现。到历史的终结,神的自我彰显才将全然实现。因此,潘能伯格从耶稣生平发展出基督教的神论。[107]

## 基督教神观:三而一之神

潘能伯格神学的中心便是神论。他说明,基督徒神观的中心,乃是"三一神"的教义。[108]所以,三而一之神成为潘能伯格系统神学的中心,便不足为奇了。

与中世纪以来的神学作风不同的是,潘能伯格的系统神学从启示的观念立刻转至三一教义的诠释,然后才陈述神的一致性与属性。[109]他认为,传统的做法,是尝试从一位神的观念衍生出三一神的多重位格,这样做只会带来问题,因为神始终是单一主体,而不是三个位格。

潘能伯格的神论不采取旧法,而针对现代所关注的课题:"内在三一"(the immanent Trinity,神永恒的本质)与"经世三一"(the economic Trinity,神在救恩历史中的表现)之间的关系,提出了一套复杂的建议。[110]他所拉上的关系,乃出自一个基本的理论,即所有系统神学都不过是要解释,神在自我彰显时包含了哪些深意在内?因此,他试图将三一教义建立在启示上,就是在实际的拯救上——建立在圣父、圣子、圣灵在启示事件中如何显现之上,就是耶稣的一生和他的教训所展示的。此后,他才进而讨论神的一致性,就是从神的属性中可以发觉的。潘能伯格用这种方式,将神论的基础立于神的拯救作为,结果,对"内在三一"的了解,便溯源于对"经世三一"的了解。

潘能伯格发展这个教义,与他的自我分化观有密切关系。[111]他主张,位格的本质,是将自己交付与配对的一方;因此,位格的观念包括互相倚赖。他主张,三一神的每个位格都互相倚赖。

传统神学讲圣子、圣灵对圣父的顺服,潘能伯格认为,这种诠释具破坏性,而他用以上的方法提供了另一种解释。他将这种互赖性带入救恩历史,并强调,神在世上的计划于末世将实现,这将是神性合一的最明确启示。那位无名的无限者,经由三一的三个位格在世上有目的之作为,而得到了正名。

## 超越性与临在性

潘能伯格早期以注重基督论为人瞩目,然而当他此后全力去阐释他的系统神学时,圣灵论便逐渐突出。事实上,潘能伯格整个教义的重点,便是尝试发展新的圣灵论。神学有一种趋势,即贬抑圣灵的角色,只在一切理性的解释都说不通时,才用圣灵来说明;但他却想以更接近圣经、更宽广的角度来谈圣灵论。这样做的同时,他也发展出了解超越性与临在性的秘诀。

潘能伯格以圣灵为"场"(field)，这是他的圣灵论重点所在。这个观念与19世纪科学界的"场"理论有关，但不尽相同。[112] 其实，这观念的来源还可追溯得更远——古代斯多葛学派曾发展出身体之灵（pneuma）的道理。可是，教父时期的神学家拒绝这观念，而喜欢将神视为灵的心思（spiritual mind）。

场所之灵的新想法，是潘能伯格神论的中心。[113] 他赞成无神批判家费尔巴哈等人的观点，拒绝圣灵只是神理性与意志（即：心思）之反映的古典看法。潘能伯格认为，神的本质较好的描述法为"无法测度之场"——即：大能的灵；而表现出来的乃是三一神的第三位，圣灵。

除了以场（或作"灵"）作为神生命的特色外，潘能伯格还甚有深度地陈述，圣灵在创造之工及人类生活中，如何全面参透、又富创意，而他工作的高潮，则是信徒与教会所获得的新生命。[114] 这样一来，这个描述神本质的观念，也成为神与世界之关系的原则，以及神的生命如何参与创造的原则。

这方面的要点为：基督徒主张在创造时，圣灵是生命之源，而潘能伯格将这一点与生物学"生命基本上是忘我入神的"之观念拉上关系。[115] 每一个生命体的环境都适合该生命的孕育；而每一个生命体内在自有一种驱动力，使它超越周遭的环境，迈向未来，及其种族的未来。潘能伯格认为，这就是受造物透过圣灵参与在神里面。因此，我们可以视圣灵为环境的网络系统或"场"，受造物来自其内，也在其中生活。

圣灵也是促使受造物超越环境、迈向未来的那个"能力"。圣灵的这种工作，至终会带来自我超越，就是人的特色；它亦是在基督里超越自我的那种特殊生命的根基；从信徒所集结成的教会，就可以找到这种生命。

场的观念亦是潘能伯格人论的基础。他主张，人之为人，不可以从未经历世界便先存的"我"来定义。[116] 他对于个人意识的成形，有一套颇复杂的说法。在意识形成之中，最重要的是捕捉到个人存在的总体性[117]，潘能伯格称之为"感觉"[118]，或个人所生活于其中的"场"。

因为这一存在的总体性乃是一种末世观，与真实的意义有关，而唯有等到生命之流归至终结，真实的意义才会全然澄清，所以潘能伯格视圣经中"神的形象"之概念为末世性的，等到人类历史结束才会实现，不是在历史之初就已成形。他同样把罪用建立自我意识来定义。罪乃是"爱自己"，"我"定睛在自以为好的事上，而不是从与神的相交中——就是透过活在基督里——来发现自己。[119]

这种对神和世界的认知，背后为对空间与时间的特殊神学解释，与前述人类宗教性的概念相仿。[120] 潘能伯格主张，除非假定空间与时间各为不能分割的整体，为其中各部分的背景或环境，否则便无法去思想空间与时间的各个片段。这种对无限空间的直觉，使人领悟到神的宽不可测与无所不在；而对时间为一整体的直觉，则使人领悟到神的永恒性。[121]

因此，神是受造物与历史所存在的"场"。用潘能伯格的话说："神的灵在他所造万物中的同在，可以用创造力之场来形容，这个包罗万象的能力之场，不断释放出连串的事件，使它们成为有限的存在。"[122]

神既是这一包罗万象的场，所以一方面临在世界中，一方面又超越它。他的临在是显而易见的。所有受造物，所有事件，都靠其环境而来，这环境就是神的场，生命的源头。临在的圣灵就是给予受造物活力，使他们超越自己，参与神性到某种地步。但是，在生命的过程中，神不只是临在的，也一直是超越的。神不单是有限之时间、空间衔接而成的链子；神的生命也不单是有限受造物生命的总合。

不过，超越性最重要的论点为：神与世界的关系，本质上就是以未来为取向的。神既是灵，其作用乃是成为提供意义给有限之历史事件的大环境。其意义必然是在于未来，因为唯有等到历史结束，我们才能发现历史的意义，以及个别事件与那意义的关系。因此，末世超越了每一段时刻，那才是荣耀的实体，一切历史都朝这方向前进。时间与永恒也在此发生关联；潘能伯格写道："透过未来，永恒进入了时间之内。"[123]

## 耶稣与圣子

三一教义是潘能伯格系统神学的中心。要完成这幅图画的介绍，还需要说明潘能伯格基督论的主题。因为在耶稣里，永恒——未来——深刻地进入了时间。

基督论的各个题目，潘能伯格一直非常看重。事实上，他第一本被译为英文的著作，就是一本专论：《耶稣——同为神与人》(*Jesus — God and Man*)[124]。这本书包括他对复活在耶稣生平中的中心性所作争议性甚大的说明，以及他对这事件之历史性非常重要的强调。潘能伯格声称，耶稣的复活是神对耶稣之显现与使命的肯定，因为透过这事件，耶稣在历史里面经验到末世的改变，就是人类注定将有的经历。

这一本稍早的专论，预设了神的真实，也陈明了只有"从下而上"的基督论，才足以彰显这点。不过，潘能伯格承认，如果在系统神学内研讨基督论，这种角度还欠完整。这一课题必须在特别探讨基督徒的人论时讨论，而讨论时又要把神论存放在心。

为了在系统神学里作到这一点，潘能伯格重新引介古典神学的"逻各斯"(Logos，或译"道")观念，就是维持世界合一的原则。但是他在传统的观念之外，又加上一妙解。"道"代表世界历史的秩序。因此，耶稣之为"道"，并不是宇宙中的抽象原则，而是因他成为人，做了以色列的弥赛亚，又使得万物与创造主的关系恢复和谐。

潘能伯格最根本的看法乃是：不要直接用先存之"道"与人性结合的词汇，来说明耶稣与神的关系；要以间接的方式，透过耶稣生平中所逐渐披露的耶稣与圣父的关系来说明。[125] 耶稣既然顺服圣父以至于死，便是永远的圣子，是"道"，因为他谦卑地将自己与神区分出来，并愿意事奉神，这种态度便是参与生命的途径。

耶稣顺服神所赋予他的使命，以至于死，便完成了神的和好之工。他代替我们的意思，是他分尝了我们的状况（死亡），并带来改变。潘能伯格称这个观点为"涵括性的代赎观"(inclusive substitution)。借着信心，我们可以参与基督带来的新生命。只要甘愿顺服神，我们便享受与他的相交，并超越自身的有限与死亡，进入神永恒的生命。[126]

## 潘能伯格与其批判

潘能伯格所从事的研究，可说是自巴特以来最具雄心的尝试，要建立一套完整的系统神学，以勾勒出基督教教义的全貌。他不仅将教会信仰的教导系统化，面对现代远离原来宗教根源的社会运动，他也努力为基督徒的参与设计更坚强的哲学基础。今天许多声音主张，在现代的状况下，要建立真正的系统神学，简直是痴人说梦；又有人想挪动神学使命的焦点，注重一些较次要的方向；但潘能伯格却不为所动。

因此之故，潘能伯格的著作曾被批评者大加挞伐，甚至被讥为不合时宜。然而，若从神学历史整体的角度来看，他的确可算为古典神学的现代传人，将基督教所宣称的真理和对神的观念，作了理性的阐释。无论潘能伯格的主张有什么问题，他想要"建立"神学的努力，却是无可厚非的。若要批判他的主张，着眼点应当在他的神学方法是否正确与恰当。

## 启示与圣经

潘能伯格的重要成就，便是以现代话语重述了将神学立基于启示的传统看法。古典的基督教神学虽然并未忽略启示的其他要点，却一向强调，圣经是神启示的集大成。潘能伯格与这个传统看法意见不同。[127] 他不赞成新教较早期的逐字默示说[128]，他对圣经本质的了解，是根据宗教历史与启示的关系而来。他认为，宗教历史是各种相对宗教真理之间的争辩之处。在这个历史中，以色列的宗教衍生出基督教是非常重要的，因为在此一过程中，发展出新的亮光。圣经是这一传统的书面来源，因此它对神学具举足轻重的地位，甚至在后启蒙时代依然如此。

潘能伯格对新教较早期默示教义的批判，值得认真思考。在现代世界中，不太可能直截了当地将圣经视为不可质疑的权威。潘能伯格指出，在现代情境中，圣经论已经无法成为神学反省的出发点，这个看法是正确的。因此，他建议，圣经的权威要成为神学的目标，而非神学的前提；这个主张对古典新教的确是个有力的挑战。

不过，虽然我们可以同意圣经的权威性在现代已经失落，但却不一定要同意他的评估，认为现代经文批判已经摧毁了圣经默示的教义。我们也不可以此为由，而将圣经摆在一旁，甚至连潘能伯格亦默认这点。他的和好教义中，有一项可以成为新的圣经论之基础，即，使徒的

宣告成为复活之主继续说话的管道。可惜,这位德国神学家没有从这个想法再迈前一步,发展出全面的圣经教义。

## 197 启示与圣灵

潘能伯格既强调启示的历史性,连带便产生了一个问题:观察者是如何明白启示的;亦即,圣灵在解明历史当中的角色问题。他尝试从启示的一致性,来面对观念的分歧。故此,潘能伯格断然否认,在启示事件本身之外,尚有其他默示的话语,或圣灵某种超然的工作;启示事件本身便能产生意义。[129]

虽然潘能伯格的意思不是指在相信的过程中圣灵没有作用,但有时在讲论如何在历史中领会神的启示时,他似乎刻意减轻圣灵在认知过程中的角色。因此,问题依然存在。为什么有些人听见告知后会有正面的反应,而有些人却会拒绝?

无论答案是什么,潘能伯格拒绝传统神学的惯常方法,就是以圣灵的奥秘作为来解决信与不信的难题。一个人会相信,或仍旧不信,乃由其个人的奥秘特质而定,而他认为,这种个人的特质是神的礼物。

潘能伯格在写系统神学时,对这种动力的了解,已经比先前的著作显得更深刻。他承认,在事情成就之前的世代,对启示的知识总是片断的,由此看来,若要明白历史中的启示,使徒的宣告便非常重要。这一点显示他的思想颇有进展。虽然他依旧坚持,事件之外不必加上默示的话语,但是既然能承认知识只是片断的,就开启了一条路,可以肯定在那段真理争鸣的时期,在认知过程中的确有奥秘的一面。

## 理性与敬虔

潘能伯格的思想是以未来为重点,他又修订本体论,以致似乎使人质疑传统基督教对敬虔的一些看法。他的神学似乎没有为传统所强调之"神的显现"立下基础;传统总以神的显现是此时此地的事,而现今发生的事亦是创世之前就已经预定的。

他的神学不仅缺少这类题目,更大的问题是,潘能伯格显然彻底理性化,坚决拒绝将神学结论立基于信心的抉择,除非该抉择已经历理性反思的严峻考验,并通过其他观点的挑战。不过,在对他的神学这一方面下任何定论之前,我们必须认清,他之所以会倾向理性主义,是因他自视蒙召在公共思想中担任神学家,借此服务教会。

潘能伯格的用意,是要在信仰委身动辄被拒为不合理性、甚至非理性的时代,为基督教信仰建立坚固的知性基础。他认为,后启蒙时代的神学走岔了路,而他则试图回头,在建立信仰时兼顾理性的平衡。他乐意承认,到目前为止,所谓的真理都可能是暂时性的;因此,真理的追寻必须以末世为重心,到那时一切才会真相大白。虽然在末世之前,生命意义的问题只能有暂时性、而且具争议性的答案,但信徒可以获得的把握,超过一般人的估计。他们拥有良好的理性基础,足以肯定自己的信仰;他们的信仰不需要是"非理性"的抉择。

潘能伯格承认,人不是单根据理性生活;他也很谨慎地反对借理性辩论可以使人相信的想法,可是他指出,如果不说明基督教的合理性,会造成踏入信仰的困难。面对种种非理性的障碍和认定基督教已通不过理性考验的情境,潘能伯格立定心意,要扭转这种局面。

同时,潘能伯格坚信,在各种思想公开接受考验的场所,用理性来阐述基督教信仰,乃是教会最主要的武器,胜过个人敬虔的力量。尽管他的动机相当正确,这一点他却言之过度。虽然理性的讨论非常重要,但认真的基督徒敬虔的态度,却能成为信仰有力的辩护。

在以上的提醒之外,我们必须承认,潘能伯格的确带出了一些挑战。他强调神的观念对于我们在世上的每一种经验都具启发的能力,这对把信仰退缩为个人敬虔的小世界之人,颇具震撼力。这位德国神学家邀我们一同来看,基督徒的神学应当对人生的各个层面都有所影响,而一切科学都可以与信仰的追求发生关联。

## 末世的本体论

潘能伯格神学观的重心,是他的末世本体论,以及对神是灵的推理。这位德国神学家认为，决定一切的真实的神，以他神圣的"场"从未来向世界工作。他也和莫尔特曼一样，尝试用时间来重新界定超越性与临在性，而不用空间的词汇。神的超越性在于他的未来性与完备性；在此本体中，未来有权掌管现在的每一时刻，不仅为它下定义，也决定它的深度。然而，这类观念却遭致猛烈的批评。

有一方面的批判，与潘能伯格末世本体论要维护的伦理异象有关。这位慕尼黑的思想家与莫尔特曼的立场不同。莫尔特曼站在政治神学运动的上游，而潘能伯格却坚决反对左翼的政治神学，尤其是解放神学。然而，批判者却认为，为何他看不出他的神学与那些以公义为名号召人从事政治革命的人，其中有自然的关联性。[130]

另外一方面的批判，集中在倒置因果关系的问题。潘能伯格遭到许多批判，因为他的末世本体论似乎是决定论。[131]虽然这位德国神学家试图为决定论的指控提出辩护，但是这个问题及其他问题却挥之不去：未来在某种意义上来看，既是真正的未知数，那又如何能对现在产生影响？反向的因果关系真有可能存在吗？以未来的时间范畴来界定神的超越性，是否真能解决传统以空间来想象所产生的问题？

潘能伯格的本体论，也引致神位格的问题。既以神圣之"场"从未来向世界工作的形象来描述神，我们还能视神为一位亲切、有位格的神吗？他用"场"的术语，再加上他厌恶传统上用思想、意志等方式来理解神，这是否意味着神是非具位格的，或超位格的？神是否是比世界的总和更大的一个整体，但却不是一位满有恩慈、完全自由、自足、有位格的神？

提出这类问题的批判者，还在等待潘能伯格神学进一步的发展，以得知更清楚的答案。将来他一定会谈到这些方面。但截至目前为止，许多读者对于潘能伯格对神的位格、超越世界的自由，以及他富有创意的未来本体论究竟有多大的说服力，都仍持保留态度。

## 结论

尽管我们对潘能伯格有所保留，但对他的贡献也必须褒扬。20世纪主要支配德国神学的,是存在主义式的思潮,强调存在主义式的超越;而美国神学界又兴起强调临在性的神学复古潮流;但潘能伯格却提出了另外一条路。他的建议非常特殊,在现代化、后启蒙时期的环境中,再将焦点放在古典对终极真理的追寻上。

潘能伯格在希望神学之后,再度引入了神超越性的观念,亦即未来超越现在的模式。可是他比莫尔特曼早期极端超越性的讲法和其晚期极端临在性的讲法,都比较温和。对潘能伯格而言,神的超越性与现今并不强烈冲突,因为它会将现今带往完全之境,神透过圣灵而有的临在性,也不会绑住他,只是让他的爱有机会增进宇宙宽阔的合一性。潘能伯格比莫尔特曼更能将拯救与创造连接起来,由此让人对这世界与它既超越又临在之源头间的关系,有更富创意的认识。

**注释:**

莫尔特曼:未来的超越性与临在性

1. Jürgen Moltmann, *Theology of Hope*, trans. James W. Leitsch (New York: Harper and Row, 1967). 本书最初于1965年在德国出版。
2. Carl E. Braaten, "Toward a Theology of Hope," in *The New Theology*, ed. Martin E. Marty and Dean G. Peerman, 10 vols. (New York: Macmillan, 1968), 5:90-92.
3. 前书,94。
4. Jürgen Moltmann, *The Experiment Hope*, trans. M. Douglas Meeks (Philadelphia: Fortress, 1975), 50.
5. 莫尔特曼没有传记,但从片段的自传式反思,可以略窥他的生平。参"Why Am I a Christian?" in *Experiences of God* (Philadelphia: Fortress, 1980), 1-18, and "An Autobiographical Note" in A. J. Conyers, *God, Hope, and History: Jürgen Moltmann and the Christian Concept of History* (Macon, Ga.: Mercer University Press, 1988), 203-223。
6. Moltmann, "Autobiographical Note" in Conyers, *God, Hope, and History*, 203.
7. Jürgen Moltmann, *Anfänge der dialektischen Theologie*, 2 vols. (Munich: Christian Kaiser Verlag, 1962, 1963).
8. 莫尔特曼对巴特的接受处与不同意处,详尽的研究见 M. Douglas Meeks, *Origins of the Theology of Hope* (Philadelphia: Fortress, 1974), 15-53。
9. Moltmann, *Theology of Hope*, 16.

10. Jürgen Moltmann, "Theology as Eschatology," in *The Future of Hope*, *Theology as Eschatology*, ed. Frederick Herzog (New York: Herder & Herder, 1970), 9.
11. M. Douglas Meeks 宣称,"莫特曼的神学当视为希望神学最关键的推动力"。*Origins of the Theology of Hope*, 34.
12. Marcel Neusch, *The Sources of Modern Atheism: One Hundred Years of Debate Over God*, trans. Matthew J. O'Connell (New York: Paulist, 1982), 189.
13. Jürgen Moltmann, *God in Creation: A New Theology of Creation and the Spirit of God*, trans. Margaret Kohl (San Francisco: Harper and Row, 1985), 180.
14. Jürgen Moltmann, "Hope Without Faith: An Eschatological Humanism without God," trans. John Cummings, in *Is God Dead?* Concilium, vol. 16, ed. Johannes Metz (New York: Paulist, 1966), 37–40.
15. 前书,36。
16. Neusch, *Sources of Modern Atheism*, 211.
17. Meeks, *Origins of the Theology of Hope*, 18.
18. Moltmann, "Autobiographical Note," in Conyers, *God, Hope, and History*, 222.
19. 前书,204。
20. Moltmann, *Theology of Hope*, 84.
21. Moltmann, *Experiment Hope*, 9.
22. Moltmann, *Theology of Hope*, 92.
23. Moltmann, *God in Creation*, 202.
24. Moltmann, "Theology as Eschatology," 11.
25. Moltmann, *Theology of Hope*, 35–36.
26. 前书,282。
27. Moltmann, *God in Creation*, 64.
28. Moltmann, *Experiment Hope*, 8.
29. Moltmann, *Theology of Hope*, 32.
30. 前书,95–229。
31. 前书,99–102。
32. 前书,228。
33. 前书,102。
34. 前书,100。
35. 前书,139–140。
36. 前书,203。
37. 同上。

38. 同上。
39. Moltmann, *Experiment Hope*, 8.
40. 前书, 7。
41. Jürgen Moltmann, "The Fellowship of the Holy Spirit — Trinitarian Pneumatology," *Scottish Journal of Theology* 37(1984): 278.
42. Moltmann, *Theology of Hope*, 85.
43. 前书, 84。
44. 前书, 105。
45. 前书, 227。
46. Moltmann, "Theology as Eschatology," 10.
47. 同上。
48. Jürgen Moltmann, *The Crucified God*, trans. R. A. Wilson and John Bowden (New York: Harper and Row, 1974), 244.
49. 前书, 249。
50. Jürgen Moltmann, "The 'Crucified God': God and the Trinity Today," in *New Questions on God*, ed. Johannes Metz (New York: Herder & Herder, 1972), 35.
51. Jürgen Moltmann, "The Trinitarian History of God," *Theology* 78 (December 1975): 644.
52. Moltmann, *God in Creation*, 79. 莫尔特曼的神论与进程神学的异同之比，最精采的作品见 John J. O'Donnell, *Trinity and Temporality, The Christian Doctrine of God in the Light of Process Theology and the Theology of Hope* (Oxford: Oxford University Press, 1983), 159–200。
53. Moltmann, *God in Creation*, 82.
54. 前书, 84。
55. 前书, 86。
56. 前书, 91。
57. 前书, 98–103。
58. Christopher Morse, *The Logic of Promise in Moltmann's Theology* (Philadelphia: Fortress, 1979), 119.
59. Moltmann, *Crucified God*, 207.
60. 前书, 240。拉纳的话以及其解释，见 Karl Rahner, *The Trinity* (New York: Seabury, 1974), 22。若不熟悉这些神学名词，略释如下："在在的三位一体"是永恒的三位一体，神在他自己里面以父、子、圣灵的形态存在，这是在他将自己彰显于外之前即是如此，而在历史中的"经世的三位一体"，则是他借道成肉身和差遣圣灵的外显。
61. 对莫尔特曼临在的三位一体教义之发展，及其中的矛盾之讨论，见 Roger Olson, "Trinity and Eschatology: The Historical Being of God in Jürgen

Moltmann and Wolfhart Pannenberg," *Scottish Journal of Theology* 36 (1983):213-227.

62. Jürgen Moltmann, *The Trinity and the Kingdom*, trans. Margaret Kohl (San Francisco: Harper and Row, 1981), 17.
63. 前书, 64。
64. 前书, 175。
65. 前书, 183。
66. 前书, 160。
67. 前书, 161。
68. 同上。
69. 同上。
70. Moltmann, *God in Creation*, 258.
71. 前书, 150。
72. 前书, 279。
73. Moltmann, *Trinity and the Kingdom*, 221.
74. 前书, 191-192。
75. Peter Fumiaki Momose, *Kreuzestheologie: Eine Auseinandersetzung mit Jürgen Moltmann* (Freiburg: Herder, 1978), 87. 译者即本书作者。

潘能伯格:在理性与希望里的超越性

76. 他自己对这些经验的记录, 见 Wolfhart Pannenberg, "God's Presence in History," *Christian Century* 98 (March 11, 1981):260-263。
77. 前书, 261。
78. Wolfhart Pannenberg, "Die Theologie und die neuen Fragen nach Intersubjektivität, Gesellschaft, und religiöser Gemeinschaft," *Archivio di Filosofia* 54(1986):422-424.
79. Pannenberg, "God's Presence in History," 263.
80. Wolfhart Pannenberg, *Introduction to Systematic Theology* (Grand Rapids, Mich.: Eerdmans, 1991), 18-19.
81. Richard John Neuhaus, "Wolfhart Pannenberg: Profile of a Theologian," in Wolfhart Pannenberg, *Theology and the Kingdom of God*, ed. Richard John Neuhaus (Philadelphia: Westminster, 1969), 16.
82. Wolfhart Pannenberg, *Revelation As History* (with Rolf Rendtorff, Trutz Rendtorff, and Ulrich Wilkens), trans. David Granskow (New York: Macmillan, 1968), German ed., 1961.
83. 这个结论见 Neuhaus, "Wolfhart Pannenberg," 38。
84. 对普世教协的批判, 见 "Unity of the Church — Unity of Mankind: A Critical Appraisal of a Shift in Ecumenical Direction," *Mid-Stream* 21 (October

1982）：485-490。

85. Wolfhart Pannenberg, *The Church*, trans. Keith Crim（Philadelphia：Westminster, 1983）, 165; Wolfhart Pannenberg, *Faith and Reality*, trans. John Maxwell（Philadelphia：Westminster, 1977）, 138。

86. 参 Wolfhart Pannenberg 的探讨, *The Apostles' Creed in the Light of Today's Questions*, trans. Margaret Kohl（Philadelphia：Westminster, 1972）, 152-155; *Jesus — God and Man*, trans. Lewis L. Wilkins and Duane A. Priebe, 2d ed.（Philadelphia：Westminster, 1977）, 372-373; 亦参 *Theology and the Kingdom*, 72-101。

87. 潘能伯格反对将神学建立在"信心之决定"的基础上,他也尝试在科学以外为神学另设一个范畴,这些都广为人知,因为他的文章中曾多次提及。参 "Insight and Faith," in Wolfhart Pannenberg, *Basic Questions in Theology*, trans. George H. Kelm（Philadelphia：Fortress, 1971）, 2:43; "Faith and Reason," in *Basic Questions* 2:52-53; "Eschatology and the Experience of Meaning," in Wolfhart Pannenberg, *The Idea of God and Human Freedom*, trans. R. A. Wilson（Philadelphia：Westminster, 1973）, 208。这个关注一方面是因他有兴趣谈论当代的无神论观点,看在信仰之外尚有何种选择。他在好几篇文章中都谈到这题目。参,如, "Types of Atheism and their Theological Significance" 及 "The Question of God" in *Basic Questions* 2:184-233. 与 "Anthropology and the Question of God" 和 "Speaking about God in the Face of Atheist Criticism" in *Idea of God*, 80-115。

88. 参 "The Crisis of the Scripture Principle," in Wolfhart Pannenberg, *Basic Questions* 1:1-14。

89. 参,如, Wolfhart Pannenberg, *Anthropology in Theological Perspective*, trans. Matthew J. O'Connell（Philadelphia：Westminster, 1985）, 71-73。

90. 参,如, Pannenberg, *Introduction to Systematic Theology*, 4-5。

91. 前书,6。

92. 参 Wolfhart Pannenberg, "What Is Truth?" in *Basic Questions* 2:1-27。

93. 前书,2:1-27。

94. 参 "On Historical and Theological Hermeneutic" 与 "What Is a Dogmatic Statement?" 前书,1:137-210。

95. 以此为潘能伯格神学之特色的说明,见 Stanley J. Grenz, *Reason for Hope：The Systematic Theology of Wolfhart Pannenberg*（New York：Oxford University Press, 1990）。

96. 参,如, Pannenberg, *Theology and the Kingdom*, 51-54。

97. Pannenberg, "Faith and Reason," in *Basic Questions* 2:52-53。

98. Wolfhart Pannenberg, *Systematische Theologie*（Göttingen：Vandenhoeck and Ruprecht, 1988）, 70-72. 亦参 *Basic Questions* 2:1-27。

99. Pannenberg, *Introduction to Systematic Theology*, 8.
100. 参,如,Pannenberg, *Theology and the Kingdom*, 55 – 56。
101. Pannenberg, *Introduction to Systematic Theology*, 10.
102. 前书,12。
103. Wolfhart Pannenberg, *Theology and the Philosophy of Science*, trans. Francis McDonagh (Philadelphia: Westminster, 1976), 151 – 152.
104. Pannenberg, *Systematische Theologie*, 121 – 132.
105. 这个题目的发挥,见 Wolfhart Pannenberg, *What Is Man?* trans. Duane A. Priebe (Philadelphia: Fortress, 1970), chap. 1, and *Anthropology in Theological Perspective*, chap. 2。
106. Pannenberg, *Systematische Theologie*, 133 – 205. 亦参 "Toward a Theology of the History of the Religions," in *Basic Questions* 2:65 – 118。
107. 参,如,the conclusion Pannenberg reached in *Systematische Theologie*, 280 – 281。
108. 参,如,Pannenberg, "God's Presence in History," 263。
109. 潘能伯格的说明记在 *Systematische Theologie*, 283 – 483。
110. 对潘能伯格三一论的方法论预览,见 Wolfhart Pannenberg, "The God of History," *Cumberland Seminarian* 19 (Winter/Spring 1981)。Roger E. Olson 对潘能伯格三一论的探讨,见 "Trinity and Eschatology: The Historical. Being of God in Jürgen Moltmann and Wolfhart Pannenberg," *Scottish Journal of Theology* 36(1983):213 – 227;以及 Roger E. Olson, "Wolfhart Pannenberg's Doctrine of the Trinity," *Scottish Journal of Theology* 43(1990):175 – 206。
111. 参 Pannenberg, *Jesus — God and Man*, 181 – 183, 340。
112. 场的概念之说明,见 Wolfhart Pannenberg, "Theological Questions to Scientists," *Zygon* 16(1981):65 – 77;和 "The Doctrine of Creation and Modern Science," *East Asia Journal of Theology* 4(1986):33 – 46。
113. Pannenberg, *Systematische Theologie*, 410 – 416.
114. Pannenberg, *Introduction to Systematic Theology*, 43 – 47. 他的圣灵论发展的基础,大纲列于 "The Spirit of Life," in Wolfhart Pannenberg, *Faith and Reality*, trans. John Maxwell (Philadelphia: Westminster, 1977), 32 – 37。
115. Pannenberg, "Spirit of Life," 33.
116. Cf. Wolfhart Pannenberg, "Spirit and Mind," in *Mind in Nature*, ed Richard Q. Elvee, Nobel Conference 17 (New York: Harper and Row, 1982), 143.
117. Pannenberg, *Anthropology in Theological Perspective*, 226 – 229, 235 – 236, 240, 384.

118. 见 Pannenberg, "Spirit and Mind," 137。
119. Pannenberg, *Anthropology in Theological Perspective*, 85-96。
120. Pannenberg, *Systematische Theologie*, 433-443.
121. 如, Pannenberg, *Introduction to Systematic Theology*, 48。
122. 前书, 49。
123. 同上。
124. Pannenberg, *Jesus — God and Man*.
125. 前书, 324-349。
126. Pannenberg, Introduction to Systematic Theology, 61.
127. 潘能伯格被控贬抑了圣经为神启示的地位。参, 如, Fred H. Klooster, "Aspects of Historical Method in Pannenberg's Theology," in *Septuagesimo Anno: Festschrift for G. C. Berkouwer*, J. T. Bakker et al. (Kampen, the Netherlands: Kok, 1973), 116。
128. 甚至关于耶稣的历史, 潘能伯格于1964年写道, 圣经"也使自己有可质疑之处"。"On Historical and Theological Hermeneutic," in *Basic Questions* 1: 155。他说明圣经的重要性及其用途的文章, 则有"Hermeneutic and Universal History"及"What Is a Dogmatic Statement?" *Basic Questions* 1: 155, 184-198。
129. 对潘能伯格立场的批判, 见 Daniel Fuller, *Easter Faith and History* (Grand Rapids, Mich.: Eerdmans, 1965), 186。
130. 即如 Ted Peters, "Pannenberg's Eschatological Ethics," in *The Theology of Wolfhart Pannenberg: Twelve American Responses*, ed. Carl E. Braaten and Philip Clayton (Minneapolis: Augsburg, 1988), 264。
131. 参, 如, David P. Polk, "The All-Determining God and the Peril of Determinism," in *Theology of Wolfhart Pannenberg*, 158-168。

# 第7章
# 在受压迫经历中复苏的临在性
## ——解放神学

20世纪60年代,世界纷扰不安,各走极端。许多新神学产生,各领风骚,又逐一消褪;虽有几种神学受重视的时间较长,却没有一种能成为主流。在这段时期快接近尾声时,其中极端的走向,与这个十年之初的流行走势,即神死运动,方向截然不同。

新的极端人士对20世纪60年代应付无神论的理性挑战,逐渐感到厌倦。他们反倒关心现代人所承受各种社会、经济制度的压迫,因而带来的挑战。事实上,许多舆论批评能言善道式的现代神学,声称神学家只局限在应付启蒙运动对基督教批判的第一阶段,即无神论的理性挑战,他们则认为,现在已经到了迈向启蒙运动第二阶段的时候,要面对诸如马克思等思想家所提出的社会/经济层面的挑战。

1960年之后的极端人士,向神学界发出意义深远的呼唤。他们说,神学已经退缩到自己的"象牙塔"中太久了,只顾着思考无神论的批判,在理性辩论里作文章。现在时候已到,神学应当与社会里受压迫、被践踏的人联合,一同奋斗,也为他们奋斗。唯有如此,神学家才能发现神的真貌。

新的极端派人士认为,现代受压迫者的经验,对基督教信仰产生的

批判，甚至比无神论的理性问题更深刻；而他们所提出的各种响应，都以解放为主题。如果神是真实的，那么他就必定参与在目前的奋斗中，要使受压制者得自由。而如果基督教是真的，其信息就必定是解放。由于这些新的极端派莫不皆以从压制中获得解放为主题，一般通称之为"解放神学"。

解放神学之中有几派的起点是批判传统派，并挞伐现代北大西洋派神学以理性为主的特色。其中有三派是典型，值得在20世纪的神学中提出来：黑人神学、拉丁美洲解放神学及女性主义神学。

新极端派人士认为，当代神学大多一边倒，只强调神的超越性，包括莫尔特曼与潘能伯格在内。而这三派都尝试提供矫正的途径。他们不愿等候那位"超越者"，那在历史的末了才彰显的"未来的能力"；他们要在目前的环境中寻找那位"临在者"，那"解放的能力"。然而，在寻求平衡之时，他们将钟摆推往"临在性"的反方向，推得太过度了，以致未能达成圣经中神的超越性与临在性的平衡。

## 黑人解放神学：黑人经历中的临在性

在美国的非洲后裔有很丰富的宗教遗产。他们的经历始于奴隶时期，后来又受到社会与经济的压迫，因此他们的宗教传统十分独特，"黑人灵歌"[1]等成了他们的表达方式。传统的黑人宗教观，有几个不变的主题：人人平等（或神不偏待人）[2]；黑人社会的公义，这公义必带来最终的胜利；以及现今受创的经历。[3]

20世纪60年代的民权运动，重新点燃了对赋予美国黑人历史特色的这些宗教主题的兴趣，也使之更富意义。[4]这个运动灌输给他们一种新的自觉，这种自觉又要求提出新的福音理论，专为适合他们的情境，与黑人自我觉醒的新意识调和。黑人神学家对这需求的响应，使"黑人神学"应运而生。

20世纪60和70年代问世的黑人神学，在那段风起云涌的时期，虽然也卷入了当代的潮流,却与曾经迅速浮出台面、又消失无形的一些极端神学有所不同。相同之处在于,黑人神学的源起,也有一部分是因为对朋霍费尔再度发生兴趣。[5] 但是学术派的极端神学家,向朋霍费尔寻找灵感,而黑人神学却不注重世俗化文化等的理性问题;他们只关心美国黑人真实的经历。结果,黑人神学家不去辩论"现代思想怎样能接受神的观念"等问题,因为这不是他们的同胞所关心的事。他们所求的是,如何运用圣经的意象,来达到提升黑人社会的目的。

虽然他们与其他的极端运动有所差异,但从另一个层面而言,黑人神学也和他们有一点相同。他们与 20 世纪 60 年代所有神学家同样面对一个主要问题,就是如何在当代社会使神的观念仍然有功效、有力量。极端神学家去辩论神如何合乎理性,而黑人思想家则要去解释,基督教的神如何能成为这群受压迫者的神,而压迫他们的又常是称为基督徒的。为这缘故,黑人神学通常被列为解放神学之一。

## 黑人神学与解放神学家

1969 年,一群黑人教会领袖为这新的神学拟定了一则扼要的说明,其中充分显示了解放神学一贯的特色,即本土化的取向:

> 黑人神学是黑人的解放神学。它是要透过神在耶稣基督里的启示,来了解黑人的处境,让黑人社会能明白,福音与黑人社会的成就彼此相称。黑人神学是专论"黑人"的神学。它肯定黑人的成就,因能脱离白人的种族歧视,以致使得白人、黑人都得到真正的自由。它肯定白人的成就,这样,他们能抗拒白人施行的压迫。[6]

从这份说明来看,将黑人神学列为解放神学是恰当的。这类神学都将焦点放在活动上,而不放在思想上;想要改变世界,而不只是反思真实状况为何。因此,黑人神学至少运用了其他解放神学所发展出来的方法论,即视神学的任务为批判式的去反思"惯例",也就是去思考解放的斗争中应有的行动。

美国的黑人思想家，开始时并未察觉第三世界有类似的潮流，因此他们是闭门造车。[7] 结果，因背景与起源的不同，黑人神学从起初便与其他地方受逼迫之人当中所兴起的神学思潮有差距。在拉丁美洲，许多思想家属罗马天主教，在欧洲受训练。他们的老师有些曾在欧洲倡导流行的希望神学和政治神学运动。因此，拉丁美洲的解放神学，发端于罗马天主教中，且有一部分是对欧洲思想的响应。

相对而言，黑人神学则是北美洲新教的产物。其领袖是在北美新教的神学院受训练。他们的著作反映出所受自由派或新正统派的教育。所以，黑人神学家从来不认为，响应希望神学是他们的要务，这点实不足为奇；而拉丁美洲的解放神学家则在这方面大作文章。[8] 黑人思想家在写作时，也察觉到新的德国神学思潮（尤其是莫尔特曼与默茨）。但是他们发现，这些思潮对发展黑人神学语言的帮助不大，不如他们原先的期望；部分原因正如科恩（James Cone）所言，欧洲人"喜欢谈抽象的神学"。[9]

## 缘起与发展

黑人神学是从 20 世纪 60 年代特殊的历史情境中诞生，所以必须要从当时的情况入手了解。20 世纪 60 年代的十年，美国黑人社群发生了几件影响深远的事。马丁·路德·金博士（Martin Luther, King, Jr.）带领的活动冲击全国，他成了民权运动的化身。在 1968 年不幸遇刺身亡之前，他一直是黑人宗教团体对社会改革期望无需争议的代言人。当时还有更激烈的言论，诸如马尔科姆 X（Malcolm X）等人；马尔科姆 X 在自传中直言不讳地呼吁要求黑人权力。

到了 60 年代中期，方兴未艾的黑人自觉运动，发表了各样文字、联名宣言，甚至论述黑人宗教经验的书籍。根据这些文字，威摩尔（Wilmore）与科恩认为，黑人神学的发展可分为三个阶段。[10] 第一阶段（1966-1970）中，黑人教会附属于白人新教之下的情况宣告结束。在这些年间，因着民权运动与黑人权力运动，黑人牧师必须与白人同事辩论种族融合、彼此相爱及使用暴力等问题，黑人神学便应运而生。[11] 于是，这一段时期的特色，可说是黑、白宗教领袖彼此之间的不信任。

第二个阶段，焦点从黑人教会转到学术机构，因为神学家也来加入阵营。[12]黑人思想家立志要为黑人神学下定义，并且与白人同事为着黑人神学的合法性和目标大起争论。这一阶段中，倡导者所关注的问题，包括解放与和好之间的关系以及神的公义与受苦的问题。[13]

第三个阶段大约从1977年开始，有几项因素促成其转型。[14]保守主义复苏的浪潮正席卷全国。有些黑人神学家开始认为，他们内部的辩论在学术上乏善可陈。而黑人思想家也开始接触到其他的解放运动。

这段时期的主要议题为：美国黑人的经历与其他受压迫者的经历有什么关系，以及解放在经济与政治上的含义为何。这个阶段的特色为：重新强调黑人教会的重要性，并重视黑人宗派间的合作。[15]为配合这些新的情境，黑人神学家再度看重训练未来的领袖、为教会信徒开研讨班，以及为会众写作等切实对教会的服事。[16]

## 最早的声音

最早为黑人神学的崛起铺路的一篇重要论文，是华盛顿（Joseph R. Washington, Jr.）所写，名为《黑人宗教：美国的黑人与基督教》（*Black Religion: The Negro and Christianity in the United States*, 1964）。华盛顿对美国黑人宗教的历史及现况，作了毫不粉饰的剖析。从前的研究都视黑人宗教为北美基督教大阵营其中一方面的表现。华盛顿拒绝这种理论，而声称，它乃是北美宗教圈内的独特景象。[17]但他是从负面来看这种独特性。华盛顿指出，黑人因为毫无社会与经济地位，在宗教生活上也付出代价，黑人宗教社团成了"种族分级的代表"[18]。

华盛顿倡导，黑人教会要面对自己神学的贫乏，奋起行动，因为在过去种族隔离的模式中，黑人教会的作用是成为社区中心，但如今情况已有转变。[19]既然未来唯一的希望是"彼此真正接纳的模式"[20]，为了要向"超越融合、进入同化"迈进一步，他向黑人教会发出挑战，要他们"关门大吉"，并要黑人基督徒大批涌进白人教会。[21]他辩称，唯有自动放弃他们的隔离崇拜模式，要求融入基督徒团体，黑人在物质上的收获才能

与"属灵的成长"相称。[22]

## 高涨的战斗精神

华盛顿倡言的同化可能性,很快就由乐观落入无声无息。几年过去,黑人对融合的要求,逐渐为黑人战斗精神所取代,对白人教会及其领袖发起攻击。[23]这种新的战斗精神,影响了黑人牧师与教牧同工的思想。每个星期在贫民窟讲道的牧师们,尝试要了解黑人解放的福音意义何在,因此,他们首先为这新的神学定下信条。[24]

此一新的黑人战斗精神最早的神学宣言之一,出现在1968年出版的一本讲道集内,作者为底特律黑人圣母堂的牧师克理奇(Albert B. Cleage, Jr.),该教会的宗派为基督合一教会(United Church of Christ)。克理奇以黑人的身份向黑人说话。他声称,唯有"复活的黑人教会和它自己的黑人弥赛亚",才能成为黑人团结的力量中心。他呼吁所有的黑人,脱去做白人奴隶的身份,为黑人国度而牺牲,哪怕要放弃在白人企业中的优厚工作。[25]为了强化他的呼吁,克理奇将圣经拣选的意象,加在黑人身上。他说,圣经乃是黑人犹太人所写[26],却被保罗破坏了,因为原来的信息是传一位黑人弥赛亚,但保罗为了讨欧洲的异教徒欢心,而将其篡改。[27]克理奇的目标是动员他的教会,负起改变世界的责任,而不要选择一条容易的路,只是等候"人子驾云荣耀地降临"[28]。威摩尔的评语如下:

> 克理奇也许太过火了,但是在去除黑人基督徒的殖民心态上,没有一个人比他的贡献更大;也没有一个机构像他的黑人圣母堂一样,作出这么大的努力,要将黑人神学应用在地方教会中。[29]

克理奇的努力,在1969年带出一连串的重要活动。他与几位同事一起创办了"宗教界支助社区机构基金会"(Interreligious Foundation for Community Organization)。那年4月,这基金会支持在底特律召开的一个会议,讨论黑人的经济发展。与会者签署了一个文件,即黑人宣言

(the Black Manifesto),其中要求白人教会、犹太会堂,及"其他一切种族歧视的团体",为过去对黑人不平等的待遇作出赔偿。最低的赔偿额为五亿美元,或"每个黑人十五元"[30]。

这个宣言本来不会引起太多人的注意,但其主要起草人之一弗曼(James Forman)作出了惊人之举。1969年5月4日星期日,这位黑人领袖走进纽约市河滨教会,站在会堂中央的走道,向牧师及会众激烈地发出一连串要求。一个月之后,威摩尔提出了如下的检讨:

> 那次戏剧化的冲突,发生在历史上具代表性的白人中产阶级基督教的一间教会中,而所导致的危机,则是美国宗教史上继南北战争前的激烈争论、对立局面以来,最严重的一次。[31]

该次攻击以基督教主流教会为对象,不仅因为在传统上它以群众公义的维护者自居,也因为黑人领袖们认为,白人宗教团体过去参与了民权运动,以致在黑人社会中制造了一种不切实际的期望。[32]

尽管主流教会对黑人的经济困境表示同情,但并没有对宣言作出具体的响应。(不过,后来向普世教协的呼吁,则促成了"反种族歧视计划"的成立,但这计划也招来许多非议。)[33]黑人神学第一阶段中,这种对白人教会采取攻击的特色,一直持续到20世纪70年代,但效果则明显减退。[34]

当黑人思想家想为新的黑人之自我觉醒提供神学观时,他们当中的分歧也逐渐明显。[35]最主要的问题是黑人神学的目的为何。其目标究竟是要解放黑人脱离白人的压迫,还是使两方的团体——压迫者与受压迫者——能够和好?对这个问题的讨论,不限于哪一个阵营的思想家,而包括了所有神学界的代表,包括福音派的黑人在内。[36]

神学目标的问题,与第二个目标有关,即黑人神学的内容为何?是否只谈美国黑人特殊的经历,还是要普及到所有人类历史?到了20世纪70年代的后半期,第二个目标的问题更为人所注重。黑人思想家想从更广泛的解放运动中,来为自己定位,并尝试与其他情境——诸如非洲、拉丁美洲,以及女权主义者和美国原住民的奋斗等——所产生的解放神学比较，寻找相似之处。[37]

## 科恩

20 世纪 60 与 70 年代的动荡，使许多人围绕着美国黑人生命体验的议题发言。其中最著名、最具代表性的黑人神学家，当推科恩。他是纽约协和神学院的系统神学教授。科恩能成为新的黑人神学重要的发言人之一，部分原因是因他在美国南部长大，亲身体验了黑人的苦境。他了解他们的感受，有资格代表他们说话。同时，因为他具备学术成就，在白人居多数的神学界，他的话有人愿意听，所以显得格外重要。[38]

## 黑人权力与黑人神学

1970 年科恩出版《黑人解放神学》（*A Black Theology of Liberation*），为觉醒中的黑人意识提供了系统神学的纲要。不过，一年以前他所写的《黑人神学与黑人权力》（*Black Theology and Black Power*）一书，已经为此铺了路。在该书中，科恩的目标是将黑人权力运动的渴望，与他所认为基督教的主要信息——解放——结合起来；如此，便为黑人神学拟定了方向。

当然，科恩的论证主要是在反对白人教会。不过，他在解放一事上，执着于基督教信仰的运用，这一点便与激进的黑人权力倡导者有所区别；这批人完全拒绝基督教，认为那是属于白人压迫者的宗教。科恩则与这两种人都不同，他主张，黑人权力并不与基督教对立，而是"基督对 20 世纪美国的主要信息"[39]。

为了将黑人权力与黑人神学结合起来，科恩为它们写下定义。他形容前者为："运用黑人认为必要的一切手段，使黑人完全脱离白人的压迫"[40]，这一定义为黑人解放运动的使用暴力开了门。[41] 不过他为这运动所定下的目标，显然不是无法纪状态的。科恩也形容黑人运动为"一种态度，从内心肯定黑人的价值"[42]。他声称，黑人所要争取的自由，"并不是为所欲为，而是成为我当有的样式"[43]。

在这目标之下，科恩为黑人神学厘定了纲领。它乃是要透过神在耶稣里的启示，来分析黑人的处境，以塑造黑人的自尊，提供黑人同胞所必须具备的"灵魂"，以瓦解白人的种族主义。[44]

因此，黑人神学显然是一种单属于黑人的神学。结果，科恩将黑人受逼迫的经历，提升到绝对权威的地步。他可以如此直言："黑人神学不预备接受任何……与'黑人现在就要得自由'相悖的教义。"[45]这就意味着，对科恩而言，罪的基本形态就是种族主义。但并不是泛指所有的种族主义，因为科恩承认，他自己也是某种程度的种族主义者，而他所指的，乃是白种人具压迫倾向的种族主义。科恩也肯定克理奇的看法，认为基督是黑人，因此教会应当和他一样，成为黑人。[46]

虽然《黑人神学与黑人权力》一书的立场相当极端，但在结尾时，科恩并未从纯种族性的角度来解释福音。他在结论中说，从终极来看，黑色不是肤色的问题，而是心灵、思想的问题。黑色乃在于与受欺压的黑人认同，而不与白人压迫者站在同一阵线。[47]

## 黑人解放神学

《黑人解放神学》一书，是科恩影响力最大、流传最广的一本书。它对《黑人神学与黑人权力》一书中所提到黑人得解放的渴望与基督信仰的结合作了更深的剖析。科恩试图以神的解放工作为神学呈现的主旨。他认为，神学不是单从理性来研究神的本质，而是要研究神在世界上所做的解放工作，以促使受压迫者"敢于在地上为自由牺牲一切，而这自由是因基督的复活才得以实现的"[48]。

为了完成此一神学使命，科恩探讨基督教古典神学的精要当如何安置在黑人神学的纲目之下。而为了给这种做法提供一个合适的基础，科恩觉得必须再回过头来，探究神学准则的问题。他花了很长的篇幅讨论这个题目，从巴特所言启示事件的特性谈起，而结论却正好颠倒。科恩主张，"启示乃是一桩黑人的事件，亦即，黑人目前为求解放所做的一切事"[49]。既然如此，他下结论道，启示不仅是神的自我彰显，更是神透过解放的光景向人类的自我彰显。[50]所以，科恩为黑人神学设定两个焦点作为准则,有些类似蒂里希的做法。他声称:神学的使命,是在圣经与现代的信心团体之间,不断保持张力,借此向当代的现状发出有意义的言论。[51]

持定了这个准则之后,科恩便转而讨论基督教信仰的主要教义。该书基本上根据巴特的架构,首先谈神的启示,接着探讨神论、人论、基督论,最后则为教会论与末世论。[52]科恩提出,黑人神学的中心教义,就是圣经的神与黑人争取解放息息相关。[53]这意味着神是黑人:神加入受压迫的一边,凡受羞辱、受痛苦的人,都认识他。因此,神的本质从解放的概念中才为人所了解。[54]

科恩的神论影响他的人论。他既不认为神是普世性、与世事无涉的神,亦不认为可以避开受压迫与解放的具体经验而来谈人。他的神是一位参与解放的神,因此他拒绝古典与新正统派对神形象的理解(如:理性的神,或神人相遇的特性)。他声称,神的形象即是人参与解放、抵挡压迫的一切架构。[55]而神既然是黑的,要成为自由人,就是要成为黑人,与受压迫者认同,投身于人类的解放。[56]

在基督论的大纲上,科恩倚重新约,认为它所描写的耶稣,是"那位受逼迫者,他在世上的经历与那块地上的受逼迫者密不可分"[57]。根据这点,科恩辩道,耶稣是黑人弥赛亚,是神的启示。对科恩而言,黑人弥赛亚观表达出,基督真的与现世状况同在,而黑人革命乃是使"神的国在美国实现"[58]。所以,他认为救恩与教会的角色,都必须从脱离现今世界之不公来看,而不是只盼望来生能过得更好。

## 修正

在发表了这两本早期著作之后,科恩已成了黑人神学运动的领袖。从 20 世纪 60 年代后期惊涛骇浪的岁月开始,他的努力朝几个方向进行,一方面修正他早期提出的看法,一方面与其他的解放运动——拉丁美洲、非洲、亚洲,与妇解运动——进行对话,另一方面则记录黑人神学的发展史。

20 世纪 70 与 80 年代,科恩尝试修正他早期两本著作中最明显的缺失。有评论者指称,他的黑人神学版本乃是接受了白人观念的定义（特别是巴特）,因为他并没有运用黑人历史与文化为主要资料,来定义黑人神学。[59] 科恩承认评论者有其道理,不过他仍然肯定,巴特所强调的一些教义,如：以基督为福音信息的中心；圣经是认识耶稣与神的主要来源,也是传讲神话语的依据等[60],以及新正统派所强调,真理不等于言词或命题,乃是相遇（不过科恩不是指个人存在式的相遇,而是指整个社会）[61],对黑人经历有其重要性。科恩也依旧认为,基督教的神学"是谈论神在耶稣基督里呼召他的子民,在这世上得到自由的解放特质"[62]。

在1970年之后,科恩的改变为：试着更多去了解黑人的经验,将它与圣经并列[63],作为黑人神学使命的基本资料。科恩所以会更多运用黑人的经验,是因为他看出（因他接受评论者的冲击）,社会背景会决定个人神学观点的形式与内容。[64]

这方面的认识,再加上他对其他解放神学的兴趣,使科恩的神学愈来愈趋向福音的社会与政治层面。[65] 事实上,他认为早先的黑人神学有错,因未能运用社会科学的工具,来分析、陈明白人种族主义在社会与经济方面的根源。从前科恩等人呼吁"压迫者拿出道德勇气",现在则予以否定,并且认为自己从前太天真,相信人类的善性,以为他们只要能明白基督教义中的罪,看法就会改变。[66]

## 临在性与超越性

20世纪60与70年代,黑人神学家为着"在压迫的情况中神如何同在"的问题感到困扰。结果,黑人神学的特性,便落在强调神的临在性。科恩将这传统的神学观念解释为："神总是在解放的历史情境中与我们相遇。"[67]

同时,黑人思想家并不想将神的超越性一笔勾销,这点与在他们以先的极端神学家没什么区别。不过,他们觉得必须重新诠释。譬如,科恩（像在他之前的罗宾逊一样）反对以空间来解释这个名词。黑人思想家将超越性与"更高的目标"之观念相联。超越性是指"那位无限者所

定义"人类争取解放的目标。[68] 不过,他的基督教信仰根基甚深,不容他停留在这样一个以人为中心的定义上。因此,科恩又添加了与神有关的一笔:超越性意指神的实体,即这位参与解放的神,不被任何一个人类解放的经验所局限。

## 批判

在 20 世纪 60 和 70 年代,黑人教会发展新的自觉、自我认知的过程中,黑人神学扮演了重要的角色。它积极地要将基督教的福音应用在美国黑人的处境上。虽然在这些事上,它的确有不少贡献,但它本身并非没有问题。

第一,黑人神学的问题在于它以种族为中心。20 世纪 60 年代之前,所有的神学家,无论所持理论为何,都是从代表全人类寻求真理的角度,来从事研究。然而黑人神学家公开宣称,他们的任务只限于他们的族群之中。这是由黑人提出、为黑人而有的神学。

第二,黑人神学高举经验,作为神学的准则。就这方面而言,它不过是反映出早期自由主义的方法论特色。但是黑人神学又更进一步。它的准则不是普世人类的经验,而是黑人群体所经历的逼迫。结果,黑人神学成了大规模的重新解释活动。基督教传统的救恩故事,以及传统神学的分类说明(神、罪、救恩等),都被赋予政治、经济、社会及特殊种族(即黑人)的说词;相形之下,古典神学则有灵性、宇宙、全人类等美丽的色彩。

不过,黑人神学最主要的瑕疵,与 60 年代产生的其他神学相同的,即未能在临在性与超越性上取得平衡。简单来说,黑人思想家高举神的临在性,而使神的超越性黯然失色,形成一边倒的神学,问题并非在于黑人神学没有超越性的观念。科恩和其他人都用到这个名词。可是他们予以重新解释,但标准有别:超越性意指神不受任何一个解放经验的局限。

自黑人神学的全盛时期以来,神学的潮流逐渐趋向对超越性的追寻(如:叙事神学、新神秘主义)。每当超越性被临在性遮盖,都会产

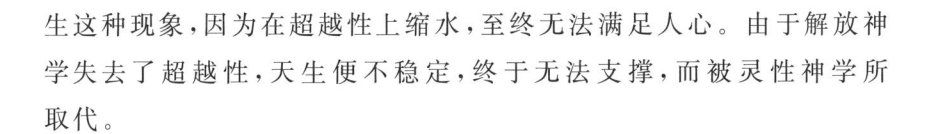

生这种现象,因为在超越性上缩水,至终无法满足人心。由于解放神学失去了超越性,天生便不稳定,终于无法支撑,而被灵性神学所取代。

## 拉丁美洲解放神学:解放中的临在性

1968年,拉丁美洲天主教的主教们在哥伦比亚的麦德林(Medellin)开会,掀起了一次神学革命。该聚会乃是拉丁美洲主教们的第二次会议,后来被人简称为 CELAM II,或麦德林。这些主教震惊了全世界,因为他们宣称,教会过去与拉丁美洲的统治者保持联盟关系是不应该的;他们又形容那块地方是以"政权暴力"欺压人民。

该次会议常被人视为"解放神学"的开端。一位北美解放神学的学者说,它"在拉丁美洲的教会生活中掀起革命,最后必然导致拉丁美洲历史上的革命"[69]。接着,1971年有一本书出版,尔后成了这一新运动的教科书,书名为《解放神学》(*A Theology of Liberation*),作者是一位秘鲁的神父兼神学教授,古铁雷斯(Gustavo Gutièrrez)。

第二次主教会议,与古铁雷斯的神学,引发潮水般的反思与批判,20世纪70年代在神学界中独领风骚。天主教的主教与神学家,是否倡导在拉丁美洲以武力来革命?耶稣是否是像格瓦拉(Che Guevara)或托雷斯(Camillo Torres)一样的革命人士?

1979年,主教们再次聚集,讨论拉丁美洲的社会、经济情形,并重新思考第二次主教会议所孕育出的解放神学。这第三次主教会议在墨西哥的普埃布拉(Puebla)举行,因此"普埃布拉"成了其代号。此次会议的领导人,盼望能为早先的极端立场带来一些平衡。但是,他们的期望未能实现。该会议不但赞同神"偏向贫穷人"的观念,并且批评拉丁美洲的军事独裁者,又称赞近十年之内兴起的基督徒"基层社群",结果反而助长了解放神学运动的波澜。[70]

## 解放神学是什么？

基本上，解放神学是源自拉丁美洲以及其他第三世界国家的神学运动，以穷人的经历和他们争取解放的努力为关注的焦点。不过，并非每一个关怀穷人或提出援助办法的神学，都可列入这名称的旗下。解放神学乃是一种全新的方式，以穷人为起点，特别是第三世界的穷人，从神学的角度看，在他们挣脱压迫的奋斗中，神如何与他们同在。正如其中最有力的倡导者所说："解放神学扎根于革命精神"[71]。一位拉丁美洲福音派学者，提出了更完整的定义：

> 解放神学是号称合乎圣经、又高举基督，以寻求合乎基督徒正统行为的努力。这种正统行为，乃是缘于对教会牧养事工的检讨，以及透过神的启示对历史有重新的解释。

解放神学的根，可分为远与近两类。好几位倡导者都提到卡萨斯（Bartolomè de Las Casas）这个人，他是 16 世纪在南美的西班牙神父，曾帮助美洲原住民抵抗西班牙征服者——他们视原住民为非人类。卡萨斯在西班牙皇帝面前辩称，南美的原住民也是人，按神的形象所造，应当受到尊重，给予公平待遇。他将救恩与社会公义紧紧连在一起，并且声称，西班牙人对印第安人如此残酷不公，可能会毁掉自己所获得的救恩。[72]

解放神学较近的根，为 20 世纪中期世俗与宗教界发生的许多事件和兴起的各种运动。20 世纪 60 年代，欧洲兴起了一个与莫尔特曼的希望神学密切相关的神学，即所谓"政治神学"。主要倡导者默茨，为莫尔特曼在图宾根的同事，他的著作中写到，政治的"实际行动"（委身的参与）应成为神学反思的出发点，他的观点为解放神学独特的方法奠定了基础。[73]

另外，1962 至 1965 年，在罗马举行的第二次梵蒂冈会议也很重要。该次会议改革了罗马天主教的许多做法，而大多数学者认为，它也为天主教平信徒与神职人员参与激进的社会、政治改革，打开了大门。

解放神学第三条根，就是拉丁美洲的实际状况。20世纪50年代末期与60年代初期，人们逐渐觉醒，接受经济发展的观念，认为这是消除当地贫穷的好办法。一位在巴西东北部从事教育工作的天主教信徒弗莱瑞（Paulo Freire），主张穷人必须首先采取行动，来改善自己的困境。他推动一个名为"觉醒"的计划。他说，贫穷既然是因为少数特权人士为维护自己的地位而造成的，穷人就必须先解放自己，脱离"被辖制的心态"，再释放富人脱离"辖制人"的心态。

20世纪60与70年代，有几个国家的执政者，在得到政权后，压制弗莱瑞等人的努力，对争取社会公义的运动，无论是左派或是温和派，都无情地予以摧残。几千位政界活跃人士失踪，或是被虐待，或是被杀。本来就已经是贫富悬殊的社会，鸿沟更迅速扩大。普埃布拉的主教们所称的"政权暴力"，此后被"第二暴力"所取代，即推翻压迫政权的革命运动。解放神学多半是在思考这种"革命情况"，及基督徒在其中应当扮演的角色。

在20世纪末，解放神学无疑是拉丁美洲最具影响力的神学，也带来最大的争议。大部分的争议，在于尼加拉瓜的索摩查（Somoza）政权被暴力推翻时，它曾参与；而1979至1989年间，桑定（Sandinista）政权统治时间，它所扮演的角色也遭议论。尽管教宗保罗二世明令禁止，但有几位持解放主义的神父仍然在半马克思式的桑定政府中担任公职，包括德斯科托（Miguel D'Escoto）和卡尔德纳尔（Ernesto Cardenal）等人在内。

1984年9月，梵蒂冈发布了一份文件，对解放神学提出批判。该份文件名为"对'解放神学'部分看法的教谕"（Instruction on Certain Aspects of the 'Theology of Liberation'），执笔并签名的是枢机主教拉辛格（Joseph Cardinal Ratzinger），他是天主教信理部部长。拉辛格警告天主教徒，慎防解放神学先天性的缺失，尤其是从马克思主义所引介来的、恐怕未加批判的观念。[74]

第二年，枢机主教拉辛格与信理部勒令巴西一位颇负盛名的解放神学家波夫（Leonardo Boff）"沉默"一年。这个命令的意思是，波夫，这位解放神学最能言善道的提倡者,在该段时期中,不能公开演讲,或发表任何文章。约在同一时间,梵蒂冈亦审查另一位解放神学的领导人物,秘鲁的古铁雷斯。不过,审查结果没有将他定罪,也没有判他沉默。反而自从1984年第一次的教谕以来,梵蒂冈对解放神学的立场似乎较趋和缓。拉辛格的第二次教谕于1986年4月发布,名为"对基督徒的自由与解放之教谕"(Instruction on Christian Freedom and Liberation),从中可以看出这种趋势。虽然它仍旧批判解放神学的某些层面,但其语气与重点,偏向安慰拉丁美洲的解放神学家,而不是指责他们。[75]

虽然有这类调适的动作,但对解放神学的争辩仍然持续不已。每一年都有成沓的新书和文章,在分析这个运动,或是称赞,或是批判、定罪。

## 解放神学家

解放神学一如所有现代神学一样,相当有争议。发言的人很多,各自代表不同国家和所属的宗教背景。不过,他们合一的精神是显而易见的,而且内部很少有彼此批评的现象。在目标上清楚的合一,超过了对细节的讲究。大部分的倡导者(在拉丁美洲迄今尚无女性领袖)都是天主教人士,包括秘鲁的古铁雷斯,巴西的波夫和阿斯曼(Hugo Assmann),墨西哥的米兰达(Josè Miranda),乌拉圭的塞贡多(Juan Luis Segundo),在西班牙出生的萨尔瓦多的索布里诺(Jon Sobrino)。因为拉丁美洲大部分是天主教,解放神学家少有新教徒,也不为怪。值得一提的,则是卫理公会在阿根廷的博尼诺(Josè Miguez Bonino)。

拉丁美洲的解放神学,在北美激起好几位护卫者与诠释者。其中最殷勤观察与诠释的,当推太平洋宗教学院的神学荣誉退休教授勃朗(Robert McAfee Brown),虽然称他是"解放神学家"并不恰当,但他的确经常倡导他们的观念,而甚少提出批判。[76]

虽然这个运动相当多元化,我们的讨论将集中在拉丁美洲解放神学共同的主题,并从以上的名单中挑出两位,根据他们的作品来谈。一位是罗马天主教神学家古铁雷斯,另一位是新教阵营的博尼诺。

### 第 7 章　在受压迫经历中复苏的临在性——解放神学

古铁雷斯常被人称为"解放神学之父"（他自己不同意），都因为他早期的演说及其所写的书为这运动起了名字。他于 1928 年出生于利马（秘鲁首都），家境相当清贫。1959 年，他从法国的里昂大学获得神学博士学位，并被按立为神父。

古铁雷斯早期的工作，是在利马的一个穷苦教区中事奉，并在当地的天主教大学教神学与社会学。20 世纪 60 年代，他担任秘鲁天主教学生全国联盟的牧者，因而有机会与一些革命人士接触，如格瓦拉、托雷斯等。托雷斯曾经担任天主教大学校牧一职，后来放弃作神父，在玻利维亚加入一个游击队，在与政府军作战时被杀。

解放神学许多最具影响力的书籍与文章，都出自古铁雷斯之笔，包括《解放神学》[77]、《历史中穷人的力量》（*The Power of the Poor in History*）等。他曾在世界各地的大学、神学院中教导、演讲，也常在解放会议、第三世界神学家会议中担任主要讲员。虽然他已举世闻名，但却非常谦卑，住在一间小公寓中，位于他在卡萨斯中心（Bartolomè de Las Casas Center）破烂的总部楼上，那是解放神学思想的总部，在利马的里麦克贫民区中。

博尼诺于 1924 年出生于阿根廷的圣菲（Santa Fe）。他的双亲都是卫理宗信徒。虽然自小成长在中等阶级环境，他却接触过阿根廷许多穷人，热衷于社会关怀，以致认同社会主义。他在阿根廷的新教神学院受神学教育，1948 年获得硕士学位。后来他又到乔治亚州亚特兰大市的埃默里大学就读，最后于 1960 年在纽约市的协和神学院获得博士学位。

博尼诺对普世教会的合一十分热衷，因此奉派代表卫理公会，在罗马的第二届梵蒂冈会议中担任观察员；又曾担任普世教协的主席。在学术界，他曾在阿根廷的两所基督教学府担任神学教授，又曾在英国、哥斯达黎加、法国、美国各地的神学院担任客座教授。

博尼诺大力主张基督徒能运用马克思的社会分析。他在《基督徒与马克思主义者：彼此对革命的挑战》（*Christian and Marxists: The Mutual Challenge to Revolution*）[78] 一书中解释，基督徒可以成为马克思主义者，而马克思主义者也可以成为基督徒。《在革命情境中实践神

学》(*Doing Theology in a Revolutionary Situation*)[79]是他影响力最大的一本书。该书为解放神学立下基础,呼召教会克服私有化的态度,不再与现状认同,要代表贫穷人参与革命的斗争。博尼诺在《基督徒的政治伦理》(*Toward a Christian Political Ethic*)一书中,探讨参与革命的理论与伦理基础。[80]

虽然古铁雷斯是天主教徒,博尼诺属卫理宗,但他们对基本的神学、伦理、基督徒的使命等,看法大致相同。我们将以同情而不失批判的态度,来介绍解放神学,并借重这两位思想家的著作来作说明。

## 本土化神学

所有解放神学都隐含一个主题,即神学必须本土化。这一点可说是他们的前提,而非明言的论点。意思就是,神学必须与特定的社会、文化环境紧密相连。解放神学家甚至根据"知识的社会性"辩称,所有神学都与特定的社会和文化环境有关,或者被其塑造而成。如莱恩(Dermot A. Lane)所言:"知识不是中立的,也不是不受价值观影响的。一切知识都必定将当时的社会状况包容在内。"[81]换言之,知识总是反映拥有知识者既定的关怀范围。而每一个社会与文化的关怀范围差距相当大,因此,知识也反映出这种差距。

这种知识理论很容易导致相对论,即:知识乃是受社会、政治、经济等现实所左右,不可能超脱。不过,解放神学家并不采取这种宿命论或简化论。他们一方面接受知识社会性的基本观点,另一方面也接受与20世纪马克思思想密切相关的一个看法:为了要超越阶级与种族意识的封闭"知识",人们必须运用"批判的自觉"或"辩证式的思想"。也就是说,每个人都必须察觉自己的关怀范围为何,并对其加以反省、批判。借着怀疑、批判(辩证式)所属文化的主要思想模式,自己便能超越,不再受这种社会环境所左右。[82]

如果知识是经由社会环境的影响过程而产生,那么一切知识就都是本土化的。由权势阶级所左右的"知识",其实是一种"意识形态";与那个阶段对立的一群人,则借批判而得到知识;而这两种知识都与该处的独特情境密不可分,这几种不同的"知者"都住在其中,也在其中思想。

解放神学家认为,不仅其他学科如此,神学亦不例外。因此,在他们眼中,欧洲与北美的神学并不适用于拉丁美洲的社会。古铁雷斯说:

> 在这里,信仰是今世穷人的信仰。在这里,神学的反思不是要成为受苦者暂时的慰藉,也拒绝被主流神学所整合。在这里,神学深知自己与主流神学——无论是保守派或激进派——之分歧在哪里。[83]

因此,神学总是本土化的,无法普世化。从一个地方发展出来的神学,无论是罗马、图宾根、还是纽约,都不能强加于另一个地方。"从上头而来"的神学,解放神学家视为禁咒。他们要寻求纯属拉丁美洲的神学,就是透过参与其独特的社会政治状况之后,所产生的神学。

根据古铁雷斯的看法,欧洲、北美的神学与拉丁美洲的神学之所以不同,乃是因为"提问题者"不一样。北大西洋的神学,无分自由派或保守派,乃是在回答现代西方不信者的问题。他们着重的焦点为,如何向世俗人介绍神。然而,拉丁美洲神学的重点,不是受未信者的问题所左右,乃是要探讨"非人者"——即"不被当今社会视为人的一群:被剥削的阶级、少数民族、被鄙视的文化"[84]——所引起的问题。古铁雷斯解释道:"我们的问题是,如何去告诉这些非人者'神是爱'、'爱使我们成为弟兄姊妹。'"[85]

博尼诺同样坚持,神学必须本土化。《在革命情境中实践神学》一书便是为拉丁美洲解放神学家辩护,说明他们可以在当地的情况中,将马克思主义应用在他们的神学中。他反对批评者要将他们置于欧洲或北美神学的权威之下,并直言肯定解放思想家:"他们拒绝臣服于西方神学界之下,不以为那是放诸四海皆准的神学准则。他们也拒绝脱离使他们作反思的情境来进行神学辩论。"[86]

本土化神学的理论,当然使拉丁美洲的神学家与他们在罗马的同袍大起冲突。因为罗马天主教以教会与神学的合一,为其教导的重要柱石,所以教会领袖十分担心解放神学的本土化前提会带来分裂。同样，欧洲与北美的新教神学家当中，想要与这个新神学模式进行批判式对话的人，也常感到遭拒绝，要不是被视为逼迫者，就是被视为局外人。

尽管有过这类担心，但如今没有一个人对神学交流须顾及本土化前提一事持异议。因此，解放神学所主张的拉丁美洲的独特情境不可避免地会影响该地区所产生的神学，这一点已不再有人挑剔。

## 拉丁美洲的贫穷

解放神学第二个主题，便是拉丁美洲特殊的情境。倘若神学在本质上必须与社会、政治、经济结合，就拉丁美洲的情境而言，神学究竟要探讨什么？解放神学家都同意，拉丁美洲社会最显著的特色便是贫穷。这种贫穷与欧洲、北美的贫穷不同，有其地方性特色，且是普遍的、外加的。令拉丁美洲大部分人失去人性尊严的这种贫穷，不是偶发状况。解放神学家认为，这乃是万恶的社会架构造成：为要维持少数人巨额的财富与权势，甚至牺牲多数人的人性尊严，也在所不惜。

统计数字并不能将这种贫穷的人性面表达出来，不过仍可以帮助我们这些局外人去了解，为何革命人士会提出如此激进的主张。根据勃朗的调查，秘鲁出生的孩子，一半在五岁之前夭折。[87]在巴西，拥有土地者前2%的人，所有的土地占全国可耕地的60%，而乡下居民有70%没有土地。其他拉丁美洲国家的统计数字也相仿。在秘鲁，从前维持六口人生活的劳工，现在必须以低于以前一半的薪水，维持八个人的生活。在萨尔瓦多，六口之家一年需要美金333元才能过活，但是一半以上的人赚不到这么多钱。

整个拉丁美洲的贫穷，已经到了酿成大灾的地步。年幼者所受的亏损更是严重。大一点的都市里，没人要、被抛弃的孩子成群结队，到处乞食，常被欺凌。有一位成为解放神学家的神父说，每一天他都接触到"和猪、兀鹰在垃圾堆里抢食物"的人。[88]拉丁美洲的穷人愈穷，富人就愈发达。许多抗议人士被神秘地杀害，或干脆失踪。最典型的例子便是萨尔瓦多的大主教罗梅罗（Oscar Romero），有一次他公开呼吁年轻的萨尔瓦多战士违抗命令，不要射杀自己的同胞，第二天他在主持弥撒时,就被一群暗杀者当场击毙。[89]

然而,大部分拉丁美洲人,无论贫富、有无权势,都自称是基督徒。大部分国家以天主教为国教;即使不是国教,它的势力也非常大。古铁雷斯对教会传统上运用其影响力的方式,十分不以为然,他指责教会"过去造成这种社会架构,现在依旧继续支持"[90]。解放神学家最尖刻的话题,也是最引起争议的,便是责备教会并不像她自己所宣称的,在社会、政治方面持守"中立"。其实过去教会乃是站在逼迫者的一边;现在才开始有转移立场的趋势。当然,在他们看来,教会还有很长的路要走。

解放神学家对拉丁美洲贫穷问题的原因解析相当简单,但争论很多。首先,他们认为,拉丁美洲是受欧洲与北美各国和跨国企业的操纵,受外在经济倚赖之苦;而内在的苦则来自寡头政权与军政府,他们以政治暴力来压榨百姓。外国的势力又与国内的压迫者携手合作。19世纪初,拉丁美洲在政治上脱离西班牙、葡萄牙独立,但在经济上却未能独立。其经济一向受外国政府与企业所控制,形成一种新的殖民主义。当然,欧洲与北美曾假装要援助拉丁美洲各国,创立了各式各样的"开发"建设,但解放神学家声称,这些开发的背后,总有牵线在拉扯,只能加深控制与倚赖。

博尼诺毫不矫饰地剖析说:"拉丁美洲的低度开发,是北半球开发的阴暗面;北半球的开发是建立在第三世界的低度开发之上。要了解我们的历史,最根本的层面不是开发与未开发,乃是控制与依赖。"[91]古铁雷斯同样得出结论:"拉丁美洲要能真正自主地发展,唯有脱离大资本主义国家的操纵才办得到,尤其是要脱离其中最强大的美国。"[92]

外在的控制与依赖,在解放神学的眼中便等于抢夺、掠取拉丁美洲的资源;而这种状况更因内在的情形日益恶化,麦德林会议称之为"制度化的暴力"。拉丁美洲诸国是各由一小群有势力之人统治,他们彼此之间都有关系,这就是所谓的"寡头政治";这些军事政权与跨国企业合作,以换取北半球的支持。而他们是以铁腕来统治。在"国家安全"的名义之下,他们忽视人权、公民自由与基本的人性尊严。

单单萨尔瓦多一个国家,就有超过七万人在政府或暗杀队的手下死亡、失踪。在统计做不到这么精密的地方,大多数人的日常生活,都

有被少数统治者施以制度化暴力的现象。古铁雷斯这样简要说明他努力奋斗的地方：

> 我们所面对的，是一个不理人性尊严，不管基本需求，不顾人的死活，不让人享受自由、自治之基本人权的环境；是贫穷、不公、隔离与剥削的综合，因此麦德林会议毫不迟疑地指斥它为"制度化的暴力"。[93]

古铁雷斯和博尼诺都认为，拉丁美洲结构性的贫穷状况和制度化的暴力，乃是国际资本主义的产物。因此，唯有与现状一刀两断，才能带来改变。[94]他们又说，这种断绝关系已经有了成效。拉丁美洲正在体验革命的兴奋；用古铁雷斯的话说："就在今日，渴望解放的热火又深又广，将人类历史整个点燃，要脱离一切障碍，得到彻底的自由。"[95]所以，问题不是教会应否"参与政治"或"支持哪一方"，解放神学家认为，问题乃是在现今革命的情境中，教会站在哪一边。

## 神偏爱穷人

解放神学的第三个主题为：所有神学与宣教工作，都源自对穷人的偏爱。在目前的革命情境中，面对阶级斗争和阶级冲突，教会必须与受逼迫者认同，因为在历史中，神总是站在穷人的一边。古铁雷斯解释道："穷人配受偏爱，不是因为他们的道德或宗教比别人强，乃因神就是神，在他看来'在后的将要在前'。这句话打破我们对公义的狭隘了解；因此，这种偏爱提醒我们，神的道路非同我们的道路。"[96]博尼诺也毫不含糊："贫穷……是一件必须消除的丑恶事实。神亲自参与反贫穷的斗争，他清清楚楚地站在穷人的一边。"[97]

但是，神站在穷人这一边的意思是什么？难道神有偏见，会看人的情面？在广泛又仔细地阅读解放神学对这个问题的处理之后，可以明白所谓"神偏爱穷人"并不意味着穷人自动与神有正确的关系，因为经济上的贫困便能进天堂。事实上，大部分解放神学家不去思想什么人会永远得救、什么人不会,因为他们当中大多持普救论的立场。偏爱穷人意指:虽然神爱所有的人,他却与穷人认同,向穷人启示他自己,也以特别的方式与穷人站在一边。最重要的是,在阶级斗争中,神站在穷人这边,反对一切剥削他们、不视他们为人的逼迫者。

解放神学家声称,教会必须站在穷人这一边,这在天主教界的领袖中获得不少支持,包括教宗约翰·保罗二世(John Paul II)在内。但是这种偏爱如何具体实践,却有许多争议。是否包括武力革命?还是比较概念式的,在理性上与穷人认同,或寻求与他们"同受"困苦?

在这些事上,解放神学家有时意见不同,但他们一致同意,基督徒与教会别无选择,必须站在穷人这一边。勃朗认为,其意义便是立志扶助穷人,以建立一个更公平的社会:"直到穷人的呼声可以听得到,且有优先权,超过富人的埋怨,这样,社会才可能向着公平前进。"[98]这种参与,无论形式如何,都是"解放的实际行动";对解放神学家而言,真正的神学必须从这里开始。

## 神学为对实际行动的批判性反思

解放神学的第四个主题是方法论:神学乃是"在神话语的光中对基督徒实际行动的批判性反思"[99]。古铁雷斯为这个神学下了定义,其他解放神学家也曾沿用。它表达出一种信念,即神学反思应当是"第二动作",跟在神学的"第一动作"之后,那第一步便是"实际行动"。

对古铁雷斯而言,委身于解放穷人是神学的出发点,也是其缘由。那种主动的委身便是"实际行动"。神学的反思,是用神的话来为基督徒参与扶助穷人的行动作见证,带来净化与支持。所以,神学反思绝不能与社会实况脱节而成为纯粹理论,或隔岸观火。从多方面看来,这种见解与古典神学的方法正好相反,因为古典神学乃是将反思放在前面,伦理或宣教使命放在后面。因此,古铁雷斯等一群人,在神学方法上无异作了哥白尼式的革命,在"认识论"方面与传统一刀两断。博尼诺如此说:

这里所思考的神学，不是要追求对神的本性与作为有正确的认识，而是要说明信心的行动、实际行动的模式，及如何借顺服来实现。一如马克思著名格言里的哲学，神学也应当停止去解释这个世界，而是开始去改变它。**正统的实际行动应当取代正统的学说，成为神学的准则**。[100]

　　解放神学家提出各种理由，支持他们在神学方法上的转变。

　　哲学方面的理由，与前面所提的社会知识有关。它声称，知识从来不是与环境脱节、纯粹客观地去认识真理。一切人类知识都来自与社会实况的接触。因此，为要找到"真理"，我们不应当逃避社会现实中的冲突与委身，应当刻意站在其中，以科学和批判的观点来反思。[101]真理不是可以用思想代替行动来得着的，真理必须是针对行动产生思想或反思，才能得着。所以，一切的知识中，行动（实际行动）都必须是第一动作，反思则是第二动作。

　　采用这种神学新方法的第二个理由，是宗教。解放神学家相信，对神的认识，乃是透过委身于神对穷人的计划而来："要认识神，便要争取公义。除此以外，没有其他途径可以触摸神。"[102]因此，解放的实际行动提供了认识神的途径，故应放在反思之前。不过，这并不意味着神学可以脱离反思而存在。根据古铁雷斯的看法，反思乃是把神的话带到实际行动上，来指引它，给它方向。[103]但绝不能退后，作隔岸观火式的批评，那就是倒回枯燥、无味的知性主义。

　　在解放神学中，神的启示与圣经扮演什么角色？对解放神学而言，启示显然不限于圣经。圣经只是导航者，而不是神在历史中解放作为的全部。

　　解放神学将神与历史紧密相连，并避免对神本身的猜测。古铁雷斯认为，神在旧约中将他的百姓从奴役与逼迫中解放出来，就是"神的显现"。借着出埃及等类的伟大事件，神彰显自己，并进入历史当中。在新约里，神与历史的关系出现了新的层面："在耶稣基督里，神不仅在历史中彰显自己，更让自己成为历史。"[104]当然，古铁雷斯不是说，神与历史合而为一，他乃是指道成肉身为启示的极致。

虽然解放神学没有列出详尽的、系统的圣经教义，但显然圣经是神子民蒙受解放的主要记录，也是其经历的标准记录。然而，启示不可限于遥远的过去。神在历史中仍不断为贫穷人工作，这便是透过教会实际行动所表彰的启示。并不是说，神今天还在作"新的"启示，超越过去的启示，或与其有矛盾之处。古铁雷斯想要避免这个结论，也不要人误解实际行动居首的特性，因此说：

> 判断的终极标准，是我们凭信心所接受的启示性真理，而不是实际行动本身。但是"信心的押金"不是一套无关痛痒、条例式的真理；相反，它活在教会中，它激励基督徒委身遵行神的旨意，也提供准则，按神话语的亮光来判断他们。[105]

所以，按解放神学的说法，神学有两根支柱：实际行动与理论。这两个柱子彼此不同，却互相倚赖，而神学就在其中不断前进。但二者之中，首位属于实际行动。

## 神学与马克思主义

第五，解放神学以马克思主义作基督徒实际行动的帮手。对这个问题的争论，比对解放神学其他层面多得多。事实上，几乎所有解放神学家都用马克思的社会分析，来了解拉丁美洲的特殊贫穷状况，并提供解决方案。他们几乎一致同意，资本主义罪大恶极，而社会主义虽然离神的国还远，却是理想的经济形态。古铁雷斯认为，拆毁现有的制度，建设一个新的社会主义社会，乃是实现耶稣所说，奉他的名拿一杯凉水给人喝的最佳途径，因为：

> 就今日而言，提供食物或饮料乃是政治行动；这意味着要改变只为少数人图利的社会结构，因为这些人将别人的劳力价值掠为己有。这种改变应当要针对社会的根基，将其彻底变革，这根基就是生产工具的私有制。[106]

古铁雷斯的这段话，包括解放神学运用马克思思想的两个主要特性：作为"社会分析的工具"，以及改变社会的方案。古铁雷斯与博尼诺都同意，既然劳力是人的主要特质，勉强人以低于实际的价钱出卖劳力的成果，必会导致疏离与剥削，而这正是资本主义。拥有生产工具——如矿场或工厂——的人，将工人劳力的"剩余价值"拿走，便剥削了他们。这种剥削造成劳工与劳力的疏离，也使他们与自己疏离。剥削与疏离至终燃起阶级斗争，而以革命为高潮；在赤贫的拉丁美洲，情形正是如此。

解放神学家声称，马克思的分析点明了拉丁美洲赤贫与不公的原因。他们确信，将他的观点用在神学中，与初代教父引用柏拉图、阿奎那引用亚里士多德等哲学家的情形，没什么差异。当然，他们主张，基督徒在运用马克思哲学时必须有所批判，有所修正。博尼诺可算是最能够为基督徒批判式运用马克思主义辩护的人，他解释道：

> 阶级斗争、无产阶级专政、共产主义的地位等，乃是整个分析理论的一部分，只要经过适当的修正，就可以在基督徒"凭爱寻求公平"的整体计划中，扮演部分的角色。但这些名词也是代表理念的口号，而这理念所倡导的人与历史的关系，是基督徒不能完全接受的。因此基督徒与马克思社会主义之间的合作，总是不太对劲；两者对于团结之爱的来源与力量，在基本上看法不同，结果在实践的层面，就不断产生问题。但是，在此必须强调，这个批判的本意，不是要拒绝以马克思主义为社会理论，乃是针对其思潮的哲学基础——拒绝慈爱的三一真神——提出质询。[107]

## 救恩即整全的解放

解放神学的第六个共同主题，便是以救恩为"整全的解放"。古铁雷斯认为，救恩是基督教的中心主题，而他从解放神学的角度，提出对救恩教义的新架构。[108] 他主张：过去教会误以为救恩是以"量"计，让最大量的人得到"天堂的保证"。今天，尤其在拉丁美洲，救恩必须用质的词汇来重新诠释,即,委身于社会改革,因为这是"与神真正相遇的唯一途径"[109]。对古铁雷斯和其他解放神学家而言,与神相遇不是纯粹心灵、出世的经历。我们只能透过"转向邻舍"来遇见神,否则就见不到他。[110]

虽然古铁雷斯把救恩与解放画上等号,但他也强调,真正能拯救个人与社会的解放,必须是"整全的",包括人的所有经验在内。对于进天堂最低限度的要求等问题,他显然不感兴趣。若要在解放神学的作品中,寻找有关个人、灵性的救恩探讨,就必徒劳无功。救恩是神的作为,在历史上与人同工,将一切关系都完全人性化。解放神学所关注的,是我们成为"弟兄姊妹"[111],也就是废弃那造成压迫、剥削、疏离的不公正之社会制度。

## 基督徒的使命为解放的实际行动

最后,解放神学认定基督徒的使命是解放的实际行动。他们主张,拉丁美洲教会的使命,是改革社会,向神的国迈进。与穷人团结奋斗、教导他们明白贫穷的真正原因("觉醒"),以及支持、鼓励大众挣脱逼迫,都是拯救的途径。当然,分析到最后,神的国还是惟独神才能赐下的礼物;他必定会在末世时赐下,到那时,完全的解放才会实现。不过,在历史当中,耶稣基督的教会所领受的命令,就是要推动国度的成长,建立一个公平的社会,以具体接近那最终的完美状况。古铁雷斯声称,一切朝这个方向的努力,都可称之为"解放":"所有建立公平社会的努力,都算是解放;对解决基本的疏离困境,都有间接但深远的影响。这些虽不是救恩,却是拯救的工作。"[112]

解放神学家常面对一个问题,"所有建立公平社会的努力"是否包括暴力在内。用暴力推翻现有的制度,能否正式归在基督徒的使命中?救恩的工作可否包含武装冲突?在尼加拉瓜的革命进行期间,这个问题尤其尖锐,因当时不少持解放神学的神父投入革命。游击队神父托雷斯的英雄身份,也使这问题更引人注目。

古铁雷斯和博尼诺承认,暴力绝不是理想模式,但在不得已的状况下，可能必须以这个途径带来公平——对基督徒来说也是。他们二人的差异在于对这件事的态度。博尼诺清楚指出，暴力最多可视为必需的恶。以非暴力的方式抵抗制度化的暴力，总比武装革命要好。[113] 古铁雷斯本人虽然不喜欢革命，但却拒绝批评那些觉得必须投身游击队来推翻政府的人（如格瓦拉、托雷斯等人）："我们不能说，压迫者使用暴力来维持或保存'秩序'时，暴力就是好的；而受压迫者用暴力来推翻这个秩序时，暴力却是坏的。"[114] 但是这两位神学家都同意，基督徒的使命主要的途径乃是非暴力的方式，对压迫人的社会结构发出先知的斥责，并宣告神的旨意为：使受到非人待遇的百姓全然得着释放——尤其是穷人。

## 批判的评估

解放神学招致许多批评。有些批评只是争执，热度高而亮度低。不过，保守派与自由派的神学家，都曾对解放神学提出深思熟虑、发自同情的批判，使得整个运动在解释自己的观点时，必须更谨慎、更中肯。

解放神学家本身并不热衷于和评论者对话。他们主张，分析神学最好的方法，是看它的果子，而不是看理性辩论是否够强。[115] 为解放神学辩护的人，有时候会诬赖那些怀疑他们正统性的人动机不良。譬如，勃朗曾指控道："教会可以欢喜忍耐愚蠢的人，但是，对先知却比较没有耐性，特别是那些见利忘义的先知。"[116] 尽管勃朗提出警告，可是指出解放神学的弱点与长处，仍然是十分重要的任务，因为这会促使附和该运动的人澄清自己的立场，甚至将之净化。

解放神学使基督教界注意到拉丁美洲穷人的苦难与困境，这是毫无疑问的。它也令千万人的心中燃起希望，并以先知的口吻斥责造成困苦的根源，指出其无情与不公。这运动也让教会注意到，在"样样都有"与"一无所有"的国家之间，存在着社会与经济的冲突，因而需要"福音之社会运用"的新观点。

尽管解放神学在让人觉醒方面，扮演了正面的角色，但是单单指出这运动带来的良好成就，或指责批判它的人动机不良，并不能够消除它所造成的严重问题。

第7章 在受压迫经历中复苏的临在性——解放神学

有些观察家质疑神学是否能完全本土化。完全本土化的神学，岂不是会抹杀神学的根基，以致无法促使全球一致来指责某些不公义，如种族隔离政策或拷打等？[117] 另有些人质疑，拉丁美洲的贫穷问题是否能全然、绝对怪罪北方的大国与资本主义？是否至少有一部分（即使不算太多），是因某些国家本身的条件使然？无论如何，他们似乎把太多的账算到别人的头上；许多专家相信，拉丁美洲各个政府的经济政策，也要负相当的责任。[118] 还有些评论者质疑，神"偏爱"穷人，只因他们是穷人的说法，在圣经或神学上是否站得住脚。波塔若（Sam Portaro）警告说："我们如果接受神有所偏袒的观念，就是不忠于我们应当服事神所有子民的使命。"[119]

许多评论者反对解放神学采用马克思主义。他们警告说，用马克思的分类法来剖析社会，一定会被拉进其随之而来的无神论历史观、人观。譬如，马克思对人类疏离之经济因素的看法，与他对人的解释无法分割，因为他视人为自己透过工作自我创造的产物，而非神所创造的。[120]

不过，最严重的批判，是针对解放神学的方法，以及它对神与人之间关系的看法。一位同情解放神学的英国福音派学者科尔克（J. Andrew Kirk），质疑它的方法是否行得通。理论与反思真的能次于实际行动吗？"正确的实际行动"岂不是假定了某些观点（理论与反思）？预设了对与错？这岂非意味着，基督徒必须以圣经为最终的准则，而不是高举实际行动？

科尔克主张，为避免将基督教信息变为一种新的意识形态，古铁雷斯的神学方法必须倒转过来。他提醒道，在神学反思之前，必会有何为正确实际行动、何为错误实际行动的理解。而这种理解若不是来自圣经，就必是来自某种人文思想。科尔克结论道：

> 因此，我们坚持认为，现代神学的使命，应当是从时下解放的实际行动的亮光中，在神的话语上作深切批判的反思。如果我们的方法不是如此，那么"在神话语的亮光中"（按古铁雷斯的定义）这个词汇，至终必变为空洞不实。[121]

科尔克的话一针见血:"正确的实际行动至终必倚靠正确的理论"[122]。解放神学家似乎自己也察觉到这一点,因为他们在将自己的实际行动与其他人的实际行动作比较,扬此抑彼时,就须有所依据。

解放神学对于神与人的关系看法相当含混不清。其神学家肯定神的超越性,也总是承认个人需要悔改与相信。然而他们所强调的,却令人担心。对古铁雷斯而言,唯有在历史中透过帮助邻舍得解放,才能遇见神、认识神。他写道:"自道成肉身以来,人类、每一个人、历史,都成了神的殿。'世俗'……不再存在。"[123]然而,对古铁雷斯而言,真正的"神圣"是否仍然存在,却让人难以捉摸。古铁雷斯似乎完全忽略恩典、天堂、神末世的国度,以及透过现在仍活着的耶稣基督与神建立个人的关系等这类超越性的层面,以致他的神学几乎成了世俗神学;不过他自己不承认这点,他的辩护者(如勃朗等人)也不承认。究竟在人类历史之外与之上,神是否有其存在的一面?罪是否比参与现存邪恶体制还更深一层?救恩是否不止于参加解放运动?

对于这一类问题,解放神学家还必须给予充分的回答。如果他们想避免把神学降级的指控,就要迎向挑战,解释传统神学的各样真理在他们的神学中所扮演的角色——如,神的自由与超越、原罪、借悔改与认罪个别归向耶稣基督等,并要说明他们对基督徒生活的看法。若是不然,总会有人怀疑他们不过是利用"神"与"救恩"等说法,作为解放的权力和代表穷人参与社会行动的代名词。

## 女性主义神学:女性经验中的临在性

一群基督徒妇女聚在郊区一间屋子里一同敬拜、祷告,并分享她们在男性为主的社会与教会中,所受到的逼迫经验。她们向父神与母神祷告,唱无性别的诗歌。然后,她们围绕在一张小桌前,桌上有手钟、蜡烛和圣经。带领敬拜者读一段逼迫妇女的圣经,整群人同声喊:"出去,魔鬼!出去!"在结束这段"对列祖经文之驱鬼"的仪式结尾,一位妇女宣告："这些经文，以及所有压迫的经文，都失去了控制我们生活的力量。我们不再需要维护它们，也不再以它们为真理；我们将这些压迫的信息视为罪恶之言、邪恶的公理，将它们赶出去。"[124]这是一间女人教会，是现今基督教圈内一股不断扩张势力的地方性聚会写实。

女人教会运动，只是女性主义者逐渐偏离传统基督教及其神学的表现方式之一。一位女性主义神学家领袖说："愈主张女性主义，就愈难进入教会。"[125]那些选择留在现有教会中的人，曾努力要求敬拜中使用双性名词，不再以"男人"（man）来代表人，神也不能总称为"父"，有时要称作"母"。教会艺术也受影响。纽约有一间教堂，基督受难雕像上的基督，是女性。

## 女性主义神学是什么？

20世纪神学的后三分之一，逐渐受到女性主义抬头的风潮影响。不但是一种觉醒，从1960年末开始，女神学家与神学生发展出新的现代基督徒思潮，名为女性主义神学（编注：亦作"妇女解放神学"，简称"妇解神学"）。从一个角度看，这个神学乃是北美大社会中女性运动的结果，并与之密切相关。

20世纪末的女性主义，其实根源在百年之前就有了。在美国南北战争前，废止奴隶制度的推动期间，有些活跃分子就已看出，奴隶的解放与妇女的权利，在圣经基础上是相同的。这一层面的妇女运动，于美国宪法第十九次的修正赋予妇女投票权时，达到了最高潮。

60年代，有些因素造成女性主义的复苏。这个时期一开始，就有一个总统下令组建的"妇女地位委员会"。两年后（1963），弗雷丹（Betty Friedan）的经典之作《女性主义的迷思》（*The Feminist Mystique*）成为全国畅销书。但正如在19世纪的情形一样，美国黑人争取民权的意识重新抬头，才促使人察觉到妇女所处受逼迫的地位。一些激进的妇女于是组成了妇女全国联合（NOW）。教会也成为这组织调查的对象，开始时有几本慷慨激昂的书，诸如戴莉（Mary Daly）的《教会与第二性》（*The Church and the Second Sex*，1968），《在父神之外》（*Beyond God the*

Father，1973）。

20世纪末的女性主义神学，与北美的黑人神学和拉丁美洲的解放神学，有一些类似之处。它也从受压迫的状况出发，从而对实际行动予以批判性的反思——受逼迫者从压榨者手下自我释放的经验。它关注罪与救恩的社会/政治层面，更多用社会学而少用哲学。女性主义神学与拉丁美洲的解放神学最大的不同，在于受压迫的主要对象。后者从被迫贫穷的角度来看，前者则主张，最基本的压迫乃是性别歧视，或明确而言，是从历代以来深植于文化中的父权制，男人控制女人。

女性主义神学并非只在基督徒当中。犹太教中也有女性神学家；非基督徒的女性主义者，倡导一种新的异教崇拜方式，去敬拜"母神"。我们将专门讨论基督徒的女性主义神学。帕梅拉·杨（Pamela Dickey Young）声称，女性主义神学是"尝试视妇女为受压迫的一群，从而充分说明基督信仰的见证"[126]。我们将看见，基督徒女性主义神学家之间，虽有显著的差异，但她们的姊妹情谊深厚，能够导致同一的观点。

帕梅拉·杨指出，这个运动有四个基本的共同主张：传统基督教神学是家长式的（男人为男人所写）；传统神学对妇女与妇女的经验或是忽略，或是讽刺；神学上家长式的特性，对妇女造成有害的结果；因此，妇女必须成为神学家，以平等地位建树神学大业。[127] 在此还应该加上第五项主张：女性主义所定义的妇女经验，必须成为任何时下严肃神学的资源与标准。安妮·卡尔（Anne E. Carr）的话颇具代表性：

> 妇女虽不能自称对神有独特的认识，但她们自信，从妇女对神的经验与了解，能够提出重要且必要的看法，以修正过度男性中心的教会与文化所沿用之神的意象与解释。而且，在基督徒圈中，妇女的经验与眼光，可以对传统以及现代认识神的方式作出批判性的补正。[128]

虽然所有女性主义神学家都同意这五大主张，但在一些要点上却有差异性存在。譬如，妇女应当留在传统基督徒教会，以带来改革，还是应该离开教会，与其他妇女和同情的男士另组妇女教会？这一点并没有一致的看法。至于基督教神学的传统资源，如圣经与教会传统，究竟是否有权威，她们的意见也有出入。

许多人尝试根据对这类问题的态度，将女性主义神学家分类，可是这办法常行不通。女性主义者不断改变自己的立场，而女性主义者（feminist）一词也有更狭窄的新含义。有一阵子，凡是主张妇女在教会应具完全平等地位的人，就会被视为基督教的女性主义者。如此，便有所谓"福音派女性主义"，或"恪守圣经的女性主义者"。然而，到20世纪末期，"基督教女性主义神学"变成特指一种运动，是要对神学基础与信念作修订的大扫荡运动。

## 女性主义神学家

女性主义神学的主流中，有三位领袖特别出类拔萃，大胆提倡改变，她们是：菲奥伦扎（Elisabeth Schüssler Fiorenza）、蕾亚（Rosemary Ruether）和卢瑟（Letty Russell）。菲奥伦扎是哈佛神学院的教授，亦曾执教于圣母（Notre Dame）大学。她写了好几本书，以及若干影响深远的文章，论及女性主义神学、教会历史及新约研究。其中最著名的书为《纪念她：女性主义神学对基督教起源的重建》（*In Memory of Her：A Feminist Theological Reconstruction of Christian Origins*，1984），对早期教会"不受纪念"的妇女，作广泛的研究。[129]卢瑟是耶鲁神学院的神学教授，在解经学与神学方面出版了几本书，包括《从女性主义看人类的解放——一种神学》（*Human Liberation in a Feminist Perspective — A Theology*，1974）[130]，以及《自由之家：女性主义神学中的权威》（*Household of Freedom：Authority in Feminist Theology*，1987）[131]。而女性主义神学家中，最有影响力的应推蕾亚。她执教于加略特（Garrett）福音神学院，那所学校附属位于伊利诺州伊凡斯顿市的西北大学。蕾亚是位口齿伶俐、能言善道的讲员，又是多产的作家，她对女性主义神学的推广及妇女教会的建立，比任何一个人的贡献都大。她的书包括《唯性主义与谈神：女性主义神学初探》（*Sexism and God-Talk：Toward a Feminist Theology*，1983），及《妇女教会：神学与实践》

(*Women-Church*：*Theology and Practice*，1986）。

女性主义神学的发展，可清楚分为三个阶段；在不断进展的过程中，这几个时期或层面，成为永远的里程碑。[132]第一阶段，女性主义从批判过去开始——"重拾妇女受迫害的危险记忆"，即回顾所受男性家长制教会与文化的迫害。第二个阶段或时期，是在圣经及圣经之外的传统中去寻找支持，借用蕾亚的话，她们要找出"女人的人性，在神形象中的平等、所享救赎的平等，在先知、教导、领导上的参与"[133]。最后阶段，女性主义者设定她独特的神学方法，包括修订基督教的分类方式。帕梅拉·杨说："过去妇女在教会中所受系统性的迫害，与在社会其他地方所受的迫害并无二致；这个亮光既逐渐明朗，每一种神学教义与观念，就都必须在其中重新检验。"[134]

这一个最基本的步骤，却在最后阶段才出现，并不令人意外，因为女性主义神学与解放神学一样，都以神学为对实际行动的反思。因此，神学方法便是反思根据妇女经验重塑基督教信仰与生活的过程。蕾亚将女性主义神学的使命列举为：澄清女性主义信徒团体的异象，以及澄清何为测试真确的标准。她解释道，这种重建是必要的，因为女性主义信仰的主要来源，不可能是教会、教会传统或圣经。由于

> 所有传统都带有家长制的扭曲，以致女性主义神学不得不回到以宗教经验本身的直觉为依据；亦即，相信真实状况有一神圣的基础，他本为至善，不盼望行恶，亦不会创造恶，并肯定而且支持女人自主的人性；我们乃是照他的形象所造。[135]

## 对基督教传统的批判

女性主义者回顾基督教两千年的历史，或远及希伯来人的历史，她们与别人所看见的相当不同。她们认为那是一部以家长制压迫妇女的黑暗历史。对她们而言，整个犹太与基督教传统中，特色便是妇女不见踪迹、受压抑、被男人强迫统治。她们大部分看这段历史为暴力侵犯妇女的历史，致使妇女不但失去平等，更失去了人权。旧约经文认为女人

第7章 在受压迫经历中复苏的临在性——解放神学

生孩子之后和经期之中是"不洁净"的;新约否定妇女在教会的发言权,并暗示她们在"受造顺序中"比男人低;教父曾称妇女为"不完全的男性",并将男人犯罪归咎于女人;女性主义者视这些"神圣历史"中的记载毫无神圣可言。

蕾亚认为,女性受家长制宗教与文化的逼迫,这种意识的觉醒与兴起,是由今日的"妇女经验"令人震惊而来。有了女性觉醒的妇女,再回头看基督教传统时,"在她们的里面、外面,整个社会与心灵世界都瓦解了。她们共同察觉到那深刻的疏离感"[136]。

女性主义神学家对基督教传统的批判是辩证式的,即既从反面看,也从正面看。反面包括暴露男人中心主义、家长制、嫌恶女人等的罪;她们的结论为,这些都深深交织在基督教与西方文化的经纬中。而最严重、最可恶的罪,就是男人中心主义,这种世界观以"男人拥有一切尊贵、美德、权力,而相形之下,女人是次等、有缺陷、非整全的人,在男人的标准前乃为异类"。教会中这种情形非常明显:"基督教向来以父与子为其象征,在神学与实际作法上都受这因素所左右,因此它实在是以男人为中心。"[137]事实上,整个基督教都弥漫着这种气息。蕾亚责难道:

> 一开始的基本假设,就是男性是人的标准,因此也是神形象的标准;以致所有象征——从论神的言语、基督论,到教会与事奉——都以男性为中心,女性为附属与助手为主要的模式。[138]

男人中心主义在社会上的表现,便是家长制。根据女性主义,家长制不可只视为以性别为本的架构。这不只是女性对男性的附从,也涵括"整个父治社会的架构:贵族辖制农奴、主人辖制奴隶、君王辖制属下、异族统治者辖制殖民地的百姓"[139]。如此,凡是有主从形式、权力阶级架构的地方,都可看出家长制。到目前为止,基督教传统也接纳它,肯定它,而这个传统业已腐败,需要先知之言来谴责,并加以全面修订。

男人中心主义与家长制所造成的实际结果,便是基督教传统根植于人心的嫌恶女人心态。女性主义神学家相信,嫌恶女人之罪在整本

圣经与教会历史中处处可见,即在神子民中压抑妇女的角色,及加诸女性的罪名。蕾亚指出,奥古斯丁以男性为神的形象,阿奎那认为女性是"错生的男性",而改教家并没有改变妇女在教会的地位。甚至巴特也认为,在自然之约与恩典之约中,女人的地位次于男人。[140]女性主义总结道,她们对基督教传统的分析,显示它必须先除去性别歧视,才能发挥功用。

女性主义对基督教传统的正面运用,乃是重新发掘妇女的功绩。在追溯妇女在基督教历史中所扮演的角色和贡献方面,菲奥伦扎的努力无人能及。虽然她的方法与结论或许招人议论,但这位哈佛的教授宣称,在最早的基督徒运动中,两性乃是完全平等的;男性掌权的家长制模式,在1世纪末期才出现在教会中,是向罗马文化的妥协。因此,"耶稣,那位与妇女认同的男人,能向二者平等地发出作门徒的呼召。今日的男女必须发现、认识这一点"[141]。还有一些女性主义的教会历史学家,试图找出伟大的妇女信徒,并将教会历史中的妇女表现发扬光大,以克服过去妇女在家长制中所受的藐视。[142]

我们不应当认为,女性主义对传统的批判只限于定罪性别歧视,及寻找不受纪念的伟大妇女之故事。正如蕾亚所指出,其目标乃是要彻底改革阶级制的文化:"在文化上,性别歧视左右了整个制度的实体,从'物'到'神'皆然。向性别歧视挑战,就是要推翻整个文化构成的天地,不再以为那就是美好人生的模型。"[143]

## 女性主义神学的方法

所有女性主义神学家都同意,妇女的经验——按女性主义者的定义——必须是神学反思的中心。然而,至于这究竟是什么意思,以及在女性主义神学中,神学的其他资源与标准究竟应当扮演什么角色,她们并没有完全一致的看法。不过,她们共同的主张可由安妮·卡尔的话表达出来:"今天基督教传统必须与之互动的文化情境,乃是妇女在教会中成长以及对传统质询的经验。"[144]

蒂里希的互动关系,乃是安妮·卡尔这番话的背景。神学必须将当代文化的问题与启示的答案连接起来,而答案的形式必须由文化情境来决定。所以,至少妇女身为"第二性"、身为人类受压迫的半数之独特情境,必须在神学形式中扮演决定性的角色。

但,"妇女的经验"又是什么?帕梅拉·杨发现,妇女有五方面的经验,与男人显著不同:妇女对身体的经验不同,她们与自然的周期有较密切的关系;妇女的社会经验不同,文化教导她们要顺服男人,并以性来吸引男人;妇女现在有女性主义经验,开始对性别压迫、不公平的社会结构剥夺她们的人性等有了觉醒;妇女借发掘历史上"不受追忆"的妇女记录,而有不同的历史经验;妇女有不同的个别经验,可以成为改变的催化剂。[145]安妮·卡尔形容妇女的本性比男人更"有变化能力,且以人为中心",许多女性主义神学家也有同样的看法。[146]还有些神学家将妇女独特的经验定义为关系性、非二元性、直觉性、沟通性。尽管说法不同,所有女性主义者都同意,妇女最主要的经验——无论她们是否察觉——乃是在家长制社会中所受的迫害。

但是,为何要以某一种性别的经验作神学的决定因素呢?神学的标准岂不应当是中性、普世性,而不以性别为取向?蕾亚激烈地拒绝这种建议;她反驳说,直到目前为止,一切所谓正统、标准的神学都以男性为导向。男人的经验不仅是神学的色彩,也决定了其内容与形式:

> 因此,在女性主义神学中运用妇女的经验,具爆炸性的批判力,暴露出古典神学——包括它所塑造的传统——都是根据**男性**经验,而不是根据普世性的人类经验。女性主义神学使神学知识的社会学曝光,不再隐藏于客观化的神性、普世化的权威之迷思背后。[147]

女性主义神学家针对古典神学的标准,用三种不同的方式来解析妇女经验的角色。[148]菲奥伦扎拒绝以古典神学的任何一方面作神学的准则,因为它是彻底家长制的,所以对妇女有害无益。她甚至不认为耶稣本身可以作神学的标准,因为他的一生与压迫者的文化密不可分,他是其中的一分子。菲奥伦扎倡导以妇女教会作基督教神学的标准团体。她主张，可以算为"神的话"的，乃是经过妇女团体彼此认同之"怎样才算妇女解放"的决定；[149] 蕾亚称这种偏激的应用为"女性主义批判原则"，或"妇女全面人性化的推广"[150]。据菲奥伦扎看，妇女教会将决定传统与神学在神学的价值上有多少意义。甚至耶稣的生平与教导，都不能免于这种批判性的检讨。

蕾亚则从圣经"先知解放传统"中，找到女性主义批判原则的资源。在她看来，神学运用了许多资源：圣经、非基督教的异教信仰、基督教中的边缘与"异端"运动，以及自由主义、浪漫主义、马克思主义等哲学，并现代妇女受压迫和得解放的故事。然而，要解释何为神的启示，标准在于先知解放的传统，其中耶稣则是历史的典范。因此，"女性主义者读圣经时，可以分辨出何为圣经信仰的准则，以此来批判经文，……根据这点，圣经许多方面都明明可以摆在一旁，完全被拒绝"[151]。先知解放传统，乃是以完全平等、没有阶级、不以辖制与附从为特色的社会作为异象。将这个标准运用到神学上，会对家长制带来严厉的批判，并且使"解放性的先知异象"更有深度，更具改变力，以致能将从前未涵括的对象——妇女——都包括在内。[152]

卢瑟与以上两位领袖的看法都不同，她以未来作为神学的标准。[153] 她所预见的未来，是完全平等自由的乌托邦，她们称之为"自由之家"；传统所谓的末世神国，她以这个意象来代表。她写道："如果真有自由之家，住在其中的人可以发现一条孕育生命的途径，不必再付出代价，永远被锁在辖制与附从的角色中。"[154]

虽然卢瑟的乌托邦异象与妇女的经验完全一致，但她的理念其实来自耶稣的工作与生活方式。她读福音书时，发觉耶稣是女性主义者，因为他拒绝透过权力关系运用他的权威，去辖制人或勉强人。他拒绝这类权威，以及支持该权威的阶级制度，而在跟随他的人中，建立互相倚赖的团体生活。耶稣传扬未来神的国将临到，并用比喻、寓言说明，那是全然平等的状况，不再是家长制。

卢瑟认为这个自由之家是"创造的修正"，她以此为一切神学的准则。甚至圣经也必须在其判断之下。因为圣经中可以找到辖制与附从的言论，强化家长制的政治制度[155]，所以必须用圣经来对抗圣经本身。

意即,女性主义的诠释者,必须"诉诸神透过爱的力量所运作的权威,来抗衡神透过家长制辖制之力的统治"[156]。

因此,所有女性主义神学家都同意,不能单以圣经作神学权威的准则,因为圣经弥漫着家长制味道。此外,神的启示乃是不断进展的过程,不能将它限定在过去;虽然有耶稣基督在历史上的出现,成为未来启示的模范,但启示也不止于此。如果神学要对妇女和被解放的男人有意义,妇女(女性主义)的经验必须被视为神的启示,且被提升,成为现代基督教神学的主要资源与准则。简言之,女性主义神学的方法乃是:女性主义所定义的妇女经验在神学纲要中必须是优先的。

虽然蕾亚与卢瑟都在基督教传统的某些方面寻求支持,但在实际上,她们乃是以女性主义批判原则为解经的终极准则,来衡量神过去的话语。欧迪(William Oddie)对这股神学运动的总评十分正确,他说:"女性的觉醒是主要启示的管道,其他一切都要接受其判断。"[157]

## 女性主义对基督教信仰的重塑

女性主义神学的高潮,是彻底修改传统基督教的教义与表记。安妮·卡尔的话足可代表女性主义神学家的观感,她宣称:"神学纲要的真确性乃由其效果呈现"[158],而由于过去历史中,基督教教义与表记带来压迫的效果,所以除非将其彻底清除、重新翻译,否则就不可再使用。

需要改革的中心教条,便是神的教义。蕾亚相信,这个基督教最主要的观念,受到源于家长制社会以男人为中心的二元论所辖制。"二元论"将原本合一的要素分开,并使其对立,产生阶级架构,变成有好有坏,有辖制有附从。[159]蕾亚虽然声称,男人并非天生就有罪,具备女人所没有的、独特的犯罪能力[160],但她辩称,男人显然在心理、社会表现上,都有二元论的明显趋势,而女人却没有。[161]既然神学是被男性中心所左右,其中便有一连串二元论的特色,诸如自然界/灵界,超越性/临在性,灵魂/身体,创造/救赎,男性/女性,善/恶;这些都可用来压抑妇女,剥夺其人性。

蕾亚认为,这种二元的处理,导致将妇女归为"本性低下",而男人则为"本性高贵"。结果，妇女就与物质、身体、受造、临在性、罪恶同属一边，而男人则与灵界、灵魂或理性、超越性、救赎、美善同属一边。因为二元论在神学中对妇女造成很大的侵犯，所以必须连根拔除，先从神论开始。

蕾亚不以批评"视神为男性的传统"为满足。她认为这种压迫太明显了，简直不需要讨论。大多数女性主义神学家都赞同她的说法："神既是男性又是女性，且既非男性又非女性"，所以讲到神，我们必须用男、女两性来作比喻，才能将此种涵括性表达出来。[162] 但是她还想更进一步，不只批判神为父的形象不当，就连神为父母（parent）的形象亦不妥，因为这也有家长制的意味，而家长制就意味二元论与阶级化："家长制神学运用父母作神的形象，来延长属灵的幼稚症，以此为可圈可点，而令自主和自由意志的伸张成了一种罪。"[163]

为了要寻找关于神无两性观念的表达法，蕾亚转借蒂里希的观念，以神为一切生灵的根基，她称之为"根本基型"（primal Matrix，或God/ess）。对她而言，这"根本基型"不是一位超越并具位格的实存体，而是"超越的生灵之基型，是我们的存在及将来继续成为新存在体的源头与支柱"[164]。这样的神不再与灵界、超越性或男性认同，也不再与物质界、临在性或女性认同。事实上，这样的神不与人类认同，也不与自然界认同。相反的，这样的神将所有二元之性质包容在活泼的合一中，因此再没有"伟大的生灵链"，以神为其顶端，而以无生命的自然界为其底端。因为一切实体既与这样的神合一，彼此就全然平等。[165]

蕾亚对神的看法既然借用了蒂里希、德日进与进程神学的观念，就当然会强调神的临在性。她刻画的神少有大能、掌权或自由的形象。尽管她的动机为消除神学的二元论，但她所完成的，却是造出一种新的二元论，与她在男性神学中所发现的正好相反。她不将神圣和良善与超越性、灵界、自由、能力、男性相联，却使其与临在性、物质界、无位格的能力和女性相联。

同时，蕾亚的神学也含有一元论的意味。她对神的描述，与极端女性主义者所提倡的母神——大自然的化身，只有毫发之别；而那些人只敬拜大地和她们自己。蕾亚将神与已得解放的女性主义者认同，更让人有这样的感受；她说："与神在解放中相遇，总是让我们与真正的自我相遇，就是与从疏离的自我之下复活过来的真我相遇。"[166]

为公平起见，我们必须承认，蕾亚的本意不是要形成纯粹一元论。她喜欢用辩证的角度来看她的神学——肯定一切实体活泼的合一。但是，当然，大家都知道，"辩证式"的思想若不是落入一元论，就是成了一种微妙的二元论。就蕾亚的个案而言，乃是会在不同时候落入这两种状况中。

很少有神学家尝试发展女性主义基督论。事实上，女性主义神学所面对的最大困难之一，便是如何解释一位男性的救主会对女人有好处。大部分基督教女性主义神学家认为，耶稣基督是真正人性的典范——这种人性不沾染家长制态度与行为的罪。譬如，卢瑟认为，耶稣不过是神的代表，展现真正的人性；她所强调的，不是耶稣的独特性，而是其他人也能够像他一样，成为真正人性的代表。[167]

女性主义对基督论最深刻的解释，又是蕾亚所提。但是她的说法并无新意，基本上乃是用女性主义的词汇，来陈述蒂里希的基督论，以耶稣为新存有。蕾亚也像蒂里希一样，拒绝卡尔西顿会议所订的古典基督论。她说，那既不符合犹太弥赛亚盼望的演进，也不是"对拿撒勒人耶稣的弥赛亚宣告和他对神将掌权之看法的正确解释"[168]。她用类似古典自由主义的方式，倡导她所谓历史的耶稣。她声称："一旦耶稣是弥赛亚或神之道的迷思被破除，其传统的男性形象也被抛弃，我们就会看出，符类福音的耶稣与女性主义十分吻合。"[169]

按蕾亚的说法，耶稣是位解放家，他宣告废除造成特权与被剥削者的那种权力、地位关系。[170]他不是要传扬自己，乃是越过自己，指向未来的新人类，那得赎的人类将享受完美的团体生活，不再有二元主义与阶级制度。蕾亚将新人类与"基督"划上等号。如此一来，耶稣所以是基督，乃是因为他代表新人类，成为其先驱。因此，"基督既是被赎之人与神的道，就不能'一次永远'成就在历史的耶稣身上。基督徒团体继续成为基督。"[171]

蕾亚偏激的神学，在"女性主义米德拉西（Feminist Midrash，意为：解释女性主义的故事）"一段中，讲得很明白；这是《唯性主义与谈神》一

书最前面的部分。这个故事纯属幻想,记载救赎历史,其中有位女神祇"天后",她在耶和华之上;还有一个角色,在耶稣复活又消失之后,才被认出是抹大拉的马利亚;这个角色"(比耶稣)更高大,更威严……满有气派,又亲切和蔼,就像(马利亚)本人一样"172。这个人物告诉马利亚,她现在是"基督继续的彰显",要"继续救赎世界"173。这个米德拉西的结尾,不能轻易视为"故事",因为它显然要用神学词汇来提供解释:"耶稣一死,神,那位天上的统治者,已经离开天上,以他的血倾倒生命于地上。一位新的神出生在我们心内,教导我们与天同等,高举大地,创造一个没有主人与奴隶、君王与臣民的新世界。"174

女性主义神学家对于基督教的其他主题,诸如罪、救恩、教会、末世论等,都提供了富有创意的新诠释。不过,在说明女性主义者对神与耶稣基督的解释之后,已经足以表明:这股神学运动不是单纯在正统基督教内争取妇女的平等,相反的,按她们的领袖看来,这运动必须包括以极端的方式,大举扫荡基督教神学与生活的每一方面。

## 批判的评估

我们必须明白,争取妇女在教会中之平等的运动,和"女性主义神学"并不是同一回事。前者在基督教与神学界广泛为人同意。凡是扎根于圣经与基督教的传统,而在教会中要求平等的努力,对20世纪的基督徒思想与生活,都有卓著的贡献。新教不分福音派、自由派都同意,圣经上并没有强烈的理由,不让妇女像男人一样,完全参与事奉,承担家庭责任。

但是,如果以女性主义神学主流的趋势为准的话,争取妇女平等的运动就不能被称为基督教女性主义。为了避免混淆,最好将这个名词保留给以妇女经验为中心所作的全面神学改革,就如蕾亚等人所带动的潮流。

女性主义神学指出基督教团体的男人中心主义、家长制,和对女人的嫌恶等罪,这乃是有益的。其神学家常帮助教会更加宽广,更看重男女皆为神的形象,及福音的普世性。虽然有这些贡献,但是女性主义神学所提倡的改变基督教表记,却太过偏激,而它所支持、鼓励的"妇女教会"运动,更在基督身体内带来分裂的威胁。

困难的核心,在于女性主义神学对权威的看法,这种观点几近于拒绝一切权威,除非是来自女性的自觉。为了让基督教神学真正具先知性,除了能批判周围的文化之外,它还要有自我批判的途径。女性主义在暴露根植于社会与教会内的家长制之罪方面,实在高明。但是它是用什么标准来检讨自己的原则与实践呢?这是一个严重的问题。凡是从某一群人(无论是哲学家或受逼迫者)的自觉中整理出"批判原则",以此判定圣经中哪些才算正确的神学,都会有同样的问题。

这类神学可追溯自施莱尔马赫,而女性主义神学站在这系列之末。不过,与施莱尔马赫及其后人不同的是,女性主义否定必须发掘"普世人类共通经验"——这原是宗教的前提,作为神学的定准。到目前为止,她们宣称,按性别而有的经验,才是神学真理的试金石。

福音派神学家布洛伊奇(Donald Bloesch)评析说,女性主义神学在分辨、批判家长制思想方面非常锐利,但是在检视自己的理念基础上,却不够敏锐。他的话可谓一针见血。[175] 他指出:"当一种神学刻意高举某种理念,如某些女性主义和自由派神学家的做法,到后来它一定会看不见那超越的神圣准则,即神活泼的道;其实唯有借神的话,它才能评定自己对社会的评价究竟有多少分量。"[176]

看出女性主义神学的方法论有毛病的,不只是其批判者。自认是基督徒女性主义者的帕梅拉·杨也指称,虽然女性主义恢复以妇女经验为神学资源,是一项很大的成就,但她们大体而言都太过偏激,与基督教传统愈来愈脱节。它让教外的因素变成定夺的标准,来衡量何为真的"基督徒"。这样做的问题很明显:

> 其实,用"基督徒"这名词的人,可以随心所欲地发挥。也就是说,如果女性主义神学家可以用"基督徒"来指任何让妇女得解放的事,而从信仰传统中却举不出例证,足以说明那是属基督教的范围,那么,其他人也可以效尤,自由运用这个信仰传统。[177]

换言之，虽然女性主义神学家，如蕾亚与卢瑟等人，抬出耶稣为她们新教义的保障，但她们既高举妇女经验——按女性主义的定义——为准则，来衡量耶稣的生平与教导何为正确，何为不正确，她们就失去了称其神学为"基督教神学"的权利。用布洛伊奇的话说，那只不过是一种理念而已。帕梅拉·杨的观察亦甚有眼光，她指出，女性主义衡量"基督教"教义的方法，必定导致相对主义："如果只用一个成员的自我认识作为标准，去决定某一宗教传统中哪些应该隶属，哪些不该隶属，结果所能保留的，就只有相对主义，不能再作判断或分辨，必须一概接受。"[178] 简言之，若要冠上基督教神学之名，就不能以妇女经验作为终极的准则。如果不以超越文化之神的道作客观准则，基督教就成了任何人、任何团体都可滥用的名称。

女性主义神学的神论与基督论，可说明其方法论的弱点。她们将这两项教义重新定案，结果内容与古典基督教毫无相近之处。因为她们界定，阶级制是一种家长制，而家长制便是罪，所以神不可以是父或父母（parent）。因为二元论是以男性中心、压迫式的方式来看实体，神与世界就不可能绝对区分。一位著名的圣经学者兼神学家阿克特迈尔（Elizabeth Achtemeier）指出，将神与世界认同，必定会令女性主义神学走入与基督教完全不同的宗教中；即使可能现在还不是如此：

> 神与受造物认同的临在式宗教，渊源久远。除了伊斯兰教之外，这是一切圣经之外的宗教之基础。如果教会用一些言辞，使神与受造物截然不同的界线模糊不清，就大开圣经信仰的堕落之门；因为圣经明示，神只用他的话与灵在受造物当中工作。敬拜母神的人，至终是敬拜受造物与他们自己，而不是造物主。[179]

女性主义神学如果要在基督教神学中发挥持久、正面的影响力，就必须重新在方法上和神论、基督论上，找到超越性。

**注释:**

黑人解放神学:黑人经历中的临在性

1. 从60年代黑人神学的观点来看黑人灵歌,见 Joseph R. Washington, Jr., *Black Religion*, Beacon Paperback ed. (Boston: Beacon, 1966), 206-220。
2. 如,James H. Cone, *Speaking the Truth* (Grand Rapids, Mich.: Eerdmans, 1986), 144-145。
3. Benjamin May, *The Negro's God as Reflected in His Literature* (New York: Russell and Russell, 1968), 245-255。
4. 科恩的书中显示,近代又有人对黑人灵歌的神学产生兴趣。参,如,*The Spirituals and the Blues* (New York: Seabury, 1972)。科恩宣称,黑人灵歌的主题是"奴隶制与神相反,因此他会解放黑人"(72)。
5. 黑人神学的理由,见 Gayraud S. Wilmore 与 James H. Cone, eds., *Black Theology: A Documentary History*, 1966-1979 (Maryknoll, N. Y.: Orbis, 1979), 16。
6. "Statement by the National Committee of Black Churchmen, June 13, 1969," reprinted in Wilmore and Cone, *Black Theology*, 101.
7. James H. Cone, *For My People* (Maryknoll, N. Y.: Orbis, 1986), 72.
8. 早期对科恩与莫尔特曼之关系的评析,见 G. Clarke Chapman, Jr., "Black Theology and Theology of Hope: What Have They to Say to Each Other?" in Wilmore and Cone, *Black Theology*, 193-219。
9. Cone, *For My People*, 68-70.
10. Wilmore and Cone, *Black Theology*, 4-9. 亦参 Cone, *For My People*, 24-28, 108, 110。
11. Wilmore and Cone, *Black Theology*, 25.
12. 前书,108-109。
13. 见前书,26。
14. 前书,110。
15. 前书 27-28。
16. 前书 110。
17. 这个评估见 James H. Cone, "Epilogue: An Interpretation of the Debate among Black Theologians," in Wilmore and Cone, *Black Theology*, 609。科恩一方面表示,对华盛顿的书整体持保留看法,另一方面则肯定它是"指出黑人宗教具独特性的首部作品"。*For My People*, 75。
18. Washington, *Black Religion*, 149.
19. 前书,234。
20. 前书,267。
21. 前书,289。
22. 前书,291。

23. 甚至华盛顿本人后来也抛弃了他早先的立场。参 Joseph R. Washington, Jr., *The Politics of God: The Future of the Black Churches* (Boston: Beacon, 1967)。

24. Wilmore and Cone, *Black Theology*, 67-68.

25. Albert B. Cleage, Jr., *The Black Messiah*, Search Book ed. (New York: Sheed and Ward, 1969), 9.

26. 前书, 111。

27. 前书, 89-91。

28. 前书, 174。

29. Wilmore and Cone, *Black Theology*, 251-252.

30. "The Black Manifesto," reprinted in Wilmore and Cone, *Black Theology*, 84.

31. Gayraud S. Wilmore, "A Black Churchman's Response to the Black Manifesto," in Wilmore and Cone, *Black Theology*, 93.

32. Wilmore and Cone, *Black Theology*, 70.

33. 前书, 76-77。

34. 前书, 75。

35. 这场辩论以及各方的毁誉,摘要可参 Deane William Ferm, *Contemporary American Theologies: A Critical Survey* (New York: Seabury, 1981), 44-58。

36. 黑人福音派学者的言论,包括 Tom Skinner, *Words of Revolution* (Grand Rapids, Mich.: Zondervan, 1970); Columbus Salley and Ronald Behm, *Your God Is Too White* (Downers Grove, Ill.: InterVarsity Press, 1970)。黑人福音派的贡献,可参 Ronald C. Potter, "The New Black Evangelicals,"和 William H. Bentley, "Factors in the Origin and Focus of the National Black Evangelical Association," in Wilmore and Cone, *Black Theology*, 302-321。

37. 1977年8月,在美国神学会议中,科恩发现扩张黑人神学范围的重要,已经开始为人察觉:"黑人神学已经发觉,需要全球性的眼光,亦即对世界其他地方的受压迫者,也必须认真看待。"然而,他承认,要达到一致的道路并不容易,因为各地所发展的解放神学,情境差异甚大,所以在了解上也各有不同。参 James H. Cone, "Black Theology and the Black Church: Where Do We Go from Here?" reprinted in Wilmore and Cone, *Black Theology*, 358。这类对话的挣扎与成就,参 Wilmore and Cone, 445-462。

38. 科恩对自己背景的回溯,见 James H. Cone, *God of the Oppressed* (New York: Seabury, 1975), 5-7; James H. Cone, *My Soul Looks Back* (Maryknoll, N.Y.: Orbis, 1986), 17-92。

39. James H. Cone, *Black Theology and Black Power* (New York: Seabury, 1969), 1.

40. 前书, 6。

41. 参前书,科恩对暴力的研讨, 138-143。

42. 前书, 8。

43. 前书, 39。

44. 前书,117。
45. 前书,120。
46. 前书,68-69。
47. 前书,151-152。
48. James H. Cone, *A Black Theology of Liberation*(Philadelphia: Lippincott, 1970), 20-21.
49. 前书,65。
50. 前书,91。
51. 前书,76。
52. 在该书第二版的序言中,科恩表示不满意其结构和对巴特的倚赖。*Black Theology of Liberation*, 2d ed.(Maryknoll, N. Y.: Orbis, 1986), xxi。
53. Cone, *Black Theology of Liberation*, 1st ed., 115.
54. 前书,121。
55. 前书,170。
56. 前书,183。
57. 前书,202。
58. 前书,220。他较完整的基督论,见 Cone, *God of the Oppressed*, 108-137。
59. 参,如,科恩在 *Speaking the Truth*, 1 中的言论。
60. 对于他自己如何运用巴特以及其他白人神学家的看法,见他的自传,*My Soul Looks Back*, 80-83。
61. Cone, *God of the Oppressed*, 148-149.
62. 前书,8。科恩的解放式解经,简要的说明,见81-82。
63. 前书,32。
64. 前书,17。
65. 参,如,科恩在 *My Soul Looks Back*, 110 的话。
66. 参,如,Cone, *For My People*, 88-96。
67. Cone, *Black Theology of Liberation*, 141.
68. 前书,144。

拉丁美洲解放神学:解放中的临在性

69. Robert McAfee Brown, Gustavo Gutiérrez, *An Introduction to Liberation Theology*(Maryknoll, N. Y.: Orbis, 1990), 11.
70. 麦德林和普埃布拉在解放神学的兴起与发展中所扮演的角色,参 Brown, Gutiérrez, 11-21。
71. Gustavo Gutiérrez, *The Power of the Poor in History*, trans. Robert R. Barr(Maryknoll, N. Y.: Orbis, 1983), 205.
72. 前书,195。
73. 默茨的代表作见 Johann Baptist Metz, *Faith in History and Society*,

*Toward a Practical Fundamental Theology*, trans. David Smith (New York: Seabury, 1980).

74. 对这点更详细的指示和说明,见 *Origins: NC Documentary Service*, published by the National Catholic News Service, 14/13 (September 13, 1984)。

75. "Instruction on Christian Freedom and Liberation",完整的内容见 *Origins: NC Documentary Service* 15:44 (April 17, 1986)。从解放神学的观点来分析这教谕,见 Brown, Gutiérrez, 146-148。

76. 勃朗本人对解放神学的作品,见 Robert McAfee Brown, *Theology in a New Key. Responding to Liberation Themes* (Philadelphia: Westminster, 1978)。对解放神学最好的,也可能是最捧场的注释,见 Brown, Gutiérrez。

77. Gustavo Gutiérrez, *The Theology of Liberation*, rev. ed., trans. and ed. Sister Caridad Inda and John Eagleson (Maryknoll, N.Y.: Orbis, 1988),所有引句都取自这15周年的修订版。

78. José Míguez Bonino, *Christians and Marxists: The Mutual Challenge to Revolution* (Grand Rapids, Mich.: Eerdmans, 1976).

79. José Míguez Bonino, *Doing Theology in a Revolutionary Situation* (Philadelphia: Fortress, 1975).

80. José Míguez Bonino, *Toward a Christian Political Ethic* (Philadelphia: Fortress, 1983).

81. Dermot A. Lane, *Foundations for a Social Theology: Praxis, Process and Salvation* (New York and Ramsey, N.J.: Paulist, 1984), 77.

82. 对"批判理论"的简明介绍,以及它对解放神学的影响,见前书 43-56。

83. Gutiérrez, *Power of the Poor*, 186.

84. 前书,193。

85. 同上。

86. Míguez Bonino, *Doing Theology*, 86.

87. Brown, Gutiérrez, 52. 此处所引用的其他资料,也都取自该页及前后页。

88. 引自 Leonardo Boff in Dean William Ferm, *Profiles in Liberation* (Mystic, Conn.: Twenty-Third Publications, 1988), 125。

89. Brown, Gutiérrez, 39.

90. Gutiérrez, *Theology of Liberation*, 151.

91. Míguez Bonino, *Doing Theology*, 16.

92. Gutiérrez, *Theology of Liberation*, 54.

93. Gutiérrez, *Power of the Poor*, 28.

94. 可惜此处无法详述解放神学家对资本主义的批判。最简洁而精采的说明,见 Míguez Bonino, *Doing Theology*, 21-37。

95. Gutiérrez, *Theology of Liberation*, 18.

96. 前书,xxxviii。

97. Míguez Bonino, *Doing Theology*, 112.
98. Brown, Gutiérrez, 60.
99. Gutiérrez, *Theology of Liberation*, xxix.
100. Míguez Bonino, *Doing Theology*, 81.
101. 博尼诺解释道:"靠冥想柏拉图的理想世界,或体验主观的感觉,都不能找到真理,唯有用科学方法分析人类在其社会环境中的活动,才能找到真理。"Míguez Bonino, *Christians and Marxists*, 93。
102. Gutiérrez, *Theology of Liberation*, 156.
103. 前书,10。
104. Gutiérrez, *Power of the Poor*, 13.
105. Gutiérrez, *Theology of Liberation*, xxxiv.
106. 前书,116。
107. Míguez Bonino, *Christians and Marxists*, 116.
108. Gutiérrez, *Theology of Liberation*, 83.
109. 前书,116。
110. 前书,118。
111. Gutiérrez, *Power of the Poor*, 64.
112. Gutiérrez, *Theology of Liberation*, 104.
113. Míguez Bonino, *Doing Theology*, 121-131.
114. Gutiérrez, *Power of the Poor*, 28.
115. 前书,196。
116. Brown, Gutiérrez, 155.
117. 参Max L. Stackhouse, "Torture, Terrorism and Theology: The Need for a Universal Ethic," *Christian Century* (October 8, 1986): 861-863。
118. 参P. T. Bauer, "Western Guilt and Third World Poverty," *Commentary* (January 1976): 31-38。
119. Sam A. Portaro, Jr., "Is God Prejudiced in Favor of the Poor?" *Christian Century* (April 24, 1985): 404-405。
120. Wolfhart Pannenberg, "Christianity, Marxism, and Liberation Theology," *Christian Scholar's Review* 18/3 (March 1989): 215-226.
121. J. Andrew Kirk, *Liberation Theology: An Evangelical View from the Third World* (Atlanta: John Knox, 1979), 193.
122. 前书,198。
123. Gutiérrez, *Theology of Liberation*, 110.

女性主义神学:女性经验中的临在性

124. Rosemary Radford Ruether, *Women-Church: Theology and Practice of Feminist Liturgical Communities* (San Francisco: Harper and Row, 1986),

137.
125. Rosemary Radford Ruether, *Sexism and God-Talk： Toward a Feminist Theology* (Boston： Beacon, 1983), 193－194.
126. Pamela Dickey Young, *Feminist Theology/Christian Theology： In Search of Method* (Minneapolis：Fortress, 1990), 60.
127. 前书, 15－17。
128. Anne E. Carr, *Transforming Grace. Christian Tradition and Women's Experience* (San Francisco：Harper and Row, 1988), 146.
129. Elisabeth Schüssler Fiorenza, *In Memory of Her： A Feminist Reconstruction of Christian Origins* (New York：Crossroad, 1984).
130. Letty M. Russell, *Human Liberation in a Feminist Perspective — A Theology* (Philadelphia：Westminster, 1974).
131. Letty M. Russell, *Household of Freedom： Authority in Feminist Theology* (Philadelphia：Westminster, 1987).
132. Carr, *Transforming Grace*, 7－9.
133. Rosemary Ruether, "Feminist Theology in the Academy," *Christianity and Crisis* 45/3 (March 4, 1985)： 59.
134. Young, *Feminist Theology/Christian Theology*, 13.
135. Ruether, "Feminist Theology in the Academy," 61.
136. Ruether, *Sexism and God-Talk*, 173.
137. Carr, *Transforming Grace*, 136.
138. Ruether, "Feminist Theology in the Academy," 59.
139. Ruether, *Sexism and God-Talk*, 61.
140. 前书, 94－99。
141. Fiorenza, *In Memory of Her*, 154.
142. 参, 如, Patricia Wilson-Kastner et al., *A Lost Tradition： Women Writers of the Early Church* (Lanham, Md. ：University Press of America, 1981)。
143. Ruether, *Sexism and God-Talk*, 178.
144. Carr, *Transforming Grace*, 30.
145. Young, *Feminist Theology/Christian Theology*, 53－56.
146. Carr, *Transforming Grace*, 127.
147. Ruether, *Sexism and God-Talk*, 13.
148. 对女性主义神学方法所用的这三种方法,帕梅拉·杨作了非常清晰的说明,参 *Feminist Theology/Christian Theology*, 23－48。
149. Ruether, *Sexism and God-Talk*, 29.
150. 前书, 18。
151. 前书, 23。
152. 前书, 32。

153. Russell, *Household of Faith*, 20.
154. 前书, 41。
155. 前书, 43。
156. 前书, 51。
157. William Oddie, *What Will Happen to God? Feminism and the Reconstruction of Christian Belief* (London: SPCK, 1984), 19.
158. Carr, *Transforming Grace*, 109.
159. 蕾亚在 *Sexism and God-Talk* 和其他书中,对传统神学最根本的批判,要意即如此。批评家长制为二元论的重要出处,在 *Sexism and God-Talk*, chap. 3: "Woman, Body, and Nature: Sexism and the Theology of Creation," 72–92。
160. 前书, 188。
161. 前书, 112。
162. 前书, 67。
163. 前书, 69。
164. 引自 Mary Hembrow Snyder, *The Christology of Rosemary Radford Ruether. A Critical Introduction* (Mystic, Conn.: Twenty-Third Publications, 1988), 107。
165. Ruether, *Sexism and God-Talk*, 86–87.
166. 前书, 71。
167. Russell, *Human Liberation*, 139.
168. Ruether, *Sexism and God-Talk*, 116.
169. 前书, 135。
170. 前书, 137。
171. 前书, 138。
172. 前书, 8。
173. 同上。
174. 前书, 11。
175. Donald G. Bloesch, *The Battle for the Trinity: The Debate Over Inclusive God-Language* (Ann Arbor: Servant Publications, 1985), 84.
176. 前书, 85。
177. Young, *Feminist Theology/Christian Theology*, 74.
178. 前书, 77。
179. Elizabeth Achtemeier, "The Impossible Possibility: Evaluating the Feminist Approach to Bible and Theology," *Interpretation* 42 (January 1988): 57.

# 第8章

# 心灵的超越性

## ——新天主教神学

对超越性与临在性的问题,在20世纪不但基督教的神学家非常注意,天主教的神学家也不例外。在解决方案上,他们提出了一些极为玄妙、又满有成果的途径。在世纪之初,有一种新的天主教思想兴起,这学派后来被称作"现代派"。倡导者善用高等圣经批判,质询教会某些严格的教条,并呼吁大力修改天主教神学,以配合现代文化。在许多方法上,它与基督教界的古典自由神学相当类似。后者激起保守派的反对,同样,天主教现代派也遭名为"纯正派"的运动反对,这运动强调教会伟大传统的纯正,对任何与现代文化妥协的做法,都持负面态度。

好几位教皇试图瓦解现代派,几十年来,教会都视之为禁制。倡导的神学家被禁言,甚至剥夺教职,而神学团体中弥漫着惧怕的气氛。创意总是危险的,甚至是罪恶的。

1959年,罗马天主教的主教们选出一位新教皇,约翰二十三世(John XXIII)。虽然他年纪大,众人以为他会是"守旧式"的教宗,但他却带动教会的改革,与时代配合,这过程被称为"机构现代化"(aggiornamento)。他最大的成就,是召开新的教会会议,即第二次梵蒂冈会议,简称"梵二会议"。这个会议于1962至1965年在罗马梵蒂冈举行,为教会生活带来

重大的改变。在许多人眼中,这个会议将教会的窗户打开,让现代世界的微风吹入。梵二会议为罗马天主教在全世界掀开新的一页。

梵二会议的两位主要天主教神学家,是因斯布鲁克的拉纳及图宾根的汉斯·昆(Hans Küng)。拉纳是天主教神学界的老将,在会议结束后,他整理出对信仰渐进式、现代化的解释。汉斯·昆则是天主教神学界的新秀,刚刚开始展露才华。在梵二会议的余波中,他以现代路德的角色出现,继续向教会挑战,向改革的方向更快速地前进。这两位在现代天主教神学界中,都属革新分子,不过相形之下,拉纳显然比较保守。

拉纳与汉斯·昆都力图将天与地拉在一起,而不失其差异性。换言之,他们的神学致力于在临在性中寻求超越性。他们认为,传统的天主教神学过于以二元化来解决这问题,将超自然与自然界分开,划分恩典与自然、超越性与临在性。他们各以不同的方式,想要克服这种二元论,并对神的灵在世上的事实,提出公正的看法。

拉纳、汉斯·昆,以及另一些革新神学家,于梵二会议之后,在欧洲和美洲的天主教神学界,带来极大的变革。然而,到了保罗六世(1963-1978),反对势力勃兴。尔后,约翰·保罗一世于1978年只担任了三十三天教皇,便过世了。继任的约翰·保罗二世颇孚众望,而那段时期里,保守派的反对声浪更有力量,也更激烈。约翰·保罗二世指派了一位保守的改革家拉辛格,在梵蒂冈担任权力极大的信理部部长。有人指控说,在拉辛格的领导下,教会又重建了异教裁判所。但也有人认为,他对革新派相当公正、宽厚。

教会内虽有这些纷扰,拉纳与汉斯·昆却站在圈外。他们被视为前瞻者与先锋,勇敢地指出未来的方向。温和派崇敬拉纳;较自由、激进的革新派则推崇汉斯·昆。

## 拉纳:人类主观的超越性

有人批评拉纳的神学反思高度抽象化,他曾接到一幅匿名画家画的卡通，把他画成"神学核物理学家"，向一群面露希奇的传播者演讲，第二幅图为其中一个传播者拿着这篇信息，向一群倡导者传讲；在传讲之后，一位倡导者站在讲台上，向会众说明该信息，而耶稣站在旁边听，说："我听不懂。"这卡通刻画出拉纳的神学太难解释——连他要说明的那位也觉得太难了解。在传译的过程中，显然有所失误。提到这幅幽默的卡通，拉纳的反应为："你作了神学教授，就一定会这样。"[1]

## 拉纳的重要性

尽管拉纳的神学大半很抽象，他却仍是20世纪罗马天主教中最具影响力的神学家。他的一位翻译说，他似乎成了"现代罗马天主教神学普世性的教父"[2]。有人将他与阿奎那、施莱尔马赫、巴特、蒂里希等同看待。到1984年他辞世之时，他的影响力已经遍及全世界每一间天主教神学院与大学的神学部，也大大影响梵蒂冈教廷。若要了解天主教神学在20世纪下半期的改变，就不能不注意拉纳在这些改变中所扮演的角色。

其中的一个角色，就是他在罗马举行的梵二会议（1962－1965）中所发挥的影响；这个会议使教会生活全面改观。1962年之前，除了学术界之外，几乎没有人知道他，但他在该会议中的表现，为他赢得全球的声誉。虽然他主要是在幕后工作，参与神学委员会与座谈会，但他的观念、甚至他一些独特的词汇，出现在梵二会议所通过的十六条宣言中的好几条内。拉纳被公认为"会议中最具影响力的人"[3]。

拉纳的神学是一种"中介神学"。它要替在天主教内争斗了百余年的两个极端，找到中间立场。许多人都是因为他思想内这种中介的走向，而受到吸引。

拉纳极力要避免的一个极端，便是纯正主义——即不计一切代价，要保守传统罗马天主教神学的纯正。虽然在现代化的风暴中，纯正主义可以为神学提供避风港，但拉纳发现，那港口只有虚假的安全，且与现实脱节。另外一个极端是现代主义——即极力要将神学带入现代思潮中，甚至与世俗文化妥协。拉纳奋力要让他的神学行驶在这两个极

端中间。在一次访问中,他这样表达他的处理要点:"神学必须要鼓励最优良的传统思想与当前的急务之间,真正互相对话。"[4]

## 拉纳的生平与事业

拉纳于 1904 年 3 月 5 日,出生于德国弗莱堡的黑森林市。他的家庭是虔诚的天主教中产阶级大家族。拉纳和他的长兄胡格(Hugo Rahner)都作了神父,并成为耶稣会的教士。耶稣会指派他担任哲学教授,并送他去几间学校,最后是在弗莱堡大学,受教于著名的存在主义哲学家海德格尔门下。他的博士论文为阿奎那对人类知识的理论,但天主教教师团却拒绝接受,认为受海德格尔的影响太深。终于,这份论文以《灵在世界》(Spirit in the World,1939)为名出版,这是他第一本哲学论述,得到很高的评价,被认为是天才之作。

拉纳从 1937 年开始教学生涯,任职于奥地利的因斯布鲁克大学神学系。二次大战期间,学校被纳粹关闭,但战后他又回来继续教书,直到 1964 年。那一年他搬到慕尼黑,接续著名的天主教护教学家瓜尔蒂尼(Romano Guardini),担任基督徒世界观一系的系主任。但他与其他教师吵了一架,于是到明斯特大学去教教义神学。1971 年他退休回到慕尼黑,住在那里直到离世。拉纳于 1984 年死在因斯布鲁克。

在退休期间,拉纳仍然非常活跃。在退休之前与之后,他都到处旅行、演讲,参与各大宗教对话、教会合一运动、马克思主义与基督徒的对话,担任神学会议、大会、主教及教宗的顾问。他的著作之多,可与巴特和蒂里希媲美。到 1984 年,以他的名字发表的书籍与文章超过 3500 种。他最著名的文章被收集成书,一套共 21 册,名为《神学考察》(Theological Investigations),其德文版共计 8000 余页。幸好,他在晚年写出了一本系统神学《信仰基础》(Foundations of Christian Faith,1978),成为他一生作品的最佳导论,简要说明了他的方法与主题。有人请他扼要陈述该书的目的与主题,拉纳提供了他整个神学非常简洁的综论:

我真的只想告诉读者一件很简单的事。凡是人，无分年龄、时代、地点，不管他们有否思想、察觉到，他们都与那无可言喻的人类生命奥秘——我们称之为神——有关系。当我们仰望钉十架又复活的耶稣基督，便有了盼望，知道在我们现在的生命里，以及死后，我们将与神相遇，那是我们自我的实现。[5]

## 超越的方法

拉纳的神学可以被视为对世俗世界失去神超越性的反应，不过，在60年代激进神学盛行之前，他大部分的作品都已写成。导致"基督教无神论"、"入世神学"等极端临在性的力量，在完全呈现于"神死"运动之前，就已被拉纳认出。他毕生竭尽全力，要阻止超越性与临在性之间的斗争，因为这趋势使神学家以为，他们只能在神的威严、掌权或人的自主、自由，二者当中择其一。他将他一生的信念浓缩在一句话中："神'临在性'与'超越性'的难题，一定可以克服，而不必牺牲任何一方。"[6]

拉纳的神学方法反映出这个信念。他尽力说明，人类最普通、最常见的经验，若没有那称为"神"的超越、神圣奥秘，便无法解释；而神的神圣奥秘，必须透过日常生活、历史情境的经验，我们才能体会、明白。因此，要了解拉纳的神学，要诀乃在于他的"超越法"。因为这个方法哲学性很强，我们最好先看看他对哲学的态度和使用法。

拉纳认为哲学是神学使命的重要因素或层面，这一点与蒂里希相仿，而与巴特不同。哲学能进入神学，乃在拉纳所谓"基础神学"的范畴，就是"以科学来证实神在耶稣基督里启示之事实的层面"[7]。换言之，基础神学乃是教义神学或系统神学的根基，以理性来证实神在耶稣里的自我启示是可信的。它尝试借哲学反思来说明，相信这种启示并不是武断的或单纯的"信心跳跃"，乃是有扎实的理性基础。因此，基础神学的目的，就是让我们可以凭理性的诚实来接受基督徒的信仰。[8]

拉纳使用"超越的反思"作为哲学工具，来说明人的本性乃是"灵"，意即"向启示敞开"的。人不只是自然界的产物或其一部分；人总是面向一位无限、奥秘的生灵，而基督徒称之为神。换言之，人是超越的。[9]

拉纳主张,每一次人的发问与思想,就是超越自然与自我的动作。他们不是封闭在自我之内,而是敞开地朝向神的启示,也能接受启示。拉纳的伟大使命,就是将这一点以哲学展示出来,他耗费大半生精力在这神学课题上。

拉纳展现这真理的工具乃是超越性反思。虽然他认为,这工具与中世纪伟大的天主教神学家阿奎那之哲学式神学如出一辙,但他借用的来源主要是近代的哲学家,诸如康德、马雷夏尔(Maréchal)与海德格尔。超越性反思旨在发觉事实的必要条件。面对一个不容否认之物的事实,他问道,这个东西要存在,思想或宇宙必须有什么是真实的?它必须有的先存状况是什么?

从物理学可以举一个粗浅的例子,说明这种反思的方法,以帮助我们了解,在哲学里如何更抽象、更微妙地运用它。在天文学家真正看见海王星之前,他们早就推算出它存在于太阳系内,因为他们观察到天王星的运行有不规律的现象,只有另一个行星的存在,方能作解释。经过一番超越性思考的过程,他们对海王星已有一些了解,而在1846年,他们才从望远镜中真正看见海王星。[10] 在哲学中的超越性反思也与此类似:去发现人类知识与经验的先决条件,或按拉纳的话,问"什么是(人)主观性之可能性的先决(a priori)超越性条件"[11]。

拉纳认为,客观地观察人类最普通、最常见的经验,注意他所谓"超越性的经验",便可看出人类自然朝向一神圣奥秘,而基督徒称之为神。换言之,神与人类本性并非全然相异,从人类主观的必要条件而言,神乃是人本性固有的一部分。在《圣言的倾听者》(Hearers of the Word)一书中,拉纳专门谈人类认知的现象——即知道某件东西是个东西的经验,想用形而上的方式陈明:在对任何有限事物能有知识之前,必须以"与无限有某种关系"为其先决条件。对事物要作任何理性的判断——对它们下结论,就必须先使那些事物离开自己,但又视它们与自己有关系。不但如此,还要将它们与整个实体界分离,但又视它们与实体界有关。要认识一件东西,与只是看到、感觉到它不同,乃是要用一种抽象的行动来超越自己,并超越那件东西。[12]

因此,抽象乃是人类理性的独特行动,能对事物产生概念。这不只

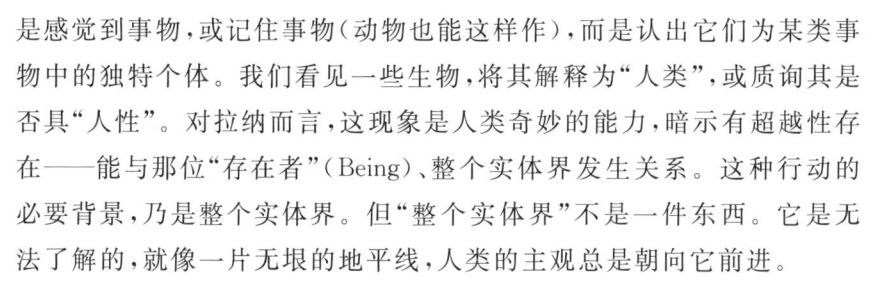

是感觉到事物，或记住事物（动物也能这样作），而是认出它们为某类事物中的独特个体。我们看见一些生物，将其解释为"人类"，或质询其是否具"人性"。对拉纳而言，这现象是人类奇妙的能力，暗示有超越性存在——能与那位"存在者"（Being）、整个实体界发生关系。这种行动的必要背景，乃是整个实体界。但"整个实体界"不是一件东西。它是无法了解的，就像一片无垠的地平线，人类的主观总是朝向它前进。

拉纳在《圣言的倾听者》一书中想要说明的，是人类独具的一种奥秘的能力。他这样说：

> （这是一种）心灵自动运作的活泼能力，是人类本性的推演力，向任何一件事物都会发出。也就是说，这种运作仿佛是抓住某一件事物，将它当成朝向既定目标的一个因素，而在绝对的可知物之预告篇中来理解这件事物。[13]

因为一般人的认知力无法明白"绝对的可知物"，只能领会那是一种奥秘的绝对层面，所以它必须自我启示，否则它就永远只是一个奥秘，而个别事物的意义，也永远无法参透。

到此刻，拉纳便将神放入此一基本神学中。对人类主观性形而上、超越性的反思，目的不是要证明神的存在，乃是要证明，人有能力接受神的启示。倘若那无限层面的知识与存在——就是每个人内心所趋向的一位——不启示自己，那么所有的事物至终皆成为无意义。拉纳认为，人类这种超越的现象，证明人不单是物质，也有灵性，而这种灵性的中心，便是对神有某种程度的敞开。[14]因此，拉纳结论道："人至少必须去聆听那位自由之神透过人的话语所说的启示。"[15]

拉纳称人类的这种自然超越性为"顺服的潜能"——可以接受启示。[16]他相信，纯以哲学式超越性的询问法，来探索人类经验的结构，便可以证明人类自然具领受神话语的倾向。顺服的潜能意味着，"人这种存在体，是站在自由之神面前的，而神有可能会启示他自己"[17]。这种潜能非常之强，拉纳认为它等于是深藏在人性内对神的一种知识。人每一个超越性的经验，亦即越过自己和这有限的世界，朝向意义、希望、

爱等无限的层面，就证明他们内里早已知道神。[18]然而，这种内里对神的知识是无以名状、不假思索的，也是先于意识、隐而不现的，甚至常是蛰伏的，或被拒绝的。尽管如此，它总是显明，人类对神的认识与他的关系，都是与生俱来的本性。[19]

拉纳这一高度复杂的哲学式人类学，目的是提供理性的根据，支持奥古斯丁所言：人类受造不得安息，除非安息于神。按通俗术语的说法，所有人的内心都有"神留下的空处"，只有神才能填满。拉纳相信，借着超越式的询问法，探究人类知识的推演状况，便可以为此找到证明。

但这种询问法的价值何在？为何拉纳要如此耗费心力，用高难度的微妙抽象推理，来发现这种内里对神的认识，所谓顺服的潜能？答案为，现代世界的世俗取向，以及其中将神与人或对立、或融合的汹涌潮流。拉纳想证明，现代入世哲学家，如尼采、萨特等人，他们的指控都错了，神并不是人类自我实现的威胁。在拉纳看来，神是人类主观的必要层面，因此可说是属乎人的本性。而泛神论也不对，他们将神与人认同；拉纳要证明，有限与无限截然不同，由人类主观的绝对层面的终极奥秘性可以看出。人与生俱来的本性，就是透过主观性，内里与一神圣奥秘相联。然而这神圣奥秘本身是超越的——甚至人以超越性的主观朝向它，它仍然保持超越。若那神圣奥秘要叫人认识，它就必须启示自己。

## 超越的启示

拉纳的基本神学，旨在预备人的主观性，以接受神的启示。人类本性就有听神的话并顺服的潜力。有些批判者认为，他的人类学回避了特殊启示的必要，因为它暗示，人类凭本性已经知道神。这可以构成"本体论异端"。但拉纳强烈抗议这样解释他的神学。

较审慎的批判者曾指出，他的超越式人类学预定了启示能对人说的话，亦即，神只能按人本性所能领会的来启示他自己。拉纳以前的学生、后来在耶稣会的同事法斯（George Vass）就警告说："他对这种人类学所赋与的分量所给予的强调,会有损于人对神真实话语的真正聆听,而这种聆听在历史中常让人大为惊奇。"[20] 如果法斯等人的批评是正确的话,拉纳的神学就列在施莱尔马赫和蒂里希等人所属的传统中,因此也像他们的神学一样,有激进的临在主义危机。

不过,最关键的问题,不在于拉纳认为人在接受启示上有多大的能力,而在于他给特殊启示多少权威;那种启示的来源在人自然本性之外。拉纳竭力避免自由神学传统所蕴涵的临在主义。在《圣言的倾听者》一书中,他对该传统提出警告:"神可能启示的'地方',不可以先行断定,以致先限制了这样启示的可能性。"[21] 他又重申:"人既是向存在体敞开的,就不可能靠己力设限,不接受那可能启示的对象。"[22] 因此,基本神学的定位乃在于为福音作预备,而不是它的先决条件。

但,如果拉纳的基本神学,只不过指出人类本性是向神话语敞开的,他究竟有多少收获?他避免临在主义的时候,是否落入另一个极端,使神和启示显得非常超越,以致人类这接收器会以为那完全是异物、是外来的?现代神学知道,这就是所谓超越性与临在性的问题。传统的天主教神学则视之为自然(或译作:本性)与恩典的问题:人类怎能按本性向神的启示、救恩等自我沟通敞开,而不为那种自我沟通先设条件,或加以限制?换个角度说,神的自我启示若不能传达出一些出人意外、非常新奇的事,又有什么好处呢?另一方面,如果神的自我沟通会与人的本性起冲突,人的开放式本性又有什么益处?为什么不用巴特的话说,神的启示与救恩完全创造了它们自己的"接触点"?

拉纳称神的自我启示与人的本性会起冲突的观点为"外在主义"(extrinsicism),而称神的自我启示可为人的本性吸收为"内在主义"(intrinsicism)[23]。前者是令传统神学头痛的问题,后者则是现代派与自由神学的麻烦。他想克服这两个极端,因此提出一居中的观念:"超自然的实存"(supernatural existential)。

超自然的实存可说是拉纳整个神学最核心的观念,所以我们必须作较详细的说明。首先要看一些定义。巴克莱(Michael J. Buckley)将实存定义为:"一个分类名词,界定使人类与其他存在体不同,而单属人类所有的特性或能力。"[24] 拉纳从黑格尔借用这个名词。如果有一种永

久性、普世性的人类存在的特性，是使人类与其他存在体有别的，便可称之为人类的实存——无论这是否为人类必要的本性。举例而言，自觉与自由便属这种人类的实存。

超自然不一定是指"奇迹"。一般人对这个字可能作如此的联想，但在天主教的神学中，它却有另一番含义。它是指一切超越自然的事，一切不在纯自然现实范畴之内的事。天主教神学的基本格言为：神向人自我启示的恩典一定是超自然的。若是不然，它就必须归功于自然，或被自然强遁而来，那么，它就不是自由的；倘若它不是自由的，就不会是礼物，也就不算是真正的恩典了。为了要保持恩典的凭白性、自由性，天主教神学素来强调它的非本质特性。

拉纳一方面想要克服外在主义，一方面又要承认神向人的自我沟通有自由性、超越性。因此，他便强调超自然实存的观念。拉纳认为，人不但按本性是向神开启的（顺服的潜能），在那种超越的开启中，人也不断被神超自然地提升，而如此的提升就是每一个人生命中对神的实际体验。拉纳宣称，神向每个人的自我沟通，就是凭恩惠向他们提供白白的恩典，以致神的同在可以在每个人的人性中，都成为实存，成为人性成分的一部分。[25] 倘若没有超自然的实存，人类就不断碰到一个疑问，寻索不到正确的答案，一直向超越他们的某样事开启，而那样事永远是神圣的奥秘、无边的地平线、无法捉摸、全然超越。但是，因为有了超自然的实存，人类便找到了自己超越性的终点，即在他们里面那充满恩惠、亲切、慈爱的同在。[26]

神与人普世性的同在，乃是"那光，光照凡来到世上的每一个人"，但却并不在他们的本性之内。虽然那是一种"实存"，却不属于"自然"（本性），而纯粹是出于恩典，因此是超自然的。拉纳费尽心力，将这一点阐明得很清楚，以避免与极端内在主义的异端沾上任何关系。他澄清道："这种沟通绝不是泛神论式或唯知式的，即从神自然发射出来的过程。相反的，这乃是最最自由的爱，因为神可以不这么做，自己仍然完全安舒。"[27]

虽然神的同在是超自然的，却不是外在的。超自然实存的主要目的，就是克服外在主义与内在主义。它与人类本性并不冲突，因为它乃是提升了超越性向神敞开之本性。

所以,拉纳认为,人不单只是向"存在者"和神的启示敞开的生灵,亦是神凭恩惠作自我沟通的对象。他写道:"人,是那位自由、白白赐予、宽宥而绝对自我启示之神,要完成的事。"[28]这是神启示的第一种——借着超自然实存预先的恩典,对神第一手的体验。然而,就像顺服的潜能一样,这乃是超越的,并不属某一"范畴"(特定的、具体的、历史的)。它不是传达对神特别的认识,而是存于人的里面,让人能与神建立个别的关系,并能个别认识他。它本身没有主题,不具反思性,但却提供了特殊启示中对神主题性、反思性认识的"接触点"[29]。

谈到这里,拉纳的许多学生都不明白,顺服的潜能与超自然的实存有什么区别;他们也问道,为什么在他的神学方法论与人论中,二者都为必要。我们必须承认,拉纳在这一点上并没有交代得非常清楚。因为他对两者的描述,皆为:对神非主题式、非反思式的知识,在人里面提供特殊启示的接触点。

对这个明显的缺失,必须说明两点。第一,对拉纳而言,顺服的潜能是人类本能的一部分。这是透过超越式质询所发现的哲学与人类学的事实。相较之下,超自然的实存却不是人类的本性,而是出自神对人的真正自我沟通。也可以说,它是加在每个人本能之上的。所以,我们不能经由纯超越式逻辑的质询发现它,但它亦不与之相悖。拉纳这样说:"它是最不证自明的,而同时,它又不能从任何事物按逻辑推理出来。"[30]第二,顺服的潜能并不包含神同在的实际,或对神的知识。它乃是人会在一切事上追求神的动力。它所提供的"知识",最多只是以问题形式出现的知识。然而,超自然的实存却能传递有关神的真实知识与经验,使人明白救赎的恩典。它比问题更扎实,所传递的是神向人所提供的事,只是它本身并不将救赎恩典赐给人。因此,唯有顺服的潜能和超自然的实存合在一起,对人才有益处,对神学家也才有用。

这个说法使人对拉纳的整个神学架构产生了严重的质疑。他是否真的克服了危险的外在主义与内在主义二元论?他是否真的为超越性与临在性的难题提供了解决之道?拉纳的神学既微妙又复杂,因此很难有清楚、明确的答案。最主要的关键在于超自然之实存的观念是否经得起考验,虽说它是"不证自明"的,但争议性颇高,而且似乎是一种非常特别的概念。从哲学与圣经都无法导出拉纳的超自然实存,传统天主教也没有这个说法。再说,超自然实存是一个很不稳定的观念。如果神学家稍微强调实存一词所含的普世性,这观念很容易就落入本质主义,和施莱尔马赫的神之知觉等类的宗教演绎,没有太大差别。如果强调超自然的层面,则超自然实存又会落入外在主义,与神自我启示的超越性之类的神学主张,并无二致。

拉纳本人将这个观念用在这两方面,结果造成他神学中内在主义与外在主义并排、超越性与临在性并列的奇怪现象。譬如,他强烈主张,凡是在超自然实存中自动与神同在之恩合作的人,必定能得救——可以在特殊启示之外。拉纳称这种人为"匿名的基督徒"[31]。当然,这会导致一个麻烦的问题,也是施莱尔马赫之后所有临在性神学都面对的头痛问题:为什么人类还需要历史性的特殊启示?

当然,拉纳必定不会有意落入极端的临在主义中。因此,他也声称,超自然的实存是神在每个人身上绝对自由的活动,而它需要配合明言的启示(categorical revelation),才得以完全实现。[32]这个重点是不容忽视的,而由此观之,它显然具外在性,而与前一个重点间呈现很大的张力。我们只能断定,拉纳的关键概念——超自然的实存——是非常含糊的,在解决现代基督教神学超越性与临在性的难题上,其价值亦相当可疑。[33]

## 明言的启示

拉纳将启示区分为两种。以上所述为第一种。我们本性与超自然以神为依归之特质即为"超越性启示"。这种启示可经由超越性的经历得着,使人对神有某种内蕴的知识,是无法明述、无以名状的。它告诉人有神,但并未提供关乎神的明确资料,让人有清楚的概念,可以揣摩思想。超越性的启示是面向那神圣的奥秘,总显得无垠无限、不可定义、难以捉摸。[34]在其中,神乃是问题,而不是答案。

超越性启示成了演绎的依据,可推论出对神必有某种可揣摩、有主

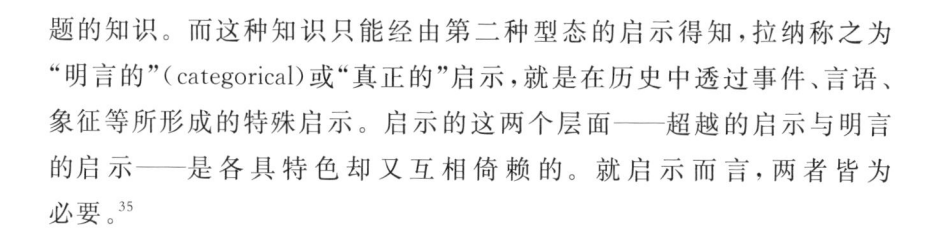

题的知识。而这种知识只能经由第二种型态的启示得知，拉纳称之为"明言的"（categorical）或"真正的"启示，就是在历史中透过事件、言语、象征等所形成的特殊启示。启示的这两个层面——超越的启示与明言的启示——是各具特色却又互相倚赖的。就启示而言，两者皆为必要。[35]

拉纳为明言的启示下定义，就是一种神的自我启示，不因人是超越性的灵性存在而赐下，乃是在某个事件中披露自己。它是一种对话，在其中神向人说话，让他明白一些事，这些事若单靠人在超越性中将万物与神相联的认知，是不可明白的，也不是任何时间、任何地点的人都能得知的。[36]

明言的启示将神内在的实情表彰出来，这是单凭超越的启示不可能发现的。所谓内在的实情，包括神的性情及他与灵性存在之间自由的关系。[37]这种明言的启示，在历世历代、各种文化中皆有，只要在该时该地，在神的恩典中，人应用了本性与超自然的超越性，产生一种"突破"，获得对神揣摩性的知识。

每一种宗教都是这种"突破"的尝试。因此，拉纳相信，"所有宗教里，都有这种成功的默想时刻……就是人与神那超自然、超越性的关系，透过神的自我沟通，变为可揣摩的关系"[38]。在这类时刻，任何人，无论其宗教为何，甚或没有信奉宗教，都成了匿名的基督徒。不过，由于人类的堕落，每一次这种启示的事件，都是不完整的，而且会混合着错误。

既然普世性的明言启示是不完整、有错误的，拉纳便提出，有第二种、更高层次的明言启示，他称之为"公开、正式、特定、教会性的启示"[39]。他主要乃是指在旧约、新约中的先知启示，就是基督教会的依据。这种启示与普世启示只是在程度上不同，而不是种类不同："那些临到先知身上、他们记下来的事，在根本上会出现于每个地方、每个人身上，包括我们这些没有先知之名的人在内。"[40]所以，圣经中所含的特定历史启示，不是"天上电光一闪"，而是神普世性自我沟通（包括超越

性启示与明言启示）之完整实现。[41]

最后，拉纳提到最高的启示，即绝对的启示；耶稣基督乃是至高无上的启示，因为在他里面"道"成了肉身。耶稣基督既是绝对的启示，就成为解释普世启示历史的试金石。但即使在这点上，拉纳也不肯与其他的启示划清界线。神在耶稣基督里道成肉身，只是神自我沟通的最高潮，是神在人类历史与经验中最直接、最深刻的同在。拉纳认为，整个宇宙的历史，包括进化过程，都涵括了神绝对自我沟通的种子，而道成肉身则为其成果。耶稣基督的神人特质，他认为亦不是"天上电光一闪"，而是受造万物之自我超越性的实现，是受造万物皈依的"终极点"。[42] 不过，它提供了测试标准，能分辨历史上何为特定、正式的启示，何为普世性、不完整的启示。

## 神——绝对的一位

我们已经说明，对拉纳而言，神本身是终极的奥秘。就人本性的超越性来说，神是"绝对的奥秘"；就超自然的超越性来说，神是"神圣的奥秘"。即使有超自然之存在的帮助，人对神的认识也不过止于奥秘莫名、无法定义，是他们超越性的神圣终点。在人的经验里，神的临在乃是一种超越的奥秘，虽然是那样的亲近，依然无法了解。

对神的描述还可以再说什么呢？拉纳没有提供系统化的理论来说明神的本性，却对神与世界的关系作了冗长、微妙、详细的讨论。在此只能概略提到几个重点——神的性格、神与受造物的关系，以及神的三一性。

对拉纳而言，神的永恒性乃是至理。神既是那位永存者，就不是人可以审查的，人也不可以用这样的态度对神。因此，我们不能把神想成一个人。[43] 但，神也不是没有位格的，[44] 尽管，要说他有任何位格都会有困难。因受造物既有位格，创造者就不可能没有位格。无位格者只能产生无位格之物；有位格者才能产生有位格者。然而，神的性格必定一方面与人类似，一方面又完全超越人。也就是说，我们不能把神想成人或天使，想得多伟大也不对。总而言之，虽然我们必须说神是有位格的,但亦必须向"神圣奥秘难以言喻的黑暗"敞开。[45] 所以,我们必须承认神是"绝对的一位",他以绝对的自由来建立与万物——包括人类在内——的关系。

拉纳肯定基督教神学"从无到有之创造"的教义。但对他而言,这并不一定是指相信这世界是从某一个时刻开始,只不过是描写神与世界的关系:神之外的一切东西,都完全倚靠神。拉纳认为,这个教义的要点为:"神不会倚靠世界;他只根植于自己,对世界则是完全自由的。"[46]

这段话应该可以排除拉纳之神学有任何泛神论,或万有在神论的色彩。那么,为什么还有人指控它为"危险的临在主义"?例如,法斯就说,因为"他的哲学神学无法将神与世界分开",所以是危险的临在主义。[47] 按法斯的看法,拉纳对二元论的批判,及对泛神论"有某些道理"的肯定,就显示出这种危险。

大体而言,拉纳的神论是在抗拒二元论,正如他的启示论是在抗拒外在论。这二者关系密不可分。虽然他在谈到"从无到有之创造"时,坚决肯定神的超越性,但他也提醒道,这个教义不能以二元论的方式来解释。神与世界的区别,不是两种范畴(有限、特定的实体)之间的区别。若说神和另一种存在(即使那种存在是全世界)乃是并存的,各有各的运作,则那必是假神。拉纳断言:"神与世界的区别性质为:神是设立者,也是使世界与他有别者;如此一来,他在区分中建立了最密切的合一。"[48]

法斯称这句话"几乎不可能翻译"[49]。拉纳的意思显然是:神与世界之区别的源头,在于神自己,因此这种区别并不是绝对的。拉纳所谓泛神论有某些道理,就是指神是绝对的实体,是每件事物的根源与目标。没有一物能与神平行般地自主、独立、完全自由,不倚靠他,或在他之上。[50] 既然拉纳曾说神是自由的,不倚靠世界,我们就不应该对他反对二元论的警告太存戒心(其实拉纳所谓的二元论显然是指自然神论),也不必太担心他对泛神论"有某些道理"的肯定。显然,对拉纳而言,神与世界的关系是合一中有区别、区别中有合一,而这关系乃是神自己设定的,而在其中神并不倚靠受造物。在这样细心推敲下,他使神的超越

性与临在性之间保持了平衡。

拉纳写了几篇有关三一论的论文，包括一本书，名为《三一神》(*The Trinity*, 1974)。他对近代三一论思潮最卓著的贡献，也是对目前超越性和临在性之研讨最有关的贡献，也许要数他所发展出的一个理论，人称之为"拉纳定律"："'经世的'三一神便是'内在的'三一神，而'内在的'三一神便是'经世的'三一神。"[51]

过去的三一神论，常将神在他自己以外、向历史所进行的三重活动（即"经世的三一神"），与神在永恒中、在自己内部的三重性（即"内在的三一神"）作区分。拉纳相信，在基督徒思考三一神教义的漫长历史过程中，三一神的这两方面逐渐分开，以致神学家一直在猜测三一神彼此内在的关系，而与三者在救恩历史中的活动全然无关。

例如，有些神学家建议，三一神的任何一位都可能道成肉身，不只是圣子而已；又说，三一神在世上所有的活动，都是三一神全体的活动。拉纳坚决反对这种理论。它犯的错是：将在自己里面的神与历史完全分开，而且似乎使得道成肉身成为多余，不需要在神的内里，因神的内里并不受其影响。如此，则神不可能在历史里向受造物作真正的自我沟通。[52]

在此，拉纳又是在反对外在主义与错误的二元论，而这一次，它们乃是出现在区分内在的三一神与经世的三一神之传统看法中。他认为，在神于历史中所是、所为的实际之外，去谈三一神内部的关系（内在的三一神），都没有确实的根据；而这三位在人类历史中完成救恩的实用作为，也必须被视为内在三一神真正的同在。

然而，他的理论产生神不变性的问题。如果经世的三一神就是内在的三一神，反过来亦同，那么，在与历史的关系上，神是否会改变？临在之三一神的教义虽有缺点，却可防范神消失在历史中。拉纳的回答依旧是模棱两可："神可以成为某个东西。他自己本身是不能改变的，但他自己却可以变成另外一个东西。"[53]受造物——尤其是人——被神所造成的方式（顺服的潜能），很适合让神来成为其样式，以表达他自己。受造物是"神可能有的自我表达之基本原理"[54]。神可以倒空自己，取人的本性，以"成为"人，但自己本身却没有改变。

拉纳认为,这是对神的不变性"辩证式"的解释,也是很恰当的解释。在与受造物的关系上,神本身既不变,又不死板。神对受造物和自己都可发挥潜能,使他不会丧失自我,而世界也不会变成神。然而在彼此的关系之中,这两者都可"成为"某个东西;二者携手进入真实的历史,却不会互相融合。

因此,拉纳认为,内在的三一神与经世的三一神在道成肉身的历史事件上,是共同参与的,而这个事件乃是神最主要的"成为"。在耶稣基督这位道里面,三一神的第二位成为人。这样的"成为"不可能对神内在的三一性没有影响。道成肉身对神具历史性。然而,即使在这事件中,神仍然没有改变。他成为某物时,乃是倒空自己,亦是将那个东西加在自己身上。

要进一步解析这个概念,就必须探究拉纳的道成肉身教义。

## 绝对的救主

拉纳对耶稣基督的教义是"超越的基督论",这乃是可想而知的。它所探索的是:基督徒宣称拿撒勒的耶稣为"神-人",或"绝对的救主",而像这类"神-人"的出现,所需具备的超越性先决条件为何?拉纳指出,最重要的问题为"绝对的救主,或神人……这概念在某种程度上是可以理解的,而它可不可以与这概念是否已在某处实现的问题分开来看"[55],拉纳的答案是"可以"。透过查询人类超越性的经验,他下结论道,在历史中寻求"神-人"的出现,乃是人类最基本的活动。[56]

至于耶稣基督是否是这位绝对的救主,则是另一回事。虽然超越的基督论不能证明耶稣是绝对的救主,但却可以在人类学与基督徒信耶稣是世界的救主之间,提供一个接触点。拉纳为基督教所称耶稣为绝对的救主之宣告,立定了一个终极的基础,就是把耶稣的自觉性与他的复活,在历史里面结合起来。耶稣声称,在他里面"神的亲近是崭新的、超绝的,因此能够全然得胜,并且与他不能分开"[57]。耶稣称这种亲近为"神的国临到"。他向人发出挑战,要人接受这位在他里面如此与人亲近的神,否则就是拒绝神。拉纳在此处的结论为:

由此观之，耶稣乃是神之道在历史上终极超绝的自我表达：这是他的宣告，而复活证实了这个宣告。他有永远的合法性，而人也可以经历这永远的合法性。从这个角度而言，无论如何，他都是"绝对的救主"。[58]

至于教会所宣称，耶稣不仅是世人绝对的救主——实现人最深的渴慕——而且也是神道成肉身，拉纳的看法如何？拉纳相信，耶稣基督本体的神性，可以经由他身为绝对的救主之功能来说明。他指出，绝对的救主必定不只是人间的先知。惟独神本身自我沟通的恩典，才能绝对地拯救。如果仅只是人默想从神而来的话，就不是神真正的同在，也不能改变世界，使其"神性化"。拉纳还认为，不单如此，既是绝对的拯救事件，就必须是在神本身生命中的一个事件。[59]

若要正确明白这些看法，就要先了解拉纳对至终与终极——"绝对"——拯救的观点。这种拯救是人们的超越性积极要得着的，它必定不只是从神来的一段"话语"，而必须包括神的同在，即与受造物最深的同在，以恩典来变化受造物，使其能与神有更高层次的结合。换言之，这就是"神性化"。绝对的拯救带来一个美好的结果："如今神与基督的恩典都出现在此，在我们可以选择的每个实体中，它都是其秘密的实质。"[60] 神与人类的这种结合，使二者仍保持区分。这样的结合不是一个先知能办到的。如果耶稣的确带来绝对的拯救（拉纳认为，他的复活足以证实这一点），他就不可能不是神出现在人身上——即以马内利，"神与我们同在"。

拉纳肯定传统基督论的"本质结合说"，亦即耶稣基督兼具二性——神性与人性。他维护此教义的根据为超越性与历史性。如果耶稣整个自觉意识的确是完全充满对神的彻底顺服，而如果他的生、死与复活的确是至终且绝对救恩的内容，那么，他不可能不是道成肉身的神。[61]

但这岂不与他的人性有所抵触？拉纳坚拒幻影说——即耶稣的人性不是真的，或只是神的"一部分"。拉纳指称，耶稣的人性与任何人都一样，甚至到了一个程度，在他自觉意识中对许多事的看法都可能有错。[62]他的神性意识显然是超越的,因此在他取了人形的年日里是莫名的、不反思的。它绝不会压过他有限的人性自觉,也不会予以取代。而有限的受造物——在此即为耶稣的人性——与无限的神,怎能连接在像耶稣这样一个人里面呢?这乃是本质连结的奥秘,这个奥秘至今无人能提供满意的解答。拉纳相信,他有一种亮光可以解开这奥秘。要诀就在于他认为人性乃是"神的暗号"。

## 人性是"神的暗号"

按拉纳的人论,人类不只是受造、内蕴、闭锁在自己与自然里面的生灵。如前所述,我们虽是有限,却是超越的。人类本性在超越中向神开启,乃是最基本的哲学事实。在神学上,从道成肉身看来,我们必须承认,神将人造成会向他开启,就是让人具有容神来自我表达的潜能。换言之,人这种受造物,若是没有道成肉身,便不完整。神是人类的奥秘,而人类是神的暗号。人类是问题,神就是答案。问题与答案彼此相关,而答案又超越问题,同样,神与人类基本上彼此相属。是神这样命定的。[63]

"当神想要成为非神时,人就出现了。"[64]这是拉纳整个神学中最令人动容的一句话。它暗示,对拉纳而言,人类(甚至可能包括全宇宙在内)受造的目的,就是道成肉身。人类受造就是要作"神的暗号",成为神自我表达的标记与工具。因此,道成肉身并不与真正的人性抵触,而是使其臻至完全。有人假定,为要成为真正的人,耶稣必须在神之外有某种独立、自主的存在,拉纳则认为,这种主张犯了根本的错误,因为,"宇宙所有的受造物,在与神的亲近/疏离,或任神支使/独立自主这方面,没有基本的差异,只有程度的差别"[65]。因此,耶稣基督可以彻底是人,独立自主、完全自由,因为他的人性乃是借着道成肉身,与道永远联合,而能与神亲近无比。

因此,对拉纳而言,道成肉身乃是神与人最高的成就、最完满的实现。在它里面,神想借非神将他自己表达于外的心愿得以实现。同时,道成肉身使人对绝对救主的追寻及向神完全敞开的渴望也得以实现。

所以，天上、地下的一切事，都成就在耶稣基督身上。

## 批判的评估

以上的讨论中，对拉纳的神学已经提出一些质疑。尽管我们对他的某些看法有所担心，但他对现代神学，尤其是天主教神学，无疑会继续产生深远的影响。他提供了一条中间路线，为威胁教会合一的两个极端筑起一座桥梁。他与现代思潮积极、有力地对话，又对天主教神学丰富的传统信守不渝。他拒绝向现代反抽象哲学和神学揣测的偏见低头，许多人觉得，他恢复了心智能力的优美与恢宏，使人能领略某些神的奥秘。可能从13世纪的阿奎那以来，拉纳是刺激天主教神学、又提供更新之路的最伟大之人。

但是，他对超越性与临在性的说明究竟如何？他是否能成功地拉拢联合反抗现代神学的死硬派（the Gordian knot）？不幸，正如希腊神话中的亚历山大大帝，拉纳没有联合死硬派，而是把他们砍掉。他所采用的观念，原是为了对临在性与超越性产生更新的认识，但至终却失败了，因为过于模糊。正如法斯所说，它们"像鳗鱼般滑溜"，令人难以捕捉。[66]

然而，拉纳对神的超越性与临在性，并没有作同样分量的肯定，只是常有极富创意的方式，让人往新的方向去想。

前文已经谈过拉纳所提超自然之存在、神与世界差异中之合一等观念模棱两可的特性。余下当谈的是他道成肉身的观念，这观念最能将他对神与世界之关系的看法表达出来。在耶稣基督里，神的超越性与临在性相遇，合而为一。或许更好的说法是：这个事件启示出神超越性与临在性在本质上的合一。

拉纳教导说，神希望在永恒里借"非神"将他自己表达于外。这当然是比方的说法。不过，这位天主教神学家并没有揣测为什么是这样，而是让神之爱的奥秘来为此事说明。因为神本身有一个基本的想望，就是临在于另一位之上，所以他造了一种生灵，其内里会转向神，要他同在；神使这需要成为一种意识，这种意识完全倚赖他神秘、奥妙的同在（顺服的潜能）。然后他赐下恩典，使这受造物在其内心深处能领会他的自我沟通（超自然的存在），而不需要他完全与其联合。但神的创造尚不完全，还在渴求更多。最后，神选择了那受造物的一个历史事件，借倒空自己、与之认同来进入历史，并透过所取之身体向一切所有表达他自己。他们借着内里与他的联接，也开始被神性化——接受神的同在。

这样一来，那一直在此受造物内之神的临在性，就得着了超越性。超越性最终的目标借着临在性得以完成，而临在性最终的目标则借超越性得以完成。在耶稣基督的联络下，神与人性同时"发生"，而又各自保持不同之处。

拉纳的说法实在是一则美丽的故事。至于它能否解决超越性与临在性的难题，则又是另一回事。这个看法，正如许多基于形而上学揣测的类似看法一样，背后潜伏着神与世界互相倚赖的万有在神论的幽灵。拉纳的确曾说，神可以不需要世界而仍然是神，他也不需要卷入世界之中。然而他所提人类为"神的暗号"之说，隐指神需要世界，尤其需要人类，来成为他自我表达的方式。它也意指，受造物在借道成肉身与神联合之前，并不真正是美好的。

威胁拉纳神学的幽灵，愈来愈像黑格尔的阴魂，他持万有在神论的哲学，那"真正的无限"将有限包括于其内，如此就将神与人的界线弄模糊了。从这位伟大的哲学家在柏林执教开始，现代神学就一直受黑格尔阴魂的提弄，而拉纳的神学还没有将它完全驱逐出去。

## 汉斯·昆：力图平衡临在性与超越性

1979年12月8日，汉斯·昆教授正在奥国的阿尔卑斯山滑雪度假，消息传来：梵蒂冈宣布，他不再是天主教神学家。这是这位举世闻名的图宾根神学家与罗马教廷信理部十年来争执的高潮。神学争议很少会成为头条新闻，但这一次，大众媒体竞相报导，视汉斯·昆为现代的马丁·路德,向天主教大巨人挑战。

汉斯·昆赶回图宾根,要保住他的教席,并与出版社联络,以保证他的新书不会被这新闻封杀。他的担心是多余的。这新闻只是提高了他的声望,不仅在图宾根,也在全世界。他的书突然大为畅销,各地都来请他去演说。一夜之间,汉斯·昆变成殉道者,成为罗马天主教内改革派的代言人。

## 汉斯·昆的生平与事业

汉斯·昆于1928年3月19日,出生在瑞士一个信奉天主教的小镇。他的父亲开鞋店,并经营一间小旅馆。他有一个弟弟,五个妹妹,成长的环境很安定、平和又敬虔,享受一般瑞士中产家庭的生活。20岁时,他到罗马去开始修习作神父的课程,这是他在高中毕业前就默默作的人生抉择。在罗马,他进入颇负盛名的格列高利大学(Gregorian University),接受传统的神学教育。

起初,汉斯·昆非常支持传统对教会生活、神学与社会威权式的作风,这乃是教皇庇护十二世(Pius XII)的态度,他定意要除去天主教内现代主义或自由主义的复苏。1950年,他还在罗马读书时,教皇颁布了一则通谕(名为 Humani generis),将神学中某种所谓具人文主义趋势的思想定罪。教皇的行动在天主教神学中激起一连串对新思想的镇压,直到20世纪60年代初梵二会议的召开。几位法国的著名神学家〔包括德日进和吕巴克(Henri de Lubac)〕都被禁言,或不准继续执教;"工人神父"的运动遭到压制;多明我会的自由思想家和所谓异议者,都遭驱逐。

20世纪50年代,汉斯·昆愈来愈觉得,对用意良好、想将天主教思想与生活和现代社会配合的人施加如此大的压力,并不妥当。一开始,他把这种感觉放在心里,又借与非天主教思想家作理性的争辩,来扩大自己的视野;他切磋的对象为无神论存在主义者萨特,与基督教的巴特。后来他承认,这两位人物成了他自己哲学与神学思想的解放者。

1954年10月,汉斯·昆被按立为神父,并首次在罗马的圣彼得大教堂主领弥撒。不久,他搬到巴黎写神学博士论文。在那里,他受到几位天主教温和派神学家的影响,包括教父级学者孔加尔(Yves Congar)和巴尔塔萨,后者亦为瑞士人,他鼓励汉斯·昆研究巴特。他在巴黎治学期间,为他天主教神学家的生涯设定了基本路线,特色为向全基督教界持敞开心态、保守正统但持前进、批判态度,并与俗世的科学、哲学和世界宗教积极对话。

汉斯·昆的第一本书,是将他评巴特称义教义之博士论文稍加修改而出版。《称义:巴特的教义与一位天主教人士的反思》(*Justification: The Doctrine of Karl Barth and a Catholic Reflection*)于 1957 年出版,并附了巴特亲笔的短信"致作者"。汉斯·昆全书的主旨为:"大体而言,巴特的神学与天主教的神学在基本上是一致的。"[67] 这个宣告引起一番骚动。虽然巴特不一定同意这个论点,但他欢迎这位作者,视他为年轻的同仁与朋友,并邀请他到巴塞尔去参加他的研讨会,互相对话。天主教会内的反应则不太热烈。后来汉斯·昆才发现,在这本书出版之后不久,作为罗马侦察教会内异端机构的信理部,就为他专列了一个档案。

1960 年,在第二次梵蒂冈会议前夕,汉斯·昆接到图宾根大学的邀请,在基础神学方面担任教席,这对一位 32 岁的学者是很不寻常的事。尽管他与梵蒂冈和德国天主教的主教们常有争论,他却一直在那里担任教授,并且经常吸引大批学生来听他讲课。60 年代初期,透过演讲、文章和书籍,他赢得进步改革者的名声,在第二次梵蒂冈会议中亦扮演重要的指导角色。在大会尚未召开前,汉斯·昆初抵图宾根就职,他已说明了该次大会应当完成的事。在他的第二本书《大会、改革与再结合》(*The Council, Reform and Reunion*, 1960)中,这位年轻的改革者对此次枢机主教会议寄以厚望,并呼吁它将四分五裂的教会再度团结起来。而后来他以神学家的身份所做的事,大半可以说是因为对此次会议的结果相当失望所致。

60 年代汉斯·昆最关注的,是天主教对教会本质的教导所面对的挑战,与所需要的新诠释。在《教会的结构》(*Structure of the Church*, 1962)、《教会》(*The Church*, 1967)及《绝对无误?》(*Infallible*, 1970)

等书中,他针对罗马天主教层层威权式的作风,及不肯改变的态度,尤其是教宗无误论的专断,从圣经、历史与神学角度提出压倒性的批判。比方,这位改革者呼吁教会,承认惟独神才绝对无误,而教会在持守教义上大体可说"没有缺失",但绝非毫无瑕疵,甚至在其领袖代表教会发言时,亦是如此。汉斯·昆认为,教会"尽管有错误和误解",却靠神保守了真理;他以此说来取代绝对无误论。[68]他拒绝传统绝对无误论的理由有二:第一个理由来自教会论。汉斯·昆以为,绝对无误的教义在理性上站不住脚;与天主教历史中实际的错误、矛盾比较之下,绝对无误论实难自圆其说。第二个理由来自神学。按照汉斯·昆传记的作者挪维尔(Robert Nowell)的说法,"〔在汉斯·昆里面〕有一股巴特式的坚持,认定神的绝对之首要性与不同性(otherness)"[69]。

除了呼吁彻底改除绝对无误论的专断外,汉斯·昆还批判教会对许多实际事情的立场,如对节育、神甫独身等的教会谕令和伦理解释。

汉斯·昆有关教会的著作,使得罗马领袖中有不少人成为他的死对头,连他的朋友也有人变节,不再支持他。他早期的导师巴尔塔萨,尖锐地批评这位从前弟子的偏激看法;而拉纳则称他为"自由派的新教人士"——这个指控汉斯·昆一直难以推翻。

梵蒂冈对他的著作进行严肃的审查,并叫他到罗马去,当面质询他的神学观点。汉斯·昆并未软弱地服从,反倒拒绝前往,因为他认为教会的处置不公,没有按照公平的法定程序作好预备工作。对他的审查拖了十年之久,而他每出版一本书,审查就更严厉。

70年代,汉斯·昆的兴趣主要在护教方面。当梵蒂冈与德国天主教的主教们在审查他对教会的教导是否属异端时,他本人则忙着出版一些与世俗读者能够积极对话的书籍。"护教"与"对话"并不常是同一回事。但在汉斯·昆的心目中,真正的基督徒护教者,应该认真看待现代西方文化中的世俗主义,甚至无神论,并且尝试与具这类思想的人沟通基督教信仰。他所采护教的方法,与蒂里希的"交互作用法"十分类似。

1970年,在《绝对无误?》一书发表之前,汉斯·昆出版了一本巨著,是对黑格尔基督论的研究,书名为《神道成肉身》(*The Incarnation of God*），这是他几年的心血结晶。该书在学术圈外鲜为人知。一般人会被这本六百余页小字印刷的书吓住！连学术界人士都觉得不容易读，因为作者用了精密的技术，分析、解释黑格尔的思想。然而，汉斯·昆认为，这是他对神学最优秀、最根本的贡献。[70]

1974年，汉斯·昆出版了他最普及的一本书：《论基督徒》（*On Being a Christian*）。该书详论基督徒的基本信仰与伦理准则，是为造就平信徒而写的。700页的厚度仍未阻止它成为德国书店的畅销书。虽然在英美两国，反应不如德国热烈，但还是比其他神学书籍的读者要多得多。在《论基督徒》一书中，汉斯·昆完全根据现代化、科学化的世界观，逐步阐明基督教教义。他对耶稣基督的探讨，成为保守派天主教徒指责的中心，也让德国的主教们站在梵蒂冈一边来攻击他。最尖刻的评论，是针对他将耶稣描写成改革的异议人士，勇敢地站出来反对当时的宗教界人士，而成为"像汉斯·昆这类的人"！

1978年，汉斯·昆发表了一本巨著：《神存在吗？今日的答案》（*Does God Exist? An Answer for Today*），批判者认为这是他量度最大的作品。英译本超过800页，内容是对现代无神论详尽的神学分析与回应。

汉斯·昆与梵蒂冈的争执，于1979年达到高潮，教廷撤消他教导天主教神职人员的权利，宣告他不是天主教的神学家，让他的家人、学生与全世界的朋友非常震惊。一千多位学生聚在图宾根市的广场上示威。全世界的媒体与学术界都发表社论、宣言，责备梵蒂冈所行是"新的异端裁判"。

这件事大大提升了汉斯·昆的声誉与地位。他的书籍销售如日中天，全世界都来邀请他去演讲、教导。图宾根大学为汉斯·昆设立一研究中心，请他主持，并保留他的教席，不过天主教学生不再能选他的课，若选课，也不能列入神职必修的学分内。而汉斯·昆本人则因少了牵制，更放手进行攻势，反对他所认为的梵蒂冈的落后。1989年有人问他，对当时甚获好评的教宗保罗二世观感如何，他回答："我们只能等到他死"，并希望下一任教皇能执行梵二会议所开始的改革。[71] 1990年，他发表了对罗马非常痛切的批判："对约翰二十四世的渴望：怀念教皇约翰二十三世。"[72]

从 80 年代到 90 年代，汉斯·昆的兴趣主要在神学方法与宗教界间的对话。他于 1983 年在图宾根主办了一个史无前例的神学家会议，讨论神学的"范式变革"（paradigm change），而在 1987 年，他出版了一本讨论该题目的书，英文版名为《第三个千年的神学：普世的观点》（Theology for the Third Millennium：An Ecumenical View）。他也主持了许多会议，并与世界主要宗教人士进行对话，又与他们合著了一些书，包括《基督教与世界宗教》（Christianity and the World Religions，1985）。

因为他的神学与他的经历有很密切的关系，所以我们必须再仔细看看他的生平与履历。从媒体的曝光度而言，他无疑是 20 世纪最常出现在大众眼前的神学家。这种曝光，以及梵蒂冈对他的处置，都使他的神学产生了更大的影响力。

## 汉斯·昆的"批判理性"

汉斯·昆是否实为自由派的新教，只是披着天主教的外衣？他的确想留在罗马天主教内，从内部将它改变——就像改教时期的伊拉斯谟（Erasmus）一样。然而，他的神学方法更接近现代的新教神学，而比较不像古典的天主教思想。汉斯·昆承继施莱尔马赫与蒂里希的传统，也相当倚重巴特。其实，若说他的大目标是试图成为天主教与新教现代神学思潮的中介人，也不为过。

要分析汉斯·昆的神学方法，首先必须了解他认识论的出发点（他称之为"批判理性"），然后再看他对相信神的理性观点，接下去才轮到他所提一个新的后现代主义模式的建议。最后，我们会思想他对神学源头与标准的看法。

在《神存在吗？》一书中，汉斯·昆为基督徒基本神论之理性根据作辩护，反击现代无神论者无情的杀戮，如费尔巴哈、马克思、尼采与弗洛伊德等人的说法。他仔细分析他们反对相信神的理由，发现虽然我们无法决定性地否定无神论，但它也没有决定性的证明可坚守立场。他对尼采的评论可作范例:"如果我们不存偏见,看穿所谓先知、异象者、富感情的思想家、传道者等面具,就会发现他的无神论并没有真正的理由,只是假设为一观察而得的事实。"[73]汉斯·昆费尽心力,借全书来表明他的立场,即无神论并不比相信神更具合理性。相信或不信都无法证明;两者都是"基本决定",而每个人一生的事都有赖这个决定。

汉斯·昆对"基本决定"的运用,成为他所谓"批判理性"之认识论的一部分。他相信,这种认识论的方法,对现代科学思想与基督教信仰都很合适,好过批判的理性主义,或唯信主义。

"批判的理性主义"是一种论理的观念,起源于笛卡儿,到20世纪则为波普尔(Karl Popper)与阿尔伯特(Hans Albert)等人采用,坚持用类似数学的证明与否定的方式,作真知识的基础。它与实证哲学类似,认为凭经验可证实为真实或虚伪,以此为真理的标准。汉斯·昆认为,这种认识论并不恰当,因为它假定理性有某种阿基米德式的参照标准。[74]对理性的信任,需要对宇宙理性某种超理性的信任。因此,他补充道:"所有知识……都包括一种'前提',可以称之为'一种信心'。"[75]进一步而言,波普尔的批判的理性主义忽略了实际情况的"多层面性"与"复杂的层次",把每件事都简化为经验的数据。[76]

无理性或盲信主义,也像专断的理性主义一样不恰当。所以,汉斯·昆在这两个极端中开出一条中间路线,他称之为"批判理性之路"。这种方法承认实体在基本上是不确定的,我们也不容易捕捉,并承认实体具多重变化性;这方法又立基于以超理性为基础的决定,这种决定最多只可以用理性来将其对实体本质的信念合理化。汉斯·昆承认,这类基本态度或信念是不能证明的,也是无法否定的。然而,只要它们大体上配合人的经验,就可以被合理化。

在《神存在吗?》一书中,汉斯·昆将批评理性的方法,用在对神的信仰上。他以康德的理论为依据,主张神的存在或不存在都无法证明,因为这是人类理性无法捕捉的事。[77]然而相信神却不是非理性的"信心的跳跃",或是"知性的牺牲"。相反,这乃是可以用理性解释的基本信赖,并可间接由"人与世界所经验到的实体"来证实。[78]换言之,如果神存在,普世人类的某些问题可以得着解答,某些经验可以得着解释。终极来说，如果神存在，不稳定的实体本身可以得着连贯性、意义与存在的理由。如果神不存在，则实体依旧是不稳定的，也没有理由、基础可以支持人的基本信赖。

该书从头到尾所呈现的，乃是相信神之理性间接的证明。这与传统证明神存在的说法当然有相当距离。然而，汉斯·昆却认为，今天只需要证明，相信神并非像世俗哲人所言是不合理性的，而是合理的，就够了。他的论点最有力的部分，是对无神论的批判。虽然不能用理性来反驳它，但他指称："否定神就意味着对实体的基本信赖至终是不合理的"，除非成为彻底的虚无主义——但这种选择，在实际生活中是不可能持守的。[79]

汉斯·昆对有神论之合理性的辩论，是从人必须对不稳定的实体采取立场谈起：至终不是完全信任实体，就是完全不信任。这个宇宙要不就是人类的"家"，充满意义与价值，要不就是纯粹偶然的存在，没有任何超越的目的。如果我们选择相信后者，按定义而言，就是虚无主义者。但虚无主义不能成为美学或伦理学的基础；只能说，每件事都是无意义的。但大部分人不会这样相信；他们发现自己不得不选"基本信赖"。

汉斯·昆指出，如果我们选择基本信赖，就必须再作一个选择：就不稳定的实体而言，或是有一个源头或依据可以克制其绝对不稳定性，或是没有。或是神的护理在管理它，或是一切皆为偶然。相信实体是由一位有位格、超越而临在的神管理的，可以有合理的解释，因为它对基本信赖提供了理由与支持；而无神论则无法做到。

与传统的自然神学和其对头巴特的挑衅比较之下，汉斯·昆的方式显然温和多了。他认为他证明神存在之真理的方法，是"在巴特与梵蒂冈第一会议之间"[80]。但他宣称，在今天这是最好的方法，因为可以同时保存理性与信仰，而这是自然科学也必须做到的事。[81]

## 神学后现代的范式

汉斯·昆对批判理性的倚赖，也流露在他对今日基督教信仰的重新诠释上。他认为,若要在现代文化中被人重视,不仅护教学需要采用批判式,系统神学也不能例外。他认为:"在神学科学中,其原则与其他的科学并无不同。这里也不容许非理性、不合理的反应和主观的决定。"[82]同时,理性也不可以绝对化,以致成为一种主义,一开始就把具超越性的神的话语捆绑住。在系统神学中,汉斯·昆的做法与护教学一样,希望在各极端之中找到生存空间。

这位天主教思想家呼吁,为神学找到后现代的新范式。[83]他借用库恩(Thomas Kuhn)的范式(paradigm)观念。库恩在哲学界曾推出一本经典之作《科学革命的架构》(*The Structure of Scientific Revolutions*, 1962、1971)。他指出,科学的进展并不是一条平顺、理性的道路,而是蹒跚前进,途经激烈的架构变化,即意义与解释的架构(范式)改变。这些改变导致科学思想的革命;每当一个范式不能解释某些数据,而必须由全新而不同的范式来解释时,就产生了革命,譬如:牛顿的物理学为量子力学所取代。科学家很不情愿放弃对大自然的旧观点,以及研究的方法。他们或是慢慢转变过来,或是被大量新证据所迫,不得不作改变。事实上,在科学界常是"新秀"促成这种范式的改变。[84]

汉斯·昆相信,库恩所分析的范式改变,不仅出现在自然科学中,也可应用在每一种科学内——包括神学。分析基督教神学的历史,也可见这类改变,不是从一种神学变到另一种,而是从某一套"信仰、价值、技术之体系"转变成另一套。在神学界这种范式的转换之例,即为宗教改革,它所改变的不只是重点或解释,而是整个神学的根基,使其脱离中世纪的经院主义和威权式的传统主义,转向以圣经和信心为中心的范式。宗教改革不是翻开新的一页,或改变某个想法;它需要类似皈依信仰的抉择——然而却不是非理性的跳跃。

按汉斯·昆看来,罗马天主教与基督教界整体都已成熟到一个地步,可以采取一种有如宗教改革一样强烈的范式转换。他在《第三个千年的神学》一书中说,新的范式必须为"后现代"的,不但能"对现代作内在的批判",也要能"对未来作严肃、正面的展望"。[85]

汉斯·昆最喜欢的观念,是黑格尔的"扬弃"(Aufhebung)观,这个词英文没有同义词足以翻译。汉斯·昆对后现代的看法,是解释这观念的好机会。后现代的范式必须是现代(即立足于启蒙运动的文化)的"扬弃",就是要超越现代,但又不取消它。现代价值中积极、恒常的,将予以保留,而过时的层面则要由新的来超越。汉斯·昆主张,现代的一切必须被"保存、批判、超越",而新的后现代范式之文化则包括哲学与神学在内。[86]

因此,汉斯·昆并不反对启蒙运动;他甚至相信,这是一条不归路。批判理性、科学、质问式的历史批判法之兴起,以及启蒙运动所强调人的自主与自由,是不可能逆转的。神学必须带头来承认这一点。但现代文化中有负面的成分,是不科学的,如武断的理性主义,以及必然进步的谜思;这些必须被超越,以对理性更高的看法和对经验更实际的检讨来取代。前面已经提到汉斯·昆如此用"批判理性"作为对启蒙运动和现代事物的基本回应。

汉斯·昆呼吁,要建立神学的后现代新范式,即——"当代全基督教界的范式",以产生"批判式的普世神学"[87]。在《第三个千年的神学》一书中,他并没有提供这新范式的完整画面;他认为在当代神学中,这范式正在挣扎着成形。而他为它的诞生提供了一些原则、标准与指南。

最重要的是,就如科学界的新范式一般,神学界的新范式也要与先前的神学范式既有衔接性,又能截然断开。[88]汉斯·昆列举了几个互相较劲的范式,尝试指出其缺点,但保持其优点。比方,"天主教传统主义",可以19世纪写神学教科书的登齐格(Denziger)为代表,他保存了基督教教导的合一性与连续性,这是正确的,但他认为"整全的天主教教导"是基督教信息的全部内容,这就不对了。[89]另一种可能的选择,是巴特的教导。这位瑞士新教的神学家开启了一项改变,要把现代带往后现代范式。但他还需要采用批判方法,并且对世界宗教开放,才能让他的神学成为第三个千年的基本范式。[90]

## 神学方法

汉斯·昆立下两个标竿,新的神学范式必须在其中保持平衡:"从基督教的本源出发,保持以基督教为中心的观点之神学,背景却为今日的世界。"[91]换言之,神学必须与两个来源或两个标准合作。一方是"神借以色列历史与耶稣生平所发出的启示"[92],另一方则是"我们亲身在世上的经验"[93]。在神学这两种来源、标准之间,汉斯·昆肯定带里希的交互作用法,同时建议要作一重大的修正。他倡导"批判式交互作用",因有时其中真会有"批判式冲突"出现。[94]因此,神学家毋需一开始就以为,福音信息(即使经过最佳的历史与批判式解经)和现代人类经验之间,一直会是平顺的连续、和谐,有时候会出现抵触与冲突。这就是为何此范式为"后现代的",而不是"现代的"。冲突出现时,应当以基督教的信息为首要,而非以现代人的经验水平为准。

强调以基督教的福音为首要,胜过"人类经验水平",这是汉斯·昆的方法论与古典自由主义、新自由主义最大的不同。我们多么希望,汉斯·昆能提供更多具体的例子,表明这种首要性。大致而言,他更有兴趣的是:探讨基督教信息与人类经验交互关联的重要性。不过,他在这一点上坚持,无论是天主教或是新教,都要延续传统神学的范式:

> 这一切乃是意指,若要基督教神学作极大的范式变更,而还保持基督教的特色,就只能建基于福音,且至终为着福音,而绝非与福音作对。耶稣基督本身的福音(尽管为他而作的见证必须借历史批判来深入探讨),绝不能被神学家任意摆布,辖管其真理,就如历史之于史家,或宪法之于律师一样。[95]

具体来说,比方,汉斯·昆拒绝某些神学家的想法,他们想把耶稣基督从基督教的中心位置挪开,为了在宗教界中能互相了解,要以"神"字来取代他。这位天主教思想家认为,这是一个真正的分水岭,如果他仍要作基督教神学家,他绝不能跨越。[96]

汉斯·昆虽然强调,在基督教神学的新范式中,福音必须居首要性,但这并不意味着他与保守派或福音派人士站在一边,愿以圣经的默示为福音的基础。他想要在神学中保持以耶稣基督为人类独一的救主,并以此为神学的来源与标准;他所顾到的,并不是整本圣经。对汉斯·昆而言,相信圣经无误与相信教宗无误,同样是错误的。无误单属于神；圣经的作者乃是会犯错的人，他们只是为神在以色列当中和在耶稣基督里面作见证。

汉斯·昆认为，新教的基要派和福音派人士，已经把圣经高举到"纸教宗"的地步，这是不应当的。在福音与新约之间，都应该划出清楚的界线。[97]福音乃是蕴育在新约中，在耶稣基督这个人里面。唯有透过严格的"历史批判法"，才能重新发现这个神学的"绝对标准"，而这个标准又必须应用于圣经其余的部分。

汉斯·昆呼吁，要建立"向历史批判负责的教义神学"，其根据则为"以历史批判为基础的解经"[98]。以下我们将看到，这里会产生一个问题，甚至最同情汉斯·昆的批判家都承认，他的批判式通则范式真正的"绝对标准"是：新约（他过去的著作中偶尔暗示过）[99]、耶稣基督本人、"耶稣基督的福音"，或历史批判的方法论。[100]

身为天主教徒，汉斯·昆为教会传统在他的神学方法中找到一席之地。他赋予它基督教信息整个来源与标准的第二高地位。耶稣基督的福音位居第一，是绝对标准（norma normans），是一切真理的试金石，甚至超过圣经。教会传统的教导——当然包括圣经在内，也包括教父、会议、教宗等的教导——则是决定基督教信息的第二层标准。[101]在汉斯·昆最近的作品中，则显然忽略教会传统，不再以其具任何重要分量，足以影响神学新范式的架构与方向。

以上所谈皆集中于汉斯·昆对第一标竿的看法，即新的"批判式-普世"（critical-ecumenical）神学范式中，基督教的来源与标准。汉斯·昆的笔法与辩证式神学类似，而加入很强的历史批判法。基督教信息的中心与试金石，乃是耶稣基督加上有关他的福音；汉斯·昆这样说明："在耶稣的亮光与能力中，我们能以真正的人的样式在今日的世界里生活、行动、受苦、受死；我们完全向同胞委身，因为完全得到神的扶持。"[102]圣经，尤其是新约，参与在神学的绝对标准中，因为它是一个历史工具；不过，它本身并非不可批判。正如教会一样，圣经大体而言是"没有缺失的"，但却不是绝对无误的。尽管圣经有人为的错误，神仍使真理的亮光从其中传出来。教会传统有助于分辨何为基督教的信息，应当受到尊重，是神学的第二层来源与标准，但要比圣经更可修正、改革。

新的批判式通则神学范式的第二个标竿及来源与标准,为"人类经验的水平",亦即"我们今日世界的经验,包括其中一切矛盾性、偶发性及可变性"[103]。经验的标竿所涵盖的事,诸如:在了解并衡量自称为真理的事上,必须有批判的理性;肯定对自然界及其运行需有科学观的假设(亦即"现代的世界观");以及要求所有信仰彼此必须宽大、包容、接纳。

在《神存在吗?》一书中,汉斯·昆处理了基督徒信息与批判理性的关系。在《论基督徒》一书中,他探讨基督教信仰与现代化、科学化世界观的交互作用。在《基督教与世界宗教》一书中,他与世界几大信仰的代表一起讨论基督教信仰和其他宗教的关系。每一次,汉斯·昆都紧紧抓住耶稣基督,作为基督教来源与标准的中心,来克服世俗文化及非基督教信仰所提出锐不可当的反对与问题。同时,对于好些传统的基督教信念,他或是将其相对化,或是干脆否定,而承认某些非基督教所称的真理。

## "神的历史性"

汉斯·昆和许多20世纪的神学家一样,十分关切如何克服神与世界的二元论——他认为大部分的传统神学都隐有此意,而同时又避免沾上泛神论的边。换言之,他想从神的临在性当中找出超越性。汉斯·昆的神论,主要是在与黑格尔进行批判式对话时整理出来的,详见《神道成肉身》一书。尽管汉斯·昆与黑格尔在许多看法上均不相同,但他显然对这位德国哲学家对神与世界的辩证式合一之说相当折服。因此,他尝试发展"后黑格尔式"的神观,将传统基督教神论与黑格尔的万有在神论都予以超越,但同时又加以保留(扬弃)。这种神观排除了"天真的神人同性论,以及更开明的自然神论,就是认为神是在地球圈之外、之上,与世界和人同时并存,又凌驾于其上"[104]。同时,汉斯·昆的处理又比黑格尔更进一步。它导引出一个新观念,从爱的辩证来看永活的神,而不是用黑格尔知识的辩证;这样就会发现"神在世界中,

超越在临在中,彼岸(beyond)在此时此地"[105]。

汉斯·昆悉心地检验黑格尔的哲学神学,并陈明他与这位伟大德国思想家的相同处与相异处。他很快便否定黑格尔为泛神论者的指控,却承认"他是万有在神论者"的指责。在黑格尔看来,神与世界——或神与人类——并不是"卷成一体"的。然而,他们是联合的,这是一种本质上、互惠的差异中之合一,因此,黑格尔的神"很少被形容为活泼、主动的一位,有'你-我'的关系,而只是具创造力、永存的宇宙生命与灵体"[106]。

汉斯·昆不赞同黑格尔对神位格的缩减,也不赞同因神与人在本质上联合而导致不需要恩典之说。他反对黑格尔,说:"一位有恩典的神,所需要承担的,是活在世界里面,在世界但却不为世界局限,既临在又超越……亲近世界的同时,又与世界不相同。"[107]黑格尔有将神囚禁在他自己的哲学体系及世界和神之整体("灵体一元论")内的趋势,汉斯·昆则不以为然。显然,神的自由,就是神施恩典的前提,在汉斯·昆看来,这是基督徒信息中最不可妥协的核心之一。

同时,汉斯·昆发现,黑格尔对神和神与世界的关系之看法,有不少可取之处。与过分静态、与世无涉的传统神论比较起来,黑格尔的神更活泼、有力、能够受苦,而且将与他对立者包含在他自己里面,而不是远远站着,旁观世界历史。汉斯·昆认为,这幅对神的图画,使人对道成的肉身的了解更容易、更有利,比传统基督教神学所援用源于希腊的神观更适切。从道成肉身的观点来看,这位天主教神学家问道:"神的超越性、不变性和不更改性,岂不是需要彻底的重新诠释吗?"[108]他对这个问题的答案是正面的,并且宣称,这种再诠释需要借助"跟随黑格尔的脚踪"(到某种程度),因为这位德国哲学家对神的观念,"显然更适合传统基督论所要陈述的事,而且业已经过彻底的思考"[109]。

汉斯·昆指出,黑格尔的神观在三个要点上对基督教神论的重新诠释有所贡献:神的受苦、神内部的辩证,以及神对未来之事的参与。[110]以下将按相反的次序来谈,首先看神对未来之事的参与。

按汉斯·昆的评估,当代基督徒思想的一个主要任务,便是去了解神的历史性。其实,《神道成肉身》一书,就是以神的历史性为主题。他主张,神的道成肉身,意指解释神的属性,必须从神与耶稣在诞生、生活、受苦、受死、复活合而为一的亮光中来看。汉斯·昆说明:"人的得救,端赖神不置身于历史之外的事实,是神自己在这个人身上扮演一角,而不只是人来做这件事。"[111]因此,传统所肯定神的不变性、无痛感性(汉斯·昆认为,主要是基于希腊的形而上学,而不是基于圣经),必须重新思考,按神在耶稣里的亮光来修正。这位神是能够进入历史,使历史为他而写的神。他是活泼、有力、历史的神,他进入历史,不是由于必要,乃是因为他在恩典与大爱中选择这样做。

神参与在历史中,并不显示他有所欠缺,或是一种自我发展,似乎神必须变成某样东西以实现自我。在这点上,汉斯·昆力斥黑格尔和怀特海的看法。若说神必须变成另一个东西,这种说法乃是"对人类的不幸、黯淡无光的模仿"[112]。但,他补充道,神的确曾变成为人,如此一来,神就有了"基本的历史性",从他内在活力的生命中涌流出来。

在讨论神基本的历史性时,汉斯·昆避免去碰神成为人时本身有否改变的问题。但是从字里行间,我们可以推演出汉斯·昆对这个关键问题的态度。一方面,他否定神的可变性是基于有改变的必要。他也不主张神会作无理性或反复无常的改变。另一方面,他亦拒绝神一成不变的看法,亦即他对历史上的痛苦、世上的苦难会无动于衷;从耶稣的生与死来看,更不致如此。

在这里,汉斯·昆的思想乃是辩证(正反合)式的,在两个错误的极端之间移动。他宣称,神可能改变,也曾经改变,与他的本性并无二致,就是与在基督里的有限、暂时与受苦认同。但这种改变不是否定或缩减他的神性,反倒是神性最高的彰显。[113]

至于神内部的情形究竟为何,以致能产生这种历史性?在探究这奥秘时,汉斯·昆揣测的成分较大。他主张,黑格尔第二方面的贡献,就是神内部是辩证式的。神可以改变,因为他在自身的无限内,总是已经涵括了有限与不完全。这是黑格尔神论的版本,他视神为"真正的无限",意即不是与有限并行,而是将其涵括在内,用汉斯·昆的话说:"因此基督教这位又真又活的神,不是排除他的对立者,乃是将其涵括在他里面。"[114]他注意到,希腊的形而上学不可能想象这样一位神,而传统的

基督教神论大部分是根据希腊的形而上学。对汉斯·昆而言,这种无限与有限在神永恒本体内的正反合,乃是神能在基督里自我降卑的基础。他在《神道成肉身》一书中的理论,可以用一段描述神这种动态、辩证本性的揣测看法来作综论:

> 神不受强逼,但他能够做他在世上所做的事,行这些事的能力根植在他的本性内。这位真活神的本性,乃是能够自我降卑的本性,虽然没有什么可以勉强他这样做,但这本性却意味着,他有能力在恩典中将自我贬抑。[115]

根据所谓"黑格尔的贡献"而提出的这两则有关神的理论,成了汉斯·昆修正神的超越性与临在性之基础。在著作中,他再三强调,现代或后现代的神观,一定不能将神与世界分开:没有世界的神,和没有神的世界,都不存在!我们必须视神存在于世上,且向世界与历史启示自己,却没有融化于其中。神借放弃自我的爱,来拥抱世界,使自己能深印在历史中,而使历史也成为他的一部分。这是可能的,因为神已经将有限涵括在他自己里面。

但这样一来,岂不又回到了黑格尔的万有在神论?汉斯·昆能否实质上避免如此,而不只是一味地否认?为什么他不用三一神论来解释神如何能同时在时间与历史里,而没有失去自我,就像莫尔特曼、云格尔等其他当代神学家所做的?分析到最后,汉斯·昆的神论太接近万有在神论;他唯一避免该论点之缺失的方法,是声称为要确保神的自由与恩典,该论点是站不住脚的。

汉斯·昆所赞赏黑格尔第三方面的贡献,是他对神受苦的强调。因为神在自己里面包含了他的相对面,所以他可以受苦而不至于全然凄惨。在此,汉斯·昆又在两项相反的错误中,借辩证法来前进:一为神没有痛楚说(apathetic),一为神全然凄惨说(pathetic)。前一个极端是早期基督教受希腊形而上学影响而犯的错误;第二个极端则是进程神学与其他现代形而上学对神看法的错误,其依据则为现代范畴改变观的终极推论。汉斯·昆主张,道成肉身的神,是自由选择受苦,出于恩典，而不是出于需要或缺乏。[116]

当代神学几乎都相信神的受苦。神学只经过一代，就把神无感觉的传统教义完全推翻了，而现在若要再提出这类主张，几乎形同异端。然而，我们还是要问，汉斯·昆对神受苦之基础的讲法，是否比进程神学的看法更好。汉斯·昆认为，神受苦的依据，是他自由选择去认同基督的苦难。然而这也是依据神内在的辩证性，亦即神总是将相对面的张力包含在他自己里面。他是将有限包含在内的无限，将不完全包含在内的完全，将死包含在内的生。这样一位神似乎与历史和苦难密不可分。对这样一位神而言，参与历史，认同其痛苦与灾难，似乎是既定的，而不单只是恩典。

汉斯·昆指责黑格尔，在其哲学体系中将神与世界出于恩典的关系"取消"了。但他也主张，基督教的神是"在今世也在来世，在世界之上也在世界之中，在未来也在现在。神是以世界为定向的：没有世界就没有神。而世界完全是为神订制的：没有神就没有世界"[117]。这段话的头一部分，反映出汉斯·昆要平衡神的超越性与临在性。但第二部分却让人质疑，他有否落入黑格尔的错误，将神与世界绑得太紧，以致双方都有损伤。

若指责汉斯·昆只强调神的临在性，就不对了。他不厌其烦地一再声明神对世界有超越的自由。他非常清楚，当代神学强调临在性的取向，已经在神学的各个层面造成严重的危机。然而，因他十分接纳黑格尔本体论的某些说法，如：无限与有限辩证式的合一，以致他被不智地逼到一个陷阱旁，把神与世界焊在一起，而贬抑了神与世界在恩典中的关系。

## 基督论

若不算与梵蒂冈的辩论，汉斯·昆的神学最引起争议的，便是他的基督论。德国天主教的主教们，对他的基督论之反感，甚至超过教会论。基督论是造成天主教与他决裂的主因。虽然教会领袖一直准备以某种方式来制裁他，但直到1974年《论基督徒》一书出版后，他们才有机会评估他对耶稣基督的说法，而许多人便认定，需要对其给予严厉的判决。

然而汉斯·昆却认为，他的神学完全以基督为中心。他的基督论是要回到圣经最早有关耶稣基督的教导，并且以该见证作为基督教信息的中心。他解释道："基督教的基础不是杜撰的事、传说或神话故事，也不只是一些教训，……主要乃是一位历史人物：拿撒勒人耶稣，人们相信他是神所立的基督。"[118] 那么，为何他的基督论会引起争议？

在《论基督徒》一书中，汉斯·昆明言，他为现代读者解释信仰的方法，是纯粹采用"自下而上式"。面对这时代的人，他不想先肯定教会的信条，而是要先谈他们的问题与经验，再谈今日信仰的合理性。[119] 这位天主教思想家用这个方式来探讨基督论，从耶稣的历史开始，探讨他究竟是谁，直谈到教会承认他是基督——即当日第一批门徒所走过的路径。[120]

这个探讨基督论的方式并不算太新颖。布龙纳和潘能伯格等人都曾用过。争论的问题不在方法，而是他经过这些步骤后得出的结论。

在《论基督徒》一书中，汉斯·昆花了几百页来探索历史之耶稣的个性。耶稣不是"敬虔的律法主义者"，也不是"革命者"。在汉斯·昆的笔下，他乃是一位完全关注神所关怀之事的人——亦即，全然以他人的福祉为念；他是位与神有独特经历的人——神是他的"阿爸"；他是位毫无保留委身于神国的人。最后，他被神从死里复活，并"高举"在荣耀中。（然而，汉斯·昆明说，这些都是比方的说法，让我们可略为揣摩耶稣基督在死后所变成的样式。）显然，这位天主教神学家认为，耶稣是位独特的人物。因为他的为人、行事，以及受死之苦，"拿撒勒人耶稣，这位真实的人，在信心里成为独一之神的真正启示"[121]。他是神的"代表、特使、代理者"，及"父神的活指标"。[122]

汉斯·昆的批判者所要找的，乃是对耶稣之神性的积极言论，对神以本体道成肉身在耶稣里的肯定，或承认耶稣可以被称为神的说法。但他们找不到这些。在对耶稣先存性的讨论中（这是最适合肯定他神性的地方），汉斯·昆的解释是，这教义只是指，终极而言耶稣的源头是神。[123] 这句话可以适用于任何人、任何事！汉斯·昆似乎是主张一种

"理念先存"的理论,亦即耶稣先存于神的心思与意志中,但并不是三一神永恒的第二位。[124]有一小段里,汉斯·昆提供了他对"古代卡尔西顿会议的'真神与真人'一词的现代正解"。他仍是说,耶稣为"神的倡导者与代理者、代表与委派者",是"人类永远可靠的终极标准"。[125]他写这些,是为要"反对将耶稣神性化"[126]。

批判汉斯·昆的人,当然会指责他是持嗣子论,并贬抑基督论。一点也不错,因为他的基督论似乎是纯粹从"功用"的角度来谈道成肉身——神在一个人身上工作、行事。这似乎又是一位当代的神学家想借大声夸耀人性来谈论神。耶稣难道只是因为作了神在人当中的代表,便算是神道成肉身?是否作了人的模范就等于神成为肉身?如果我们否认耶稣在本体上真正是神,是否能防止将他列为伟大先知之一的错误?

因着这类问题,德国的天主教及其他人便站出来反对汉斯·昆。

## 批判的评估

汉斯·昆是20世纪著述最丰、名气最大的神学家。许多人视他为基督教界进步思想者的楷模。有些人则视他为学术界高傲叛徒的缩影。凡是认识他、了解他神学的人,很少会无动于衷的。前文已经约略提及他的神学之长处与弱点。

他最大的长处,大概是向世俗的时代提供了一种护教学。很少有一位神学家像他一样,极力对付无神论、不可知论、虚无主义等的挑战,到如此深刻、如此细微的地步。他对这些世俗主义了解之深、之广,令人惊异,而他对它们长处与短处的评析,也令人折服。他以同情与坦率来对待它们,同时又用批判的眼光指出其内在的矛盾及与经验不一致之处。

例如,在《神存在吗?》一书中,汉斯·昆讨论了颇具影响力之法兰克福(Frankfurt)社会科学派,及其发言人阿多尔诺(Adorno)、霍克海默(Horkheimer)与哈贝马斯(Habermas)等人所谈,相信神对社会的功用。经他分析,霍克海默与其他两人的说法显然相反,披露出这位社会科学家对相信神的好感，认为是客观伦理能够存在的必要基础。

汉斯·昆最大的强项，是与现代和后现代科学、哲学作创意的对话。透过这些对话，他让人折服，承认不信的理由并不比信的理由更强，而且抓住神并不意味着要牺牲作为启蒙之现代人的资格。

若说护教学是汉斯·昆的优点，神学方法与教义的解释便是他的缺点。基督徒的信仰——他花了这么大力气为其理性辩护的信仰——究竟有何价值？他是否又任凭这信仰被现代或后现代的世界观所掳去？如前所述，甚至最同情汉斯·昆的批判者，都觉得他的神学方法有模糊不清之嫌。

他对神学标准的看法，最可显出这种模糊不清。汉斯·昆主张，圣经高过所有教会传统，包括古代与现代的传统在内；圣经是基督教神学判断一切标准的最高标准。然而他对圣经本身的评估却为：它纯粹是本历史书，且可能有错误；所以它必须接受历史批判解经的严格判断。[127] 在引进历史批判式的解经之后，汉斯·昆将神学最高标准转变为圣经中的福音——耶稣基督。但这个标准必须从圣经中取出，再透过历史批判法应用于圣经与传统中。汉斯·昆最后真正的标准究竟是什么？是圣经，是圣经中的"福音"，还是历史批判法？

拉库娜（Catherine LaCugna）的分析相当正确，她观察到，汉斯·昆的神学方法（他明言的用意）与他真正用的方法（他实际采用的方式），其实有所区别。[128] 在深入探究前者之后，她的结论为："正式来说……在汉斯·昆的理论神学方法中，似乎在信仰与历史之间，有一种明显的（或造成困难的）张力存在；历史的这部分成为信仰那部分的条件，却又不能限定信仰。"[129] 换言之，如果历史批判的理由与圣经对耶稣基督清楚的教导发生冲突时，汉斯·昆无法下定决心，以哪一方作为神学真理的最高标准。至少在圣经对福音的教导方面，他从来没有明确地说，历史批判法是比信仰更高的准则。

然而，拉库娜指出，在应用的方法上，汉斯·昆让历史批判法占的分量过重。虽然他以耶稣基督为一切真理和真理本身的标准，但那"真正的基督"却似乎只能透过历史批判的分析，才能找到。[130] 因此，在实际做法上，汉斯·昆将批判理性置于耶稣基督本人之上，至少是与他平行,而显然超过圣经与传统。但是这种方法岂不高抬某个批评学家,或某一派批判学者,使其地位超过福音的宣告?而这福音的宣告惟独来自圣经与传统。如果是这样,那么对汉斯·昆所加"新教自由派"的指控,便可说得过去。

从汉斯·昆对基督教教义的重新架构上看来,"新教自由派"的指控就更贴切了。他所论神与世界的关系,使得神实际上的首要性变得不甚清楚。有好几处他暗示非常欣赏黑格尔的"神与世界辩证式的合一"。他也明确表示,极不喜欢整个"超自然"的观念,又坦率否定神迹的概念,就是传统所谓打破自然律的事件;他认为,这概念一点道理都没有:"从物理界而言,神以超自然的方式在世界工作乃是无稽之谈"[131]。那么,对圣经中非常重要的敬虔生活,如祷告等,基督徒应当持什么心态呢?汉斯·昆在主要的教义或护教作品中很少谈到祷告,这实在不令人意外。最后,汉斯·昆将耶稣基督描绘成一位特别的人,甚至十分独特,但却不是道成肉身的神(尽管他最重要的一本书是以此为名)。

在精采的护教学之后,汉斯·昆留给我们的,乃是相当软弱、带新教自由派色调的神学,在其中历史批判与现代、科学的世界观扮演了带头的角色。拉纳所言,汉斯·昆必须被视为新教的自由派,实在相当正确。

## 注释:

拉纳:人类主观的超越性

1. Karl Rahner, *I Remember. An Autobiographical Interview with Meinhold Krauss*, trans. Harvey D. Egan, S. J. (New York: Crossroad, 1985), 19.
2. George Vass, *The Mystery of Man and the Foundations of a Theological System*, vol. 2 of *Understanding Karl Rahner* (Westminster, Md.: Christian Classics, 1985), 118.
3. Herbert Vorgrimler, *Understanding Karl Rahner. An Introduction to His Life and Thought*, trans. John Bowden (New York: Crossroad, 1986), 99.
4. *Karl Rahner in Dialogue. Conversations and Interviews*, 1965-1982, ed. Paul Imhof and Hubert Biallowons, trans. Harvey D. Egan (New York: Crossroad, 1986), 22.

5. 前书,147。
6. Karl Rahner, *Foundations of Christian Faith. An Introduction to the Idea of Christianity*, trans. William V. Dych (New York: Seabury, 1978), 87.
7. Karl Rahner, *Hearers of the Word*, trans. Michael Richards (New York: Herder & Herder, 1969), 17.
8. Rahner, *Foundations*, 12.
9. Rahner, *Hearers*, 53.
10. Michael J. Buckley, "Within the Holy Mystery," in *A World of Grace. An Introduction to the Themes and Foundations of Karl Rahner's Theology*, ed. Leo J. O'Donovan (New York: Seabury, 1980), 34.
11. Rahner, *Hearers*, 56.
12. 前书,57。
13. 前书,59-60。
14. 前书,53。
15. 前书,155。
16. 前书,161。
17. 前书,101。
18. 前书,65-66。
19. Roberts宣称,对拉纳而言,"人存在的唯一用处,即在于他一直在走向神,无论他自己是否清楚知道,也无论他愿意与否。"Louis Roberts, *The Achievement of Karl Rahner* (New York: Herder & Herder, 1967), 37.
20. George Vass, *A Theologian in Search of a Philosophy*, vol. 1 of *Understanding Karl Rahner* (Westminster, Md.: Christian Classics, 1985), 20.
21. Rahner, *Hearers*, 112.
22. 前书,114。
23. 拉纳对自然与恩典的正式讨论,以及他对非本质主义的反对言论,见"Nature and Grace," in Karl Rahner, *Theological Investigations*, vol. IV, trans. Kevin Smyth (Baltimore: Helicon, 1966), 165-188。
24. O'Donovan, ed, *World of Grace*, 191.
25. Rahner, *Foundations*, 116.
26. 前书,129。
27. 前书,123-124。
28. 前书,116。
29. 前书,131。
30. 前书,123。
31. Karl Rahner, "Anonymous Christians," in *Theological Investigations*, vol. VI (London: Darton, Longman and Todd, 1969; New York: Seabury,

1974), 390 - 391, 393 - 395.
32. Rahner, *Foundations*, 152.
33. 这是法斯的结论。他写了两册书,分析并批判拉纳的神学。尤其见 *The Mystery of Man*(vol. 2), 59 - 83。
34. Rahner, *Foundations*, 60 - 61.
35. 前书,171。
36. 同上。
37. 同上。
38. 前书,173。
39. 前书,174。
40. 前书,158。
41. 前书,161。
42. 拉纳将基督——特别是道成肉身——与人的进化相联,这与德日进的神学有许多雷同之处。德日进的想法,在 *Foundations* 中的一篇名为"Christology within an Evolutionary View of the World"(178 - 206)的文章,可以清楚看出。
43. 前书,74。
44. 前书,75。
45. 前书,74。
46. 前书,78。
47. Vass, *Theologian in Search of a Philosophy*, 59.
48. Rahner, *Foundations*, 62.
49. Vass, *Theologian in Search of a Philosophy*, 61.
50. Rahner, *Foundations*, 63.
51. Karl Rahner, *The Trinity*, trans. Joseph Donceel(New York: Seabury, 1974), 22. Rahner's Rule 一词是 Ted Peters 提出,见"Trinity Talk, Part I," *Dialog* 26(Winter 1987): 46。
52. 前书,99 - 101。
53. Rahner, *Foundations*, 220.
54. 前书,223。
55. 前书,228 - 229。
56. 前书,296。
57. 前书,279。
58. 前书,280。
59. 前书,300 - 301。
60. 前书,228。
61. 前书,303。
62. 前书,249。

63. 前书,224-227。
64. 前书,225。
65. 前书,226。
66. Vass, *Mystery of Man*, 99.

汉斯·昆:力图平衡临在性与超越性

67. Hans Küng, *Justification*: The Doctrine of Karl Barth and a Catholic Reflection, trans. Thomas Collins et al. (New York: Thomas Nelson & Sons, 1964), 282.
68. Hans Küng, *Infallible? An Inquiry*, trans. Edward Quinn (Garden City, N. Y.: Doubleday, 1971), 181.
69. Robert Nowell, *A Passion for Truth. Hans Küng and His Theology* (New York: Crossroad, 1981), 194.
70. 1989年3月,汉斯·昆在德州休斯敦私下与作者谈话时,讲起这点。
71. 同上。
72. Hans Küng, *Reforming the Church Today. Keeping Hope Alive*, trans. Peter Heinegg et al. (New York: Crossroad, 1990), 64-71.
73. Hans Küng, *Does God Exist? An Answer for Today*, trans, Edward Quinn (Garden City, N. Y.: Doubleday, 1980), 403.
74. 前书,449。
75. 前书,464。
76. 前书,124。
77. 前书,544。
78. 前书,550。
79. 前书,571。
80. 前书,536。
81. 前书,111。
82. 前书,337。
83. 汉斯·昆当然不是当代唯一使用后现代一词的神学家。因为现代的某些文化层面受到广泛的批评,所以便有一神学的新途径应运而生,这名词便是形容这种途径。然而,对于究竟何为后现代神学,却没有一致的意见。汉斯·昆是试图将内容放入此一观念的神学家之一。其他人的尝试,见 David Ray Griffen, William A. Beardslee and Joe Holland, *Varieties of Postmodern Theology* (Albany: State University of New York Press, 1989)。
84. 自然科学与神学两者的范式改变,最佳的探讨见 Hans Küng, *Theology for the Third Millennium, An Ecumenical View*, trans. Peter Heinegg (New York and London: Doubleday, 1988), 123-169。
85. 前书,6。

86. 前书,8-9。
87. 前书,127。
88. 前书,154。
89. 前书,185。
90. 前书,190-191。
91. 前书,106。
92. 前书,108。
93. 前书,116。
94. 前书,122。
95. 前书,159。
96. 取自1989年3月在德州休斯敦的私下谈话。
97. Küng, *Theology for the Third Millennium*, 193.
98. 前书,194。
99. 前书,59。
100. Catherine Mowry LaCugna, *The Theological Methodology of Hans Küng* (Chico, Calif.: Scholar's Press, 1982), 182-183.
101. 汉斯·昆对传统的看法,最详尽的讨论见前书95-103。
102. 引自 Nowell, *Passion for Truth*, 246。
103. Küng, *Theology for the Third Millennium*, 166. 值得注意的是,在本书的两个地方,汉斯·昆将这两个标竿的次序颠倒过来,两处都是在特别说明其彼此的关系。
104. 前书,237。
105. 同上。
106. 前书,133。
107. 前书,288。
108. 前书,455。
109. 前书,457。
110. 前书,458。
111. 前书,449。
112. 前书,455。
113. 前书,450-451。
114. 前书,452。
115. 同上。
116. 前书,445-446。
117. Küng, *On Being a Christian*, 306.
118. Küng, *Theology for the Third Millennium*, 111.
119. Küng, *On Being a Christian*, 83.
120. Küng, *Incarnation of God*, 493.

121. 前书,444。
122. 前书,391-392。
123. 前书,447。
124. 汉斯·昆的三一教义没有充分发挥,并且非常含糊。他似乎认为,"圣灵"是父神的同在,而"圣子"是耶稣。所以,并没有临在的、永恒的、本体的三一神;三一神只在历史上、功能上存在。然而,这只是推测,因为他没有留下什么资料,让人足以解释他对神三位一体的观念。见 *On Being a Christian*, 477。
125. 前书,449-450。
126. 前书,449。
127. LaCugna, *Theological Methodology*, 85.
128. 前书,174。
129. 前书,178。
130. 前书,194-195。
131. Küng, *Does God Exist?* 653.

# 第 9 章
# 在故事中的超越性
## ——叙事神学

人都会讲故事——可能生来如此。所有的部落和民族都借神话、故事来表达他们对真实世界的了解。有些故事是有关个人的事。自古以来,人类就会详述历史,将他们的生活记录下来,写成自传或传记。

自 70 年代开始,在神学上有一个特别的研究方式被人广泛采用,就是将最近所发现的故事对人类自我了解的重要性,纳入神学研究的范畴。这个方式被称为"叙事神学"(Narrative Theology),即运用故事及说故事者的观念,作神学反思最重要的题材。

以故事为重的方式,使超越性的概念有了新的出路,而同时临在性也有存在的空间,因为这种超越性是在故事里的超越性。叙事神学所发展的新观念,使这方面的讨论不再停留于纯粹的时间范畴,就是希望神学所引进的范畴,也是自由神学回到临在性的理由。叙事神学之创见,即是主张信仰乃是将我们个人的故事与某一宗教团体所传讲之超越性与临在性的故事联在一起,而至终则与神在世界所做之事的最大叙事结合起来。信仰团体所传有关神的故事,提升了我们个人的、有限的故事;然而无论就世界历史还是信徒一生的信心生活而言,这故事都具临在性。

## 基本特色

　　一部文学作品若要算为叙事，最广义的说法，就是其中有一则故事，也有说故事的人。不过，较新的叙事派说法，则比这个最低要求要复杂一些。从神学研究来看，叙事派思想家法克利（Gabriel Fackre）将"故事"定义为："记录人物与事件在时空间发展的过程，由冲突朝向解决之途。"[1] 这种叙事源自人的需要，因为人必须让过去与未来和现在取得协调。而借着将事件作顺序安排，以显示各样事从时间看来并非杂乱无章、毫无意义，乃是有其目的，如此便满足了人的需要。[2]

　　叙事派思想家的出发点，与其他现代神学各种运动大致相仿，一开始便是质问：在世界上作为人，究竟是怎么回事？为要寻得答案，他们便在故事里面找。他们主张，人类的经验一定会以叙事形态存留[3]，因此，也必须用叙事的形态来了解。[4] 基督徒叙述神学家就是研究作为基督徒信仰根基的那些历史事件，即圣经与基督教传统所记载的故事；他们声称，个人在应用这些故事时，它们便有救赎性；因而它们成为每个人寻找生存意义与价值的基础。[5]

　　这种主张将自己的故事讲出来，并将自己的一生与一个团体的故事融合起来的说法，是根据当代的一种看法，即我们一切基本信念，无论是否具宗教性，都根植于某些叙事中，这些叙事是这类信念的背景，使其富有意义。按这种看法来推论，叙事派思想家便建议，人与人的道德差别，其实包括了"解释历史"的不同。[6] 所以，叙事派神学家认为，叙事实为神学的关键；神学反思的中心，既然是使宗教信念为人理解，让人重视，研究叙事就必定是重要的任务。按戈德堡（Michael Goldberg）的说法，这些思想家共同的主张如下：

> 为了要正确阐明、审查、更新这些深植人心的宗教信念，就是塑成一个团体的信念，我们必须钻研相关故事的语言学结构，因为它们所描绘的各种人物与事件的互动，就是这些信念的来源与基础。[7]

## 神学背景

虽然叙事神学到 70 年代才浮出水面,但其基础在本世纪初就已扎下。与其他神学的新方向一样,因为旧约的研究神学方式似乎产生了困难,所以才有一派人转向故事法。更具体来说,神学本身的趋势,以及对启示的性质、圣经之权威与运用等圣经研究学的发展,成了此一新运动的基础。因此,叙事神学从某个角度来说,可算是在神学研究的本质以及圣经在神学中的地位(整个现代时期都受这问题困扰)都出现危机时一条新的出路。

自中古时代直到新教的经院哲学派,神学都被教会视为是将启示的真理作系统化的表达。大致而言,启示则为真理的矿床。到了 20 世纪中叶,这个方法已经腐朽了。不仅是神学家,甚至连许多教会人士都觉得,单单引用几节圣经,并不能将 1 世纪与 20 世纪之间的鸿沟填平。除了向启示的真理申援之外,还必须找出一个新方法,来继续神学的使命。有些人认为,圣经的叙事是一个很有希望的新方向。

然而,叙事神学的先驱者并不认为,传统的列出抽象、命题式公式的做法,就算完成了神学的使命[8](不过追随他们的人中,有些人对这一点的看法更激进)[9]。他们的论点很简单,即神学在进行批判反思的任务时,不可忘记叙事的本身,就是神学反思能力的来源。换言之,他们强调神学必须在故事与对其系统反思之间移动。[10]

虽然这是基础,但叙事神学家在其论述中是以故事为首要,超过教义的地位。这个运动要透过此种方式,来改变以教义为启示之中心的传统。豪尔瓦斯(Stanley Hauerwas)非常贴切地宣称:"教义……不是故事的结论,不是故事的意义,也不是故事的中心。教义乃是工具……让我们能把故事说得更好。"[11]

在这神学本质的危机之外,所连带引起的第二个危机,便是基督教的认同问题。[12]根据叙事神学家斯特鲁普(George Stroup)的说法,这种危机的征兆,便是教会里听不见圣经:

圣经不再像从前一样,在基督徒团体中具有权威性。而那些仍然让圣经扮演传统角色的团体,则对 20 世纪的问题或是不闻不问,或是并不认真参与。[13]

这种征兆还有其他并发的现象,即教会生活还失去一些基本资源:信徒与团体不再感到活在某种神学传统之中,也不觉得神学对教会生活有何重要性。

斯特鲁普推论道,由于失去了这些东西,基督徒不再能用自己的信仰作基础,从而建立其个人的生存意义。[14]因为愈来愈多上教会的人觉得,基督徒信仰的术语,或者他们在信徒团体内的活动,在他们"自己身份的故事"里(就是他们向别人讲述自己时)并没有多少分量。叙事神学的兴起,有部分原因是要面对这项挑战。

## 新正统神学的基础

在向旧的神学方法挑战的过程中,新正统派对启示的了解,为叙事神学铺了一条路。在 30 与 40 年代之间,关于这方面的著作为数不少,其中有两本影响力最大,也为叙述神学奠定了基础。一本是尼布尔的兄弟理查德·尼布尔所写的《启示之意义》(*The Meaning of Revelation*,1941),另一本则是巴特的名著《教会教义学》的前两部分。

理查德·尼布尔在书中力图修改神学的焦点,让人注意到基督教信仰一个久被忽略,却不证自明的特色,即,基督教信念的根本,是奠基于一历史架构内[15]——就是由圣经故事所决定的架构。他认为,从本质而言,神学就具有历史性,而神的启示也透过历史的媒介而来。[16]为了要说明这个理论,理查德·尼布尔成为少数特别指明圣经多半是以故事写成的人之一,并指陈了这事实的重要性。[17]

理查德·尼布尔所发展的理论,最重要的一点,便是将他所发现的历史之两方面作了清楚的区分,即外在历史与内在历史,或从外面来衡量历史与在历史里生活。[18]外在历史是由客观事件组合而成,内在历史则是个人与团体的一些故事。与外在历史比较,内在历史从生命的角度来关注个人的体会、价值和时间。[19]

这种对历史的双重理解,成为理查德·尼布尔启示观的背景,因为它能帮助人明白,一个事件如何可具启示性——成为神的工作,而同时仍然可以成为观察者分析的对象。[20]理查德·尼布尔认为,启示即为内在历史中的一连串事件,对某个个人或团体而言,成为他们解释其他所有事件的依据[21],而这个个人或团体自我认识的形成,与此息息相关。他认为所谓启示,便是能让我们了解、记住、应用过去[22],并解释当代个人行为或道德行为[23],又能预期未来的事。如此一来,启示成了连续不断的事件,"每当我们回忆自己历史中那束明亮的光,启示就再度重现"[24]。

他对这些题目的讨论,使叙事神学家有根可寻,认为他的书中蕴含着他们所提之看法的雏形。斯特鲁普结论道:"理查德·尼布尔让我们注意到,'客观'或'外在'历史,与个人或团体本身的历史相遇时的情形。在这种叙事与叙事相遇的情况下,我们才有理由寻找启示的意义与基督徒身份的含义。"不只如此,"理查德·尼布尔大胆地宣称,启示包括在内在历史的层面中运用外在事件;而这种'运用'显然必须是故事形式,即理查德·尼布尔所谓的'我们生命的故事'"。斯特鲁普根据尼布尔的理论,结论说:由于人对启示事件的反应,基督徒会以叙事来表达自己的信仰。[25]

理查德·尼布尔对启示的另外一个看法,对叙事神学的发展也同样重要。[26]虽然启示是在个人的内在历史中发生的事件,但按尼布尔的了解,它不只是个人性的。在启示的过程中,个人所属的团体不可或缺,因为叙事与象征都靠团体来传承,而个人会将其内在化,成为启示的契机。

从叙事神学的角度来看,巴特在其《教会教义学》前两部分对启示的讨论,为理查德·尼布尔所提出的概念,写下完美的句点。巴特广为人知的神之道三重特性——成为肉身之道、记录之道、宣讲之道——成为此一新运动的基础。从这一点开始,巴特又发展出他对启示的二层面观。当然,客观层面便是耶稣基督道成肉身,在这历史事件中,神的道成为众目所睹的事实。这便是启示的内容,显示所启示的究竟是什么。然而,启示同样也是主观的,因为它必须于现在出现,出现在个人与团体的经验中。这个层面说明了神之道如何在人的言语中，成为真实的事。

巴特的著作为后来叙事神学的发展提供了观念的根据，就是用故事作为神人相遇的工具。斯特鲁普说："巴特将启示教义列于首位，即是将基督徒的信仰与一连串事件相连，基督徒相信，在这些事件中，他们亲见耶稣所称'阿爸'的实体在运行、活动。"[27] 叙事神学家将巴特的这种观念和理查德·尼布尔的观念放在一起，为要说明：启示事件即是个人历史与其所属团体之历史相遇时的状况。

## 圣经研究的背景

在神学发展进入另一个里程碑之际，圣经研究也同样有重大的改变。神学危机是由于神学对启示与圣经之特性的问题而引起，圣经研究则是因 20 世纪之初开始兴起的历史批判法逐渐产生危机而备感困扰。

用历史批判法研究圣经，乃出于宗教改革，就是在解经时，问有关事实方面的问题，特别是圣经作者对历史事实的看法如何。由于历史批判法大行其道，逐渐产生一种趋势，即一段经文对今日的意义为何的问题，而答案若不是"并不重要"，便是"没有意义"，言下之意为，倘若圣经所言的这件事根本没发生过，也不要紧。这个态度令圣经的声音在教会里日渐微弱。有鉴于这种趋势，在二次大战快结束时，圣经学者日益注意到圣经之重要性的问题。

大战之后，圣经研究的主要发展之一，乃是后来被称为圣经神学的运动，其重点在于圣经历史方面。这项运动的领导人之一为赖特（G. Ernest Wright）。赖特举出一项富创意的理论，即，圣经神学的中心，主要不是命题式的教义，也不是集中于某个人物的言论、作为与内在生命。我们应当从"复述"的角度来了解圣经神学，也就是宣扬神在历史中救赎作为的故事。[28] 这个理论使人对圣经的特性，和它与历史故事的关系，有了重大的了解："圣经不是静态的，而是一本活的书，中心人物是神，而它最关心的，便是为神作见证，描述他如何拯救人，将他的国度带到地上来。"[29]

圣经神学运动所采用的对历史的看法,与理查德·尼布尔和其他新正统派作者类似。对赖特而言,"历史"是一个很宽的范畴,"不但包括非个人性意义的事件,也包括凡构成历史的每个人的生命"[30]。此外,他主张:真正的历史涵括在圣经神学中,但其本身并不"构成"圣经事件。而事件加上解释,才是历史的要素:"在圣经里,一件重要或重大的事,必定与启示有关,否则就不构成事件;意即,除非对该事件有这类的解释,它才具有意义。"[31]

赖特的理论对圣经研究有深远的影响。他认为,在解明圣经信仰时,学者不应该从圣经观点的历史演进角度着手,而应当视历史为神展现其作为的大剧场。在圣经神学里,信徒的信仰告白为复述他们历史中的重大情节,"显示神救赎的作为"。圣经神学的架构,视历史的事实为神的事实。[32]

从赖特对圣经神学的理论,到用叙事法来研究神学,不过是很小的一步。他打开的一道门,重新让人从故事的角度来读圣经,然后根据所读的,来讲述自己的故事:

> 神既借着所行的事使人认识他,圣经的作用,便是重新复述他的作为,以及伴随而来的教训,或是让信徒将其含义应用到自己的处境之中。承认神,就是诉说一则故事,并解释其中的意义。[33]

历史批判法的危机,在圣经研究上导致另一项与其相关的新方法之诞生。这套新方法试图超越20世纪初所发展的批判工具,如形式批判与编纂批判,而运用有些人所谓的"正典批判"。在重要性方面略逊于正典批判的,则是圣经所说之故事具多少史实性。而他们所注重的,乃是在圣经的上下文中,该故事的类型有何作用。

最早期提到这方面的,是奥尔巴赫(Eric Auerbach)所写的《模拟》(*Mimesis*, 1946)一书。奥尔巴赫问道,圣经故事与古代文学有何异同?他的答复很特别。他主张,圣经将事情的本相展现出来,并向读者提出挑战,要他们进入经文的世界中。[34]因此,他要求解经学不要再依

循多人曾遵从的途径,试图把经文带到读者的世界中。奥尔巴赫等人的著作促进了对圣经经文最终形式的研究,而不再去钻研其形成的历史。

## 叙事研究法

从以上所介绍神学与圣经研究的发展中,逐渐有一些思想家形成松散的结合,他们都认为,在讨论某些长年以来的神学问题或当代的神学问题时,叙事的范畴相当有用。不过,虽然他们都同意此一范畴的重要性;但在叙事思想家当中,对于"叙事"一词究竟指什么,却还未达成一致的看法。[35]这一结合的成员,正如许多神学新方向在发展初阶时一样,每个人的方向都十分不同。叙事神学的旗下有各式各样的说法和论述,甚至连最同情这运动的历史学者,对其基本形态都无法取得相同的观点。[36]这种在方向与说法上的多样性,一部分是因为某些叙事派思想家以其特有的方式,去面对所有参与这运动的人都碰见的基本问题。

## 结构主义

其中的一个挑战,便是如何将圣经故事与所谓实体的叙事结构相关联。为了顾及这点,有些思想家便研究出所谓叙事神学的"结构法"。按戈德堡的说法,这个方法是以圣经故事的结构与形式,"为了解真实结构的最佳指南"[37]。这些思想家所注意的基本事项为,一个故事是"怎样"将其内容表达出来的;其理由为:表达事情的方式,对要表达的事具重大的影响。

有些结构学者主张,故事的真理可从一般性的角度来看。他们说,故事的结构设定了一般的人类经验之内在形式。另一些结构学者则比较谨慎,他们专注于研究圣经故事在基督徒团体内所发挥的作用。[38]

为结构法立下根基的,可推耶鲁的弗莱(Hans Frei)[39]与范德堡(Vanderbilt)的麦法格(Sallie McFague)[40]。弗莱定下心志,要为圣经故事的一般结构与实体的结构联上线。他在《圣经叙事的消逝》(*The*

*Eclipse of Biblical Narrative*，1974）一书中指称，自从17世纪下半叶以来，西方神学家犯了判断的错误。面对现代批判学，他们试图拯救圣经故事，以致将故事的意义与其真理分开，结果使得故事与实体分了家："先是英国，后来是德国，故事与一个可分离的主题（无论是历史、理念，或同时指二者）区分出来，而后者被视为其真正的意义"[41]。因为犯了将圣经故事与其真理分割的错误，这些思想家发明了两种不同的学术领域——圣经神学与历史批判学。弗莱宣称，这样一来，他们将"所有实体的叙事"都腰斩了。他认为，这类系统的解经都有一个危险，就是容许读者的观点（即了解过程的本身）来决定经文解释的条件，因此将经文的意义勉强塞入其范式中[42]，结果"质问的焦点变成了单一的了解结构，而不是经文本身"[43]。

弗莱所攻击的要点，在18、19世纪对耶稣故事的处理上，尤其明显。他声称，这些神学家将耶稣与圣经故事对他的记载区分为二，就是把圣经故事与另外一个故事交换，而他们误以为，那一个故事更真实地描述了实况。[44]

针对这个不幸的思想转弯，弗莱建议的办法为，要再一次辨明圣经故事像是历史的特性。他发现，一个"真实故事"（realistic story）（即，圣经故事）与其他历史记载的描述形式是相同的。[45]因此，在历史记载与像历史的记载之间，文学风格上有重要的相似处：

> 对任何一方，叙事的形式与意义都是不可分的，因为对两者而言，意义大半是由人物与环境的相互影响而产生。若说，故事就是意义，或，意义由故事的形式而生，都不算过分。[46]

因此，对弗莱而言，为要寻求意义，就必须注意圣经故事的结构。

弗莱说，这种关系开了一条出路，可以克服圣经故事之历史性的辩论。其实，最贴切的问题并不是圣经故事实际的历史性为何，乃是它们与实体之间的关系为何。所以，弗莱认为，认真看待圣经故事的结构样式（shape），就是视其为实体的样式。[47]

与弗莱的概括性结构主义比较起来，麦法格的兴趣显得狭窄一些。

她只谈一种特殊结构,就是比喻。她在《比喻说法》(Speaking in Parables, 1975)一书中说明她的看法,强调圣经比喻的特殊重要性。她声称,由于比喻所展现的结构(隐喻也类似)反映出人类思想的架构,也等于反映出人所领悟的实体,因此,它能成为所有人对神、对自己、对世界了解的基础。这在研究圣经故事上带来深远的影响。麦法格认为,圣经故事的真确性,是因它忠实地记载了实体的结构,因为故事的样式与经验的样式是携手并进的。[48]

## 故事与生活

当然,所有叙事派思想家都会对故事背后所影射的生活含义有些兴趣。而另一批叙述神学家,则对这方面特别关注。他们不去钻研与故事结构相关的形式范畴,而试图从圣经故事找出伦理意义,及对今日生活的含义。"伦理派"的叙事神学家,常会强调某些重要主题:神学使命中以伦理为首,故事的重点亦以伦理为要,而"人物"和"团体"等观念也居最重要的地位。

这方式前驱者之一是浸信会思想家麦克伦登(James McClendon)。他在70年代最关注的事,记在他的著作《以传记为神学:个人生平故事如何重塑今日的神学》(Biography as Theology: How Life Stories Can Remake Today's Theology, 1974)一书中,他探讨一种特殊的故事——传记——对神学使命的贡献。他的理论为:传记的角色对"信众团体的神学"很有贡献,因为"可以显示该信仰中某些重要的人物如何在他们的生活与环境中应用信仰,因而沿用到我们自己身上"[49]。

80年代,麦克伦登更加直接注意故事伦理的形成,并由此发展出系统神学。他的努力发表成一份论述,书名颇有创意,然而却可描述出他的用心:《伦理:系统神学》(Ethics: Systematic Theology)。[50]麦克伦登强调个性的形成(或德性的发展)对人类群体的重要性,以及在形成这类德性时,故事的必要性。[51]在发表该论文之后,他提出一种护教学,主张"真正的基督徒伦理必须是故事伦理"[52]。

以伦理方式来看叙事神学的人,除了早期的麦克伦登等人[53]之外,后来还有一位能言善道的护教学者加入,即豪尔瓦斯。[54]尼尔森(Paul Nelson)认为,豪尔瓦斯是"当代基督徒伦理学者中,叙事派最重要、最具影响力的倡导人"[55]。

豪尔瓦斯发现,叙事中有一"长久的范畴",他认为,透过此种范畴,我们可以明白,一个人的宗教信念会如何塑造这个人。[56]结构派曾主张,叙事的结构与生活的结构有关联,豪尔瓦斯的说法与此类似,主张叙事与人活在世上类似。一则故事是将原本偶尔出现、不一定必要的事件与人物,以某种可了解的范式串在一起。如此,便反映出人类行为的形式。[57]豪尔瓦斯更进一步主张,在一则故事中最能了解自我。因为在人生之中,自我面临角色与效忠对象的冲突,而叙事则借次要情节与各种人物的穿插提供了合一的动力,所以可满足其需要。[58]

豪尔瓦斯也和麦克伦登一样,拒绝一般人对神学与伦理的了解。传统是将这两门学问分开来谈,他却下结论说,伦理学不应该尾随基督教信仰的系统陈述之后,而应在基督教神学反思之初就将其纳入。[59]这个创新的说法,与他对伦理学使命之特质的看法有关,这是他与现有制度不同的第二处。一般在思考伦理学时,总是以行为作对象,豪尔瓦斯则以犀利的言辞,不断推出所谓"德性的伦理"[60]。对他而言,伦理学最主要的是问题,不是"好行为包括哪些要素",而是"好人包括哪些要素",而这里的"好人",则与故事内的团体有关。

豪尔瓦斯将伦理放在神学之前,起源于他对信念在自我生活中所扮演之角色的看法。他认为,无论是自我,或是人的个性,都不是静态的,也不是被赋予的实体;这些都会"随着我们的历史"而发展。[61]在这过程中,信念居举足轻重的地位。其使命不是提供抽象的答案,以明白这世界的结构[62],而是"借形成一个团体,向宇宙独一的真神忠实地活着,而改变自我,使其具真正的信仰"。而这种过程又与真理有关:"当自我与自然保持如此正确的关系时,我们便能明白我们存在的真理。"正因为要得到这个真理,自我需要改变,这就构成伦理居首、并具叙事本质的基础。[63]

豪尔瓦斯的著作,围绕着三个互相关联的观念:个性(或德性)、异象与故事。[64]他为这些词汇下了准确的定义。个性是指一个人行动综合因素的源头[65],是"我们特意选用的性情,使我们用某些理由采取行动,而不用其他理由";因为我们的个性乃是透过有理由的行动显明出来,也在其中形成。[66]但他提出,生活不只是凭理性作抉择,也在乎异象,这个词意指"以某种方式来看世界,并且自己也变成我们所见的样式"[67]。换言之,我们怎样看世界、看自己,会影响我们成为怎样的人。

由此导引出一个重要的观念:叙事。豪尔瓦斯认为,我们的异象并非凭空而来;我们乃是根据那些与故事有关的比喻和象征来看这个世界。我们生活环境中的故事情境,塑成了我们的异象及其内容,"我们所学到的故事,变成了我们自己的故事"[68]。对豪尔瓦斯而言,故事证明有其教育作用,戈德堡说:"某一则故事既让我们对世界产生了特定的看法,我们就会让它来主导自己的行动。"[69]这种模型故事不但描述现今世界是怎么回事,也指出它未来应有怎样的改变。[70]它们向我们的自欺发出挑战,并给我们勇气"足以活下去"[71]。

豪尔瓦斯对叙事既然这样强调,难怪他也同样注重教会的社会责任性,认定基督徒团体是一群人发展个性与社会伦理的焦点。在80年代,他愈来愈看重这个主题,连续出版了几本相关的书,如:《品性的群体》(*The Community of Character*, 1981)、《和平的国度》(*The Peaceable Kingdom*, 1983)。

近几年来,豪尔瓦斯的作品旨在帮助基督徒重新发现自己最重要的社会责任,他说,要"让这个团体能够听见圣经所传有关神的故事,并且能按照这故事来生活"[72],亦即,"让这个团体能够塑造人的德性,足以向世界见证神的真理"[73]。豪尔瓦斯认为,以色列与耶稣的故事——这团体的故事——乃要在信徒的生活中活出来,而其内容对此使命的完成具关键性的影响[74],其实,这团体是根据圣经故事和固有的传统来活,也就是按记忆来活。在解释基督徒的经验时,叙事居中心地位,因为叙事的结构可显示人是暂时性、历史性的存在,也因为神选用故事来启示他自己。神的作为和我们自己的生活都具叙事性,因此透过这些叙事,我们可以了解神,并认识自己。[75]

按豪尔瓦斯的想法,团体对叙事的依靠,使圣经与信徒团体间产生一种互惠的关系。他宣称,圣经也依靠它所形成的团体:

圣经的权威能为人了解，是因为有一个团体存在，他们借着神所呼召的以色列与耶稣的一生，明白他们的生命乃是依赖对神的眷顾之牢记不忘。[76]

同时，圣经对基督徒具权威性，因为在它里面，他们能找到使他们认识真理的传统。[77]在道德方面，他们向圣经寻求指引，因为它能够帮助他们回忆神的故事，以使他们当中的个人与整个团体都能继续得着指引。[78]

## 叙事系统神学

对叙事与神在历史中的自我启示（神的故事）之间的关系，豪尔瓦斯等思想家作了初步的探讨，以后还有一批叙事思想家特别注意这一方面，他们尝试用故事的范畴作主要题材，对基督教信仰作系统的阐释。这些神学家的目标，在于将基督教的主要教义用特殊的方式表达出来，以显示叙事对人类经验（并基督教信仰）的重大影响。

把叙事的范畴延展、扩大，以致成为一套系统神学的主旨，这种作法在研究叙事的人士当中，引起很大的争议。并非所有叙事思想家都认为这种做法能够成功，甚至有人认为没有用处，或根本不值得去做。[79]前面曾提及，叙事思想家大致同意，人的自我认同与故事架构有关，因此叙事对一个人的人格塑造影响至深。然而，反对以叙事架构系统神学的人声称，这种观念在架构神学体系上，只能算是导论，或引渡桥。他们主张，从技术层面而言，"叙事神学"不可能成立，因为这个体系乃将两种讲述形式混为一谈：第一种形式为信仰的语言，第二种形式则为对信仰经验的理性反思。

虽然有这些批评，但一些神学家仍不为所动。他们坚称，叙事的范畴不单能作为神学探讨的导言，因为它与我们的自我了解关系密切，所以对教义神学也有重大影响。斯特鲁普[80]、法克利[81]及近期的平诺克（Clark Pinnock）[82]等人，都为此辩护，并且尝试以故事的观念来对基督徒的故事作系统表达。这一类对故事的处理，将来在神学上可望大有所为。

## 传记与自传

几乎所有的叙事思想家，在作品中都会有几处以叙事的文学形式来写，或是根据宗教经历，或是写下传记（或自传，如《忏悔录》），因为他们都相信，叙事的范畴很有用。运用传记并不奇怪，因为这与叙事神学所关注的中心——关心个人认知的发展——是一致的。作者在叙事神学论文中使用传记时，通常会展现信徒个人认知的叙事与基督徒团体的叙事之间的冲突。所以，研究一个人的生平（传记，或对自我在某段时间内的活动记录），对叙事思想家本人的神学使命观，影响甚大。[83]

而叙事神学家认为，故事的目的绝不止于取悦读者。借着整个布局、对人物个性发展的描述，它能透视人类的情境，以及人生的起源与目标。[84]宗教传记（自传）更超越这范畴，能提醒人：在基督徒的故事里可以发现个人与团体蒙恩的历史；若缺乏历史，则个人与团体不可能得救赎，因为他们的光景与历史是不可分割的。因此，叙事神学的目标，就是运用教会故事中所蕴涵的基督徒信仰，来重新诠释个人及社会的现状。

## 个人认知的发展

叙事神学最基本的关切，就是人类认识的发展，而运用传记的基础亦在于此。认知的发展与故事的关系为：讲述个人的认知必须借用故事的形式。有一位叙事神学家，就用这种方式所需要对个人认知的具体了解，作了一番思考；在同类型的作品中，他的文章最为有力。这个人便是斯特鲁普。[85]

斯特鲁普认为，认知发展不仅是指一个人经过一段时间后仍不变的情况，也是指该人物的质量，即那个人正在成为怎样的人。因此，它不单有历史性，亦有社会性。因为有历史性，所以它是根据记忆而来。透过记忆，一个人从过去的一生中选出一些事项，用它们来解释自己一生的意义。因此，个人认知是一种记忆的范式，从个人历史中抽取资料，而投射至未来。

个人认知不仅是由个人生平的事实资料形成，另一项同样重要的因素为"解释架构"，里面很复杂，包括个人的价值观、现想与目标。然而，这种解释架构从生平资料里无法整理出来。此时，认知发展的另一层面——社会方面，便可发挥作用了。个人认知除了有历史性（根据个人的历史资料），还有社会性。它是在一种社会情境（或称"传统"）之中发展的；这种情境提供了个人解释架构的范畴。结果，个人认知绝非私人的事，而有团体因素在内，因为它会受个人所参与之团体所影响。[86]

为了要区分个人生平历史资料与解释架构，斯特鲁普使用年代志（chronicle）与解释（interpretation）两个词汇。他认为，两个层面同样重要。如果没有解释，一个人的年代志——就是个人历史中的事件与经验——便毫无意义，因为若缺乏解释的情境，它就没有"布局"可言。因此，解释才能使个人故事成为"历史"，而使它变成个人认知。

另一项与这种基本个人认知发展有关联的，便是自欺的观念。自欺不是单指扭曲过去的事实。斯特鲁普及其他叙事思想家，都采用哲学家芬格莱特（Herbert Fingarette）的著作，以这一词指一个人对自己的过去和未来，所具不一贯的观点。[87]在《创世记》的故事里，堕落的亚当、夏娃对神的反应就是范本，表明自欺即一个人所生活的实况，与他（她）告诉别人的故事之间有差异。

斯特鲁普认为，自欺的观念与认知发展的概念类似，使个人与团体的认知故事连结不分。团体能成为一种测试，看出个人自欺的状况，因为它要个人解释向它负责，并符合社会的传统。

## 叙事与团体

不但个人有故事，团体（Community）也有故事，且由故事所塑成。斯特鲁普的定义，可以作叙事神学家的代表：

> 团体是一群人，有共同的过去，且知道过去某些事件对如何解释现在具决定性的影响；面对未来，他们有共同的希望，且以共同

的故事表达他们的身份。[88]

共同的故事，即以持守传统所表达的共同回忆，就成了团体的凝聚力，因为要成为其中一员，意味着承受同样的团体故事，背诵同样的典故，而在其中找到自己的认同。

基督徒叙事思想家最看重的，自然是基督徒团体，他们以圣经故事为解释其身份及世界状况不可或缺的资源。这个团体高举出埃及和基督的事件，尤其是耶稣的受苦与复活，视这些为圣经故事的核心。斯特鲁普以福音书为证物，说明自己强调圣经故事过于抽象的教导，是有理由的。他指出，这些作品回答了耶稣是谁的问题，也透过要求人作决定的叙事（就是福音故事本身），解明了作门徒的意义；这些都不是借教义理论达到的。但基督徒团体不仅看重圣经故事，也接受教会历史，认为是解释圣经的历史。叙事思想家认为，这种现象是因信徒团体想要用整个叙事历史——圣经与基督徒的故事都在内——来解释现代世界，以便从过去资源的亮光中，来了解时下的情形。

在斯特鲁普的作品中可看见，从叙事来了解一个团体，无异搭成一幅布景，让最后一个范畴，即"故事的冲突"呈现出来，而达到"归信"（conversion）与"相信"（faith）。按叙事神学的说法，生平故事的高妙处，就在于有修订的可能。一则故事能促成并加强个人的自我批判，从其他故事的角度来省察自己的故事。

听到另一种不同的故事，能使人面对人生的关口。当一个人遇到另外一个团体富意义的故事时，会对自己从前的自我故事产生质疑。斯特鲁普将这种经验定义为"故事的冲突"。如果新的团体之故事能令该位人士感到"迷惑"，觉得自己所熟悉的世界逐渐崩溃，他就进入了相信的历程。既然新的故事让他质疑自己的认知，这个人就必须按新故事的范畴来重新解释自己的故事。

斯特鲁普用传统名词归信，来指个人接受新叙事的范畴作自己的观念架构，而重新解释自己的故事。他声称，当一个人重新架构自己的故事，采用该团体的故事与象征，而想要成为该团体的一分子，就完成了相信的过程。

斯特鲁普是按巴特所写的《教会教义学》一书中对信心之动力的探讨，来了解这种相信的本质。[89] 巴特认为，人类相信的活动可以从三个时段来看。第一段是承认（Anerkennen），即接受耶稣基督，顺服他，以他为信仰的对象。第二段是认定（Erkennen），即视耶稣基督是为我。这时因对耶稣基督有了存在上的认识，以致信徒的自我了解有所改变，将耶稣基督的历史重演在自己的历史中。最后一段为坦承（Bekennen），即确认自己惟在耶稣基督里才蒙救赎；这个"时刻"，在团体的支持下，信徒重新架构自己的身份，合乎众所承认之耶稣基督的真理。[90]

## 启示与圣经

斯特鲁普对叙事神学中之故事的强调，令他对启示与圣经权威产生一种特殊的看法，在原则上接近新正统主义；这是叙事神学的典型看法。

> 神的话是指在某个时刻，基督徒的叙事显为别具意义之时，就是基督徒的叙事不再只是耐人寻味的历史，而与读者、听者直接相遇，开始了解的过程，随之产生承认、认定、坦承的可能性，而基督徒所叙述之人的话，成了耶稣基督的见证。[91]

因此，斯特鲁普认为，基督徒故事的本身并不是神的启示，而是一种情境，使基督徒在其中能相信他们听见了神的话。

由于对启示有这种看法，斯特鲁普对圣经权威采取功能式的解释。他认为，圣经的权威必须从它在基督徒团体中的功能来看，而不是指这本书的本质。[92] 圣经的权威性在于，它是教会信仰告白所依据之事件的见证，而信徒团体便是围绕它来形成的。圣经能有这种见证力，因为作者与事件发生的时间很接近，并且其中的记录对圣经作者而言，乃是千真万确的救恩历史。所以，尽管在历史上不尽正确，圣经还是真实的。[93]

但斯特鲁普也与许多叙事神学家一样，认为圣经的权威不只在它与过去的关系。他指称，圣经不断具标准的权威性。圣经提供了叙事与象征,而团体必须不断回到其中,以重新了解自己信仰的实质。[94]

## 对叙事神学的批评

叙事神学家们颇值得称许,他们不仅看出其余方式的弱点,而相对地提出富建设性的意见,也很乐意自我批判。戈德堡就是一个例子。他研究这一运动后,列出任何一种叙事神学都会碰到的三个问题:

> 1. 故事与经验之间的关系——真实的问题;2. 如何解释才能对故事有正确的了解——意义的问题;3. 伦理相对论的指责——理性的问题。[95]

尼尔森总结道:"叙事神学并不能解决一切神学上的问题或僵局"[96]。他认为还有不少事情有待完成,如:澄清叙事一词的含义;在大文化的叙事中,附属的小叙事(少数民族的叙事)又有何重要性;从叙事的基本观点上看,终极的真理告白如何能相配;各种不同的故事都要求我们接受时,我们选择的依据又是什么。[97]

这类批判都指向叙事神学引发之最主要的问题。这个运动尚年轻,未完全发展,还有前景。它要求神学与伦理学正视基督徒团体在塑造人的个性上所扮演的角色,这是很正确的。而叙事神学的典型说法,即指称归正是叙事互相冲突的结果,从而看出人接受信仰的过程,也很重要。但叙事神学家还需要更明确地说明,这种方式如何能使人了解神与世界的关系。叙事神学试图在信仰团体的故事中寻找超越的神。究竟超越之神的永恒真理,能否从各种不同的宗教故事中经过比较而凸显出来,则还是没有答案的问题。

**注释:**

1. Gabriel Fackre, *The Christian Story*, rev. ed. (Grand Rapids, Mich.: Eerdmans, 1984), 5.
2. 参 Paul Nelson, *Narrative and Morality: A Theological Inquiry* (University

Park, Pa.: Pennsylvania State University Press, 1987), 100, 他引用 Frank Kermode, *The Sense of an Ending: Studies in the Theory of Fiction* (New York: Oxford University Press, 1967), 7。
3. Stephen Crites, "The Narrative Quality of Experience," *Journal of the American Academy of Religion* 39/3 (September 1971): 291-311.
4. James William McClendon, Jr., *Biography as Theology* (Nashville: Abingdon, 1974), 190.
5. 参，如，George W. Stroup, *The Promise of Narrative Theology* (Atlanta: John Knox, 1981), 17。
6. Stanley Hauerwas, *Truthfulness and Tragedy* (Notre Dame: University of Notre Dame Press, 1977), 15. 亦参 Michael Goldberg, *Theology and Narrative* (Nashville: Abingdon, 1982), 36。
7. Goldberg, *Theology and Narrative*, 35.
8. 连豪尔瓦斯也认为,对神的命题与命题式的教义有其重要性(不过属次要)。参 Stanley Hauerwas, *Vision and Virtue* (Notre Dame: Fides Publishers, 1974), 46; *The Peaceable Kingdom* (Notre Dame: University of Notre Dame Press, 1983), 26。
9. 如,James William McClendon, Jr. 认为叙事神学与古老的命题式神学相左。见 *Biography as Theology*, 188, 197-198。
10. 参 Goldberg, *Theology and Narrative*, 151-152。
11. Hauerwas, *Peaceable Kingdom*, 26.
12. 斯特鲁普提到这个危机,*Promise of Narrative Theology*, 21-38。
13. 前书,26。
14. 前书,36。
15. H. Richard Niebuhr, *The Meaning of Revelation* (New York: Macmillan, 1946), 21.
16. 前书,46-48。
17. Goldberg, *Theology and Narrative*, 147.
18. Niebuhr, *Meaning of Revelation*, 59-60.
19. 前书,65-73。
20. 前书,82,86。
21. 前书,93。
22. 前书,110-121。
23. 前书,125-126。
24. 前书,132,177。
25. Stroup, *Promise of Narrative Theology*, 69.
26. 前书,63-64。
27. 前书,50。

28. G. Ernest Wright, *The God Who Acts：Biblical Theology as Recital* (London：SCM，1952)，11－13.

29. G. Ernest Wright and Reginald H. Fuller, *The Book of the Acts of God*, Anchor Books ed. (Garden City, N. Y.：Doubleday，1960)，43.

30. Wright, *God Who Acts*, 13.

31. Wright and Fuller, *Book of the Acts of God*, 11.

32. Wright, *God Who Acts*, 38.

33. 前书，85。

34. Erich Auerbach, *Mimesis*, Anchor Books ed. (Garden City, N. Y.：Doubleday，1957)，11－20.

35. George Strong, "Theology of Narrative or Narrative Theology? A Response to Why Narrative?" *Theology Today* 47/4 (January 1991)：425.

36. 可比较戈德堡与斯特鲁普各自的三重分类法：Goldberg, *Theology and Narrative*, 155－184; Stroup, *Promise of Narrative Theology*, 71－84。Nelson 提供了二重分法，见 *Narrative and Morality*, 65－78。Gary L. Comstock 同样也提供二重说明法，将"纯叙事"与"不纯叙事"作区分。见 "Truth or Meaning：Ricoeur versus Frei on Biblical Narrative," *Journal of Religion* 66/2 (1986)：117－140; "Two Types of Narrative Theology," *Journal of the American Academy of Religion* 55/4 (1987)：687－717.

37. Goldberg, *Theology and Narrative*, 155.

38. Nelson 区分经验表达式与文化语言式，见 *Narrative and Morality*, 69－78。George Lindbeck 的主张也与此相关。他认为教义在教会内的作用，是扮演让社会定规化的角色，因此神学家的任务，在于传达使信仰起作用的故事。George Lindbeck, *The Nature of Doctrine：Religion and Theology in a Postliberal Age* (Philadelphia：Westminster，1984)，19.

39. 弗莱的贡献简要之说明，见 William C. Placher, "Hans Frei and the Meaning of Biblical Narrative," *Christian Century* 106/18 (May 24－31，1989)：556－559。

40. 戈德堡和斯特鲁普都同意，弗莱与麦法格应算为叙事思想家。见 Goldberg, *Theology and Narrative*, 156－164; Stroup, *Promise of Narrative Theology*, 81－84。

41. Hans Frei, *The Eclipse of Biblical Narrative：A Study in Eighteenth and Nineteenth Century Hermeneutics* (New Haven：Yale University Press，1974)，51.

42. 前书，322－323。

43. 前书，323。

44. 前书，230。

45. 前书，27。

46. 前书，280。
47. 戈德堡认为这是弗莱的基本理论；*Theology and Narrative*，162。
48. Sallie McFague TeSelle, *Speaking in Parables* (Philadelphia: Fortress, 1975), 36, 45, 138–139.
49. McClendon, *Biography as Theology*, 96.
50. James William McClendon, *Ethics: Systematic Theology*, vol. 1 (Nashville: Abingdon, 1986).
51. 前书，171。
52. 前书，328 及下。
53. 另一位值得注意的作家，是 John Howard Yoder，他提出与叙事伦理学家类似的理论。到目前为止，他最有影响力的言论为 *The Politics of Jesus* (Grand Rapids, Mich.: Eerdmans, 1972)。
54. 豪尔瓦斯说明了他所用方法之发展，见 "The Testament of Friends," *Christian Century* 107/7 (February 28, 1990): 212–216。
55. Nelson, *Narrative and Morality*, 109.
56. Hauerwas, *Truthfulness and Tragedy*, 8.
57. 前书，75–77。
58. Stanley Hauerwas, *The Community of Character* (Notre Dame: Notre Dame University Press, 1981), 144.
59. Hauerwas, *Peaceable Kingdom*, 16, 54.
60. 对行为伦理与存在伦理的对比之说明，见 William Frankena, *Ethics* (Englewood Cliffs, N. J.: Prentice-Hall, 1973), 61–69。
61. Hauerwas, *Vision and Virtue*, 67.
62. Hauerwas, *Truthfulness and Tragedy*, 73.
63. Hauerwas, *Peaceable Kingdom*, 16.
64. 同上。亦参 Hauerwas, *Vision and Virtue*, 2–3。戈德堡也注意到这些观念是豪尔瓦斯思想的中心，见 Goldberg, *Theology and Narrative*, 174。
65. Hauerwas, *Truthfulness and Tragedy*, 29.
66. Hauerwas, *Vision and Virtue*, 59.
67. 前书，29、36。
68. 前书，74。
69. Goldberg, *Theology and Narrative*, 176.
70. Hauerwas, *Vision and Virtue*, 73.
71. Hauerwas, *Truthfulness and Tragedy*, 80.
72. Hauerwas, *Community of Character*, 1.
73. 前书，3。
74. 前书，4，95–96。
75. Hauerwas, *Peaceable Kingdom*, 24–30.

76. Hauerwas, *Community of Character*, 53, 55.
77. 前书, 63。
78. 前书, 66。
79. 叙事系统神学家斯特鲁普承认这点, Stroup, *Promise of Narrative Theology*, 84。
80. 前书, 99-261。
81. Fackre, *Christian Story*.
82. Clark Pinnock, *Tracking the Maze* (San Francisco: Harper and Row, 1990), 190-211。
83. 可举两个例子: James McClendon, *Biography as Theology*, 和 Jame W. Fowler, *Trajectories in Faith* (Nashville: Abingdon, 1980). 这两个处理传记的方式完全不同, 其简介与评估, 见 Goldberg, *Theology and Narrative*, 66-95。
84. Hauerwas, *Truthfulness and Tragedy*, 30, 36.
85. Stroup, *Promise of Narrative Theology*, 101-198.
86. 斯特鲁普对这方面的了解, 是采用 Hans-Georg Gadamer 的著作, 特别是 *Truth and Method* (New York: Seabury, 1975), 另外也采用 George Herbert Mead 的书(见 *Promise of Narrative Theology*, 109-110, nn, 23, 24)。
87. Stroup, *Promise of Narrative Theology*, 127. 亦参 Goldberg, *Theology and Narrative*, 107-113; Hauerwas, *Truthfulness and Tragedy*, 87。
88. Stroup, *Promise of Narrative Theology*, 132-133.
89. 前书, 186-193, 引用 Karl Barth, *Church Dogmatics*, IV/1 (Edinburgh: T. and T. Clark, 1956), 740-779。
90. 戈德堡提出另一个信仰的三和音。信仰的过程包括承认过去自己的情形——归信; 接受自己目前的情形——和好; 以及愿意为自己的未来负责任——改变; *Theology and Narrative*, 129。
91. Stroup, *Promise of Narrative Theology*, 241.
92. 前书, 249。
93. Pinnock, *Tracking the Maze*, 161-162.
94. 参, 如, Stroup, *Promise of Narrative Theology*, 252。
95. Goldberg, *Theology and Narrative*, 192.
96. Nelson, *Narrative and Morality*, 142.
97. 前书, 149-151。

# 第 10 章
# 重新肯定平衡
## ——成熟时代的福音派神学

虽然20世纪神学界的特色是异军突起,各觅新方向,但是持守改教神学传承,并努力发扬光大的神学家,仍然势力雄厚。在此世纪中,这批神学家所驾驭的方向,与以上各章所言迥然不同。

保守派的神学尽管曾遭挫败,但始终未被其他神学运动吞灭。在学术味甚浓的圈子里,它似乎被弃绝,但是在教会中,它却一直是不容忽视的力量。有时候,保守派神学家在主流派的神学院与大学中,远离同俦,不与他们辩论;也有时候,他们挥军攻击,从方法论来进行辩论,呼吁现代思想家回头,重拾已被弃置的教义。

到了此世纪下半,一些保守派神学家以福音派运动为旗帜,组成了松散的联盟。他们所关注的重点,是发表神学宣言,继续忠于圣经与教会传统,尤其是改教时期的立场。福音派神学一方面矢志尽忠于"一次交付教会的信仰",因此要维护正统的神学,另一方面也积极和倡导新神学潮流的各派人士对话,反对他们的主张。

福音派联盟的形成有一段背景,因为在20世纪初期,美国与加拿大的教会受到了严重的冲击。北美的基督教在19世纪时与欧洲的教会十分不同,改教思想高居上风。然而,到了19世纪末,对从启蒙时期之后就开始在欧陆神学界吹起的改变之风,新大陆也有了感觉。最重要的影响,是圣经研究所采用的高等批判法,以及欧洲神学家想与达尔文的人类起源理论搭上线的努力。

因为愈来愈多美国神学家接受高等批判、达尔文主义和自由神学,以致爆发了一场激辩。反对这些新想法的人,想要维护传统的基督教,或基督教信仰的"基本要道",这批人逐渐被称为"基要主义者"。在争辩中,基要主义者发现自己愈来愈居于守势;等到尘埃落定,主流派的大神学院都落入了"新派"的掌握中。

在20世纪初的几年里,经过挫败,许多保守派神学家纷纷离开主流派,另起炉灶,组成新的教派,以及圣经学校和神学院。这次的撤退,是以与错误划清界线、保持神学的纯正为名,但却产生了一个不幸的副作用——基要主义从此僵化,让人对基督教产生一种印象,认为它神学死板,与社会隔离。

然而,到了20世纪中叶,新的微风开始松动基要主义的贫壤。一些信守传统基督教正统神学的年轻学者,呼吁在思想市场中争取一席之地。这些思想家批评过往的基要主义者,任凭自由派去影响社会,把自己和福音一同藏在盾牌后,以"纯正"四面围住,结果只不过造成了"圣民区"。

在芝加哥北方浸信会神学院任教的年轻教授卡尔·亨利(Carl F. H. Henry)是倡言要改变的人之一。他发表了一篇短论《现代基要派不安的良心》(*The Uneasy Conscience of Modern Fundamentalism*,1947)[1],在基要派阵营中引起轩然大波。卡尔·亨利严责同为基要派者,指出他们犯了几项疏忽之罪。他所见最根本的问题在于:基要派缺少对社会的关怀;它在人道主义上,即为人类好处设想的慈善工作方面,一片空白。[2] 结果,这个运动使福音不再向世界政治或经济情况发言,将基督教信仰与社会改革运动隔离,使神国的宣扬与现实光景不产生关联,又对塑造人心的使命退缩不前。

虽然卡尔·亨利知道,在基要主义已遭猛烈攻击之际,再向它"开刀",是件很危险的事,但是他担心,如果没有人站出来讲话,基要主义很快就会沦为无足轻重的一支,对文化圈毫无影响力。因此,他放胆向同僚挑战，要他们拿出行动来。他宣称："时机已经成熟，如果我们能把握住，就能让全人类重新明白圣经，以及道成肉身的意义。"[3] 他的异象乃是，再度使"历史的基督教"成为有力的"世界思想"，因为他深信，"救赎的信息对一切活物都有意义"[4]。

响应这一呼召，重新迈向探讨的人，后来逐渐被人称为"福音派"，以与早期的基要派有所区分。这两个运动的差别，主要不在教义。福音派大致上与基要派一样，维护基本的神学体系。[5] 区别所在乃是精神或态度。基要主义采取分离、不参与的立场，但福音派却要与现代神学讨论，并避免卡尔·亨利所谓的"暴躁脾气"、"没有爱心的争竞心态"[6]，即此世纪中期许多基要派领袖的态度。

40与50年代以来，许多能力出众、辩才无碍的神学家，为此一新的福音派设定立场与关怀的范围。而其中两位神学家——卡尔·亨利与兰姆（Bernard Ramm）——可算为代言人。这两位恰巧都属浸信会。宗派背景固然对他们的神学有所影响，但他们的看法都超越了宗派界线，在广义的福音派联盟中，颇具代表性。因此，他们对基督教信仰的了解，不是由宗派而来，乃是因参与了福音派运动。

这两位神学家各自代表福音派运动中既存的一些基本看法。虽然广义而言，福音派都主张与各类思想对话，但卡尔·亨利属于其中比较谨慎的一群。他代表福音派中背向一切现代神学的人士。卡尔·亨利对一切欲用现代情境来重塑基督教信仰的努力——甚至朝较保守方向的尝试，如从巴特[7]到叙事神学[8]——都予以严厉的批判。兰姆则代表另一些福音派人士的作风，这些人面向现代神学，而兰姆本人则欢迎巴特的新正统主义。虽然福音派思想家中有人拒绝巴特，如范泰尔（Cornelius Van Til）和卡尔·亨利[9]，但兰姆却希望在他的现代神学中找到助力，来重新塑造福音派神学，以超越基要主义。他所著《超越基要主义》（*Beyond Fundamentalism*）一书便是证明；他在书中推举巴特的价值，认为对未来的神学有所帮助。

# 卡尔·亨利：以福音派取代现代主义

20世纪下半叶最出众的福音派神学家，无疑当数卡尔·亨利。1983年，他被公推为"福音派神学最主要的诠释者，理论先驱之一……且是此一领域中被公认的发言人"[10]。后来，他又被称为"20世纪神学界的先觉者之一"[11]。然而，卡尔·亨利并未发表过系统神学著作。他的职志不在解说福音派的神学。他穷毕生之力，担任类似神学新闻记者的角色，每逢有神学思潮兴起，他便说明，并评论之。他事奉的高潮，为出版巨著《神、启示、权威》（God, Revelation and Authority）丛书，共有六册之多[12]，为福音派神学的方法立下了根基。

## 卡尔·亨利的灵命经历

卡尔·亨利的神学可作为福音派运动的样板，同样，他的灵命经历也具代表性[13]，焦点在他"重生"的经验，正如许多福音派人士一般。

1913年1月22日，他出生于纽约市，是一个德国移民家庭八个孩子中的长子。后来，他的家搬到长岛。他的父亲是糕饼师傅，属信义会，他的母亲则为天主教徒；不过，他孩提时代很少接触宗教。青少年时，他在圣公会受了坚信礼，但不久就远离了教会。可是透过教会的公祷手册，他算是对基督教有了一些领会；他还偷偷拿走教堂椅背后的一本圣经，后来几年里，有时他也会翻开阅读。

卡尔·亨利所以会重生，乃是受到家庭以外之人的影响。他原是位前景璀璨的年轻记者，在与当地报社接触时，认识了一位属卫理公会的年长女士，她非常敬虔，后来卡尔·亨利昵称她为"克丽斯蒂妈妈"；另外还认识了几位注重福音的牛津派人士，包括贝德弗（Gene Bedford）在内。在这些人的激励之下，再加上他对圣经所记耶稣复活的好奇，终于让年轻的卡尔·亨利于1933年6月10日经历了重生。[14]

卡尔·亨利的重生，与许多福音派运动中的人相仿，包括作认罪祷告,祈求神进入他的生命中,然后内心有了蒙赦免的确据,知道耶稣已成了他个人的救主;他将一生交托在神手中,愿意跟随神的引导,无论往何处;并且满腔热血,要将自己与神的这种新关系告诉别人。他的重生超越了宗派的界线,也不向任何宗派效忠,这一点又是典型福音派的特色。卡尔·亨利成了一位基督徒,而不是圣公会信徒、卫理公会信徒、长老会信徒或浸信会信徒。后来他曾列举导致他重生的"多重因素":"一本顺手牵羊拿走的圣经、对圣公会公祷手册的片段记忆、一位卫理公会朋友对重生的坚持、一群牛津人士对生命改变的大胆呼召,聚合起来包围着当时正在寻求职业方向的我,而由圣灵施恩的工作与内在的确据总其成。"[15]

几个月之后,卡尔·亨利发现,他的委身可能意味着前途计划要改变。一部分是环境的因素,一部分为里面的感动,还有一部分是由于一位长老会牧师约书亚(Peter Joshua)的激励,卡尔·亨利的脚踪在神的引导下,逐步离开世俗新闻界,而转向神学研究。终于,在1935年秋季,他到惠顿(Wheaton)学院注册就读。造成这个决定的原因之一,是他聆听了一堂惠顿校长巴兹伟尔(J. Oliver Buswell)的演讲,印象深刻。内容为理性对信仰的重要性,以及复活的历史证据。[16]在经济萧条时期,出身贫寒的青年卡尔·亨利,要进入惠顿就读,并非易事,但他经历到神奇妙的供应。

在惠顿的年日,为卡尔·亨利设定了以后的方向;最重要的是坚固了他与福音主义的关系。在这段时期,他与几个人成为朋友,包括葛培理(Billy Graham)和林赛尔(Harold Lindsell)等人,这些人后来都成为福音派运动中受人尊敬的领袖。但惠顿对他最重大的意义,是巩固了他基本上以理性为中心的福音派世界观;而在这方面,学校的哲学教授克拉克(Gordon Clark)恐怕是对卡尔·亨利的思想唯一最具启发性影响力的人。

惠顿的国际风味,也对他一生的重要决定提供了美好的环境。他在那里认识了后来的妻子班德(Helga Bender),她的父亲是德国浸信会差往喀麦隆(Cameroon)的宣教士。在求学期间,他也倾向接受浸信会的特色,包括信徒的浸礼,而更要紧的是圣经的首要性。

1938年，卡尔・亨利毕业后，又进入惠顿的硕士课程，同时他在附近的北方浸信会神学院开始修课。这间神学院是北方浸信会联会（现在的美国浸信会）内的基要派人士所创办，与芝加哥大学神学院的自由派课程相对。接下来是一连串要事：结婚（1940）、得到硕士学位（1941）及北方浸神的学位（B. D, 1941）、在芝加哥的洪堡（Humbolt）浸信会按牧（1941），又从北方浸神取得神学博士学位（1942）。

拥有这些资历，他便开始了学术生涯，首先在北方浸神任教。然而，他对福音派的委身，很快让他来到加州的巴萨迪纳，因为当时富勒（Fuller）神学院刚刚组建，他受邀担任教职。在富勒时期，卡尔・亨利从波士顿取得第二个博士学位，即哲学博士，并写了九本书。

## 编辑

但卡尔・亨利对福音派最大的贡献，却不是在神学院的教室里。1956年，他搬到华盛顿市，担任刚发行的福音派杂志《今日基督教》（Christianity Today）的创刊编辑。这份刊物是出于几位福音派领袖〔如葛培理和奥肯加（Harold Ockenga）〕以及基督徒企业家〔包括毕尤（J. Howard Pew）〕的构想，以与一本发行甚久，但自由派气氛浓厚的杂志《基督教世纪》（Christian Century）抗衡，代表保守派的立场。卡尔・亨利受邀的理由很明显，因他具备神学与新闻学的学历，辩才无碍，在神学上彻底保守，而对现代神学思潮又相当精通。

在《今日基督教》事奉的12年中，卡尔・亨利的影响力与名声与日俱增。不过，虽然他是胼手胝足的创始编辑，终因几位领导人对杂志的方向意见不同，而于1967年离职。[17]脱离了杂志繁重的工作之后，卡尔・亨利才有机会作研究、写作、到一些福音派神学院任教，并到世界各地旅行。尽管他不再是首屈一指之杂志的舵手，但他的声音仍响彻各方，因为他出版了好些书，尤其是1976至1983年间所出版的巨著《神、启示、权威》。直到退休以后，卡尔・亨利仍然继续演讲、写作，成为福音派内元老级的发言人。

## 对现代神学的讲评

卡尔·亨利是福音派神学的申述者与辩护人,但他并不是一位系统神学家。他虽著作等身,却从未写过系统神学。从他的特点看来,最好称他为评论家,而非系统神学家;他从保守派或福音派的角度,来评论 20 世纪的各种神学,也针对福音派的各种说法提出讲评。[18] 他大部分的文章[19]与书籍[20]都是基于这个角色而写。即便他最系统化的六册巨著《神、启示、权威》,也具备这个特色。他情不自禁地在书中反复分析现代神学思潮。

这个神学讲评人的角色,与他所见福音派的缺失,刚好能配合。在 1964 年,他曾有感于这个运动的弱点而写道:"它忽略了现代神学论战的最前线"。他又说,结果福音派"放弃了在这些阵线上的辩论,任凭那些不坚定持守福音派立场的人去接手,甚至让对福音派只约略赞同的人插手"。他又责备福音派神学的作品,"缺乏让人兴奋的关联性"。他解释道:"问题不是圣经神学过时,而是有些注释者似乎与今日在前线的怀疑者脱了节"[21]。卡尔·亨利的写作有一个很明确的目标,就是要纠正这种状况。

然而,比福音派的问题更令卡尔·亨利担心的,便是基督教主流宗派人数的锐减。他毕生的努力,乃是要站在基督教神学家的立场,向 20 世纪大声疾呼,说明他们既背弃了根基,就是对神的启示不再效忠,结果必咎由自取。在 20 世纪 40 年代他已经指出,1914 至 1946 年乃是"现代文化的深夜"[22]。他的意思是,在这段时期,两次世界大战的悲剧令人对现代化的几项假定普遍生疑,例如:人类必定在进步中,人性本善,大自然的终极地位,和人类基本的兽性。[23]

## 圣经权威

卡尔·亨利对现代神学问题的透视,使他作出另外一方面的贡献。他不仅在当代神学思潮的讲评上举足轻重,在为真正有效之神学立定基础一事上，也功不可没。他不断强调，唯有回到最根本的福音派观点，才可能解决现代神学的难题。对他而言，神学的基础无他，惟在于存留在圣经中的神的启示。[24]因此，卡尔・亨利著作中最重要的题目，便是圣经的权威。

对圣经权威的强调，反映出福音派最中心的关注。这件事对卡尔・亨利和该运动所以重要，是因为《今日基督教》在创办后不久，曾做了一次调查，其中显示，"三位福音派学者中，便有两位认为，美国保守派阵营内，圣经权威是最主要的检讨题材"。在《现代神学前线》（*Frontiers of Modern Theology*）一书中，卡尔・亨利提到该次调查，并用典型福音派的口吻，悲叹主流基督教各派"在圣经权威上的妥协"，并说："弃守圣经观点，接纳现代批判的猜测"，已经导致"对历史式与命题式的启示、全权的默示与字句无误产生怀疑"[25]。卡尔・亨利穷毕生之力，为这些保守派的圣经教义立场辩护。

对卡尔・亨利等人而言，圣经权威的本身并非终极目标。然而，其重要性在于，"圣经教义掌握了一切基督教教义"[26]。因此，福音派担心，一旦在这方面放松，圣经就不再能成为神学讨论中的权威，以致连救恩论、耶稣基督的权威、人论、基督论等重要教义，都会招致危险。[27]

卡尔・亨利作品中对启示的强调，也非他独门所有。相反，新正统派，甚至 20 世纪的神学之中，也有些人相当注意这个范畴。卡尔・亨利与这些人的不同处，在于他对启示本质的了解。对他而言，启示意指，神不但在历史中行动，并且曾对人说话。他辩道，神的话对他的行动很重要，因为借话语能说明神在历史中之作为的理由与意义。[28]透过神的解释，神的作为才对我们有意义。[29]为了说明此点，卡尔・亨利将启示定义为：

> 超自然之神的一种作为，借此他告知人现在与未来的命运。透过启示，神——他的意念非同我们的意念——分享他的心意；他所传达的，不仅是有关他本身的真理和他的意愿，也有关人目前的光景，与未来的展望。[30]

## 合乎理性的启示

对卡尔·亨利而言,启示以说话来表达是很重要的,由此可见,启示是合乎理性的,并且是命题式的。在他的巨著中,他不断阐述一个题目,即"神的启示是理性的沟通,用可理解的思想与有意义的字句——亦即表明观念的词汇形式——表达出来"[31]。他同意现代对启示之功能性、活泼性与目的性的注重,但却认为,这一切都不能与其命题性分割。对他而言,神说话的这个事实,便意味着在启示过程中,理智扮演积极的角色。[32] 换言之,启示是客观性的[33]、概念式的[34]、可理解的、前后一致的。[35] 因此,基督教并不是逃避理性,反倒是迎向讲理性的人。[36]

这个题目却不是在神学真空中的发展。在理性的基督教背后,卡尔·亨利以"理性的永生神"为基础[37],而这位神"借他的话语来向人说话"[38]。

因此,基督教的启示"在理性上是前后一致、令人动容的",因为"理性的根基便在这位永生神的本性里"[39]。卡尔·亨利提出了一段认识论的至理名言,将启示、理性与圣经融合在一起:

> 神的启示是一切真理的源头,包括基督教的真理在内;理性是辨识真理的工具;圣经是确认真理的原则,逻辑的一贯性是真理的消极考验,而一致性则是其附属考验。基督教神学的使命,在于阐明圣经的启示是前后有序的整体。[40]

卡尔·亨利以其典型的笔法强调,若神学将理性的层面删除,便会只剩下"一位口齿不清的神祇,这位超越者在超理性的范畴中漫步,而该范畴尚未完全臣服于思想界"[41]。

卡尔·亨利思想中对启示之命题性的强调,在其人论中还有补充。为配合神学中理性的传统,卡尔·亨利高举理性,视之为人的基本层面;他认为,在现代以前,普世都认同这个观点。[42] 而他在神的形象之圣经观中,找到对神启示现象的解释。[43]

卡尔·亨利认为，神的形象包括对神的一些认识、理性的能力和道德的责任感；即使在堕落之后，每个人多少仍有这形象。[44]

虽然卡尔·亨利承认每个人都有神的形象，而一般启示也是很重要的教义[45]，但他拒绝建立自然神学[46]，对他而言，神学唯一的根据，乃是神在圣经中的自我启示。如此一来，他不仅与托马斯派（Thomist，随从阿奎那思想的学者）的传统划清界线，也与福音派中的"证据派"区别开来，该派护教者想要将基督教信仰建立在理性与经验的证据上。然而，卡尔·亨利采用"前设论"（presuppositionalist）范式[47]，将一切神学完全建立在圣经之真实性的先决条件上。[48]

## 默示与无误

对卡尔·亨利和许多福音派思想家而言，对圣经的忠诚意味着它是神的灵默示而成，因此是无误的。[49]他认为，圣经这两方面的教义是紧密相关的。默示论肯定神是圣经终极的作者，结果，圣经中神的启示必定无误。更确切地说："圣灵指导圣经的作者，将圣经的信息传达出来，……并防止任何错误发生。"[50]卡尔·亨利将默示定义为："一种超自然的影响力，临及神所拣选的先知与使徒身上，借此，神的灵保证他们口述与撰写的言论尽都真实可靠。"[51]由此看来，圣经的重要性在于"它将神透过话语启示的真理形成经文"[52]。

卡尔·亨利一方面肯定保守派标准的立场，一方面却避免某些基要主义者过于极端的立场。他敏锐地拒绝圣经为神直接口述的产品。[53]而在新约引用旧约时，无误论并不涵括现代专业的准确性或精密性。[54]

还有一点很重要。卡尔·亨利虽然提倡无误论，却不至于以这个教义作为是否属福音派的试金石，而他有些同事却如此行；[55]他的理由是从实际来考虑。他感叹道："将无误论高举为纯正福音派的徽章，有反应过度之嫌；福音派与其为这件事辩论花费精力，不如去写更严密的神学与哲学著作，在国家与文化都落入危机的时刻，更需要这类作品。"[56]因此，他与林赛尔等福音派领袖保持距离，他认为这些人将无误论高举在权威论与默示论之上成为圣经的首要宣告，是不正确的。[57]对

卡尔·亨利而言,启示与文化、解经学与命题式的启示,至少与无误论同样重要。

## 神论

卡尔·亨利对命题式启示的关注,自然导出他思想的最后一个特色,即他对神论的强调,认为神论是神学的主要关键。卡尔·亨利以"道"(Logos)的观念,将启示与神连接起来;他以"道"为神自我开启的媒介。[58]因此,他所理解的神的话乃来自这世界之外,是"超越的赐予,并非临在于人里面,犹如一种观念,或出于人想象、思考的抽象意念"[59]。由于卡尔·亨利强调,启示是经由"道"为媒介,具超越性,因此他主张,有关圣经的问题分析到最后,不再是圣经的问题,而是神的问题。难怪他的结论为:"倘若一个人相信至高之神有思想、有意志,这位神可亲自说话、传达意旨与命令,则他离圣经的默示论之假定就不远了。"[60]

以神论为中心的看法,正如许多其他的主题一样,在卡尔·亨利事奉的初期便已成型。他于1946年写道:"从一个角度来看,神观可以决定一切观点;它是阿基米德的杠杆,可以用来塑造整个世界观。"[61]

对卡尔·亨利而言,有关神最主要的一点,即神以行动和理性的语言来接近受造物时,其神性的层面为神的超越性。卡尔·亨利声称,当代许多神学对神临在性的强调,只能对这些神学最关注的事——即神如何在世上工作的恼人问题,提供一部分答案。[62]其实神的超越性也同样重要,意即,"大自然随时随地都向他的旨意敞开,而他或是透过重复的宇宙过程,或是透过一次的行动,自由地将他的旨意表达出来"[63]。因此,卡尔·亨利在自然界的规律中和在神迹中,同样看出神将他"有目的的同在"彰显出来。[64]

现代思想中却将神的这方面失落了,卡尔·亨利为之扼腕。[65]他坚称,重新恢复神的超越性,才能将人类的未来带进幸福。1964年,他将超越性、理性与救恩等主题放在一起,提出如下的见解:

如果基督教要在现代世界中赢得知识界，神学家必须大力宣扬神超越性的真实，而这样宣扬的基础，则在于人有理性能力，可以明白超越经验的范畴。如果不承认来到堕落的人类当中，那位自我启示的救赎主——是他惠赐了对超经验世界的有效知识——现代的雅典人只能干啃宗教流浪汉空无一物的外壳。[66]

对卡尔·亨利而言，神的超越性重要无比，因为神是从他的超越中向人类说话。神不仅做事，也会说话。卡尔·亨利坚信，圣经是神的信息，而圣经信息的权威来源则"是神的超越性。过去如此，现在如此，永远如此"[67]。

## 卡尔·亨利的巨著

在卡尔·亨利一套六本的巨著《神、启示、权威》中，对这位神的本性与神自我启示的内容之探讨，占了许多篇幅。第一卷是绪论，申述神学的本质，之后，在第二、三、四卷中，他对神的启示作了十五个分题讨论。接着，在第五、六卷中便阐明神论，而大致是依循传统的正统路线来探讨。[68]

在《神、启示、权威》的系列中，这两个主题的顺序意义深远。卡尔·亨利将启示的讨论放在教义的陈述之前，特意要澄清，若要讲论神的本质与属性，必须完全依据圣经所载之神的自我启示。神乃是那位将自己启示在圣经里的神。

在九百余页讨论神论的篇幅中，卡尔·亨利探讨了神的本质与存在之关联性的传统问题，陈明了对三一论的古典看法，又阐述了神属性（诸如永恒性、无所不知、不变性、无所不能、圣洁与爱）的传统观点，其中也涵盖了创造论、罪恶的问题等等。整体而言，卡尔·亨利所关心的，也就是他这一系列书的特色，就是要在日趋非理性化的知识界气氛中，显明神是位理性的神，而基督徒的立场也是理性的。他坚信，唯有回到传统立场，并强调信仰的合理，我们才能期待在这个时代经历神学的振兴。

## 社会伦理

卡尔·亨利所瞻望的神学振兴,并不停留于纯知识的层面。神学若能更新圣经的权威,必会导致对世界的重新参与。因此,他的兴趣不只局限于纯神学,在社会伦理方面,他也积极进行探讨。[69]

卡尔·亨利的理论认为,基督教应当在政治、商业和工作等方面,都促进社会改革。他的"圣经观"中,个人的重生和社会公义均不可偏废[70],所谓社会公义则不仅是去服事遭受不义的受害者,更是要亡羊补牢,进而消除不义之根。[71]他甚至呼吁福音派,要以忠于圣经所启示之社会与政治意识为名,"向当权者发出确实的挑战"[72]。

卡尔·亨利的理论,使他不见容于20世纪中期的基要派,而他则指责他们没有社会服务计划[73],并要求福音派要超越他们[74]。卡尔·亨利虽然对重整社会有兴趣,但却与许多基督教主流派人士的立场不同。这个世纪不少神学家倡导社会行动,但卡尔·亨利却仍然认为,社会的改变必须从个人开始,而不是从集体入手。他宣称,教会"必须靠属灵的重生来改变社会"[75]。这个原则含义深远,其中之一为:教会应当避免直接向政府或大众团体施压,以争取教会所赞同的活动,而是要鼓励其个别的会友,"尽其身为两个世界的公民所当尽的本分"[76]。

卡尔·亨利对社会公义的关系,与他主要的神学取向亦十分吻合。对他而言,为公义的努力乃是在宣扬神超自然的启示,及耶稣基督在历史上复活之后的延伸。这些原则,再加上神国的异象,提供了公义的超然基础[77],也使得道德的抉择永远有意义。[78]

## 批判的评估

卡尔·亨利为福音派运动树立了典范,如何在20世纪神学的洪流中,以渊博的学术知识对各派学说进行批评。福音派一向认为,现代思潮的危机即是对启示了解的危机,而背后则是对神看法的危机;卡尔·亨利将这个看法发挥得淋漓尽致。面对当代神学提出的挑战,卡尔·

亨利大胆尝试去肯定传统对神超越性的说法,神乃是在世界之外,透过自我启示与人接触。他坚称,这位超越的神说话,是透过合理的、一致的启示,让按着神形象所造的人可以理解。

卡尔·亨利的主要使命,一方面是对现代思想作出评论,另一方面则是提供福音派的理论以取代之,因此他从未试图撰写全套系统神学。结果,他的作品显然有所失漏。[79]而若要为他辩护,则可说,他的目标比较小,只是要提供一个基础,让其他的福音派人士能在其上建构坚固的神学系统。

批判卡尔·亨利的人也认为,他过度关注理性与命题式启示。有些人拒绝他,视他为食古不化者,甚至死抱神学历史中启蒙时代之前的思想。[80]还有一些人,包括平诺克在内,指称他想以圣经无误论作神学的标准基础,是徒劳无功的。[81]

面对这些批判,卡尔·亨利仍然坚信,神学在很早以前就走上了歧途。唯有回到分岔点,重新肯定传统超越之神的观点,承认他借圣经彰显自己,才能克服神学的危机。而传统神学中超越性与临在性的平衡,可否按卡尔·亨利的主张重新架构——即,按神从世界之外向我们说话的讲法——而不用到20世纪思想家所瞧不起的空间范畴,则仍是福音派神学尚未解决的难题。

## 兰姆:福音派与现代思潮的对话

自卡尔·亨利呼吁保守派神学家重新参与世俗文化的讨论之后,响应他而结合在福音派旗帜下的人,皆试图发表忠于圣经与教会传承(尤其是改教时所建立的观点)的神学言论,以抗衡启蒙运动之后的波澜。不过,虽然福音派神学家在大方向上一致,但在神学方法与基本观点等事上,却有很大的差异。

福音派阵营中的差异,可由兰姆和卡尔·亨利两人对现代神学不同的态度,明显地看出来。卡尔·亨利一般而言是采取谨慎立场,对神学的思潮十分保留,甚至断然拒绝,而兰姆则提供了第二种福音派的做法。他代表那批欢迎现代思想的人士,而他本身则是乐见科学的进展,以及新正统派所倡导对现代研究的态度,尤其是巴特的作风。他不像他的同僚,将巴特贬抑为"新现代主义"的缩影,反之,年日愈增,他愈欣赏这位瑞士的神学家;最后,他拥抱巴特,认为他为福音派神学如何应对启蒙运动后的局势,设立了良好的典范。

不过,兰姆的这个结论并非出于草率,亦非毫无痛苦。因有福音派的根基,一开始他对欧陆来的这种神学心存戒慎。但是他对现代学识一向抱着欣赏的态度,以致逐渐能脱离福音派其他人士的狭窄范畴,甚至到晚年,他呼吁同僚要接受基本上属于巴特的范式,以建立"后基要主义"的神学。

## 兰姆的生平与事业

卡尔·亨利对福音派神学最主要的贡献,是对启示论与圣经论作详尽的研究,将心得之精华写成巨著《神、启示、权威》,为福音派神学作成绪论。兰姆也同样致力探讨这些题目,但是他最大的贡献却在另一方面。在与现代思潮对话上,兰姆试图把福音派往前带进,超过卡尔·亨利。他最感兴趣的,是让圣经——即以圣经为中心的神学——与人类全面的学问接触,而在20世纪,学问的焦点便是科学界。

前曾提及,卡尔·亨利新闻方面的背景成了他的工具,尤其是在担任《今日基督教》编辑时,让他能在20世纪担任福音派评论家,讲评各种神学思潮。同样,兰姆也具备有利的条件,能面对将圣经神学与现代知识衔接的挑战。他受的是现代思想的教育,但本身却经历了非常深切的、福音派式的重生,而归信了基督。

1916年,兰姆出生于蒙大拿州(Montana)的矿业城布特(Butte,是蒙大拿州立矿业学院所在地)。从小,他就对科学很有兴趣。小时候他有一个朋友,是位移民工程师的儿子,家里成天谈的都是爱因斯坦、相对论、原子论和化学。[82]那时兰姆以为,自己长大后一定会作科学家。按照他亲笔所述,20世纪30年代,他属于典型的高中毕业生,"心思与

所有高中毕业生离开学校时一模一样——对科学非常尊崇，期待文明能愈来愈进步，对宗教持容忍与保持距离的恭敬，喜欢运动和娱乐，盼望能'造福'世界"[83]。

虽然兰姆的成长环境以世俗科学为重，他却经历了典型的福音派式重生，那次经验改变了他一生的方向。在他计划去读华盛顿大学的那个暑假，透过他的兄弟约翰，"福音临到了他"[84]；后来他写的《福音派传承》（The Evangelical Heritage）一书，便是献给这位兄弟。他的重生是立时的、激烈的，顿时将他的生命改换一新。以后他用第三人称描述道：

> 在三分钟之内，他一生的观点和基本的个性完全改变了。他经历到神的恩典，这恩典流入他，产生更新的能力。几分钟之内，他就领受到新的哲学、新的神学、新的心和新的生命[85]。

兰姆从未失去由那次经历所得到的福音热忱。兰姆在大学主修演说与哲学，1938年毕业后，便进入费城东部浸信会神学院。这间学校是由北方浸信会联会（现在的美国浸信会联会）所支持，旨在让学术界高举保守派的旗帜。1941年，兰姆在该校完成学习，最后一年必须在宾州大学研究所学习，并在纽约一间教会实习。然后，他在西岸——加州的西雅图（1942－1943）和格兰岱尔（1943－1944）——作过短期的教会工作。[86]

但是兰姆对福音派的贡献，却不在牧会方面。1943年，他迈入学术界，在洛杉矶浸信会神学院担任圣经语言学教授，开始了一段长期而成功的事奉。第二年，他转校又转系，进入他毕生致力研究的焦点。在洛杉矶圣经研究院（BIOLA），他担任哲学与护教系的系主任，执教至1951年。

在就任教职时，兰姆的正式教育尚未完成。由于身处洛杉矶之便，他在南加大研读哲学，1947年获硕士学位，1950年获博士学位。在神学院和牧会时期，他对科学的强烈兴趣暂时被搁置，而现在则浮现出来。兰姆将这方面的兴趣与哲学结合起来，选择科学之哲学作为研究

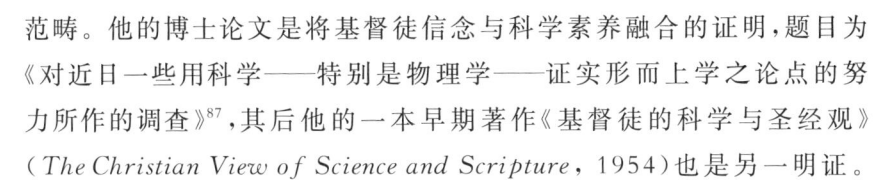

范畴。他的博士论文是将基督徒信念与科学素养融合的证明,题目为《对近日一些用科学——特别是物理学——证实形而上学之论点的努力所作的调查》[87],其后他的一本早期著作《基督徒的科学与圣经观》(The Christian View of Science and Scripture,1954)也是另一明证。

20世纪50年代,兰姆又换了几间学校——伯特利学院与神学院(1951-1954),以及贝勒大学(1954-1959),而他任职最久的,则是美西浸信会神学院(ABSW,从前的加州浸信会神学院,他于1959-1974年,1978-1986年在此执教),其中只有一段短时间,他回到母校东部浸信会神学院(1974-1977)。此外,兰姆也在几个学校兼课,包括富勒和门诺会圣经神学院,而他终其一生都在青年(Young Life)暑期学校里教导年轻人。

## 促进和解的福音派学者

兰姆透过教书和写作,对福音派运动的发展作出重大的贡献。许多人视他为很有思想的保守派学者,能够真心实意地应对当代知识界的挑战。前美西浸信会神学院的校长布朗(Wesley H. Brown),将他对这方面的影响作了如下的说明:

> 兰姆的影响力所以巨大,部分原因是他能将基督教信仰与当代问题联系起来,并透过神学的实力和渊博的知识,作强有力的表达。许多时候,福音派被认为是反智者,缺乏历史观点,在谈论信仰问题时,未能了解科学界的挣扎。兰姆为许多年轻的基督徒驱除了这些形象。从他的作品与演讲中,他们发现不需要封闭自己的思想,在思考、谈论信仰问题时,也不需要心虚。[88]

兰姆特别关注的,是在启蒙运动后的波澜中,来塑造基督教神学。他认真看待启蒙运动,对于这一时期人类知识历史所带来的巨大转变,有深刻的了解,同时又重新肯定传统的基督教教义。因此,他再三呼吁福音派,要从正面来建立基督教真理,并要避免他所谓的"愚民政策",

即拦阻知识或抗拒进步,尤其在圣经批判学与科学方面。[89] 对兰姆而言,福音派与基要派的分水岭已在这里。他写道:"基要派试图用盾牌挡住启蒙运动,以保护自己",而"福音派相信,启蒙运动不可能消逝"[90]。兰姆要从事的工作,便是展示出面对启蒙运动,基督徒如何能在知识界中负起责任——意即,既不像现代神学一样让步,又不退缩为盲目的信仰,或像基要主义的超理性主义。在这个范畴中,兰姆一直以身作则,并不断勉励他的同僚。

他的异象乃是启蒙的基督教,以致他向现代神学相当开放,与许多他的同道大相径庭。他乐意被圣经批判者的发现所折服。因此他能说:"如果圣经批判者真的有凭有据,且得到国际间一致的同意,福音派没有理由反对。"[91] 同样,他警告同道,要避免接受"垃圾般的神学,让低于学术标准的神学成为福音派神学,而让非福音派得着伟大圣经神学的美誉"[92]。

为要建立非愚民式的神学,兰姆不但倚靠圣经,也仰赖教会伟大的神学传承[93],包括教父时期,而最主要的则是改教运动[94]及其后续传人,诸如荷兰的加尔文派神学政治家凯波尔(Abraham Kuyper),他认为,改教运动为"神学创造力最伟大的时期"[95]。兰姆在传统基督教内发现了生活的基要真理。但他承认,所面对的挑战乃是:基督徒在今日世界中当如何才能护卫教会的传统信仰。以平诺克的话来说,兰姆面对的问题为:

> 像兰姆这样一位学识渊博、诚实无伪的人——明白圣经的人性、历史与文化的相关性,及历史的自然流程——如果他真正面对这些挑战,怎么还能持守传统的信念?[96]

因此,兰姆成为福音派促进和解、温和等方面的缩影。[97] 然而这种精神并非天生的,而是随他阅历的增加而来。事实上,他的一生可被形容为"福音派运动的典型范式"[98],因为他的旅程也是许多他同僚所走过的,从基要主义出发,直到布兰森(Mark Lau Branson)形容的"有学问、有思想的福音派"。这段路程的原动力,乃是因兰姆的基要主义之根,无法承受他向科学与科学方法开放后所得着的亮光。

## 护教

兰姆走入和解式的福音派,正与他在学术界的动向平行,因为他由持基要主义的洛杉矶圣经学院转到持开放态度的美西浸信会神学院〔该校参加位于加州柏克莱的神学研究院联盟(Graduate Theological Union)〕。不过,他的旅程更可由所写的大量书籍看出来,尤其从他所研究的题目可见一斑。他写作的范围甚广,然而有三大项目花费了他大部分的心血——护教学、圣经与科学、圣经的权威。[99]他毕生都对这几方面保持高度兴趣,而他的作品显示,他的思想一直在前进,不过总是在他所接受福音派范畴的大坐标之内。事实上,兰姆不仅在结论中持守福音派立场,甚至在研究题目的选择上亦然,尽管有几本书在福音派中引起了很大的争论。

兰姆从一开始就很注意护教。或许这是由于他自幼年便对科学有兴趣,后来又转读哲学的缘故。也许兰姆觉得,在理性与信仰上必须对自己有所交代,结果他告诉读者,哲学在基督徒的使命中扮演很重要的角色。[100]无论如何,他的著作显示,他极有兴趣从福音派的角度,将基督教信仰与人类知识结合在一起。

有人视宗教为纯粹信心问题,属于个人的事,兰姆却非常反对这种态度。他称之为"表面观",而宣称:"所有人的学问(他将宗教也包括在内)必须与真理吻合"[101]。他认为,这句话可为基督教的护教学开路。兰姆将护教学定义为:"高举基督教神学合乎真理之说,为此而刻意进行的辩护。护教学特意要与批判真理的标准交手,为要证实基督信仰所讲的,是真正的实情(true realities)。"[102]然而,这就必须牵涉到哲学:"基督徒护教学者若真要面对真理问题,在态度上与方法上都名正言顺,就不得不踏入哲学的领域。"[103]

虽然他护教的基本路线与福音派一致,但却和卡尔·亨利前设论的思想家有所差异。在早年时,他就已选择另一条传统路线,有时被称为"证据论";其策略为:从(理论上)每个人皆可观察或证实的资料(兰姆称之为"事实")中,举出实际的证据,来证实基督教信仰。

兰姆第一本书,取材自他在波特兰西方保守浸信会神学院的年中演讲,题目为《基督徒护教学问题》(*Problems in Christian Apologetics*)[104],是完全为护教而写。在他开始工作的初期,是用提出问题的方式,几乎带着战斗口吻来处理这题目。四年之后(1953),又有两本这方面的书问世:《护教系统的类别》(*Types of Apologetic Systems*)和《基督新教的证据》(*Protestant Christian Evidences*);然后再隔19年,第四本书出炉:《与众不同的神》(*The God Who Makes a Difference*,1972)。

在《护教系统的类别》[105]一书中,兰姆检视了护教工作的起点与基础,即所采用的几种方法。他指出,有一类是根据"直接的主观",从内在对恩典的经历出发,直谈到福音(帕斯卡尔、克尔凯郭尔、布龙纳);另一类是根据"自然神学",肯定人的理性能够辨认宗教的真理〔阿奎那、巴特勒(Joseph Butler)、泰南特(F. R. Tennant)〕;还有一类是根据神的启示,其至理名言为"先相信后了解"(奥古斯丁、当代福音派的范泰尔和卡内尔)[106]。

在这几本基础著作中,兰姆认定,合宜的护教学必须根据启示,亦即,根据神"在创造、人的本性、以色列史、教会历史、圣经内容、神在基督里的道成肉身,以及福音在信徒心中"的自我彰显。[107]兰姆宣称,唯有这种方法才符合历史的基督教,而有别于"现代派"或基督教的自由派,且才能为信仰作出有力的辩护。为回应这个呼声,兰姆写了一本教科书:《基督新教的证据》,这本书论述的对象,包括具批判思想的基督徒,以及在信仰圈外,但"头脑却有充分的弹性,可以就事论事"的人。[108]

重要的是,在说明立场时,兰姆作了区分,将"护教"界定为:证实基督教信仰的体系,或"以一种策略陈明基督教信仰的真实性,显示它的确有资格宣称是对神的真知识"[109];而将"证据"界定为:这门学问的分支,旨在"陈明基督教的事实性"[110]。他深信,这种事实性,即基督教与实体的关系,是可以陈明的。为此,他动用传统的证据,如圣经预言的实现、神迹、耶稣的品格与复活,及基督徒的经验。这一切,加上圣经素来有"深深抓住人心灵"的能力[111],都可见证圣经是神的启示,因此,圣经的超自然性就成了基督教最终的证据。[112]

## 第 10 章 重新肯定平衡——成熟时代的福音派神学

从 1958 年开始,兰姆似乎就在护教学上朝修正路线走。在一篇题目为《预言与神迹的证据》的文章中,他试图修正一些误会,因有人以为单靠证据便足以震动人心。[113] 他借用奥古斯丁和加尔文所区分的"内在与外在的见证",这个说法是称,在信仰上对真理的确信,是直接从神而来的。根据这个说法,兰姆为基督教的内在性与外在性辩论,指出圣灵内在的工作,和诸如预言应验、神迹奇事等证据,联合起来向基督徒保证信仰的真确性。他作结论说:

> 先知话语的应验、使徒所行的神迹,是神的戳记,告诉已信的心说,他因着圣灵在神话语中的见证而持定的信仰,在这世上也早已存在(在他个人的经验以先),是出于永生神超自然的作为。[114]

比早期证据论又跨进一步的著作,是《与众不同的神》(1972)。他基本的理论仍然不变,即护教必须以启示为根基。但是,因为"个别的事实,无论数目有多少,也不足以构成有效的知识"[115],所以他提议视基督教(尤其以改教后的信仰告白为最佳表白)为一种主张或假说。前几本书中所提到的证据,在此书中重新整理,组成三个重点(圣灵的劝化;神在创造与历史中的作为;人类、世界和神的"综合观")。

根据先前对内在与外在见证的区分,兰姆此时又进一步区别"确信"(certitude)与"确知"(certainty)。根据圣经与圣灵内在的见证,信徒可能对个人得救的伟大真理"充满属灵的确信"[116]。然而,基督教信仰的历史层面,却永远无法确知,只能说可能性极高。他发表了一段结论,成为以后他倡导巴特是神学范式之典范的先声:

> 基督徒护教者可以说,在灵里、内在、心灵深处的把握里,他满有确信;至于客观的历史、事实等基督教启示的依据,他则相信可能性极高。[117]

他说,基要主义的偏差就在这里。他们要为圣经所讲述的历史寻找理性的信仰确知,是错误的。[118]

1972年之后，兰姆不再探讨护教学，而更专注于系统神学的问题。但他对护教学从未失去兴趣。甚至他在20世纪80年代所写纯神学的论述，也没有放下护教的层面。例如，他所写有关罪的教义之书《对理性的冒犯》(Offense to Reason，1985)，便是以现代思潮和人类所有的知识为对象。他的论点为，虽然罪的教义令人感到冒犯，或表面看来不合理性，但它却非褊狭的基督教题目。人类在各个方面、各种学问当中，都在与这个问题奋战。因此，为要了解这个世界的人，就必须正视这个教义。当然，他的理论又为基督徒的人与世界观开路，使其步上护教之途。同样，在他最后一本书《福音派基督论》(An Evangelical Christology)中，兰姆仍以护教者的身份，来回答对传统教义的各种责难。

尽管这些后期的著作继续有护教的色彩，但显然护教者兰姆已逐渐远离大部分福音派的证据论。这个动向，从许多方面而言，只不过是他本人思想的自然流露；而影响他的则是奥古斯丁、改教家们，以及巴特。兰姆同意巴特的名言（他指称，巴特是借用路德和加尔文的话）："如果必须用某项外在的东西，才能证实神的话为真，那么，那个东西就比神的话更伟大。"[119]

## 圣经与科学

从《对理性的冒犯》一书中，可看出兰姆一生所关注的第二个题目，就是与科学打交道（除了文学与哲学之外）。他不断注意圣经与圣经真理和现代知识——尤其科学——的相接面。因着这份兴趣，他参与了美国科学联会(American Scientific Affiliation)，这个专业团体是由既效忠信仰又热衷科学的福音派人士所组成。

兰姆尝试让圣经与科学对话，他的精华言论出现在《基督徒的科学与圣经观》(1954)一书中，该书使他一炮而红，被视为福音派后起之秀。兰姆并不像基督教自由派人士，向现代科学思想投降，另一方面，该书最主要的目的，是避免用基要派的方式来处理这个问题，因这种方式已使基督徒获反科学的恶名。他形容这种"不光荣的传统"为："对科学持不欢迎的态度，而所用的论证和程序，都不符学术界所尊重的传统"[120]。他则希望"呼吁福音派回到光荣的传统中"[121]，承认神是创造与救赎的原作者，所以真正的科学和圣经必然是相辅相成的。[122]兰姆声称，这种传统在19世纪末曾占优势，但却被"狭隘的圣经崇拜"所埋葬，这种崇拜"不是出于信心，乃是出于害怕"[123]。

按照古老的"光荣传统"，兰姆认定科学与圣经至终绝不冲突。问题所以会产生，乃是由于专家未守本分，以致越界，或是由于罪的影响。因此，在早期尚未觉察到科学研究也必然具主观成分的年代，兰姆带着天真的乐观写道：

> 如果神学家和科学家能够谨慎，各在各的岗位上，互相认真学习，两者之间就不会不协调，除非有人持抗拒神的非基督徒心态。[124]

在反思这个信念时，他的研究导出非常积极的结论：

> 我们已经尝试证明，没有一位科学人士可以用他所研究的科学为由，拒绝成为基督徒。我们已经证明，圣经对大自然的宣告并不冒犯理性；圣经的真理何等合乎事实；而神迹又如何可靠。这些篇章并不是要勉强一个人接受基督，但若有人是基督徒，科学家无法用科学为由，来质疑那个人的信仰是否值得尊重。[125]

《基督徒的科学与圣经观》之言论，虽然本身有其重要性，但却也与护教学脱不了关系。相反，前者能够放进后者，并成为其中不可或缺的一部分。这本书的中心，是要说明"基督教与物质事实的关联"[126]，在兰姆早期的护教书中，物质事实被列为基督教三大类事实之一。[127]

虽然兰姆的用意甚佳，但《基督徒的科学与圣经观》却引起一阵骚动。有些地方他将科学与圣经互相协调，但是他大胆宣称，圣经含有受文化限制的言论。他主张，圣经的作者并不是现代所谓的科学老师。因此，兰姆提议，地区性洪水、"约书亚争战时，日头在天当中停住"为寓意性说法，而地球年代古老等，如果已为科学证实，从圣经的角度也是

合理的。他甚至容许"神导进化"（神使用进化以造成各种活物，包括人在内），不过他自己比较喜欢"渐进创造"一词。[128]

当然，对基要主义者而言，这一切都带妥协的味道。而自由派也同样不为所动，指责他前后不一致，没有让自己的理论达到其逻辑的结论。[129]

《基督徒的科学与圣经观》所采用的解经原则，在较早出版、发行甚广的《基督教释经学》（*Protestant Biblical Interpretation*，1950）一书中已经陈明。[130] 而其神学基础，则在以后出版的《特殊启示和神的话》（*Special Revelation and the Word of God*，1961）一书中作了阐释。兰姆在较早的那本书中，说明他一生事业的基本论点，即是主张"唯有羽毛丰满、知识完备的圣经通，才能应付今日科学、哲学、心理学和宗教的各种状况"[131]。这种"圣经通"不单包括改教时的主张，诸如圣经的可明性（即，解释者能知道圣经在说什么），也包括启示的顺应原则，这个原则意味着，圣经有"神人同性"的特性，这是解经者必须了解的。[132]

在《他的出路》（*His Way Out*）一书中，兰姆将他的解经学应用在一卷圣经上——《出埃及记》。在这本非专业性、以平信徒为对象的书中，作者描述他作和事佬的立场，因他感到自由派"向现代后启蒙时期、以科学姿态出现的思想投降"，而许多基要派人士则持纯超自然主义。因此，举例来说，兰姆主张，圣经里所描述的神迹，"代表神的能力和在埃及地一些自然现象的某种结合"[133]。

若要将圣经记载与科学扯上关系，福音派必须处理的一个棘手问题，便是人的起源，亦即，亚当的问题。在这一点上，兰姆也试图用折衷立场。他在工作的早期，就为这个立场作了准备。在《基督徒的科学与圣经观》中，他既不选择否定地理的发现，就是指认人从古远就有的证据，也不选择纯粹以神话来解释圣经的记载。相反，兰姆指出地理和圣经都同意的一些特色。

在他事业的末期所写《对理性的冒犯》一书中，他仍然倡导协调的立场，不过更加强调《创世记》的神学特性，过于其历史特性。《创世记》一至三章是"神指示的重建"、"故事化的神学"[134]，是希伯来人对创造、自然界、罪的起源等的思考，而以故事来表达。因此，他宣称，亚当"既是人类的代表性人物，又是犹太历史中犹太人和全人类的祖先"[135]。所以，圣经与科学在各自的范畴内来看，都是正确的。

## 权威

最后，兰姆专注于圣经、启示与神学权威的问题。在20世纪50年代末及60年代初期，这位福音派神学家一口气出了三本论这个题目的书：《权威的范式》（*The Pattern of Authority*，1957），但第二年再版，更名为《宗教权威的范式》（*The Pattern of Religious Authority*）、《圣灵的见证》（*The Witness of the Spirit*，1959），以及《特殊启示和神的话》（1961）。正如他对圣经与科学的关注和护教分不开，他对这方面的兴趣亦如此[136]，而两者的目标都相同，即展现基督徒信仰的真实性。

兰姆在这个题目上的用意与其他题目一样，想要走出一条中间路线。[137]在神学的这个层面，他一方面要避免主观主义，如强调宗教经验为最终的权威，这是自由派[138]的主张；一方面则要避免权威主义。他的解决方案，是以神的启示为终极权威（而分析到最后，启示便是基督），并在受默示的圣经与蒙光照的读者之间，寻求平衡。[139]兰姆引述改教时期的看法[140]，主张新教对权威的原则是："在圣经中说话的圣灵，而圣经乃是出于圣灵的启示和默示的作为"[141]。

接着，兰姆便谈圣经论。权威的首要原则（神借启示的彰显）产生了权威的直接原则（圣灵透过圣经说话）。[142]结果，终极权威既不在圣经本身，也不在圣灵，乃在启示（耶稣基督），这是圣经所见证的，也是圣灵所光照的。[143]因此，新约对教会有权威，因为它是使徒（和与他们相关之人士）对神在基督里的见证。[144]

他认定自己的看法是改教整全的见解，以致他不单拒绝自由派的主张，也排斥基要派的主张。[145]他发现后者有三个错误。第一，基要派太注意维护圣经的默示，而忽略了改教时期更复杂的启示教义，因此未能明白"默示有赖于启示，而非相反"[146]。第二，基要派未注意圣经的教导功能——亦即，是圣灵用来光照相信之人的媒介[147]——因而视圣经本身有生命，不需倚赖圣灵。他们将"神的话"与圣经等同，结果使这一词汇等同于改教者所用的"神的话与圣灵"[148]。最后，尽管基要派厌恶向科学妥协，他们却"容让科学精神弥漫其护教学"，因他们要用科学方法展示圣经的默示[149]（而不了解圣经是能自我证实的）[150]。

因为兰姆采取非理性的路线，他从不进入震动福音派运动的圣经大辩论。他肯定"无误"的观念[151]，但对他而言，那是广义、无限定的范畴，而他表示，为这点辩论"红利太低"[152]。兰姆不去谈默示论或圣经本身，而高攀圣经的内容——即耶稣基督——为"保卫战的最前线"[153]。他最后一本书便是谈基督论，用意深刻。不过，早在1961年，他就明晰地谈论这个题目：

> 圣经通者的试探，是在讲论圣经的默示时，会与他们所崇拜的主分开。……除了以基督为中心的默示论之外，再没有别种形态的默示论。[154]

为这个缘故，因保守派自视他们对圣经论的见解为基督教不可或缺的要素，兰姆便与他们斩断关系。[155]

对兰姆而言，默示必须在启示之下。默示的功能为保全启示，使其可靠，并能作充分表达。[156]而启示是由神传至神的代言人，再传到神的子民，最后透过神的默示写成文字。[157]但即使在这点上，兰姆也避免将默示的产品与圣经的文字作单纯的等同。他反而主张，默示乃与一段意义有关，并非与单独的字有关。[158]因此，他区分外在形式（原初文本的原初语言用字）与内在形式（经文的默示意义），经过最后的分析，这才是神的话。[159]

## 兰姆与巴特

兰姆既关心在后启蒙时代中展示够水平的神学，便在护教学、圣经与科学的互动以及启示论上发奋著作，而这样的关心终于将他带向巴特。1983年，他毕生对这位瑞士神学家作品的欣羡达到了最高峰，而公开拥护巴特的作风，视为福音派在当代世界中应当追随的典范；这个宣告引起极大的争论。

在兰姆的思想中，对巴特的肯定或许是他所跨最大的一步。[160] 起初，他和别的福音派同声排斥这位瑞士神学家。例如，在1953年他主张："无神论、自由派和巴特派的基督，不是历史记载上的基督。"[161] 到1971年，他的立场开始软化，一方面是因为在1957－1958学年，他曾在巴塞尔进修。[162] 在《圣经解释》一文中，兰姆对巴特有褒有贬，声称他"个别的解经"颇有问题，"但他对解经的见地"是正确的。[163] 而一年之后，他承认巴特在护教学上对他有影响。[164] 最后，在他1983年所著《基要主义之后》(After Fundamentalism)一书中，兰姆将巴特的重要性扩及神学方法的重要范畴内。

巴特吸引兰姆之处，是他发现这位瑞士神学家有一种亲和力。兰姆逐渐发觉，巴特所做的，正是他自己想要做的——从启蒙时期的全面知识来探讨传统神学。所以，他总结道："巴特的神学是在启蒙运动的波澜中重述改教神学，而没有向其屈服。"[165]

## 建设性的神学

在这项重大发现之后，兰姆余生便致力于运用巴特范式来作神学研究。他现在似乎可以转离从前所专注的神学根基性问题——护教、圣经与科学、启示——而致力于建设性的神学。结果，他最后两卷书是针对两个重要的教义：罪与基督。

虽然兰姆在晚年才写有关重要教义的论述，但在较早出版的《特殊启示与神的话》一书中，他已说明了他对神学本质的看法。对兰姆而言，这项使命旨在探索神学的可能性与其极限。神学是可能研究的，因为它与对神的认识有关，而这种认识是基于神的自我启示。因此，他认为神学与启示密切相关："神学家不是研究神本身，而是研究在启示里的神"[166]。更准确地说，神学家是要展示神复制启示的起源与结构；所谓复制启示即"神的原型知识（即，神对自己的知识）中的一部分，是神愿意让人知道的那部分"[167]——神透过特殊启示（"神的话以一种具体形式传给特定的个人或团体"），将这种知识赐给人类。[168]

但同时兰姆也知道,神学有其极限。极限的原因有二,一为神是不可测透的,二为人的罪性。他将神的不可测透性与超越性相联。他宣称,有限的受造者站在超越的神面前,绝不可能完全明了神,也无法用人的言语完美地描述神。[169] 倘若我们要认识神,神必须先降格来就近我们。这就是神在启示时所做的,他从超越的境界临到我们中间,告诉我们神实体的一部分情形。

人的罪性也使神学研究受到限制。赫尔佐格(William Herzog)说,兰姆"从不忘记罪就伏在身旁,等待机会要将一切可贵的成果扭曲丑化"[170]。兰姆本身也谈到,在福音派里必然带着悲观的有限看法,因为它"严肃地看待罪论",所以"福音派相信改善观(事情可以更好),却不相信乌托邦(事情可以完美)"[171]。然而,若要在高举罪与人的可能性当中作选择,兰姆则偏好后者。在这方面,他受到加尔文派创造论的影响,因为其传人凯波尔主张,罪的入侵尽管带来严重的破坏,却没有完全消除神对人类最初的计划。[172]

## 批判的评估

兰姆的天分表现在尝试脱离基要主义,往前迈步。这位福音派思想家发现,这个运动的弊病在于,对神学的极限未能认识清楚。对他而言,在神学起步之前的启示,为奥秘所包围。但基要派的理性主义则"读神的启示好像读某个抄本,毫无奥秘可言"[173]。兰姆在写神学时,却试图表达启示的这一层面:"恩典的奥秘与奇妙,在于超越的神愿意启示他自己。那位测不透的神已经说话,而从其话语中我们了解到,他是不可测透的。"[174]

因此,兰姆对神学的整个态度,是建立在一个前提上,即那位超越者降格临到人类,向一群有罪的受造者启示神的实体。他相信,这种神的启示与最佳的现代研究并不相互争霸,相反地,却能彼此融合。如此,这位超越者也是临在的——与一切人类真确的知识同在。兰姆的一生便是致力探究神的这种自我彰显,在当代、后启蒙时期的情境中来了解,目的则为认识这位自我彰显、超越的神。

因为对启蒙运动的贡献有较深刻的认识,兰姆可以比卡尔·亨利向后看的作风更进一步。如此,他为年轻的福音派思想家立下根基,使他们能有自由作批判式的思考,并与现代文化有积极性的对话。福音派神学开始迈入成年。

但是,对年轻的思想家而言,兰姆还走得不够远。虽然他试着用新的方法,再度肯定福音派的至理名言,即神从世界之外向我们说话,但这位福音派的改革者似乎太沉醉于传统的神学,以致采用业已被轻视的空间比喻,来讲论超越与临在。虽然兰姆对福音派运动贡献卓著,却未能完全解决其中的难题。

**注释：**

卡尔·亨利：以福音派取代现代主义

1. Carl F. H. Henry, *The Uneasy Conscience of Modern Fundamentalism* (Grand Rapids, Mich.：Eerdmans, 1947)。他后来对基要主义问题的反思,以及对福音派必须进一步踏出来的看法,见 Carl F. H. Henry, *Evangelical Responsibility in Contemporary Theology*, Pathway Books (Grand Rapids, Mich.：Eerdmans, 1957)。
2. Henry, *Uneasy Conscience*, 16.
3. 前书, 9。
4. 前书, 68。
5. 如,卡尔·亨利对基要派五点的重新肯定, *Evangelical Responsibility*, 66。
6. 前书, 43。
7. 卡尔·亨利对巴特的批判,刊于 *Christianity Today*,为一系列的文章。Carl F. H. Henry, "Between Barth and Bultmann," *Christianity Today* 5/6 (May 8, 1961)：24 - 26； "The Deterioration of Barth's Defenses," *Christianity Today* 9/1 (October 9, 1964)：16 - 19； "The Pale Ghost of Barth," *Christianity Today* 15/10 (February 12, 1971)：40 - 43； "Wintertime in European Theology," *Christianity Today* 5/5 (December 5, 1960)：12 - 14。卡尔·亨利提到,他曾与巴特在 George Washington University 会面,见 Carl F. H. Henry, *Confessions of a Theologian* (Waco, Tex.：Word, 1986), 210 - 211。Richard Albert Mohler 评估了卡尔·亨利拒绝巴特的理由,见 "Evangelical Theology and Karl Barth：Representative Models of Response" (Ph. D. diss., Southern Baptist Theological Seminary, 1989), 107 - 134。
8. 如,Carl F. H. Henry, "Narrative Theology：An Evangelical Appraisal,"

Trinity Journal 8(1987)：3-19。

9. 卡尔·亨利追随范泰尔，不接纳巴特。参，如，Carl F. H. Henry, *Fifty Years of Protestant Theology*（Boston：Wilde，1950），96。

10. Bob E. Patterson, *Carl F. H. Henry*, in *Makers of the Modern Theological Mind*, ed. Bob E. Patterson（Waco, Tex.：Word，1983），9。Patterson 注意到1978年《时代杂志》（*Time Magazine*）即以卡尔·亨利为福音派的"首要发言人"。

11. R. Albert Mohler, "Carl Ferdinand Howard Henry," in *Baptist Thinkers*, ed. Timothy George and David S. Dockery（Nashville：Broadman，1990），518。

12. Carl F. H. Henry, *God, Revelation and Authority*, 6 vols.（Waco, Tex.：Word，1976-1983）。

13. 卡尔·亨利对自己生平的叙述，见 *Confessions of a Theologian*。

14. 前书，44。

15. 前书，47。

16. 前书，55。

17. 卡尔·亨利对《今日基督教》杂志之发展的观点，见 *Confessions of a Theologian*，264-301。

18. 如，Carl F. H. Henry, *Evangelicals in Search of Identity*（Waco, Tex.：Word，1976）。他的自传结尾部分，也提出他对"美国福音派之展望"的看法，见 *Confessions of a Theologian*，381-407。

19. 如，Carl F. H. Henry, "Crosscurrents in Contemporary Theology," in *Jesus of Nazareth：Saviour and Lord*, ed. Carl Henry（Grand Rapids, Mich.：Eerdmans，1966），3-22。

20. 如，Carl F. H. Henry, *Frontiers in Modern Theology*（Chicago：Moody，1964）。

21. 前书，140-141。

22. Carl F. H. Henry, *The Protestant Dilemma*（Grand Rapids, Mich.：Eerdmans，1949），18；参 Carl F. H. Henry, *Remaking the Modern Mind*（Grand Rapids, Mich.：Eerdmans，1946），26。他从本世纪中期的立场，来说明自由派的不幸，见 *Fifty Years of Protestant Theology*。

23. Henry, *Remaking the Modern Mind*，26，265。另外一种列法，参 *Protestant Dilemma*，18-21。

24. 这个主题最早出现于 Henry, *Protestant Dilemma*，225。

25. Henry, *Frontiers in Modern Theology*，134-135。

26. 前书，138。

27. 前书，138-139。亦参 *Protestant Dilemma*，221-224。

28. Henry, *Protestant Dilemma*，95-96。

29. 前书,217。
30. Henry, *God, Revelation and Authority* 3:457.
31. 前书,3:248 - 487。
32. Henry, *Protestant Dilemma*, 97.
33. Henry, *God, Revelation and Authority* 4:426.
34. 前书,3:173。
35. Henry, *Protestant Dilemma*, 99.
36. Henry, *Remaking the Modern Mind*, 213.
37. Henry, *God, Revelation and Authority* 1:244.
38. 前书,199。
39. Carl F. H. Henry, "The Fortunes of Theology"(3) *Christianity Today* 16/18 (June 9,1972):30[874]。
40. Henry, *God, Revelation and Authority* 1:215.
41. Henry, *Protestant Dilemma*, 115.
42. Henry, *Remaking the Modern Mind*, 247.
43. Henry, *God, Revelation and Authority* 1:394.
44. 前书,405;2:136。
45. 前书,2:83 - 85。
46. 前书,123。
47. 对这个称号的进一步讨论,及它在卡尔·亨利思想中的重要性之评析,参Patterson, *Carl F. H. Henry*, 58 - 83。
48. 卡尔·亨利以圣经为神学的唯一根基之理论,见 *God, Revelation and Authority* 1:181 - 409。
49. 卡尔·亨利对默示、无谬与无误的主张,见前书 4:103 - 219。
50. 前书,4:166 - 167。
51. 前书,129。
52. 同上。
53. 前书,138。
54. 卡尔·亨利对无误的含义以及不包括的事之说明,见前书,4:201 - 210。
55. Mohler 注意到这点,见 *Carl Henry*, 528。他曾提到卡尔·亨利对这些问题的讨论,参 R. Albert Mohler, *Conversations with Carl Henry: Christianity for Today* (Lewiston, N. Y.: Edwin Mellon, 1986), 23 - 30。
56. Carl F. H. Henry, "Reaction and Realignment," *Christianity Today* 20/20 (July 2,1976):30 1038.
57. 参,如,对卡尔·亨利的采访,"The Concerns and Considerations of Carl F. H. Henry," *Christianity Today* 25/5 (March 13,1981):19。
58. 这个题目在卡尔·亨利的巨著中,成为第九个论点。参 *God, Revelation and Authority* 3:164 - 247。

431

59. 前书，174。
60. 前书，428。
61. Henry, *Remaking the Modern Mind*, 171.
62. 如, *God, Revelation and Authority* 6:49.
63. 前书，6:50。
64. 同上。
65. 如, *Remaking the Modern Mind*, 209 – 210; Carl F. H. Henry, *The God Who Shows Himself* (Waco, Tex.: Word, 1966), 4。
66. Henry, *Frontiers in Evangelical Theology*, 154 – 155.
67. Henry, *God, Revelation and Authority* 6:51.
68. 对这几卷书的扼要综览，见 Patterson, *Carl F. H. Henry*, 84 – 159。
69. 除了分散在《神、启示、权威》中的言论外，卡尔·亨利对社会伦理最重要的论点，为他所著的 *Aspects of Christian Social Ethics* (Grand Rapids, Mich.: Eerdmans, 1964)，以及在 *A Plea for Evangelical Demonstration* (Grand Rapids, Mich.: Baker, 1971)，*The Christian Mindset in a Secular Society* (Portland: Multnomah, 1984) 和 *God Who Shows Himself* 等书中的一些文章。另外，他所写对伦理学较长、较一般性的论文也很重要，*Christian Personal Ethics* (Grand Rapids, Mich.: Eerdmans, 1957)。
70. *Plea for Evangelical Demonstration*, 107; *God Who Shows Himself*, 31. 对公义较长的讨论，见 *God, Revelation and Authority* 6:402 – 454。
71. Henry, *Plea for Evangelical Demonstration*, 115.
72. 参，如, Henry, *God, Revelation and Authority* 4:573 – 577。
73. 卡尔·亨利 1947 年在 *The Uneasy Conscience of Modern Fundamentalism* 一书中，写下这个声明。后来他下结论说，所有基要派都在个人伦理上犯了简化的罪。见 *Evangelical Responsibility*, 70。
74. 卡尔·亨利不断提出这呼吁，包括在 *Evangelical Responsibility* 一书中的呼吁，尤见 69 – 78。
75. Henry, *Aspects of Christian Social Ethics*, 16。
76. Henry, *Plea for Evangelical Demonstration*, 46 – 47. 对基督徒的政治责任之讨论，见 *God, Revelation and Authority* 6:436 – 454。
77. Henry, *God Who Show Himself*, 67; *God, Revelation and Authority* 6:418 – 435.
78. Henry, *God, Revelation and Authority* 1:408.
79. 如，Mohler 责备卡尔·亨利没有完整的教会论，他认为，这是福音派整体的问题。见 Mohler, *Carl Henry*, 530。
80. 参，如，同为福音派学者之兰姆的评估，*After Fundamentalism* (San Francisco: Harper and Row, 1983), 26 – 27。
81. Pinnock, *Tracking the Maze*, 46 – 47.

兰姆:福音派与现代思潮的对话

82. Bernard L. Ramm, *The Christian View of Science and Scripture* (Grand Rapids, Mich.: Eerdmann, 1954), 7.

83. Bernard L. Ramm, *Protestant Christian Evidences: A Textbook of the Evidence of the Truthfulness of the Christian Faith for Conservative Protestants* (Chicago: Moody, 1953), 220.

84. 同上。

85. 前书, 220-221。

86. 见 Wilbur M. Smith's 为 Bernard L. Ramm 写的序言, *Protestant Biblical Interpretation* (Boston: Wilde, 1950), xvi-xvii。

87. 见 Ramm, *The Christian View of Science and Scripture* 8。

88. Wesley H. Brown, "Bernard Ramm: An Appreciation," in *Perspectives on Theology in the Contemporary World: Essays in Honor of Bernard L. Ramm*, ed. Stanley J. Grenz (Macon, Ga.: Mercer University Press, 1990), 6.

89. 见 Bernard L. Ramm, "Are We Obscurantists?" *Christianity Today* 1/10 (February 18, 1957): 14.

90. Bernard L. Ramm, *The Evangelical Heritage* (Waco, Tex.: Word, 1973), 70.

91. Bernard L. Ramm, *His Way Out* (Glendale, Calif.: Regal, 1974), Introduction.

92. Bernard L. Ramm, "Is 'Scripture Alone' the Essence of Christianity?" in *Biblical Authority*, ed. Jack Rogers (Waco, Tex.: Word, 1977), 115.

93. 他对神学历史重要性的认识, 见 Bernard L. Ramm, *The Pattern of Religious Authority* (Grand Rapids, Mich.: Eerdmans, 1959), 56-62。

94. 特别参 Ramm, *Evangelical Heritage*, 23-63。

95. Ramm, *Pattern of Religious Authority*, 60.

96. Clark H. Pinnock, "Bernard Ramm: Postfundamentalist Coming to Terms with Modernity," in Grenz, *Perspectives on Theology*, 15.

97. 最能代表兰姆和解作风的, 为 *The Devil, Seven Wormwoods and God* (Waco, Tex.: Word, 1977), 书中他指出福音派可以从七位现代思想家学到的事, 而一般常指他们为"恶嘴", 是魔鬼的"斧头"。

98. R. Albert Mohler, "Bernard Ramm: Karl Barth and the Future of American Evangelicalism," in Grenz, *Perspectives on Theology*, 26.

99. 兰姆对其他方面的兴趣, 从他所著的书可以看出, 包括《得荣耀的教义》(*Them He Glorified*, Grand Rapids, Mich.: Eerdmans, 1963),《伦理学》(*The Right, the Good and the Happy*, Waco, Tex.: Word, 1971), 和《当代对圣灵的争论》(*Rapping about the Spirit*, Waco, Tex.: Word,

1974）。

100. 这个论点为 J. Deotis Roberts 所提出，"Bernard L. Ramm：Apologetic Use of Philosophy," in Grenz, *Perspectives on Theology*, 42。

101. Bernard L. Ramm, *The God Who Makes a Difference：A Christian Appeal to Reason*（Waco, Tex.：1972），15。

102. 前书，16。

103. 同上。

104. Bernard L. Ramm, *Problems in Christian Apologetics*（Portland, Oreg.：Western Baptist Theological Seminary, 1949）。

105. Bernard L. Ramm, *Types of Apologetic Systems：An Introductory Study to the Christian Philosophy of Religion*（Wheaton, Ill.：Van Kampen, 1953）。这本书后来修订版名为 *Varieties of Christian Apologetics*（Grand Rapids, Mich.：Baker, 1961）。

106. 在修订版中，兰姆以范泰尔和卡内尔来取代加尔文和凯波尔。

107. Ramm, *Protestant Christian Evidences*, 33。

108. 前书，7。

109. Ramm, *Varieties of Christian Apologetics*, 13。

110. Ramm, *Protestant Christian Evidences*, 13。

111. 前书，224。

112. 前书，249。

113. 兰姆很快就修正了他对预言和神迹的诉求。Bernard L. Ramm, "The Evidence of Prophecy and Miracles," in *Revelation and the Bible*, ed. Carl F. H. Henry（Grand Rapids, Mich.：Eerdmans, 1958），253 - 263。

114. 前书，263。

115. Ramm, *God Who Makes a Difference*, 32。

116. 前书，73。这种确信的背景，在于见证（testimonium）的观念，见 Bernard L. Ramm, *The Witness of the Spirit*（Grand Rapids, Mich.：Eerdmans, 1959），84 - 87。

117. Ramm, *God Who Makes a Difference*, 73。

118. Ramm, *Special Revelation and the Word of God*,（Grand Rapids, Mich.：Eerdmans, 1961），99。

119. Bernard L. Ramm, *After Fundamentalism*（San Francisco：Harper and Row, 1983），61。

120. Ramm, *Christian View of Science and Scripture*, 8。

121. 前书，9。

122. 参，如，前书 25 - 29。

123. 前书，9。

124. 前书，43。

125. 前书，244－245。
126. 前书，29－30。亦参 43，169，238，244。
127. Ramm，*Protestant Christian Evidences*，17－25。
128. Ramm，*Christian View of Science and Scripture*，76－78。
129. 参，如，George Marsden，*Reforming Fundamentalism：Fuller Seminary and the New Evangelicalism*（Grand Rapids，Mich.：Eerdmans，1987），158；James Barr，*Fundamentalism*（Philadelphia：Westminster，1977），94－98，244－247。
130. Bernard L. Ramm，*Protestant Biblical Interpretation：A Textbook for Conservative Protestants*（Boston：Wilde，1950）。这本书经过两次修订，第三版由 Baker 于 1972 年出版。亦参 Bernard L. Ramm，"Biblical Interpretation，" in *Hermeneutics*（Grand Rapids，Mich.：Baker，1971），5－28。
131. Ramm，*Protestant Biblical Interpretation*，3d ed.（Grand Rapids，Mich.：Baker 1972），95。
132. 前书，99－101。亦参 Ramm，*Special Revelation and the Word of God*，33，36－40，74。
133. Ramm，*His Way Out*，33。
134. Bernard L. Ramm，*Offense to Reason*（San Francisco：Harper and Row，1985），68－69。
135. 前书，72。
136. 在最后写的护教书中，兰姆提到，专写启示论的这三卷书也与这个题目有关。参 *God Who Makes a Difference*，11。
137. Ramm，*Pattern of Religious Authority*，18。
138. 前书，73－84。
139. 如，Ramm，*Witness of the Spirit*，33。
140. 兰姆对改教传统中权威之本质，最完全的说明见前书，11－27。
141. Ramm，*Pattern of Religious Authority*，28。
142. 前书，38。
143. 前书，36；*Witness of the Spirit*，62－65。事实上，圣灵内在的见证可以在没有文字之道的状况下运作，如，透过讲道、诗歌或基督教文字。Ramm，*Witness of the Spirit*，98－99。
144. Ramm，*Pattern of Religious Authority*，54。
145. Ramm，*Witness of the Spirit*，124－127。
146. 前书，124。
147. Ramm，*Special Revelation and the Word of God*，120。
148. Ramm，*Witness of the Spirit*，125。
149. 前书，126。

150. 前书，107。

151. 参 Ramm，*Protestant Biblical Interpretation*，3d ed.，201－214。

152. Bernard L. Ramm，"Welcome Green-Grass Evangelicals," *Eternity* 25（March，1974）：13. 亦参"Is Scripture Alone the 'Essence of Christianity?'" in Rogers，*Biblical Authority*，107－123。

153. 见 Bernard L. Ramm，*An Evangelical Christology：Ecumenic and Historic*（Nashville：Thomas Nelson，1985），202。

154. Ramm，*Special Revelation and the Word of God*，117。

155. 见 Ramm，"Is 'Scripture Alone' the Essence of Christianity?" in Rogers，*Biblical Authority*，122－123。

156. Ramm，*Special Revelation and the Word of God*，176。

157. 参，如，*His Way Out*，36。

158. Ramm，*Special Revelation and the Word of God*，177。

159. 前书，196。

160. 兰姆与巴特接触的大致情形，见 Mohler，in Grengz，*Perspectives on Theology*，29－37。

161. Ramm，*Protestant Christian Evidences*，180。

162. 兰姆有关巴特对他思想影响的自述，见 Bernard Ramm，"Helps from Karl Barth," in *How Karl Barth Changed My Mind*，ed. Donald K. McKim（Grand Rapids, Mich.：Eerdmans，1986），121－125。

163. Ramm，"Biblical Interpretation," in *Hermeneutics*，28。

164. Ramm，*God Who Makes a Difference*，12。

165. Ramm，*After Fundamentalism*，14。

166. Ramm，*Special Revelation and the Word of God*，14。

167. 前书，141，145。

168. 前书，17。

169. 前书，21。

170. William R. Herzog II，"A Commendation of Professor Bernard L. Ramm," in Grenz，*Perspectives on Theology*，8。

171. Ramm，*Evangelical Heritage*，135。

172. Bernard Ramm，*The Christian College in the Twentieth Century*（Grand Rapids, Mich.：Eerdmans，1963），78。

173. Ramm，*Special Revelation and the Word of God*，23－24。

174. 前书，24。

结论

# 寻找超越性与临在性的神学
——过去的贡献与未来的展望

每一个时代,神学都面对一个挑战,就是如何将基督徒对神本性的认识表达得合适,能够将神的超越性与神的临在性这两个双生真理,作平衡、肯定、而又带创意之张力的描述。圣经的神是能离世自足的神,超过宇宙,从外面进到受造界中。但圣经的神也与受造物同在,在世界中工作,参与在历史与自然的过程中。

20世纪的神学家承袭了先辈所留下的不平衡的学说,试图再进行这项神学使命。启蒙运动引发了中世纪共识的终结,而他们劬劳的背景,正是这一终结的产物。

中世纪思想家试图平衡神的超越性与临在性,他们是采用空间的范畴。神住在天上,但却与天之下的世界同在。这位神最开始,从"起初"是以创造者的身份与人相遇,后来又以在耶稣身上道成肉身的显现而为人的救赎者。中世纪的范式认为,如今神与世界的同在,主要是透过教会为媒介,教会是天上与地上的联系者。透过教会的活动,特别是圣餐,地上的情景即反映天上的实情。

然而,启蒙运动填平了分隔这两个领域的鸿沟。它使受造者与创造者能直接接触,只需要靠理性为媒介,而理性的能力足以揭开它与宇宙共享的"道"（Logos）。既然理性能够了解背后的"道"，就能探究实体的奥秘。理性时代塑造的思维范式，我们今日标示为"现代"，这种世界观寻找绝对的知识与把握，甚至有时宣称已经找着了。

　　19世纪的思想家试图超越启蒙时期的理性主义。但尽管用意良好，那时代的神学家却不能脱离从理性时代所承袭的观念，也不确定自己是否要这么做。结果，他们留给20世纪的使命，是决定神学怎样才能描述临在之神的超越性，使临在性与超越性能有更新而充分的平衡。

　　20世纪的神学家所承接的挑战，并不是件小事。相反的，他们的工作乃是要决定，这种平衡是否可能，因为启蒙时期对现代心态仍有影响，而19世纪神学的架构又将神浸淫在世界中，实在不理想。继巴特的反叛之后，神学家继续寻找新的范式，要建立超过启蒙时代的神学范式。如本书所示，这些神学家所提出的方案显示，每当超越性与临在性不能摆平时，就出现不稳定的情形。若倾向一边，就会带出另一种努力，试图调整不平衡的状况，但却又往往拉得太过分，偏向了另一边。

　　在20世纪即将结束时，我们不禁怀疑是否有任何进展。过去几十年的努力，非但没有带来一个平衡的神学，反而使临在性与超越性之间更形紧张。事实上，惟在20世纪学术界才出现神学家大声疾呼，认为这一使命已经绝望，应当完全放弃。然而，这个时代一开始，曾经充满希望——一位学者完成了历代以来最庞大的神学系列——而到了这时代的末期，难道要以弃守系统神学大业的悲声来作结束？这个问题显示，20世纪的思想家所面对的大问题，不但是如何创立一个能平衡临在性与超越性的神学，甚至要为传统式的神学使命能否继续来争辩。

　　不过，困难虽多，20世纪的神学家仍然作出一些贡献。尽管未能树立一个明确的标竿，却可约略在途中见到其影儿。这个世纪的神学历史确实提供了一些线索，指明未来发展平衡神学应当考虑的事。

　　20世纪一开始，是向临在性被过分强调提出抗议，那原是自文艺复兴以来，西方思想很重要的一环。所以刚开始，超越性的再生就呼之欲出。但如本书所示，临在性神学并未消失。相反地，在整个世纪中，临在性神学家和超越性的倡导者即互相纠正过分之处。不过，到了最后，这一世纪神学最大的传承，则为重新发现超越性的重要性。自巴特以

结论　寻找超越性与临在性的神学——过去的贡献与未来的展望

降,所有强调超越性的人都传达出清楚的信息:神学若要忠于使命,必须要愿意听从天上之神传来的话,以此作基础。换言之,神学必须如巴特所言,是一门"快乐的科学",即使在最绝望的情境中,仍然能期待神说话;他会说话,也曾经说话,而现在我们仍然能听见他的声音。

可是,解释这句话仍是个挑战。"话语"、"神"和"天上"应当怎样来了解?神的声音与我们世界的相遇是什么意思?用这个方式向我们说话的,是怎样的一位神?他从哪里说话?这些都是20世纪的神学家曾经探索的问题。而每一种主要的神学运动,对整体都有部分的贡献。

新正统主义当然主张,神的话是由外界来到我们的世界中。但这个运动也具有净化功能。它提醒我们传统教义中的罪论,这会使神学家停步,不致被现代的傲气冲昏了头,以为自己能凭理性的架构来捕捉绝对的真理。巴特对自然神学彻底拒绝的理由,或许稍嫌过分,但他与其他新正统派的思想家能回击传统自由派肆无忌惮的乐观,却是大功一件。我们的堕落的确预告,靠人天赋的能力无法解决人类的困境。我们需要超越这世界而来的资源。与巴特不同之处是,闯入这世界的神的话,与人的接受器之间,很可能有接触点;不过,分析到最后,那入侵我们世界的源头,的确是一个截然不同的范畴。

这世纪重新崛起的自由派,也并非没有话说。蒂里希提醒我们,从外而来的神的话,不是任意而来的,乃是为要回答这世界的现况与人类的存在所发出的问题。此外,如果我们要传达信仰真理,就不能再以从前空间的比喻,来说明那入侵我们现况的"彼岸"。虽然他也提不出令人满意的说法,但对这个问题倒分析得十分剀切,以致20世纪60年代的神学都在研讨这个问题。

进程神学提出了一个理论,后来的神学家无不采纳,只不过依据个人的观点来作修正。实体乃是动态的,不是静态的。这个理论在神学上意义非凡。无论如何描述神的实体,都必须基于一点,即在某种意味上,神和我们一同参与在宇宙动态的进程中。当然,对这句名言的解释各有千秋。

20世纪60年代的极端神学,为神与世界关系的空间范式正式敲响丧钟。他们宣称,神在天上的这个范式已经死了。如果神会说话,神的话便是临在性的声音，沉潜在现代世俗界中。

然而，入世神学家的理论，并没有带来超越性的死亡，反而为神与世界关系的新范式铺了路，即希望神学引介了时间范式。他们辩称：神不是从上头侵入我们的草坪，而是由时间以外临到我们。神从未来的有利地位来参与我们现今的情况。如此，莫尔特曼和更有成就的潘能伯格，尝试重新平衡神学，这是自中世纪的观点遭贬抑后，前所未见的努力。

在时间范式几乎成为新的共同观点之时，自由派神学提醒我们，虽然从基本而言，转到时间范式并非不正确，但却仍有一些危险。最主要的是，这个新的平衡可能本身并不牢靠，也不令人满意，甚至它可能成为老套神学的翻版。希望神学宣称，神必须是未来的神，才能成为现在的神；自由派神学家提醒说，除非神是现在带来解放的神，他就不能成为未来的神。换言之，正确的神学必须对现今的生命与生活产生影响力。

叙事神学运动是由一群松散结合的思想家带动的，他们是想将这些绳股结成一条，而又加上另一个主题。神是动态的实体，参与我们生命的旅程。但是神参与的焦点是故事，神要我们将自己的故事——我们的历史——加入他在历史中所作所为的大故事中。

过去，西方保守阵营的代表——罗马天主教与保守的新教——对基督教界神学推陈出新的这些运动一向保持距离。但最近几十年情况愈来愈不同。如本书所述，在20世纪的中、后期，天主教思想家也加入了神学的讨论，并有所贡献。他们也像基督教界的同僚一样，为临在性与超越性之间的张力所困扰，而在传统上，天主教神学称之为自然与恩典的问题：人类怎能自然地向神的自我表达开启，而那种自然开启不致限制神自我表达的自由？天主教的神学家代表提醒我们，这个问题的答案之钥，只能在人的灵中找到。

到了20世纪的下半，新教保守派内的福音派运动也进入了神学讨论的大圈中。有些福音派思想家努力的方向，是要决定在后启蒙时代的波澜中，基督教信仰的意义为何；本书所介绍的两位代表即为一例。

无论福音派有什么缺点，他们所提供的，乃是必要的修正，因有时

### 结论　寻找超越性与临在性的神学——过去的贡献与未来的展望

其他的创见会太缺乏约束。他们不断提醒，神学的努力必须朝向平衡临在性与超越性。他们对圣经权威绝对效忠，不以为耻。福音派的传统警示，在寻找新范式与典范时，一定要持守圣经的观点。为这缘故，委身于福音派运动者提供了一个定向，在21世纪中为神学立定了坚固的根基。

以上的篇幅并未道尽过去数十年的神学观点。还有许多思想家，在这个世纪苦思神学上的大小问题，对此一思想潮流作出了贡献。有些人的贡献，可以涵括在我们所列出的各种大支流中，而我们只举出其中的代言人。另有些人可能有个别的建树，但由于各种原因（无论对错），以致从未能被置入本世纪的主要织锦图中。最近几年还有人在摸索新的方向，因为时间过短，还无法评估他们会对未来产生影响，还是会被放进过时神学的垃圾箱中。

有一个因素对21世纪的神学会造成影响，至少开始时会，那就是后现代主义的问题，20世纪可视为一种过渡时期。在其中的十个十年内，西方文化从承袭启蒙时期的现代时期犹疑挪步，却也并不回头。而其动向为何——即，后现代主义的特征为何——仍是个开放性的问题。到目前为止，后现代主义的宗师们只不过在拆除现代的思维范式。他们只对一件事有把握，即想在地上达到天境的努力，已经一败涂地。无论至终后现代主义思想的特色为何，必会因这一世纪的失败和失望，使我们在真实状况的冲击下，对自己与对世界的观点变得更加真切。

因此，从一个角度而言，20世纪的结尾，乃是重复了它一开始就学的功课。尽管我们用意良好，但凭着人的本性，我们不可能将地球变成天堂。对许多人而言，这种觉醒只能带来一个结论：没有天堂、没有超越、没有彼岸——无论是在我们之上，或在我们之前；我们乃是不完全的自我，被困在不完全的地球上。

虽然这种已浮现的后现代主义心态，似乎将信仰逼到只能自我辩护的地步，但其实它也为神学开启了新机。后现代主义显示出，本世纪的神学历史对西方思想有一些冲击。只要是忠于信仰根基的神学，都会宣称：人类想建设新秩序的努力注定失败。但这并不意指信仰与盼望会灭没。我们不能将天堂带到地上，只不过是打开一扇门，让另一种

更大的可能出现，即，神临到我们，而创造一个新世界。

　　所以，在从现代过渡到后现代的时期中，神学有机会提出新见地，用新的方式表达基督徒对超越又临在之神的信念。这位神从真实之整体以外的超越处，侵入我们目前的情况中。同时，这位神又临在我们的环境内，共同承受我们的情境；而神要我们将眼光越过我们的不完全，看到那尚未得到的完全。总而言之，神学必须接受20世纪经验的判决书：地球不可能成为天堂。但它必须接着加上满带希望的信息："地上"可以变成"如同在天"。那位从彼岸（从那里、那时）向我们说话的神，也是现在正与我们同在的神（在这里、现在）。我们对这真理的了解，端赖神学在神的临在性与超越性之间取得了平衡。

# 参考书目

Achtemeier, Elizabeth. "The Impossible Possibility: Evaluating the Feminist Approach to Bible and Theology." *Interpretation* 42 (January 1988).

Aiken, Henry. *The Age of Ideology*. New York: Mentor Books, 1956.

Altizer, Thomas J. J. *The Gospel of Christian Atheism*. Philadelphia: Westminster, 1966.

Ashcraft, Morris. *Rudolf Bultmann*. The Makers of the Modern Theological Mind. Edited by Bob E. Patterson. Waco, Tex.: Word, 1972.

Auerbach, Erich. *Mimesis*. Garden City, N. Y.: Doubleday, Anchor Books, 1957.(《摩仿论》,上海:上海外语教育出版社,2002)

Bakker, J. T., et al. *Septuagesimo Anno: Festschrift for G. C. Berkhouwer*. Kampen, the Netherlands: Kok, 1973.

Baltazar, Eulalio R. *God Within Process*. Paramus, N. J.: Newman, 1970.

Barr, James. *Fundamentalism*. Philadelphia: Westminster, 1977.

Barth, Karl. *Anselm: Fides Quarens Intellectum*. Translated by Ian W. Robertson. London: SCM, 1960.

——. *Church Dogmatics* I/1, *The Doctrine of the Word of God*, Part 1. Translated by G. W. Bromiley. Ediburgh: T. & T. Clark, 1975.

——. *Church Dogmatics* II/1, *The Doctrine of God*, Part 1. Translated by T. H. L. Parker et al. Edinburgh: T. & T. Clark, 1957.

——. *Church Dogmatics* II/2, *The Doctrine of God*, Part 2. Translated by G. W. Bromiley et al. Edinburgh: T. & T. Clark, 1957.

——. *Church Dogmatics*, III/2, *The Doctrine of Creation*, Part 2. Translated by G. W. Bromiley et al. Edinburgh: T. & T. Clark, 1960.

——. *Church Dogmatics*, III/3, *The Doctrine of Creation*, Part 3. Translated by G. W. Bromiley and R. J. Ehrlich. Edinburgh: T. & T. Clark, 1960.

——. *The Epistle to the Romans*. Translated by Edwyn C. Hoskyns. London: Oxford University Press, 1933.(《罗马书释义》,上海:华东师范大学出版社,2005)

——. *God, Gospel and Grace*. Translated by James S. McNab. Scottish Journal of Theology Occasional Papers No. 8. Edinburgh: Oliver and Boyd, 1959.

——. *The Humanity of God*. Translated by Thomas Wieser and John Thomas. Richmond: John Knox, 1960.

——. *The Theology of Schleiermacher*. Grand Rapids, Mich.: Eerdmans, 1982.

Bauer, P. T. "Western Guilt and Third World Poverty." *Commentary* (January 1976).

Becker, Carl L. *The Heavenlt City of the Eighteenth-century Philosophers*. New Haven: Yale University Press, 1932. (《18世纪哲学家的天城》,北京:生活·读书·新知三联书店,2001)

Berger, Peter L. *Rumor of Angels*. Garden City, N. Y.: Doubleday, 1969. (《天使的传言》,北京:中国人民大学出版社,2003)

Bergson, Henri. *An Introduction to Metaphysics*. rev. ed. Translated by T. E. Hulme. Indianapolis: Bobbs-Merrill, 1955. (《形而上学导言》,北京:商务印书馆,1963)

Berkouwer, G. C. *The Triumph of Grace in the Theology of Karl Barth*. Translated by Harry R. Boer. Grand Rapids, Mich.: Eerdmans, 1956.

Berlin, Isaiah. *The Age of Enlightenment*. New York: Mentor Books, 1956. (《启蒙的时代》,南京:译林出版社,2005)

Bethge, Eberhard, "The Challenge of Dietrich Bonhoeffer's Life and Theology." *The Chicago Theological Seminary Register* (February 1961).

——. *Costly Grace: An Introduction to Dietrich Bonhoeffer*. San Francisco: Harper and Row, 1979.

——. "Dietrich Bonhoeffer: Person and Work." In *Die mündige Welt*.

——. *Dietrich Bonhoeffer: Theologe, Christ, Zeitgenosse*. Munich: Christian Kaiser Verlag, 1967.

——. *Dietrich Bonhoeffer: Theologian, Christian, Contemporary*. Translated by Eric Mosbacher. Edited by Edwin Robertson. London: Collins, 1970.

Bingham, June. *Courage to Change*. New York: Charles Scribner's Sons, 1961.

Bloesch, Donald G. *The Battle for the Trinity: The Debate Over Inclusive God-Language*. Ann Arbor: Servant Publications, 1985.

Bockmuehl, Klaus. *The Unreal God of Modern Theology*. Colorado Springs: Helmers and Howard, 1988.

Bonhoeffer, Dietrich. *Act and Being*. Translated by Bernard Noble. New York: Harper and Row, 1961.

——. *The Communion of Saints: A Dogmatic Inquiry into the Sociology of the

Church. Translated by R. Gregor Smith. New York: Harper and Row, 1963.

——. *Ethics*. Translated by Neville Horton Smith. New York: Macmillan, Macmillan paperback edition, 1965. (《伦理学》，上海：上海人民出版社，2007)

——. *Letters and Papers from Prison*. Translated by Eberhard Bethge. London: Collins, Fontana Books, 1953. (《狱中书简》，四川：四川人民出版社，1992)

——. *No Rusty Swords: Letters, Lectures and Notes*, 1928–1936. Translated by Edwin H. Robertson and John Bowden. New York: Harper and Row, 1965.

Braaten, Carl E. "Toward a Theology of Hope." In *The New Theology*. Edited by Martin E. Marty and Dean G. Peerman. New York: Macmillan, 1968.

Bracken, Joseph A. "The Two Process Theologies: A Reappraisal." *Theological Studies* 46/1 (1985).

Brown, Colin. *Philosophy and the Christian Faith*. London: Tyndale, 1968. (《哲学与基督教信仰》，香港：福音证主协会，1980)

Brown, D. MacKenzie, ed. *Ultimate Concern: Tillich in Dialogue*. New York and Evanston: Harper and Row, 1956.

Brown, Delwin, Ralph E. James, Jr., and Gene Reeves, eds. *Process Philosophy and Christian Thought*. Indianapolis: Bobbs-Merrill, 1971. (Hereafter cited as Brown, James and Reeves.)

Brown, Robert McAfee. *Gustavo Gutiérrez: An Introduction to Liberation Theology*. Maryknoll, N. Y.: Orbis, 1990.

——. *Theology in a New Key: Responding to Liberation Themes*. Philadelphia: Westminster, 1978.

Brunner, Emil. *Dogmatics*, Vol. I: *The Christian Doctrine of God*. Translated by Olive Wyon. London: Lutterworth, 1949.

——. *Dogmatics*, Vol. II: *The Christian Doctrine of Creation and Redemption*. Translated by Olive Wyon. London: Lutterworth, 1952.

——. *Dogmatics*, Vol. III: *The Christian Doctrine of the Church, Faith, and the Consummation*. Translated by David Cairns and T. H. L. Parker. London: Lutterworth, 1962.

——. *Natural Theology. Comprising "Nature and Grace" and the Reply "No!"* by Dr. Karl Barth. Translated by Peter Fraenkel. London: Geoffrey Bles, The Centenary Press, 1946.

———. *Truth as Encounter*. Translated by Amandus Loos, David Cairns and T. H. L. Parker. London: SCM, 1964.

Buber, Martin. *I and Thou*. Translated by Ronald Gregor Smith. New York: Charles Scribner's Sons, 1958. (《我与你》,北京:生活·读书·新知三联书店,2002)

Buckley, Michael J. "Within the Holy Mystery." In *A World of Grace: An Introduction to the Themes and Foundations of Karl Rahner's Theology*. Edited by Leo J. O'Donovan. New York: Seabury, 1980.

Bultmann, Rudolf. *Existence and Faith*. Translated by Schubert M. Ogden. Cleveland: Meridian, 1960.

———. *Faith and Understanding*. Edited by Robert W. Funk. Translated by Louise Pettibone Smith. New York: Harper and Row, 1969. (《信仰与理解》(卷一),香港:道风书社,2010)

———. *Jesus and the Word*. New York: Charles Scribner's Sons, 1958.

———. *Jesus Christ and Mythology*. New York: Charles Scribner's Sons, 1958.

———. *Kerygma and Myth*. New York: Harper and Row, 1961.

———. *The Presence of Eternity: History and Eschatology*. New York: Harper and Brothers, 1957.

———. *Primitive Christianity in its Contemporary Setting*. New York: Meridian, 1957.

———. *The Theology of Rudolf Bultmann*. Edited by Charles W. Kegley. New York: Harper and Row, 1966.

———. *Theology of the New Testament*. New York: Charles Scribner's Sons, 1951.

Burnet, John. *Eaely Greek Philosophy*. 4th ed. New York: Macmillan, 1930.

Busch, Eberhard. *Karl Barth, His Life from Letters and Autobiographical Texts*. Translated by John Bowden. Philadelphia: Fortress, 1976.

Callahan, Daniel, ed. *The Secular City Debate*. New York: Macmillan, 1966.

Carnell, Edward J. *The Theology of Reinhold Niebuhr*. Grand Rapids, Mich.: Eerdmans, 1951.

Carr, Anne E. *Transforming Grace: Christian Tradition and Women's Experience*. San Francisco: Harper and Row, 1988.

Cherbury, *De Religione Gentilium*, 1663.

Cleage, Albert B., Jr. *The Black Messiah*. New York: Sheed and Ward, Search

Books, 1969.

Clements, Keith W. *Friedrich Schleiermacher, Pioneer of Modern Theology*. London and San Francisco: Collins, 1987.

Cobb, John B., Jr. *Beyond Dialogue: Towards a Mutual Transformation of Christianity and Buddhism*. Philadelphia: Fortress, 1982.

——. *Christ in a Pluralistic Age*. Philadelphia: Westminster, 1975.

——. *A Christian Natural Theology*. Philadelphia: Westminster, 1965.

——. *God and the World*. Philadelphia: Westminster, 1965.

——. *Process Theology as Political Theology*. Philadelphia: Westminster, 1982.

Cobb, John B., Jr., and Charles Birch. *The Liberation of Life*. Cambridge: Cambridge University Press, 1981.

Cobb, John B., Jr., and David Ray Griffin. *Process Theology*. Philadelphia: Westminster, 1976. (《过程神学》,北京:中央编译出版社,1998)

Cobb, John B., Jr., and Herman E. Daly. *For the Common Good*. Boston: Beacon, 1989.

Comstock, Gary L. "Two Types of Narrative Theology." *Journal of the American Academy of Religion* 55/4 (1987).

——. "Truth or Meaning: Ricoeur versus Frei on Biblical Narrative." *Journal of Religion* 66/2 (1986).

Cone, James H. *Black Theology and Black Power*. New York: Seabury, 1969.

——. *A Black Theology of Liberation*. Philadelphia: Lippincott, 1970.

——. *For My People*. Maryknoll, N.Y.: Orbis, 1986.

——. *God of the Oppressed*. New York: Seabury, 1975.

——. *My Soul Looks Back*. Maryknoll, N.Y.: Orbis, 1986.

——. *Speaking the Truth*. Grand Rapids, Mich.: Eerdmans, 1986.

——. *The Spirituals and the Blues*. New York: Seabury, 1972.

Conyers, A. J. *God, Hope, and History: Jürgen Moltmann and the Christian Concept of History*. Macon, Ga.: Mercer University Press, 1988.

Cox, Harvey. "Ernst Bloch and the 'Pull of the Future'." In *The New Theology*. Edited by Martin E. Marty and Dean G. Peerman. New York: Macmillan, 1968.

——. *The Feast of Fools*. Cambridge, Mass.: Harvard University Press, 1969.

——. *God's Revelation and Man's Responsibility*. Valley Forge, Pa.: Judson, 1965.

——. *Just As I Am*. In *Journeys of Faith*. Edited by Robert A. Rains. Nashville: Abingdon, 1983.

——. *Many Mansions*. Boston: Beacon, 1988.

——. *On Not Leaving It to the Snake*. New York: Macmillan, 1968.

——. *Religion in the Secular City*. New York: Simon and Schuster, 1984.

——. *The Secular City*. New York: Macmillan, 1965.

——. "The Secular City 25 Years Later." *Christian Century* 107/32 (November 7, 1990).

——. *The Seduction of the Spirit*. New York: Simon and Schuster, 1973.

Crites, Stephen. "The Narrative Quality of Experience." *Journal of the American Academy of Religion* 39/3 (September 1971).

Curran, Rosemary T. "Whitehead's Notion of the Person and the saving of the Past." *Scottish Journal of Theology* 36/3(1983).

Davies, D. R. *Reinhold Niebuhr: Prophet from America*. New York: Macmillan, 1948.

Davis, John Jefferson. "Tillich — Accurate Aims, Alien Assumptions." *Christianity Today* 20/23 (1976).

de Santillana, Giorgio. *The Age of Adventure*. New York: New American Library of World Literature, 1956.

DeWolf, L. Harold. *The Religious Revolt Against Reason*. New York: Harper and Row, 1949.

Ebeling, Gerhard. *Word and Faith*. Translated by James W. Leitch. London: SCM, 1960.

Edwards, David L. "Looking Forward." *Student World* 59 (1966).

Fackre, Gabriel. *The Christian Story*. Rev. ed. Grand Rapids, Mich.: Eerdmans, 1984.

Fennell, William O. "The Theology of True Secularity." *Theology Today* 21 (July 1964). Reprinted in *The New Theology*. Edited by Martin E. Marty and Dean G. Peerman. New York: Macmillan, 1968.

Ferm, Deane William. *Contemporary American Theologies: A Critical Survey*. New York: Seabury, 1981.

——. *Profiles in Liberation*. Mystic, Conn.: Twenty-Third Publications, 1988.

Fiorenza, Elisabeth Schüssler. *In Memory of Her: A Feminist Reconstruction of Christian Origins*. New York: Crossroad, 1984.

Ford, Lewis S. "Divine Persuasion and the Triumph of Good." *The Christian Scholar* 50/3 (Fall 1967): 235–250. Reprinted in Brown, James and Reeves.

Fowler, James W. *Trajectories in Faith*. Nashville: Abingdon, 1980.

Frankena, Willian. *Ethics*. Englewood Cliffs, N. J. : Prentice — Hall, 1973.

Frei, hans. *The Eclipse of Biblical Narrative: A Study in Eighteenth and Nineteenth Century Hermeneutics*. New Haven: Yale University Press, 1974.

Friedrich, Carl J. "Introduction." In G. W. F. Hegel, *The Philosophy of Hegel*. Edited by Carl J. Friedrich. New York: Random House, 1954.

Fuller, Daniel. *Easter Faith and History*. Grand Rapids, Mich. : Eerdmans, 1965.

Gadamer, Hans-Georg. *Truth and Method*. New York: Seabury, 1975. (《真理与方法》,沈阳:辽宁人民出版社,1987)

Gerrish, Brian. *A Prince of the Church: Schleiermacher and the Beginnings of Modern Theology*. Philadelphia: Fortress, 1984.

Gilkey, Langdon. *Naming the Whirlwind*. Indianapolis: Bobbs-Merrill, 1969.

Goldberg, Michael. *Theology and Narrative*. Nashville: Abingdon, 1982.

Gonzáles, Justo L. *A History of Christian Thought*. Nashville, Abingdon, 1975. (《基督教思想史》,南京:译林出版社,2010)

Gragg, Alan. Charles Hartshorne. *The Makers of the Modern Theological Mind*. Edited by Bob E. Patterson. Waco, Tex. : Word, 1973.

Grenz, Stanley J. , ed. *Perspectives on Theology in the Contemporary World: Essays in Honor of Bernard Ramm*. Macon, Ga. : Mercer Univ. Press, 1990.

——. *Reason for Hope: The Systematic Theology of Wolfhart Pannenberg*. New York: Oxford, 1990.

Gruenler, Royce G. "Reflections on the School of Process Theism." *TSF Bulletin* 7/3 (1984).

Gutièrrez, Gustavo. *The Power of the Poor in History*. Translated by Robert R. Barr. Maryknoll, N. Y. : Orbis, 1983.

——. *The Theology of Liberation*. Rev. ed. Translated and edited by Sister Caridad Inda and John Eagleson. Maryknoll, N. Y. : Orbis, 1988.

Hall, Thor. *Systematic Theology Today: State of the Art in North America*. Washington, D. C. : University Press of America, 1978.

Hamilton, Kenneth. *Life in One's Stride*. Grand Rapids, Mich. : Eerdmans, 1968.

———. *Revolt Against Heaven*. Grand Rapid, Mich.: Eerdmans, 1965.

———. *The System and the Gospel, A Critique of Paul Tillich*. New York: Macmillan, 1963.

Hamilton, William. "American Theology, Radicalism and the Death of God." in Thomas J. J. Altizer and William Hamilton, *Radical Theology and the Death of God*. Indianapolis: Bobbs-Merrill, 1966.

———. *On Taking God Out of the Dictionary*. New York: McGraw-Hill, 1974.

Hampshire, Stuart. *The Age of Reason: 17th Century Philosophers*, New York: The New American Library of World Literature, 1956.

Harland, Gordon. *The Thought of Reinhold Niebuhr*. New York: Oxford, 1960.

Harnack, Adolf. *What Is Christianity?* Translated by Thomas Bailey Saunders. New York: G. P. Putnam's Sons, 1901.

Hartshorne, Charles. *Man's Vision of God and the Logic of Theism*. Hamden, Conn.: Archon Books, 1964.

Hatt, Harold E. *Encountering Truth: A New Understanding of How Revelation Yields Doctrine*. Nashville: Abingdon, 1966.

Hauerwas, Stanley. *The Community of Character*. Notre Dame: University of Notre Dame Press, 1981.

———. *The Peaceable Kingdom*. Notre Dame: University of Notre Dame Press, 1983. (《和平的国度》,香港:基道出版社,2010)

———. "The Testament of Friends." *Christian Century* 107/7（February 28, 1990).

———. *Truthfulness and Tragedy*. Notre Dame: University of Notre Dame Press, 1977.

———. *Vision and Virture*. Notre Dame: Fides Publishers, 1974.

Hefner, Philip. "Albrecht Ritschl: An Introduction." In *Three Essays*. Philadelphia: Fortress, 1972.

———. *Faith and the Vitalities of History*. New York: Harper and Row, 1966.

Hegel, G. W. F. *Lectures on the Philosophy of Religion*. Vol. I. Translated by E. B. Speirs and J. Burden Sanderson. Edited by E. B. Speirs. New York: The Humanities Press, 1962.

———. *Lectures on the Philosophy of Religion: Together with a Work on the Proofs of the Existence of God*. Translated by Rev. E. B. Speirs and J. Burden Sanderson. London: Routledge and Kegan Paul, 1962. (《讲演手稿（宗教哲

学)》,北京:商务印书馆,2012)

———. *The Phenomenology of Mind*. Translated by J. B. Baillie. New York: Harper and Row, 1967. (《精神现象学》,北京:商务印书馆,1979)

———. *Philosophy of Mind: Being Part Three of the Encyclopedia of the Philosophical Sciences*. Translated by William Wallace, together with the Zusatze in Boumann's Text, translated by A. V. Miller. London: Oxford, 1971.

———. Preface to *The Philosophy of Right and Law*. In *The Philosophy of Hegel*. Edited by Carl J. Friedrich. New York: Random House, 1953.

———. *The Science of Logic (The First Part and the Encyclopedia of the Philosophical Sciences)*. Translated by William Wallace. Oxford: Clarendon Press, 1892. Wallace entitled his translation The Logic of Hegel. (《逻辑学》,北京:商务印书馆,2001)

Henry, Carl F. H. *After Fundamentalism*. San Francisco: Harper and Row, 1983.

———. *Aspects of Christian Social Ethics*. Grand Rapids, Mich.: Eerdmans, 1964.

———. "Between Barth and Bultmann." *Christianity Today* 5/6 (May 8, 1961).

———. *The Christian Mindset in a Secular Society*. Portland, Ore.: Multnomah, 1984.

———. *Christian Personal Ethics*. Grand Rapids, Mich.: Eerdmans, 1957.

———. "The Concerns and Considerations of Carl H. Henry." *Christianity Today* 25/5 (March 13, 1981).

———. *Confessions of a Theologian: An Autobiography*. Waco, Tex.: Word, 1986.

———. "Crosscurrents in Contemporary Theology." In *Jesus of Nazareth: Savior and Lord*. Edited by Carl Henry. Grand Rapids, Mich.: Eerdmans, 1966.

———. "The Deterioration of Barth's Defenses." *Christianity Today* 9/1 (October 9, 1964).

———. *Evangelical Responsibility in Contemporary Theology*. Grand Rapids, Mich.: Eerdmans, Pathway Books, 1957.

———. *Evangelicals in Search of Identity*. Waco, Tex.: Word, 1976.

———. *Fifty Years of Protestant Theology*. Boston: W. A. Wilde, 1950.

———. "The Fortunes of Theology." *Christianity Today* 16/18 (June 9, 1972).

———. *Frontiers in Modern Theology*. Chicago: Moody, 1964.

———. *God, Revelation and Authority*. 6 vols. Waco, Tex.: Word, 1976-1983. (《神、启示、权威》(精选本1-4册),台北:校园出版社,1997)

———. *The God Who Shows Himself*. Waco, Tex.: Word, 1966.

———. "Narrative Theology: An Evangelical Appraisal." *Trinity Journal* 8 (1987).

———. "The Pale Ghost of Barth." *Christianity Today* 15/10 (February 12, 1971).

———. *A Plea for Evangelical Demonstration*. Grand Rapids, Mich.: Baker, 1971.

———. *The Protestant Dilemma*. Grand Rapids, Mich.: Eerdmans, 1949.

———. "Reaction and Realignment." *Christianity Today* 20/20 (July 2, 1976).

———. *Remaking the Modern Mind*. Grand Rapids, Mich.: Eerdmans, 1946.

———. *The Uneasy Conscience of Modern Fundamentalism*. Grand Rapids, Mich.: Eerdmans, 1947.

———. "Wintertime in European Theology." *Christianity Today* 5/5 (December 5, 1960).

Hesselink, I. John. "Emil Brunner: A Centennial Perspective." *The Christian Century* (December 13, 1989).

Hoffman, Hans. *The Theology of Reinhold Niebuhr*. Translated by Louise Pettibone Smith. New York: Charles Scribner's Sons, 1956.

Hordern, William. *Introduction*. Vol. 1 in *New Directions in Theology Today*. Edited by William Hordern. Philadelphia: Westminster, 1966. (《近代神学浅说》,香港:基督教文艺出版社,1971)

Hume, David. Essays: *Providence and a Future State* (1748), *Dialogues Concerning Natural Religion* (1779), and *Natural History of Religion* (1757).

Huxley, Julian, "Introduction." In Pierre Teilhard de Chardin, *The Phenomenon of Man*. New York: Harper and Row, Harper Torchbook edition, 1961.

Ice, Jackson Lee, and John J. Carey, eds. *The Death of God Debate*. Philadelphia: Westminster, 1967.

Imhof, Paul, and Hubert Biallowons, eds. *Karl Rahner in Dialogue: Conversations and Interviews, 1965-1982*. Translated by Harvey D. Egan. New York: Crossroad, 1986.

James, Richmond. *Ritschl: A Reappraisal. A Study in Systematic Theology*. London: Collins, 1978.

Jersild, Paul. "Reinhold Niebuhr: Continuing the Assessment." *Dialogue* 22/4 (Fall 1983).

Jewett, Paul King. *Emil Brunner's Concept of Revelation*. London: James Clarke, 1954.

Johnson, Benton. "Taking Stock: Reflections on the End of Another Era." *Journal of the Scientific Study of Religion* 21/3 (September 1982).

Jonas, Hans. "Is Faith Still Possible?" *Harvard Theological Journal* 75/1 (1982).

Jüngel, Eberhard. *Karl Barth, A Theological Legacy*. Translated by Garrett E. Paul. Philadelphia: Westminster, 1986.

Kähler, Martin. *The So-Called Historical Jesus and the Historic Biblical Christ*. Translated and edited by Carl E. Braaten. Philadelphia: Fortress, 1964.

Kant, Immanuel. *Critique of Judgement*. Translated by J. H. Bernard. New York: Hafner, 1968.(《判断力批判》,北京:人民出版社,2002)

——. *Critique of Pure Reason*. Translated by Norman Kemp Smith. New York: St. Martin's, 1929.(《纯粹理性批判》,北京:人民出版社,2004)

——. *Foundations of the Metaphysics of Morals and What Is Enlightenment?* New York: Liberal Arts Press, 1959.

——. *Fundamental Principles of the Metaphysic of Morals*. Translated by Thomas K. Abbott. Indianapolis: Bobbs-Merrill, 1949.(《道德形而上学原理》,上海:上海人民出版社,2005)

——. *Prolegomena to Any Future Metaphysics*. Translated and edited by Paul Carus. Illinois: Open Court, 1967.(《未来形而上学导论》,北京:中国人民大学出版社,2013)

——. *Religion within the Limits of Reason Alone*. New York: Harper and Row, 1960.(《单纯理性限度内的宗教》,北京:中国人民大学出版社,2003)

Kegley, Charles W., and Robert W. Bretall, eds. *Reinhold Niebuhr: His Religious, Social, and Political Thought*. Vol. 2 of The Library of Living Theology. New York: Macmillan, 1961.

Kermode, Frank. *The Sense of an Ending: Studies in the Theory of Fiction*. New York: Oxford, 1967.

Kierkegaard, Søren. *Concluding Unscientific Postscript*. Translated by David F.

Swenson and Walter Lowrie. Princeton, N. J.: Princeton University Press, Princeton Paperback edition, 1968.

——. *Philosophical Fragments*. Translated by David F. Swenson. Princeton, N. J.: Princeton University Press, 1962. (《哲学片断》,北京:商务印书馆,2012)

King, Rachel Hadley. *The Omission of the Holy Spirit from Reinhold Niebuhr's Theology*. New York: Philosophical Library, 1964.

Kirk, G. S., and J. E. Raven. *The Presocratic Philosophers*. Corrected reprint. Cambridge: Cambridge University Press, 1963.

Kirk, J. Andrew. *Liberation Theology: An Evangelical View from the Third World*. Atlanta: John Knox, 1979.

Kliever, Lonnie D. *The Shattered Spectrum*. Atlanta: John Knox, 1981.

Klooster, Fred H. "Aspects of Historical Method in Pannenberg's Theology." In *Septuagesimo Anno: Festschrift for G. C. Berkouwer*. Edited by J. T. Bakker et al. Kampen, The Netherlands: Kok, 1973.

Küng, Hans. *Does God Exist? An Answer for Today*. Translated by Edward Quinn. Garden City, N. Y.: Doubleday, 1980.

——. *The Incarnation of God*. New York: Crossroad, 1987.

——. *Infallible? An Inquiry*. Translated by Edward Quinn. Garden City, N. Y.: Doubleday, 1971.

——. *Justification: The Doctrine of Karl Barth and a Catholic Reflection*. Translated by Thomas Collins et al. New York: Thomas Nelson & Sons, 1964.

——. *Reforming the Church Today: Keeping Hope Alive*. Translated by Peter Heinegg et al. New York: Crossroad, 1990.

——. *Theology for the Third Millennium: An Ecumenical View*. Translated by Peter Heinegg. New York and London: Doubleday, 1988.

LaCugna, Catherine Mowry. *The Theological Methodology of Hans Küng*. Chico, Calif.: Scholar's Press, 1982.

Lafleur, Laurence J., trans. René Descartes, *Discourse on Method and Meditations*. Indianapolis: Bobbs-Merrill, 1960.

Lane, Dermot A. *Foundations for a Social Theology: Praxis, Process and Salvation*. New York and Ramsey, N. J.: Paulist, 1984.

Lauer, Quentin. *Hegel's Concept of God*. Albany: SUNY, 1982.

Leibholz, G. "Memoir." In Dietrich Bonhoeffer, *The Cost of Discipleship*.

Translated by R. H. Fuller. New York: Macmillan, 1948.

Lindbeck, George. *The Nature of Doctrine*: Religion and Theology in a Postliberal Age. Philadelphia: Westminster, 1984. (《教义的本质》,香港:汉语基督教文化研究所,1997)

Livingston, James C. *Modern Christian Thought — From the Enlightenment to Vatican II*. New York: Macmillan, 1971. (《现代基督教思想》(上下卷);成都:四川人民出版社,1992)

Lowe, Victor. *Process and Reality*, *Understanding Whitehead*. Baltimore: Johns Hopkins University Press, 1962.

McCarty, Doran. *Teilhard de Chardin*. Makers of the Modern Theological Mind. Edited by Bob E. Patterson. Waco, Tex.: Word, 1976.

McClendon, James William, Jr. *Biography as Theology*. Nashville: Abingdon, 1974,1980.

——. *Ethics*: Systematic Theology. Vol. I. Nashville: Abingdon, 1986.

McGiffert, Arthur Cushman. *Protestant Thought Before Kant*. London: Duckworth, 1911.

Mackintosh, Hugh Ross. *Types of Modern Theology*, *Schleiermacher to Barth*. New York: Charles Scribner's Sons, 1937.

Macquarrie, John. *An Existentialist Theology*. London: SCM, 1955.

——. *God and Secularity*. Vol. 3 of *New Directions in Theology Today*. Edited by William Hordern. Philadelphia: Westminster, 1967.

Marsden, George. *Reforming Fundamentalism*: Fuller Seminary and the New Evangelicalism. Grand Rapids, Mich.: Eerdmans, 1987.

Marty, Martin E., and Dean G. Peerman. "Beyond the Secular Chastened Religion." In *The New Theology*. Edited by Martin E. Marty and Dean G. Peerman. New York: Macmillan, 1964.

Marty, Martin E., and Dean G. Peerman, eds. *The New Theology*. 10 vols. New York: Macmillan, 1964–1973.

May, Benjamin. *The Negro's God as Reflected in His Literature*. New York: Russell and Russell, 1968.

Meeks, Douglas. *Orgins of the Theology of Hope*. Philadelphia: Fortress, 1974.

Meland, Berd E. *The Realities of Faith*. New York: Oxford, 1962.

Metz, Johann Baptist. *Faith in History and Society*. Toward a Practical

Fundamental Theology. Translated by David Smith. New York: Seabury, 1980.

Michaelson, G. E., Jr. "Moral Regeneration and Divine Aid in Kant." *Religious Studies* 25/3 (September 1989).

Míguez Bonino, José. *Christians and Marxists: The Mutual Challenge to Revolution*. Grand Rapids, Mich.: Eerdmans, 1976.

———. *Doing Theology in a Revolutionary Situation*. Philadelphia: Fortress, 1975.

———. *Toward a Christian Political Ethic*. Philadelphia: Fortress, 1983.

Mohler, R. Albert. "Carl Ferdinand Howard Henry." In *Baptist Thinkers*. Edited by Timothy George and David S. Dockery. Nashville: Broadman, 1990.

———. *Conversations with Carl Henry: Christianity for Today*. Lewiston, N. Y.: Edwin Mellon, 1986.

———. "Evangelical Theology and Karl Barth: Representative Models of Response."Ph. D. dissertation, Southern Baptist Theological Seminary, 1989.

Moltmann, Jürgen. *Anfänge der dialektischen Theologie*. 2 vols. Munich: Christian Kaiser Verlag, 1962, 1963.

———. "An Autobiographical Note." In A. J. Conyers, *God, Hope, and History: Jürgen Moltmann and the Christian Concept of History*. Macon, Ga.: Mercer University Press, 1988.

———. *The Crucified God*. Translated by R. A. Wilson and John Bowden. New York: Harper and Row, 1974.(《被钉十字架的上帝》,上海:上海三联书店, 1997)

———. "The 'Crucified God': God and the Trinity Today." In *New Questions on God*. Edited by Johannes Metz. New York: Herder & Herder, 1972.

———. *The Experiment Hope*. Translated by M. Douglas Meeks. Philadelphia: Fortress, 1975.

———. "The Fellowship of the Holy Spirit — Trinitarian Pneumatology." *Scottish Journal of Theology* 37.

———. *God in Creation: A New Theology of Creation and the Spirit of God*. Translated by Margaret Kohl. San Francisco: Harper and Row, 1985.(《创造中的上帝》,北京:生活・读书・新知三联书店,2002)

———. "Hope Without Faith: An Eschatological Humanism without God." In *Is God Dead?* Vol. 16 of Concilium. Edited by Johannes Metz. Translated by John

Cummings. New York： Paulist，1966.

———. "Theology as Eschatology." In *The Future of Hope*，*Theology as Eschatology*. Edited by Frederick Herzog. New York：Herder & Herder，1970.

———. *Theology of Hope*. Translated by James W. Leitsch. New York：Harper and Row，1967.（《盼望神学》,香港：道风书社,2007）

———. *Theology Today*. Philadelphia：Trinity，1988.（《今日神学》,香港：公教真理学会,1991）

———. *The Trinity and the Kingdom*. Translated by Margaret Kohl. San Francisco：Harper and Row，1981.（《三一与上帝国》,香港：道风书社,2007）

———. "Why Am I a Christian？" In *Experiences of God*. Philadephia：Fortress，1980.（《为什么我是一个基督徒》,台南：人光出版社,1984）

Momose, Peter Fumiaki. *Kreuzestheologie：Eine Auseinandersetzung mit Jürgen Moltmann*. Freiburg：Herder，1978.

Mooney, Christopher F. *Teilhard de Chardin and the Mystery of Christ*. New York：Harper and Row，1964.

Morse, Christopher. *The Logic of Promise in Moltmann's Theology*. Philadelphia：Fortress，1979.

Mueller, David L. *An Introduction to the Theology of Albrecht Ritschl*. Philadelphia：Westminster，1969.

Nelson, Paul. *Narrative and Morality：A Theological Inquiry*. University Park，Pa.：Pennsylvania State University Press，1987.

Neuhaus, Richard John. "Wolfhart Pannenberg：Portrait of a Theologian." In Wolfhart Pannenberg，*Theology and the Kingdom of God*. Philadelphia：Westminster，1969.

Neusch, Marcel. *The Sources of Modern Atheism：One Hundred Years of Debate Over God*. Translated by Matthew J. O'Connell. New York：Paulist，1982.

Niebuhr, H. Richard. *The Kingdom of God in America*. New York：Harper and Row，Harper Torch-book edition，1959.

———. *The Meaning of Revelation*. New York：Macmillan，1946.

Nieburhr, Reinhold. *Beyond Tragedy*. New York：Charles Scribner's Sons，1937.

———. *The Children of Light and the Children of Darkness*. New York：Charles

Scribner's Sons，1944，1960.（《光明之子与黑暗之子》，北京：北京大学出版社，2011）

——. *Christian Realism and Political Problems*. New York：Charles Scribner's Sons，1953.

——. *Christianity and Power Politics*. New York：Charles Scribner's Sons，1940.

——. *Does Civilization Need Religion?* New York：Macmillan，1928.

——. *Faith and History*. New York：Charles Scribner's Sons，1949.

——. *Faith and Politics*. Edited by Ronald H. Stone. New York：George Braziller，1968.

——. "Intellectual Autobiography." In *Reinhold Niebuhr：His Religious，Social，and Political Thought*. Vol. 2 of The Library of Living Theology. edited by Charles W. Kegley and Robert W. Bretall. New York：Macmillan，1961.

——. *Justice and Mercy*. Edited by Ursula M. Niebuhr. New York：Harper and Row，1974.

——. *Man's Nature and His Communities*. New York：Charles Scribner's Sons，1965.

——. *Moral Man and Immoral Society*. New York：Charles Scribner's Sons，1932.（《道德的人与不道德的社会》，贵阳：贵州人民出版社，1998）

——. *The Nature and Destiny of Man*. New York：Charles Scribner's Sons，Scribner Library edition，1964.（《人的本性与命运》，贵阳：贵州人民出版社，2006）

——. *The Self and the Dramas of History*. New York：Charles Scribner's Sons，1955.

Niebuhr, Richard R. *Schleiermacher on Christ and Religion*. New York：Scribner, n. d.

Nowell, Robert. *A Passion for Truth：Hans Küng and His Theology*. New York：Crossroad, 1981.

O'Donnell, John J. *Trinity and Temporality, The Christian Doctrine of God in the Light of Process Theology and the Theology of Hope*. Oxford：Oxford University Press, 1983.

Oddie, William. *What Will Happen to God? Feminism and the Reconstruction of Christian Belief*. London：SPCK, 1984.

Ogden, Schubert. "Toward A New Theism." Revised from "Love Unbounded: The Doctrine of God." *The Perkins School of Theology Journal* 19/3 (Spring 1966). Reprinted in Brown, James and Reeves.

Ogletree, Thomas W. "A Christological Assessment of Dipolar Theism." *The Journal of Religion* 47/2 (April 1967). Reprinted in Brown, James and Reeves.

Olson, Roger E. "Trinity and Eschatology: The Historical Being of God in Jürgen Moltmann and Wolfhart Pannenberg." *Scottish Journal of Theology* 36 (1983).

——. "Wolfhart Pannenberg's Doctrine of the Trinity." *Scottish Journal of Theology* 43(1990).

Ott, Heinrich. *Reality and Faith: The Theological Legacy of Dietrich Bonhoeffer*. Translated by Alex A. Morrison. Philadelphia: Fortress, 1972.

Pannenberg, Wolfhart. *Anthropology in Theological Perspective*. Translated by Matthew J. O'Connell. Philadelphia: Westminster, 1985.

——. *The Apostles' Creed in the Light of Today's Questions*. Translated by Margaret Kohl. Philadelphia: Westminster, 1972.

——. *Basic Questions in Theology*. Translated by George H. Kelm. 2 vols. Philadelphia: Fortress, 1971.

——. "Christianity, Marxism, and Liberation Theology." *Christian Scholar's Review* 18/3 (March 1989).

——. *The Church*. Translated by Keith Crim. Philadelphia: Westminster, 1983.

——. "The Doctrine of Creation and Modern Science." *East Asia Journal of Theology* 4(1986).

——. *Faith and Reality*. Translated by John Maxwell. Philadelphia: Westminster, 1977.

——. "The God of History." *Cumberland Seminarian* 19 (Winter/Spring 1981).

——. "God's Presence in History." *Christian Century* 98 (March 11, 1981).

——. *The Idea of God and Human Freedom*. Translated by R. A. Wilson. Philadelphia: Westminster, 1973.

——. *Introduction to Systematic Theology*. Grand Rapids, Mich.: Eerdmans, 1991.

——. *Jesus — God and Man*. 2d ed. Translated by Lewis L. Wilkins and Duane

A. Priebe. Philadelphia: Westminster, 1977.

——. "A Liberal Logos Christology: The Christology of John Cobb." In *John Cobb's Theology in Process*. Edited by David Ray Griffin and Thomas J. J. Altizer. Philadelphia: Westminster, 1977.

——. *Revelation As History* (with Rolf Rendtorff, Trutz Rendtorff and Ulrich Wilkens). Translated by David Granskow. New York: Macmillan, 1968 (German ed., 1961).

——. "Spirit and Mind." In *Mind in Nature*, edited by Richard Q. Elvee. Nobel Conference 17. New York: Harper and Row, 1982.

——. "Die Subjektivität Gottes und die Trinitätslehre." *Grundfragen Systematischer Theologie*, Band 2. Göttingen: Vandenhoek & Ruprecht, 1977.

——. "Theological Questions to Scientists." *Zygon* 16(1981).

——. "Die Theologie und die neuen Fragen nach Intersubjektivität, Gesellschaft, und religiöser Gemeinschaft." *Archivio di Filosofia* 54(1986).

——. *Theology and the Kingdom of God*. Edited by Richard John Neuhaus. Philadelphia: Westminster, 1969.

——. *Theology and the Philosophy of Science*. Translated by Francis McDonagh. Philadelphia: Westminster, 1976.

——. *The Theology of Wolfhart Pannenberg*. Edited by Carl E. Braaten and Philip Clayton. Minneapolis: Augsburg, 1988.

——. *What Is Man?* Translated by Duane A. Priebe. Philadelphia: Fortress, 1970.(《人是什么?》,上海:上海三联书店,1997)

Patterson, Bob E. *Carl F. H. Henry*. In *Makers of the Modern Theological Mind*. Edited by Bob E. Patterson. Waco, Tex.: Word, 1983.

Pauck, Wilhelm and Marion. *Paul Tillich, His Life and Thought*. Vol. 1: Life. New York: Harper and Row, 1976.

Peters, Ted. "John Cobb, Theologian in Process." *Dialog* 29(1990).

——. "Trinity Talk, Part I." *Dialog* 26 (Winter 1987).

Pinnock, Clark. "Karl Barth and Christian Apologetics." *Themelios* (May 1977).

——. *Tracking the Maze*. San Francisco: Harper and Row, 1990.

Pittinger, Norman. "Process Thought as a Conceptuality for Reinterpreting Christian Faith." *Encounter* 44/2(1983).

——. "Whitehead on God." *Encounter* 45/4(1984).

Placher, William C. "Hans Frei and the Meaning of Biblical Narrative." *Christian Century* 106/18 (May 24 - 31, 1989).

——. *A History of Christian Theology*. Philadelphia: Westminster, 1983.

Portaro, Sam A., Jr. "Is God Prejudiced in Favor of the Poor?" *Christian Century* (April 24, 1985).

Porter, Jean. "The Feminization of God: Second Thoughts on the Ethical Implications of Process Theology." *Saint Luke's Journal of Theology* 29/4 (1986).

Prenter, Regin. "Bonhoeffer and Karl Barth's Positivism of Revelation." In *World Come of Age*. Edited by Ronald Gregor Smith. Philadelphia: Fortress, 1967.

Rahner, Karl. "Anonymous Christians." In *Theological Investigations*. Vol. VI. London: Darton, Longman and Todd, 1969, and New York: Seabury, 1974.

——. *Foundations of Christian Faith: An Introduction to the Idea of Christianity*. Translated by William V. Dych. New York: Seabury, 1978.

——. *Hearers of the Word*. Translated by Michael Richards. New York: Herder & Herder, 1969. (《圣言的倾听者》,北京:生活・读书・新知三联书店,1994)

——. *I Remember: An Autobiographical Interview with Meinhold Krauss*. Translated by Harvey D. Egan, S. J. New York: Crossroad, 1985.

——. "Nature and Grace." In *Theological Investigations*. Vol. IV. Translated by Kevin Smyth. Baltimore: Helicon, 1966.

——. *The Trinity*. Translated by Joseph Donceel. New York: Seabury, 1974.

Ramm, Bernard L. *After Fundamentalism: The Future of Evangelical Theology*. San Francisco: Harper and Row, 1983.

——. "Are We Obscurantists?" *Christianity Today* 1/10 (February 18, 1957).

——. "Biblical Interpretation." In *Hermeneutics*. Grand Rapids, Mich.: Baker, 1971.

——. *The Christian College in the Twentieth Century*. Grand Rapids, Mich.: Eerdmans, 1963.

——. *The Christian View of Science and Scripture*. Grand Rapids, Mich.: Eerdmans, 1954.

——. *The Devil, Seven Wormwoods and God*. Waco, Tex.: Word, 1977.

——. *An Evangelical Christology: Ecumenic and Historic*. Nashville: Thomas Nelson, 1985.

———. *The Evangelical Heritage*. Waco, Tex.: Word, 1973. (《洪流中的坚信》,香港:天道书楼,1994)

———. "The Evidence of Prophecy and Miracles." In *Revelation and the Bible*. Edited by Carl F. H. Henry. Grand Rapids, Mich.: Eerdmans, 1958.

———. *The God Who Makes a Difference: A Christian Appeal to Reason*. Waco, Tex.: 1972.

———. "Helps from Karl Barth." In *How Karl Barth Changed My Mind*. Edited by Donald K. McKim. Grand Rapids, Mich.: Eerdmans, 1976.

———. *His Way Out*. Glendale, Calif.: Regal, 1974.

———. "Is 'Scripture Alone' the Essence of Christianity?" In *Biblical Authority*. Edited by Jack Rogers. Waco, Tex.: Word, 1977.

———. *Offense to Reason*. San Francisco: Harper and Row, 1985.

———. *The Pattern of Religious Authority*. Grand Rapids, Mich.: Eerdmans, 1959.

———. *Problems in Christian Apologetics*. Portland, Ore.: Western Baptist Theological Seminary, 1949.

———. *Protestant Biblical Interpretation: A Textbook for Conservative Protestants*. Boston: Wilde, 1950. 3d ed. Grand Rapids, Mich.: Baker, 1972. (《基督教释经学》,美国加州:活泉出版社,1983)

———. *Protestant Christian Evidences: A Textbook of the Evidences of the Truthfulness of the Christian Faith for Conservative Protestants*. Chicago: Moody, 1953.

———. *Rapping about the Spirit*. Waco, Tex.: Word, 1974.

———. *The Right, the Good and the Happy*. Waco, Tex.: Word, 1971.

———. *Special Revelation and the Word of God*. Grand Rapids, Mich.: Eerdmans, 1961.

———. *Them He Glorified*. Grand Rapids, Mich.: Eerdmans, 1963.

———. *Types of Apologetic Systems: An Introductory Study to the Christian Philosophy of Religion*. Wheaton, Ill.: Van Kampen, 1953.

———. *Varieties of Christian Apologetics*. Grand Rapids, Mich.: Baker, 1961.

———. "Welcome Green-Grass Evangelicals." *Eternity* 25 (March 1974).

———. *The Witness of the Spirit*. Grand Rapids, Mich.: Eerdmans, 1959.

Randall, John Herman, Jr. "Introduction." In Isaac Newton, *Newton's Philosophy of Nature*. Edited by H. S. Thayer. New York: Hafner, 1953.

——. "The Ontology of Paul Tillich." In *The Theology of Paul Tillich*. Edited by Charles W. Kegley and Robert W. Bretall. New York: Macmillan, 1964.

Rauschenbusch, Walter. *Christianity and the Social Crisis*. New York: Macmillan, 1907.

——. *A Theology for the Social Gospel*. Nashville: Abingdon, 1978.

Reardon, Bernard M. G. *Liberal Protestantism*. Stanford: Stanford University Press, 1968.

Redeker, Martin. *Schleiermacher: Life and Thought*. Translated by John Walhausser. Philadelphia: Fortress, 1973.

Reese, William. "Parmenides." In *Dictionary of Philosophy and Religion*. Atlantic Highlands, N. J.: Humanities, 1980.

Ritschl, Albrecht. *The Christian Doctrine of Justification and Reconciliation*. Translated by H. R. Mackintosh and A. B. Macaulay. Edinburgh: T. &T. Clark, 1900.

——. "Theology and Metaphysics: Towards Rapproachement and Defense." In *Three Essays*. Translated by Philip Hefner. Philadelphia: Fortress, 1972.

Roberts, Louis. *The Achievement of Karl Rahner*. New York: Herder & Herder, 1967.

Roberts, Robert C., *Rudolf Bultmann's Theology*. Grand Rapids, Mich.: Eerdmans, 1976.

Robertson, Edwin H. "Bonhoeffer's Christology." In Dietrich Bonhoeffer, *Christ the Center*. Translated by John Bowden. New York: Harper and Row, 1966.

Robinson, John A. T. *But That I Can't Believe*! London: Fontana, 1967.

——. *Christian Freedom in a Permissive Society*. Philadelphia: Westminster, 1970.

——. "The Debate Continues." In *The Honest to God Debate*, edited by David L. Edwards. Philadelphia: Westminster, 1963.

——. *Exploration into God*. Stanford: Stanford University Press, 1967.

——. *The Human Face of God*. Philadelphia: Westminster, 1973.

——. *The New Reformation?* Philadelphia: Westminster, 1965.

——. "Not Radical Enough?" In *Christian Freedom in a Permissive Society*. Philadelphia: Westminster, 1970. (This article was originally written for the series, "How My Mind Has Changed," *Christian Century* 86 [November 12, 1969].)

———. *Redating the New Testament*. Philadelphia: Westminster, 1976.

Ruether, Rosemary Radford. "Feminist Theology in the Academy." *Christianity and Crisis* 45/3 (March 4, 1985).

———. *Sexism and God-Talk. Toward a Feminist Theology*. Boston: Beacon, 1983.

———. *Women-Church. Theology and Practice of Feminist Liturgical Communities*. San Francisco: Harper and Row, 1986.

Rumscheidt, Martin, ed. "Introduction: Harnack's Liberalism in Theology: A Struggle for the Freedom of Theology." In *Adolf von Harnack, Liberal Theology at its Height*. London: Collins, 1989.

Runia, Klaas. *Karl Barth's Doctrine of Holy Scripture*. Grand Rapids, Mich.: Eerdmans, 1962.

Russell, Letty M. *Household of Freedom: Authority in Feminist Theology*. Philadelphia: Westminster, 1987.

———. *Human Liberation in a Feminist Perpective — A Theology*. Philadelphia: Westminster, 1974.

Salley, Columbus, and Ronald Behm. *Your God Is Too White*. Downers Grove, Ill.: InterVarsity, 1970.

Schleiermacher, Friedrich. *The Christian Faith*. 2d ed. Edited by H. R. Mackintosh and J. S. Stewart. Philadelphia: Fortress, 1928.

———. *On Religion: Addresses in Response to its Cultured Critics*. Translated by Terrence N. Tice. Richmond: John Knox, 1969.（《论宗教》,北京：人民出版社,2011）

Schmithals, Walter. *An Introduction to the Theology of Rudolf Bultmann*. Minneapolis: Augsburg, 1968.

Schrader, Robert W. *The Nature of Theological Argument: A Study of Paul Tillich*. Missoula, Mont.: Scholar's Press, 1975.

Skinner, Tom. *Words of Revolution*. Grand Rapids, Mich.: Zondervan, 1970.

Smith, Huston. "Has Process Theology Dismantled Classical Theism?" *Theology Digest* 35/4 (1988).

Smith, Ronald Gregor. *Secular Christianity*. New York: Harper and Row, 1966.

Snyder, Mary Hembrow. *The Christology of Rosemary Radford Ruether: A Critical Introduction*. Mystic, Conn.: Twenty-Third Publications, 1988.

Stackhouse, Max L. "Torture, Terrorism and Theology: The Need for a Universal Ethic." *Christian Century* (October 8, 1986).

Steffen, Lloyd. "The Dangerous God: A Profile of William Hamilton." *Christian Century* 106/27 (September 27, 1989).

Stokes, Walter E. "God for Today and Tomorrow." In *Process Philosophy and Christian Thought*. Edited by Delwin Brown, Ralph E. James, Jr., and Gene Reeves. Indianapolis: Bobbs-Merrill, 1971.

Stone, Ronald H. *Reinhold Niebuhr: Prophet to Politicians*. Nashville: Abingdon, 1972.

Strong, George. "Theology of Narrative or Narrative Theology? A Response to Why Narrative?" *Theology Today* 47/4 (January 1991).

Stroup, George W. *The Promise of Narrative Theology*. Atlanta: John Knox, 1981.

Suchocki, Marjorie Hewitt. *God-Christ-Church*. New York: Crossroad, 1984.

Tavard, George. *Paul Tillich and the Christian Message*. New York: Charles Scribner's Sons, 1962.

Taylor, Mark Kline. *Paul Tillich, Theologian of the Boundaries*. San Francisco: Collins, 1987.

Teilhard de Chardin, Pierre. "Life and the Planets." In *The Future of Man*. Translated by Norman Denny. New York: Harper and Row, 1964.

TeSelle, Sallie McFague. *Speaking in Parables*. Philadelphia: Fortress, 1975.

Thatcher, Adrian. *The Ontology of Paul Tillich*. Oxford: Oxford University Press, 1978.

Tice, Terrence N. "Introduction." In Friedrich Schleiermacher, *On Religion: Addresses in Response to its Cultured Critics*. Translated by Terrence N. Tice. Richmond: John Knox, 1969.

Tillich, Paul. *Biblical Religion and the Search for Ultimate Reality*. Chicago: University of Chicago Press, 1955.

——. *The Courage to Be*. New Haven and London: Yale University Press, 1952. (《生之勇气》,贵阳:贵州人民出版社,2009)

——. *A History of Christian Thought*. Edited by Carl Braaten. New York: Simon and Schuster, Touchtone Book edition, 1968. (《基督教思想史》,北京:东方出版社,2008)

——. *Systematic Theology*. Vol. I: *Reason and Revelation, Being and God*.

Three volumes in one. New York: Harper and Row; Evanston: University of Chicago Press, 1967. (《蒂里希选集》,上海:上海三联书店,1999)

Vahanian, Gabriel, and Paul van Buren. *The Death of God Debate*. Edited by Jackson Lee Ice and John J. Carey. Philadelphia: Westminster, 1967.

Van Buren, Paul M. *The Secular Meaning of the Gospel*. New York: Macmillan, 1963.

Van Huyssteen, Wentzel. *Theology and the Justification of Faith: Constructing Theories in Systematic Theology*. Translated by H. F. Snijders. Grand Rapids, Mich.: Eerdmans, 1989.

Vass, George. *The Mystery of Man and the Foundations of a Theological System*. Vol. 2 of *Understanding Karl Rahner*. Westminster, Md.: Christian Classics, 1985.

——. *A Theologian in Search of a Philosophy*. Vol. 1 of *Understanding Karl Rahner*. Westminster, Md.: Christian Classics, 1985.

Von Balthasar, Hans Urs. *The Theology of Karl Barth*. Translated by John Drury. New York, Chicago, San Francisco: Holt, Rinehart and Winston, 1971.

Vorgrimler, Herbert. *Understanding Karl Rahner: An Introduction to His Life and Thought*. Translated by John Bowden. New York: Crossroad, 1986.

Ward, Bruce A. "An Exposition and Critique of the Process Doctrines of Divine Mutability and Immutability." *Westminster Theological Journal* 47/2(1985).

Warner, Rex. *The Greek Philosophers*. New York: Mentor, 1958.

Washington, Joseph R., Jr. *Black Religion*. Boston: Beacon, Beacon Paperback edition, 1966.

——. *The Politics of God: The Future of the Black Chruches*. Boston: Beacon, 1967.

Welch, Claude. *Protestant Theology in the Nineteenth Century*, Volume 1:1799–1870. New Haven and London: Yale University Press, 1974.

——. *Protestant Theology in the Nineteenth Century*, Volume 2:1870–1914. New Haven and London: Yale University Press, 1985.

West, Charles C. "Community — Christian and Secular." In *The Church Amid Revolution*. Edite by Harvey Cox. New York: Association, 1967.

Wheat, Leonard F. *Paul Tillich's Dialectical Humanism*, Unmasking the God Above God. Baltimore and London: Johns Hopkins University Press,

1970.

Whitehead, Alfred North. *Adventures of Ideas*. New York: Mentor, 1955.

——. *Process and Reality*. New York: Harper and Row, Harper Torchbook edition, 1960. (《过程与实在》,北京:商务印书馆,2012)

——. *Religion in the Making*. New York: World Publishing, Meridian Books edition, 1960.

——. *Science and the Modern World*. New York: Mentor, 1948. (《科学与近代世界》,上海:上海外语教育出版社,2005)

Wiedmann, Franz. *Hegel: An Illustrated Biography*. Translated by Joachim Neugroschel. New York: Pegasus, 1968.

Williams, Daniel Day. *God's Grace and Man's Hope*. New York: Harper and Brothers, 1949.

Williams, Robert R. *Schleiermacher the Theologian: The Construction of the Doctrine of God*. Philadelphia: Fortress, 1978.

Wilmore, Gayraud S., and James H. Cone, eds. *Black Theology: A Documentary History, 1966-1979*. Maryknoll, N. Y.: Orbis, 1979.

Wilson-Kastner, Patricia, et al. *A Lost Tradition: Women Writers of the Early Church*. Lanham, Md.: University Press of America, 1981.

Wright, G. Ernest. *The God Who Acts: Biblical Theology as Recital*. London: SCM, 1952.

Wright, G. Ernest, and R. H. Fuller. *The Book of the Acts of God*. Garden City, N. Y.: Doubleday, Anchor Books edition, 1960.

Yoder, John Howard. *The Politics of Jesus*. Grand Rapids, Mich.: Eerdmans, 1972. (《耶稣政治》,香港:信生出版社,1990)

Young, Norman J. *History and Existential Theology*. Philadelphia: Westminster, 1969.

Young, Pamela Dickey. *Feminist Theology/Christian Theology: In Search of Method*. Minneapolis: Fortress, 1990.

Zeller, Eduard. *Outlines of the History of Greek Philosophy*. 13th ed. Revised by Wilhelm Nestle. Translated by L. R. Palmer. New York: Meridian Books, 1957.

Zimmerman, Wolf-Dieter, and Ronald Gregor Smith, eds. *I Knew Dietrich Bonhoeffer*. Translated by Kaethe Gregor Smith. New York: Harper and Row, 1966.

# 作者及人名索引

（索引中的页码为原书页码，即本书的边码）

## A

Achtemeier, Elizabeth 阿克特迈尔 235
Adormo, Theodore W. 阿多尔诺 269
Aiken, Henry D. 艾金 33
Albert, Hans 阿尔伯特 259
Altizer, Thomas J. J. 奥提哲 157-161
Anselm 安瑟伦 17, 68, 69
Aquinas, Thomas 阿奎那 65, 119, 221, 239, 240, 241, 253, 302
Aristotle 亚里士多德 19, 221
Assmann, Hugo 阿斯曼 213
Auerbach, Eric 奥尔巴赫 276
Augustine 奥古斯丁 16, 65, 119, 188, 302, 303

## B

Bacon, Francis 培根 16, 17
Baillie, Donald M. 多纳德·贝利 158
Barth, Karl 巴特 12, 13, 50, 58, 59, 63, 65-77, 78, 84-87, 91, 100, 113, 114, 117, 146, 147, 150, 152, 155, 156, 157, 167, 171, 173, 175, 176-178, 185, 187, 192, 195, 207, 229, 239-241, 255, 258, 260, 261, 274, 275, 284, 288, 297, 303, 311, 312
Baur, F. C. 鲍尔 53
Bedford, Gene 贝德弗 289
Bender, Helga 班德 290
Berger, Peter 贝格尔 160
Bergson, Henri 柏格森 131
Berkouwer, G. C. 柏寇伟 77
Berlin, Isaiah 伯林 22
Bethge, Eberhard 贝特格 147, 149, 151
Blake, William 布莱克 159
Bloch, Ernst 布洛赫 169, 174, 175
Bloesch, Donald 布洛伊奇 235
Boff, Leonardo 波夫 212, 213
Bonhoeffer, Dietrich 朋霍费尔 146-156, 157, 161, 162-164, 166, 185, 202
Bonhoeffer, Karl Ludwig 卡尔·朋霍费尔 147
Braaten, Carl 布拉腾 171
Brachen, Joseph 布列肯 143
Branson, Mark Lau 布兰森 300
Brown, Robert McAfee 勃朗 213, 216, 218, 223
Brown, Wesley H. 布朗 299
Brunner, Emil 布龙纳 58, 77-86,

468

105,268,302
Brunner, Peter 彼得·布龙纳 187
Buber, Martin 布伯 80
Buckley, Michael J. 巴克莱 244
Bultmann, Rudolf 布尔特曼 78,86－99,105,106,111,162,172,189
Buswell, J. Oliver 巴兹伟尔 289
Butler, Joseph 巴特勒 302

## C

Callahan, Daniel 卡拉汉 168
Calvin, John 加尔文 39,42,65,84
Campenhausen, Hans von 坎彭豪新 187
Camus, Albert 加缪 158
Cardenal, Ernesto 卡尔德纳尔 212
Carnell, Edward 卡内尔 105,302
Carr, Ann E. 安妮·卡尔 226,229,230,231
Clark, Gordon 克拉克 290
Cleage, Albert B., Jr. 克理奇 204,207
Clements, Keith 克莱蒙 40,42
Cobb, John 科布 138－141,143
Cone, James 科恩 203－210
Congar, Yves 孔加尔 255
Copernicus 哥白尼 44
Cox, Harvey 考克斯 161,162,164,165－169

## D

Daly, Mary 戴莉 225

Darwin 达尔文 39,131
Davies, D. R. 戴维斯 99,102
Davis, John Jefferson 戴维斯 121
De Santillana, Georgio 桑提拉纳 18
de Las Casas, Bartolomé 卡萨斯 211
Descartes, René 笛卡儿 18,22,30,33,131,135,191,259
D'Escoto, Miguel 德斯科托 212

## E

Ebner, Ferdinand 艾伯纳 80
Edwards, David L. 爱德华兹 167
Einstein, Albert 爱因斯坦 131,298
Erasmus 伊拉斯谟 258
Erikson, Erik 艾里克森 191

## F

Fackre, Gabriel 法克利 272,281
Fennell, William O. 范诺 165
Feuerbach, Ludwig 费尔巴哈 38,185,193,258
Fingarette, Herbert 芬格莱特 283
Fiorenza, Elisabeth Schüssler 菲奥伦扎 227,229,230
Ford, Lewis 福特 138
Forman, James 弗曼 205
Frei, Hans 弗莱 277,278
Freire, Paulo 弗莱瑞 212
Freud, Sigmund 弗洛伊德 39,159,258
Friedan, Betty 弗雷丹 225
Friedrich, Carl J. 弗里德里希 32

## G

Galileo 伽利略 19
Gilkey, Langdon 吉尔基 160
Goethe, Johann Wolfgang von 歌德 41,173
Gogarten, Friedrich 戈加登 157
Goldberg, Michael 戈德堡 272,280,285
Gollwitzer, Helmut 戈尔维策 166
Graham, Billy 葛培理 290
Guardini, Romano 瓜尔蒂尼 240
Guevara, Ernesto Che 格瓦拉 210,213
Gutiérrez, Gustavo 古铁雷斯 210,212,224

## H

Habermas, jürgen 哈贝马斯 269
Hamilton, Kenneth 汉密尔顿 121,150
Hamilton, William 汉密尔顿 157-159
Harnack, Adolf von 哈纳克 51,59-60,62,66,67,147
Hartshorne, Charles 哈茨霍恩 142
Hauerwas, Stanley 豪尔瓦斯 273,279,280
Hegel, G.W.F. 黑格尔 25,26,31-39,43,51,67,73,126,131,132,159,254,257,264-267,270
Heidegger, Martin 海德格尔 86,87,92-95,119,240,241,244
Henry, Carl F. H. 卡尔·亨利 287-297,298,301,309
Heraclitus 赫拉克利特 34,130,135
Herrmann, Wilhelm 赫尔曼 66,67
Herzog, William 赫尔佐格 308
Hitler, Adolf 希特勒 69,86,148
Holl, Karl 霍尔 147
Horkheimer Max 霍克海默 269
Hume, David 休谟 26,27,135

## I

Iwand, Hans Joachim 易万德 174

## J

James, William 詹姆士 131
Jersid, Paul 杰西尔德 99,112
Jewett, Paul King 杰威特 79,83
John XXIII, Pope 约翰二十三世 237,258
John Paul I, Pope 约翰·保罗一世 238
John Paul II, Pope 约翰·保罗二世 218,238,258
Joshua, Peter 约书亚 289
Jüngel, Eberhard 云格尔 65,266
Justin Martyr 殉道者查士丁 114

## K

Kähler, Martin 科勒 87,88
Kant, Immanuel 康德 17,21,25-

31,32,35,39,41,43,46,53,55,
98,171,241
Käsemann, Ernst 凯斯曼 174
Kennedy, John 肯尼迪 116
Kepler, Johannes 开普勒 19
Kierkegaard, Søren 克尔凯郭尔 64-
65,67,79,91,104,127,302
King, Martin Luther, Jr. 马丁·路德·金 203
Kirk, G. S. 科尔克 335
Kuhn, Thomas 库恩 260
Küng, Hans 汉斯·昆 238,254-270
Kuyper, Abraham 凯波尔 300,308

## L

LaCugna, Catherine 拉库娜 269,270
Lane, Dermot A. 莱恩 214,354
Lehmann, Paul 李曼 111,167
Leibholz, G. 莱布霍茨 149
Lessing, G. E. 莱辛 173
Lindsell, Harold 林赛尔 290,294
Locke, John 洛克 22,23,26
Lotze, Hermann 洛策 55
Lubac, Henri de 吕巴克 255
Luther, Martin 马丁·路德 55,65,
82,84,151,188,189,191,254,303

## M

McClendon, James 麦克伦登 279

McFague, Sallie 麦法格 277,278
McGiffert, A. C. 麦基福 24
Mackintosh, H. R. 麦金托什 53
Macquarrie, John 麦奎利 98,113,
156,157
Malcolm X 马尔科姆 X 203
Marcuse, Herbert 马尔库塞 159
Maréchal, Joseph 马雷夏尔 241
Marty, Martin 马提 145
Marx, Karl 马克思 38,200,219,
221,223,258
Melville, Herman 麦尔维尔 159
Metz, Johannes 默茨 171,203,211
Michaelson, G. E., Jr. 麦克森 29,319
Míguez Bonino, José 博尼诺 213-224
Miranda, José 米兰达 213
Moltmann, Jürgen 莫尔特曼 97,143,
171-186,198,199,201,203,211
Mozart, Wolfgang 莫扎特 69

## N

Napoleon 拿破仑 32,40,41
Nelson, Paul 尼尔森 279,285
Neusch, Marcel 纽舒 175
Newton, Isaac 牛顿 20,39,135
Niebuhr, H. Richard 理查德·尼布尔 62,274,275,276
Niebuhr, Reinhold 尼布尔 99-112,
115,146,148,158,167,274
Nietzsche, Friedrich 尼采 158,159,
173,186,243,258

Nowell, Robert 挪维尔 256

## O

Ockenga, Harold 奥肯加 290
Oddie, William 欧迪 231
Ogden, Schubert 欧格登 92
Ott, Heinrich 奥特 149

## P

Pannenberg, Wolfhart 潘能伯格 143, 171, 173, 186-199, 201, 268, 313
Parmenides 巴门尼德 130, 177
Pascal, Blaise 帕斯卡尔 79, 117, 302
Paul VI, Pope 教宗保罗六世 238
Peerman, Dean 皮尔曼 145
Peters, Ted 彼得斯 143, 144
Pew, J. Howard 毕尤 290
Pinnock, Clark 平诺克 281, 297, 300
Plato 柏拉图 40, 42, 119, 122, 135, 136, 177, 221
Pope, Alexander 蒲柏 20, 43
Popper, Karl 波普尔 259

## R

Rad, Gerhard von 拉德 174, 187
Rahner, Hugo 胡格 239
Rahner, Karl 拉纳 182, 183, 238-254, 256, 270
Ramm, Bernard 兰姆 288, 297-309

Ramm, John 约翰 298
Ratzinger, Joseph 拉辛格 212, 238
Rauschenbusch, Walter 饶申布什 51, 59-62, 100
Reese, William 瑞斯 135
Richmond, James 里士蒙德 58, 59, 322
Ritschl, Albrecht 利奇尔 25, 39, 51-59, 62, 68
Robinson, John A. T. 罗宾逊 161-165, 209
Romero, Oscar 罗梅罗 216
Roosevelt, Franklin 罗斯福 115
Russell, Letty 卢瑟 227, 231, 233, 235

## S

Sartre, Jean-Paul 萨特 119, 159, 243, 255
Schleiermacher, Friedrich 施莱尔马赫 25, 26, 39-51, 53, 65, 77, 79, 87, 131, 150, 191, 235, 239, 244, 246, 258
Schlink, Edmund 士林克 187
Schweitzer, Albert 史怀哲 87, 89
Seeberg, Reinhold 希伯格 147, 150
Segundo, Juan Luis 塞贡多 213
Smith, Huston 史密斯 143
Sobrino, Jon 索布里诺 213
Steffens, H. 史提芬 42
Stone, Ronald H. 斯通 101
Strauss, David Friedrich 施特劳斯 38

Stroup, George 斯特鲁普 273-275, 281-285

## T

Tavard, George 塔瓦德 129
Taylor, Mark Kline 马克·泰勒 125, 126
Teilhard de Chardin, Pierre 德日进 132-134, 140, 142, 143, 163, 169, 232, 255
Tennant, F. R. 泰南特 302
Tertullian 德尔图良 79
Thatcher, Adrian 萨奇尔 126
Thomas, George 托马斯 121
Tillich, Hannah 哈拿 115
Tillich, Paul 蒂里希 114-130, 146, 158, 162, 173, 176, 207, 229, 232, 233, 239, 240, 241, 244, 257, 258, 262, 312
Torres, Camillo 托雷斯 210, 213, 222

## V

Van Buren, Paul 范布伦 161
Van Hase, Karl-August 卡尔-奥格斯·海斯 147
Van Huysteen, Wentzel 胡斯丁 75
Van Til, Cornelius 范泰尔 288, 302
Vass, George 法斯 243, 244, 249, 253
Voltaire 伏尔泰 42
Von Balthasar, Hans Urs 巴尔塔萨 75, 76, 255, 256

## W

Washington, Joseph R., Jr. 华盛顿 204
Wede, Maria von 玛利亚 148
Weiss, Johannes 魏斯 89
Welch, Claude 韦尔奇 52
West, Charles C. 韦斯特 167, 168
Whitehead, Alfred North 怀特海 132, 134-138, 139, 142, 143, 180, 265
Wieman Nelson 威曼 114
Wilmore, Gayraud S. 威摩尔 203, 205
Wright, G. Ernest 赖特 275, 276, 261

## Y

Young, Norman J. 诺曼·杨 96
Young, Pamela Dickey 帕梅拉·杨 226, 227, 229, 235

# 主题索引

（索引中的页码为原书页码，即本书的边码）

## A

Alienation 失和、疏离、隔离、偏离 37,38,101,116,174,217,221 - 223,225

Anthropology 人类学、人论、以人为中心的观点 17,18,21,22,38,50,78,92,97,102,103,105,106,190,191,194,195,208,243,246,251,252,292,293

Anxiety 焦虑 10,86,104,118,128

Apocalyptic 启示（论）的、末日的、末世的 52,60,87,89,134,174,175,190

Apologetic 护教性、辩护、护教（学）的 23,10,112,114,116 - 118,152,167,198,270,279,301,303

Atonement 代赎 15,40,57,109,111

Attributes 归之于、属性 26,30,31,47,49,55,73,138,192,219,243,248,265,295

Authentic existence 真切的存在 91,93 - 95,97

Authority 权威 15,21,30,39,43,46,47,52,71,72,75,76,82,83,91,96,120,147,178,196,207,215,226,227,230,231,234,244,256,272,273,281,284,285,289,291,292,294 - 296,298,301,306,314

Autonomy 自治、独立性、自律性、自主性 20 - 22,45,75,119,122,124,160,232,240,261

## B

Bible 圣经 3,11,21,22,24,25,43,47,51,52,55,66 - 68,71,72,76,82,83,85,86,96,101 - 103,105,107,110,123,139,153,159,162,165,173,176,178,187,188,196,204,208,219,220,225,226,228,230,231,248,262,263,265,270,272 - 276,281,285 - 287,289,292 - 295,297 - 308,310

## C

Causality 因果关系 23,26,47,135,198,199

Christologucal 基督论的 38,89,98,111,129,139,149 - 151,153,162,163,211,252,268

Christology 基督论 29,49 - 51,56,59,76,111,124,127 - 129,139 - 141,149,150,164,173,193,195,

474

208,228,233,251,257,265,267,268,292,303,307

Community 团体、小区、人群、圈子、族群 45,54,57,58,89,97,99,112,134,138,141,148-150,155,161,12,165,167,174,184,185,190,194,201-205,209,227,230,231,233,234,237,260,271-275,277,279-285,300

Compassion 热情 50

Contextual 本土化、情境 9,214,215,223

Contextualized 本土化的 223

Conversion 归信、皈依 61,64,121,166,189,221,224,260,261,284,285,289,296,298

Cosmology 宇宙论 16,19,91,131,135,139,141-143

Creation 创造、受造物、万有、创立 11,12,18,23,29,36,37,48,73,74,91,99,102,126-128,133,139,143,173,174,177,181,184,187,190-194,199,223,231,232,236,248-250,252,253,254,281,295,302-305,308,310,311

Cross 十字架 62,73,74,88,95,96,108,109,111,112,153,160,172,174,177,179-183,185,225,262

Crucifixion 钉十字架 37,96,168,178

Cultural 文化的 9,10,12,13,36,40,42-44,46,52,60,66,70,75,110,157,158,177,214,226,229,285,300

Culture 文化 9,10,12,13,15,17,22,34,41,43-45,50-52,59,63,68-70,107,113-115,117,121,131,145,158-161,165,169,171,202,208,214,215,226,227,228-230,234,237,239,257,260,261,264,287,291,294,297,309,314

## D

Deconstructionism 解构主义 10,13,159

Deism 自然神学、自然神论 23,26,31,44,249

Demythologizing 代除神话 90,99,162

Dialectic 辩证法、辩证式的 33-35,93,110,180,264-267

Doxology 神的荣耀 176

## E

Ecclesiology 教会论 97,150,166,190,267

Election 拣选 74-76,79,84,85,204

Empiricism 经验主义 17,26

Encounter 接触、相遇 65,68,76,77,79-83,86-88,90,94,97,98,117,126,127,154,178,203,208,219,221,233,274,275,281

Enlightenment 启蒙运动、启蒙时期 4,9,10,13,15-26,29-33,38-46,52,58,59,63,68,75,99,141,188,189,196,198-200,261,287,297,300,305,307-311,313,314

Epistemological 认知的、认识论的 26,27,197,219,258,259,293

Epistemology 认识论 26,55,99,176,259

Eschatological 末世的 89,98

Eschatology 末世论 89

Estrangement 失和、疏离 37,116,119,122,124,125,127,128

Eternal 无止境的、永恒的、永远的、终极的 18,19,35,37,44,57,65,70,72-74,77,85,89,90,93,97,98,101,107,108,126,130,135-137,154,165,177,181,182,192,195,251,253,266,268,285

Eternity 永恒、永远、永恒性 57,67,74,105,107,110,180,182,183,194,195,250,253

Ethical 道德的、人性的、伦理的 21,23,26,29-32,51,52,56,58,59,61,77,90,107,117,154,190,198,214,279,293

Ethics 伦理学 20,34,39,42,45,55,67,78,90,100,101,105,107,142,149,150,214,219,256,257,260,269,278-280,285,296

Evangelical 福音的、福音派的 3,5,38,40,62,78,85,100,211,223,226,227,234,235,286,288-294,296-301,303,304,306-309,313,314

Evangelicalism 福音派 263,288-292,297-301,303,304,307,308,314

Evil 邪恶、罪恶、恶 27,29,37,47,50,61,69,101,106,109,110,112,151,134,137,141-143,172,179,184,220,222,223,225,227,228,232,233,235,237,295

Evolution 演化、进化 114,131-134,179,233,248,276,305

Evolutionary 进化的 132-134

Exegesis 解经、讲解 67,86,96,171,262,263,269,275,307

Existential 存在的、实存的 89-91,94,96,99,118-120,122-124,128,145,171,244-248,253,254,284

Existentialism 存在主义 10,88,91-93,96,99,113,114,130

Existentialist 存在主义式的、存在主义者的 68,80,86,87,92-98,113,117-119,199,240,255

## F

Faith 信心、信仰、信、相信 9,15-17,25,28-30,38,40,42,45,46,48,54-56,58,59,61,64,65,67-72,81,82,84,86-89,91,93-105,107-112,114-116,119,121,128,131,134,138,139,140,149,152,154-156,161-163,

165,166,167,173,178,180,186,187,188-191,195,197,198,201,206,207,212,215,219,220,224,226,227,229,230,236,238,240,241,251,254,256,257,259-261,264,267-276,279-289,292,296,295,299-304,306,312-314

Feeling 感觉、情感 39,41-48,50,71,135-137,194,242

Feminism 女性主义 10,225,226,233-235

Fideism 唯信论、唯认主义 111,117,259

Fideistic 唯信式的 75

Finitude 有限性、有限的、有限者 31,37,39,104,108,118,120,125,181,191,195,266

Foundationalism 基要主义 142

Freedom 自由 27-31,35,41,52,65,70,73,74,77,80,104,105,108,110,116,126-128,131,133,142,160,162,164,166,167,170,172,174,181,182,199,202,206-208,212,218,224,227,231,233,240,244,245,249,261,264,266,267,309,313

Fundamental theology 基础神学、基要神学 120,241-244,256

Fundamentalism 基要派、基要主义 117,119,263,287,288,296,298,300,301,306-309

## G

God's image 神的形象 211

Gospel 福音 9,52,58,60-62,64,66-68,70,71,75,77,80,84,88,90,93,95-98,100,101,102,105-109,152,153,157,159,161,163,166,201,202,204,207-209,223,234,244,262,263,269,270,287,298,302

Grace 恩典 16,30,50,64,68,70,73,75,77,84,88,95,98,101,151,155,160,224,229,238,244-247,251,252,264-266,289,292,298,302,309,313

## H

Harmony 和谐 20-22,123,124,184,201,262

Hermeneutics 解经学、释经学 42,90,227,276,277,294,305

History 历史 4,11-13,15-18,22,24,31-38,43,50,56,57,59-62,66,67,70,71,74,76,77,87,88,93-99,102,105,110-112,115,123,127,129,133-135,140-142,145,147,153,156,158,160,163,166,172,174-197,201,204,206,208,210,213,217,218,220-224,227-229,231,233,244,247,248,250,251,256,260,262,265,266,268,269,271,274-278,280-285,292,297,300,302,303,306,311,313,314

Hope 希望、盼望 4,10,13,22,66,89,95,102,110,112,132,140,

143,146,153,160,165,168,169,170-178,184,186,188,190,199,202-204,208,211,223,233,240,243,258,271,283,295,298,313-315

## I

Ideological 理念的,意识形态的 221,235

Ideology 理念,意识形态 67,69,70,84,147,215,224,235,260,288

Image of God 神的形象 84,103,191,194,208,227,228,232,234,293

Immanence 临在性、临在论 4,5,10,13,16,19,23-25,31,39,50-52,56,63,64,73,79,82,96,98,105,112-114,125,126,130-132,137,143-146,156,158-161,163,164,169,170,172,174,178,179,181,184-186,193,194,198-201,209,210,224,232,233,237,238,240,244,246,247,249,250,253,254,264,266,267,271,294,297,309-315

Incarnation 道成肉身 36,37,49,52,73,74,81,111,128,134,139-141,160,220,224,248,250,251-254,257,264-266,268,275,287,302,310

Incarnational 道成肉身的 59,139,164

Inerrancy 无误论 71

Inspiration 灵感、启发、默示 51,52,64,67,71,76,82,83,146,156,157,163,188,196,202,262,292,293,294,302,306,307

Imtuition 直觉 41,43,191,194

Intuitive 直觉的 25,39,46,53

## J

Judgment 判断力、判断、审判 28,54-57,62,71,75,95,106,109,110,112,129,143,184,220,235,270,277

Justice 公义、公平的 27,29,72,73,76,80,83,102,107,112,163,198,201,211,212,218,219,221,222,238,245,296

Justification 称义 38,53,56,75,78,97,101,154,184,255,268

## K

Kerygma 福音信息,福音宣讲 86,88-91,95-97,106,166

Kingdom 国度、国 37,52,54-58,60-62,89,102,110,112,116,139,140,166,173-185,187,188,190,208,220,222,224,231,251,268,276,280,287,296

## L

Liberal 自由的 4,10,25,40,42,44,47,48,51-53,56,59,60,62,

63,66-68,70,73,75,76,77,83,84,87,89,90,98,100,101,103,105-107,113,114,119,144,147,150,173,215,222,234,237,238,244,256,258,270,287,290,306

Liberalism 自由派、自由主义 4,6,51,52,56,62-64,79,85-87,96,97,99-101,103-108,113,114,130,142,145,150,155,167,203,209,230,233,255,262,302,304-307,312

Love 爱 42,52,55,56,60,61,64,73,74,77,104,107-110,112,118,124,126,134,139,153,155,162,164,180-183,186,194,199,203,215,221,231,243,245,254,264,265,295

## M

Marxism 马克思主义 106,187,215,220,221,223,230

Marxist 马克思主义者、马克思主义的 106,173,174,212,214,220,221,223,240

Mercy 怜悯 73,107,109

Method of correlation 互动关系、交互作用法 119-121,176,229,257,262

Middle Ages 中世纪 16,19,22,23,192,273

Miracles 神迹 23,43,48,52,60,189,270,302,305

Modernity 现代化,现代性 10,150,151,239,261,291,314

Monism 一元论 135

Moral 道德的 15,17,18,22,25,27-31,39,53,54,57,58,104,106,173,184,272,274,281,285,296

Morality 道德 18,23,24,28-31,39,45,106,209

Mystery 奥秘 81,89,98,108,109,123,197,240-243,245,247-249,252,253,309

Myth 神话 38,89,90,96,98,99,105,107-109,111,168,253,261

Mythology 神话学 89,90,92,233

## N

Natural 自然的 11,17-23,27,31,32,36,37,42-45,48,58,59,63,68-70,75,79,80,82,84,85,90,98,104,105,118-120,131,138,141,144,150,156,158,176,177,178,181,187,198,238,241,242,244-248,260,263,293,300,302,303,305,310,312,313

Natural theology 自然神学 68-70,75,84,85,105,119,120,131,138,141,144,150,158,176,177,260,293,302,312

Nature 自然、本质、本性、内在 9,11,16,17,19-23,28-35,41,43,44,46,48-58,64,68-70,72,75-77,80,83,84,88,92,93,96,98,100,102-107,109,110,118-

123,127,128,131,132,135－137,139,140,143,144,148,150,153,157,158,162,163,173,176,180,181,184,186,187－192,197,202,207,208,216,226,229,230,232,233,238,239,241－246,249,250,252,253,256,259,260,266,270,271－273,275,276,278－280,284,291－295,302－305,308,310,313

Neo-orthodox 新正统主义 58,62,63,84,86,99,103,105,107,111,113,130,145,146,155,208,273,276,284,312

Neo-orthodoxy 新正统派 4,62－65,86,88,92,100,105,106,108,113,114,117,119,144－146,167,169,203,273,288,292,297,312

## O

Omnipotence 无所不能、全能 48,55,74,138,295

Omnipresence 无所不在、全在 55,74,194

Omniscience 无所不知、全知 22,55,295

Ontological 本体的、本体论的 68,101,103,117－119,121,122,125,127,130,168,182,251,268

Ontology 本体论 57,59,101,117－120,122,127,142,147,169,174,176,183,185,197－199,267

## P

Panentheism 万有在神论 38,39,126,130,142,164,179,181,182,249,264,266

Panentheistic 万有在神论的 48,50,164,184,254

Personalism 位格说、位格性、位格主义 79,80,119,127,139,164

Pietism 敬虔主义 41,44,189

Pietist 敬虔派 40,41,188

Pneumatology 圣灵论 111,193

Postmodern 后现代主义的 9,10,13,138,258,260－262,266,269,314

Postmodernity 后现代主义 10,261,314

Prayer 祷告 48,68,101,270,289

Predestination 预定论 74,76,84,85

Preexistence 先存 57,129,268

Progress 发展、进步 20,22,30,56,58,64,102,103,140,181,260,261,291,300,311

Providence 神的护理 158,169,260

## R

Rationalism 理性主义 17,24,25,38,41,43,44,68,197,259,261,300,309,311

Realism 现实主义 107,110,168,314

Reason 理性、原因、推理 12,13,

15-35,39,40,42-46,55,56, 59,64,65,67-70,74,75,78,79, 81,88,91,99,103,105,109,116, 120-124,127,142,171,172, 175,176,178,182,186,190,193, 196-198,202,219,224,232, 234,249,256,259,261,263,270, 274,289,293,295,297,301,303- 305,307,211,314

Reconciliation 和解、和好、复和 37, 53,64,123,131,179,195,196, 203,205

Redemption 救赎 37,45,48,50,58, 110,141,142,177,187,232,234, 284,304

Reformation 改教、宗教改革 15- 18,22,29,30,67,78,85,104, 163,188,258,261,275,286,287, 297,300,305,306

Relativism 相对论、相对主义 24, 122,214,235,285

Renaissance 文艺复兴 12,16-18, 23,25,58,144,156,202,311

Repentance 悔改 112,151,224

Resurrection 复活 37,58,71,72, 74,95,96,110,112,129,141, 161,172,174,175,177,178,179, 172-183,189,195,204,207, 251,252,265,283,289,296,302

Revealed 启示、显现、陈明 9,10, 17,22,23,31,34,36,38,44,46, 54,55,57,68,70,73,74,76,82, 87,99,107,109,120,123,124, 140,164,166,177,178,191,220, 273,275,280,294,295

Revelation 启示 17,19,23,30,55, 59,67-73,75-86,88,96,98, 105,109,116-124,141,150,175- 178,187-189,192,193,194, 196,202,206-208,211,219, 220,229,230,231,241-249, 262,268,272-276,284,285, 289,291-298,302,303,305, 306,307-309

Romanticism 浪漫主义 32,41,44, 46,230

## S

Salvation 救赎、救恩、得救 16,24, 30,38,54-57,59,61,67,74-77, 84,95,108,111,112,116,140, 151,171,183,188,191-193, 199,208,210,211,221,222,224, 226,233,234,244,250-252, 265,282,285,292,295,303

Sanctification 成圣 97

Scripture 圣经 3,30,47,52,66- 68,71,72,76,79,82,83,177, 196,208,220,223,224,227,230, 231,235,261,269,270,272,273, 276,280,281,283-285,290, 292,293,294,297-299,302-307

Secular 世俗 4,42,53,54,70,99, 101,102,114,120,131,143,145, 146,151,156-172,175,176, 187,188,211,215,224,239,240, 243,254,255,257,258,264,269,

481

289,297,298,313

Secularization 世俗化 165,166,170

Sense experience 感官经验 17,27,28,33,43,130

Sin 罪 29,103

Skepticism 怀疑论 19

Social gospel 社会福音 58,61,62,100,106

Socialism 社会主义 100,116,214,220,221

Socialist 社会主义者 61,101,106,115,220

Soteriology 救恩论 96,97

Spirit 灵、精神 4,11,18,32-38,40,42,43,47,64,67,68,73,76,77,81-84,103,111,115,116,121,134,143,150,160,167,171,173,177-183,185,192-194,197-199,213,232,253,236-238,240-242,264,288,289,293,294,300-303,306,307,313

Subjective 主观的 54,71,76,83,135,189,275,302,304,306

Subjectivity 主观、主体、主观性 64,68,71,77,182,238,241-243

Suffering 受苦、苦难 30,50,109,112,143,151,154,156,158,179-181,185,203,207,223,265,266,267

Supernatural 超自然 43,48,52,98,160,171,178,197,238,244-248,253,254,270,292,293,296,302,303

## T

Tradition 传统、传承 4,60,38,45,52,76,78,83,85,86,101,103,106,107,113,121,130,135,139,140,144,147,160,189,190,196,201,219,226-231,234,235,237,244,258,263,269,270,272,273,280,282,283,288,293,304,314

Transcendence 超越性、超越 4,5,10-13,16,23-25,31,32,39,48,50,52,56,58,63,65,73,77,8,82,86,91,92,96,98,99,104,105,109-113,125,126,130,132,137,143,144,146,155,156,159-164,167,169,170,172,174,175,178,179,181,182-186,193,194,198,199,201,209,210,224,232,236-238,240,242,243,244,250,253,254,264-267,271,294,295,297,308-315

Trinity 三位一体、三一论 15,36,41,42,48,55,72,73,77,143,173,179,180,182-185,190,192,193,195,249,250,266,268,295

## U

Universalism 普救论 75,79,85

## V

Vocation 使命、被召 57,58,149,

255

## W

Word of God 神的话、神的道 50,
64,67,68,71,72,79,81-84,86,
91,119,123,150,208,219,230,
231,233,235,244,251,260,275,
285,294,303-308,312

图书在版编目(CIP)数据

二十世纪神学评介/葛伦斯,奥尔森著;刘良淑,任孝琦译.
(基督教历史与思想译丛)
—上海:上海三联书店,2023.12重印
ISBN 978-7-5426-4458-9

Ⅰ.①二⋯　Ⅱ.①葛⋯②奥⋯③刘⋯④任⋯　Ⅲ.①历史神学-20世纪　Ⅳ.①B972

中国版本图书馆 CIP 数据核字(2013)第 269166 号

## 二十世纪神学评介

著　　者 / 葛伦斯(Stanley J. Grenz)
　　　　　奥尔森(Roger E. Olson)
译　　者 / 刘良淑　任孝琦

丛书策划 / 橡树文字工作室
特约编辑 / 橡树文字工作室
责任编辑 / 邱　红
整体设计 / 周周设计局
监　　制 / 姚　军
责任校对 / 张大伟

出版发行 / 上海三联书店
　　　　　(200030)中国上海市漕溪北路 331 号 A 座 6 楼
邮　　箱 / sdxsanlian@sina.com
邮购电话 / 021-22895540
印　　刷 / 上海展强印刷有限公司

版　　次 / 2014 年 3 月第 1 版
印　　次 / 2023 年 12 月第 4 次印刷
开　　本 / 640mm×960mm　1/16
字　　数 / 480 千字
印　　张 / 31.25
书　　号 / ISBN 978-7-5426-4458-9/B·314
定　　价 / 62.00 元

敬启读者,如发现本书质量问题请与印刷厂联系,电话:021-66366565